高等院校国际经济与贸易系列教材

国际贸易实务

International Trade Practice

主　编　俞毅
副主编　卢洪雨　李怀政
参　编　童汇慧　徐元国　肖旭

机械工业出版社
China Machine Press

图书在版编目（CIP）数据

国际贸易实务 / 俞毅主编 . -- 北京：机械工业出版社，2022.4
高等院校国际经济与贸易系列教材
ISBN 978-7-111-70498-0

Ⅰ. ①国… Ⅱ. ①俞… Ⅲ. ①国际贸易 - 贸易实务 - 高等学校 - 教材 Ⅳ. ① F740.4

中国版本图书馆 CIP 数据核字（2022）第 056496 号

本书分为 8 篇，共 28 章，突破传统教材贸易术语、合同条款、进出口合同的磋商履行、国际贸易方式的老四类布局，用更多篇幅集中讨论贸易术语、合同条款、进出口合同的磋商履行三大部分的内容。本书在讲授主体内容的同时，为绝大部分章节配备了相关的典型案例，这些案例从不同的角度突出了不同的教学难点，角度多元化，内容不雷同，十分有助于培养学生理论联系实际、学以致用的良好学习习惯。此外，本书还介绍了进出口合同的常用英文条款并附上中文翻译，使读者在学习国际贸易实务知识的同时也能学到相关的外贸英语，部分地解决了外贸英语与专业知识脱钩的教学难点。

本书可作为财经类高等院校国际经济与贸易专业的本科教材，也可作为经济学、管理学等其他专业的本科教材，还可作为社会读者的参考读物。

出版发行：机械工业出版社（北京市西城区百万庄大街 22 号　邮政编码：100037）
责任编辑：施琳琳　　　　　　　　　　　　　　　责任校对：殷　虹
印　　刷：北京诚信伟业印刷有限公司　　　　　　版　　次：2022 年 5 月第 1 版第 1 次印刷
开　　本：185mm×260mm　1/16　　　　　　　　印　　张：24.25
书　　号：ISBN 978-7-111-70498-0　　　　　　　定　　价：59.00 元

客服电话：（010）88361066　88379833　68326294　　　投稿热线：（010）88379007
华章网站：www.hzbook.com　　　　　　　　　　　　读者信箱：hzjg@hzbook.com

版权所有 • 侵权必究
封底无防伪标均为盗版

前言
PREFACE

　　站在"十四五"新征程的起点，本书终于突出重围而"杀青"了。本书的写作主要是为了完成"国际贸易实务"国家级精品课程、国家级精品资源共享课的后续建设任务以及浙江省高校重点教材的编写任务。同时，本书的写作也承载着浙江省"国际贸易实务"线下一流课程及浙江工商大学课程思政建设的任务。出于种种原因，本书的写作持续了较长时间，可谓"十年磨一剑"，但写作的"长考"使得本书能够充分反映我国的宏观经济以及对外贸易的深刻变化。在这期间，我国的宏观经济实现了从高速增长向高质量发展的转变，经济增长实现了动能的转变。创新驱动的发展使得我国宏观经济能够摆脱新冠肺炎疫情的扰动，成为2020年全球主要经济体中唯一实现正增长的国家。与此同时，在全面推进改革开放、实行高水平对外开放的背景下，我国经济的国际化程度越来越高，我国已经成为全球货物贸易第一大国、外汇储备第一大国、商品消费第二大国以及外资流入第一大国，对外贸易已成为国内、国际双循环相互促进的重要基石之一。

　　本书也反映了近年来我国进出口贸易的微观变化，例如，以跨境电子商务为代表的出口贸易方式的变化，"一带一路"倡议背景下以中欧班列为代表的国际货物运输方式的变化，《2020年国际贸易术语解释通则》（INCOTERMS® 2020）中贸易术语选用的变化，以及《中华人民共和国民法典》中的合同法律适用及法律解释问题。

　　从传统意义上讲，本书以合同为中心，详细介绍了进出口商品质量、数量、包装、价格、运输、保险等基本国际贸易合同条款的规范订立方法、国际货款收付方式的选择、贸易争议的预防与处理、进出口磋商谈判的基本要素以及新型贸易方式的选择等内容。本书不仅涉及国际贸易的基本理论，而且涉及国际金融、国际商法的相关理论，具有跨学科的特点。本书强调对学生实践能力的培养，重视培养学生动手解决国际经贸实际问题的能力以及新时代背景下的创新、创业素质。一方面，本书的写作旨在努力完成"国际贸易实务"课程的传统教学任务及使命；另一方面，本书通过各章条款要点总结、相关典型案例归纳分析以及延伸阅读的设置等试图倡导教学方式的改革。当前我国高等教育发展的重心正从追求规模的外延式增长模式向追求质量的内涵式方向发展，这种转变既是高等教育发展内在本质规律的要求，也是社会经济发展对国内高等教育的一种倒逼。我国的高等教育无论是从培养的理念、手段还是结果来看，都需要进一步改革。高等教育改革的思路有很多种，而课堂教学改革是一种很好的切入方式，因为成功的课堂教学改革一定会反映正确的培养理念、先进的培养手段。我们希望在今后的"国际贸易实务"课程教学中，实现从只重视"教"向"教"与"学"兼顾转变，从"结果"考核为主向"过程""结果"考核并重转变，从单纯的课堂教学向课内外结合转变。

本书结构新颖、内容翔实，努力追踪及反映行业最新发展动态，既可作为高等院校财经类专业学生的教材，也可作为外经贸工作者的学习、培训用书。本书由"国际贸易实务"国家级精品课程、国家级精品资源共享课主持人、浙江工商大学经济学院俞毅教授担任主编，他负责拟定写作大纲、写稿、统稿并修改全文，卢洪雨教授、李怀政教授担任副主编，童汇慧副教授、徐元国副教授以及浙江金融职业学院的肖旭副教授参编。本书的具体写作分工为：前言，教学建议，第一、二、三、四、五、六、七、八、十一、二十五、二十六、二十七章，附录由俞毅教授编写；第九、十、二十章由李怀政教授编写；第十二、十三、十四、十五章由卢洪雨教授编写；第十六、十七、十八、十九章由童汇慧副教授编写；第二十一、二十二、二十三、二十四章由徐元国副教授编写；第二十八章由肖旭副教授编写。此外，本书也归属于浙江工商大学浙商研究院的研究建设成果。

本书的编写参阅了国内外教材及文献，大部分已在书中列出，但限于篇幅，还有一些不能逐一列举，在此，我们对相关作者的辛勤劳动表示感谢。由于编者水平有限，本书肯定存在不足之处，敬请广大读者批评指正。

俞　毅

2022 年 2 月

教学建议
SUGGESTIONS

以"国际贸易实务"课程为代表的国际贸易实践类课程基本都以学生职业规划为前导，以学生创业为延伸，涉及国际商务谈判、国际商务流程、国际结算、国际商事争端解决以及国际商务决策等各方面内容，对学生从事国际商务活动所需要的各项能力进行全方位的训练。这类实践类课程教学有利于学生发挥主体作用，让学生有更多机会和空间去探索有关创新、创业的技能。因此，以"国际贸易实务"课程为代表的国际贸易实践类课程已成为国际经济与贸易等涉外经贸专业培养方案的重要内容。

一、教学内容

本课程主要围绕进出口合同的磋商、订立、履行等环节展开，重点在于有形商品进出口买卖合同的规范订立及执行。国际货物买卖合同的主要条款或主要交易条件包括买卖货物的品名、品质、数量、包装、价格、货物的运输、货物的运输保险、货款的支付、商品检验、索赔、不可抗力、仲裁、诉讼等。本课程以国际货物买卖为对象，以规范合同条款的订立及执行为重点，以国际贸易惯例与法律规则为准绳，系统介绍有形商品进出口贸易各环节的操作要领细则及其法理依据。

随着国际贸易的发展，进出口贸易的手段及方法也日益丰富。除了传统单边的进出口贸易外，还产生了包销、代理、招标与投标、寄售、拍卖、加工贸易、补偿贸易等非传统贸易方式。正确理解这些非传统贸易方式的特点并合理运用是"国际贸易实务"课程的又一重要内容。此外，随着跨境电子商务在进出口贸易中的快速崛起，课程还需要关注跨境电子商务的含义、跨境电子商务的监管模式、跨境电子商务第三方平台的特点、跨境电子商务的优势及其对传统外贸的影响、我国跨境电子商务综合试验区的基本情况等最新的内容。

二、教学方法

在过去的30多年中，国内高校的"国际贸易实务"课程的教学改革取得了不小的成绩，但整体教学特别是课堂教学方面仍存在着一系列的问题，集中表现在以下两个方面：其一，教学内容更新不够，无法完全跟上国际贸易实践的创新；其二，课堂教学方法的改革进步不明显，仍偏重于理论课式的传统课堂讲解。所以，怎样正确理解"国际贸易实务"课程的传统内涵及其现代变化，怎样赋予课程教学和课程学习新方式、新手段，是开展课程教学及学习前必须思考的问题。

本书所倡导的知识能力培养目标可以归纳为：以线下课堂教学为主导，以线上教学资源为依托，以"顶天立地"为理念，使学生成为既具有扎实的国际经济理论基础又具有灵活的国际贸易操作技能，具有创新、创业能力的国际贸易新人，真正做到"可上九天揽月，可下五洋捉鳖"。在使用本书开展教学活动时，建议注意以下要素与内容。

1. 努力做到理论与实践、政策与业务的有机结合

课堂教学不仅要讲深、讲透传统进出口贸易规范操作的要领，而且要把进出口贸易的常规操作与世界贸易规则的变革、国内宏观经济的演进、中国对外贸易的改革发展联系起来，强调"纵观全局，吃透政策，精通规则"是成为新时代优秀对外贸易从业者的必要条件。

2. 讲解重点要突出业务与法律、法规的关系

与贸易相关的法律、法规是开展国际商务活动的基本准则，必须系统地学习，要全面理解法律、法规的基本精神实质。除了学习课本的基本章节外，建议学生在课后系统研读《中华人民共和国民法典》《联合国国际货物销售合同公约》《2020年国际贸易术语解释通则》《跟单信用证统一惯例》（国际商会第600号出版物）以及《托收统一规则》（国际商会第522号出版物）等与国际贸易相关的重要法律、法规。

3. 以新的教学理念及教学方法不断探索改善课堂教学成果的新路径

"国际贸易实务"课程的教学要不断突破原有的时空框架体系，尽可能缩短传统的课堂讲解时间，增加学生参与讨论的时间，广泛采用基于案例学习（Case-Based Learning，CBL）、基于问题学习（Problem-Based Learning，PBL）等教学方法，实现从只重视"教"向"教"与"学"兼顾转变，从"结果"考核为主向"过程""结果"考核并重转变，从单纯的课堂教学向课内外结合转变。这些教学方法会极大地提高学生的学习兴趣，缩短课本内容与社会实践的距离，很好地改善课程教学成果。在授课过程中，一是教师要加强相关案例的收集、整理及运用；二是鼓励教师及学生深入国际贸易实践的第一线"采风"，实现在实践中学即"干中学"；三是跳出以期中、期末考试为主的传统考核框架，增加实践参与、学习资料收集、课堂讨论参与等过程性考核点；四是运用好本书的引导案例以及各章的典型案例分析，做到举一反三、融会贯通。

三、课时分布建议

根据课程的内容、教材的特色以及课程改革发展的需要，本书的教学课时分布建议如下表所示。

教学内容	学习要点	课时安排
前言 教学建议	（1）本课程的主要教学内容、教学方法 （2）国际货物买卖的特点 （3）国际货物买卖合同适用的法律 （4）国际货物买卖合同的基本内容	4
第一篇　国际贸易术语	（1）国际贸易术语概述 （2）国际贸易的六大常用贸易术语 （3）其他贸易术语 （4）贸易术语的选用 （5）进出口商品的价格核算	16
第二篇　合同的标的	（1）商品名称与商品品质 （2）商品的数量 （3）商品的包装	4
第三篇　国际货物的交付	（1）国际货物运输 （2）国际货物运输保险	10
第四篇　国际货款结算	（1）国际结算的票据 （2）汇付 （3）托收 （4）信用证 （5）不同结算方式的选用	16
第五篇　商品检验及争议处理	（1）进出口商品检验检疫 （2）索赔 （3）不可抗力 （4）仲裁	4
第六篇　国际货物买卖合同的商定与履行	（1）国际货物买卖合同的订立 （2）出口合同的履行 （3）进口合同的履行	4
第七篇　国际贸易方式	（1）独家经销与代理 （2）寄售与拍卖 （3）招标与投标 （4）对销贸易 （5）加工贸易	4
第八篇　跨境电子商务	（1）跨境电子商务的含义及基本术语 （2）跨境电子商务的监管方式代码及监管模式 （3）全球跨境电子商务的发展概况及第三方平台概述 （4）我国跨境电子商务综合试验区的发展概况	2
课时总计		64

说明：在课时安排上，对于国际经济与贸易专业建议按64个学时安排，案例讨论、课程思政等活动可以在课程中穿插进行。

四、核心讲解

请扫二维码阅读

目 录
CONTENTS

前言
教学建议

第一篇　国际贸易术语

第一章　国际贸易术语概述 ………… 2
学习目标 ………… 2
引导案例 ………… 2
第一节　贸易术语的含义及作用 ………… 2
第二节　有关贸易术语的国际贸易
　　　　惯例 ………… 4
本章小结 ………… 7
复习思考题 ………… 7
延伸阅读 ………… 8

第二章　国际贸易的六大常用贸易术语 ………… 9
学习目标 ………… 9
引导案例 2-1 ………… 9
引导案例 2-2 ………… 9
第一节　FOB 术语 ………… 10
第二节　CFR 术语 ………… 14
第三节　CIF 术语 ………… 18
第四节　FCA 术语 ………… 22

第五节　CPT 术语 ………… 25
第六节　CIP 术语 ………… 28
本章小结 ………… 31
复习思考题 ………… 31
延伸阅读 ………… 32

第三章　其他贸易术语 ………… 33
学习目标 ………… 33
引导案例 ………… 33
第一节　EXW 术语 ………… 33
第二节　FAS 术语 ………… 36
第三节　DAP 术语 ………… 38
第四节　DPU 术语 ………… 39
第五节　DDP 术语 ………… 41
本章小结 ………… 42
复习思考题 ………… 42
延伸阅读 ………… 43

第四章　贸易术语的选用 ………… 44
学习目标 ………… 44
引导案例 ………… 44
第一节　选用贸易术语要考虑的主要
　　　　因素 ………… 44

第二节 关于 INCOTERMS® 2020 使用的
        一些说明 ································ 46
本章小结 ······································ 47
复习思考题 ···································· 48
延伸阅读 ······································ 48

第五章 进出口商品的价格核算 ············ 49

学习目标 ······································ 49
引导案例 ······································ 49
第一节 进出口商品价格的掌握 ········ 49
第二节 进出口商品的成本核算 ········ 50
第三节 出口作价方法 ···················· 54
第四节 出口计价货币 ···················· 57
第五节 佣金与折扣 ······················· 60
本章小结 ······································ 63
复习思考题 ···································· 63
延伸阅读 ······································ 65

第二篇 合同的标的

第六章 商品名称与商品品质 ············ 68

学习目标 ······································ 68
引导案例 6-1 ································ 68
引导案例 6-2 ································ 68
第一节 商品名称 ·························· 69
第二节 商品品质 ·························· 70
本章小结 ······································ 76
复习思考题 ···································· 76
延伸阅读 ······································ 77

第七章 商品的数量 ························· 78

学习目标 ······································ 78
引导案例 ······································ 78
第一节 数量的计算方法 ················· 78
第二节 合同的数量条款 ················· 81

第三节 有关商品数量纠纷的典型案例及
        评析 ································ 83
本章小结 ······································ 84
复习思考题 ···································· 84
延伸阅读 ······································ 85

第八章 商品的包装 ························· 86

学习目标 ······································ 86
引导案例 ······································ 86
第一节 运输包装 ·························· 87
第二节 销售包装 ·························· 90
第三节 中性包装 ·························· 93
第四节 包装条款实例及签订时要注意
        的问题 ······························ 94
第五节 有关商品包装的典型案例分析 ··· 94
本章小结 ······································ 96
复习思考题 ···································· 96
延伸阅读 ······································ 96

第三篇 国际货物的交付

第九章 国际货物运输 ······················ 98

学习目标 ······································ 98
引导案例 ······································ 98
第一节 海洋运输 ·························· 99
第二节 铁路运输 ························· 118
第三节 航空运输 ························· 122
第四节 集装箱运输 ······················ 123
第五节 国际多式联运与大陆桥运输 ···· 131
本章小结 ····································· 133
复习思考题 ·································· 133
延伸阅读 ····································· 134

第十章 国际货物运输保险 ············· 135

学习目标 ····································· 135

引导案例 …………………………………… 135
第一节 国际货物运输保险及其基本原则 …………………………… 136
第二节 国际海洋运输货物保险承保范围 …………………………… 139
第三节 我国海洋运输货物保险的险别与条款 ……………………… 142
第四节 我国陆空邮运输货物保险的险别与条款 …………………… 150
第五节 伦敦保险协会海运货物保险条款 …………………………… 153
本章小结 …………………………………… 156
复习思考题 ………………………………… 156
延伸阅读 …………………………………… 157

第四篇 国际货款结算

第十一章 国际结算的票据 ……………… 160

学习目标 …………………………………… 160
引导案例 …………………………………… 160
第一节 汇票 ………………………………… 160
第二节 本票 ………………………………… 165
第三节 支票 ………………………………… 166
本章小结 …………………………………… 168
复习思考题 ………………………………… 168
延伸阅读 …………………………………… 168

第十二章 汇付 …………………………… 169

学习目标 …………………………………… 169
引导案例 …………………………………… 169
第一节 汇付的定义及其当事人 …………… 170
第二节 汇付的种类及办理手续 …………… 170
第三节 汇付的性质及应用 ………………… 173
第四节 汇付的风险及防范 ………………… 175

第五节 汇付条款实例及典型案例分析 … 178
本章小结 …………………………………… 181
复习思考题 ………………………………… 181
延伸阅读 …………………………………… 181

第十三章 托收 …………………………… 182

学习目标 …………………………………… 182
引导案例 …………………………………… 182
第一节 托收的定义及其当事人 …………… 183
第二节 托收的类别及业务流程 …………… 184
第三节 托收在国际贸易中的应用 ………… 187
第四节 托收的风险及防范 ………………… 189
第五节 托收条款实例及典型案例分析 …… 190
本章小结 …………………………………… 192
复习思考题 ………………………………… 193
延伸阅读 …………………………………… 193

第十四章 信用证 ………………………… 194

学习目标 …………………………………… 194
引导案例 …………………………………… 194
第一节 信用证概述 ………………………… 194
第二节 信用证业务的当事人、主要内容及业务流程 ………………………… 196
第三节 信用证的类型 ……………………… 200
第四节 《跟单信用证统一惯例》与电子信用证 ……………………………… 205
第五节 银行保函与备用信用证 …………… 207
第六节 信用证的风险及防范 ……………… 211
第七节 关于信用证支付的典型案例分析 … 212
本章小结 …………………………………… 215
复习思考题 ………………………………… 215
延伸阅读 …………………………………… 216

第十五章　不同结算方式的选用 …………… 217

学习目标 ………………………………… 217
引导案例 ………………………………… 217
第一节　选择结算方式应注意的问题 …… 217
第二节　不同结算方式的组合使用 ……… 218
第三节　分期付款与延期付款 …………… 219
第四节　关于结算方式选择的典型案例
　　　　分析 …………………………… 220
本章小结 ………………………………… 221
复习思考题 ……………………………… 222
延伸阅读 ………………………………… 222

第五篇　商品检验及争议处理

第十六章　进出口商品检验检疫 ………… 224

学习目标 ………………………………… 224
引导案例 ………………………………… 224
第一节　进出口商品检验检疫的概念、
　　　　产生与发展 …………………… 225
第二节　进出口商品检验检疫工作的
　　　　作用与法律地位 ……………… 227
第三节　进出口商品检验检疫的一般
　　　　程序 …………………………… 229
第四节　进出口商品检验检疫典型案例
　　　　分析 …………………………… 237
本章小结 ………………………………… 237
复习思考题 ……………………………… 237
延伸阅读 ………………………………… 238

第十七章　索赔 ……………………………… 239

学习目标 ………………………………… 239
引导案例 ………………………………… 239
第一节　不同法律体系对违约的规定 …… 240
第二节　索赔与理赔 ……………………… 241

第三节　合同的索赔条款 ………………… 243
第四节　索赔条款实例及典型案例
　　　　分析 …………………………… 244
本章小结 ………………………………… 245
复习思考题 ……………………………… 246
延伸阅读 ………………………………… 246

第十八章　不可抗力 ………………………… 247

学习目标 ………………………………… 247
引导案例 ………………………………… 247
第一节　不可抗力事件的认定与处理 …… 248
第二节　不可抗力条款的规定 …………… 249
第三节　不可抗力条款实例及典型案例
　　　　分析 …………………………… 251
本章小结 ………………………………… 253
复习思考题 ……………………………… 253
延伸阅读 ………………………………… 253

第十九章　仲裁 ……………………………… 254

学习目标 ………………………………… 254
引导案例 ………………………………… 254
第一节　仲裁的形式与机构 ……………… 255
第二节　仲裁协议 ………………………… 256
第三节　仲裁程序 ………………………… 257
第四节　仲裁条款实例及典型案例
　　　　分析 …………………………… 260
本章小结 ………………………………… 261
复习思考题 ……………………………… 262
延伸阅读 ………………………………… 262

第六篇　国际货物买卖合同的
　　　　　商定与履行

第二十章　国际货物买卖合同的订立 …… 264

学习目标 ………………………………… 264

引导案例 ……………………………… 264
第一节　订立国际货物买卖合同的法律步骤 ……………………………… 265
第二节　合同成立的时间与合同生效的要件 ……………………………… 273
第三节　合同的形式及其基本内容 …… 275
第四节　关于交易磋商的典型案例分析 ……………………………… 277
本章小结 ……………………………… 279
复习思考题 …………………………… 279
延伸阅读 ……………………………… 280

第二十一章　出口合同的履行 ………… 281

学习目标 ……………………………… 281
引导案例 ……………………………… 281
第一节　货物的准备 …………………… 282
第二节　落实信用证 …………………… 284
第三节　安排装运 ……………………… 286
第四节　投保及报关 …………………… 287
第五节　制单结汇 ……………………… 289
第六节　出口收汇核销与出口退税 …… 295
第七节　有关出口合同履行的典型案例分析 ……………………………… 297
本章小结 ……………………………… 298
复习思考题 …………………………… 298
延伸阅读 ……………………………… 299

第二十二章　进口合同的履行 ………… 300

学习目标 ……………………………… 300
引导案例 ……………………………… 300
第一节　信用证的开立与修改 ………… 301
第二节　安排运输与投保 ……………… 302
第三节　银行审单与审单付款 ………… 303
第四节　进口报关 ……………………… 306

第五节　进口索赔 ……………………… 308
第六节　进口合同履行的典型案例分析 ……………………………… 309
本章小结 ……………………………… 311
复习思考题 …………………………… 311
延伸阅读 ……………………………… 311

第七篇　国际贸易方式

第二十三章　独家经销与代理 ………… 314

学习目标 ……………………………… 314
引导案例 ……………………………… 314
第一节　独家经销 ……………………… 315
第二节　代理 …………………………… 317
本章小结 ……………………………… 320
复习思考题 …………………………… 321
延伸阅读 ……………………………… 321

第二十四章　寄售与拍卖 ……………… 322

学习目标 ……………………………… 322
引导案例 ……………………………… 322
第一节　寄售 …………………………… 323
第二节　拍卖 …………………………… 325
本章小结 ……………………………… 328
复习思考题 …………………………… 328
延伸阅读 ……………………………… 329

第二十五章　招标与投标 ……………… 330

学习目标 ……………………………… 330
引导案例 ……………………………… 330
第一节　招标 …………………………… 331
第二节　投标 …………………………… 333
第三节　开标、评标与签订协议 ……… 334
第四节　有关招标、投标的典型案例分析 ……………………………… 335

第五节　国际招投标活动应该注意的
　　　　事项 ………………………… 335
本章小结 ……………………………… 336
复习思考题 …………………………… 337
延伸阅读 ……………………………… 337

第二十六章　对销贸易 ……………… 338

学习目标 ……………………………… 338
引导案例 ……………………………… 338
第一节　对销贸易的基本形式 ……… 339
第二节　对销贸易的重要形式：补偿
　　　　贸易 ……………………… 342
本章小结 ……………………………… 345
复习思考题 …………………………… 345
延伸阅读 ……………………………… 346

第二十七章　加工贸易 ……………… 347

学习目标 ……………………………… 347
引导案例 ……………………………… 347
第一节　我国加工贸易发展的基本
　　　　概况 ……………………… 347
第二节　加工贸易的基本形式 ……… 349
第三节　来料加工贸易 ……………… 350
第四节　进料加工贸易 ……………… 353

第五节　加工贸易的典型案例及分析 …… 354
本章小结 ……………………………… 356
复习思考题 …………………………… 357
延伸阅读 ……………………………… 357

第八篇　跨境电子商务

第二十八章　跨境电子商务概述 ……… 360

学习目标 ……………………………… 360
引导案例 ……………………………… 360
第一节　跨境电子商务的含义及基本
　　　　术语 ……………………… 360
第二节　跨境电子商务的监管方式代码
　　　　及监管模式 ……………… 365
第三节　全球跨境电子商务的发展概况
　　　　及第三方平台概述 ……… 367
第四节　我国跨境电子商务综合试验区
　　　　的发展概况 ……………… 371
本章小结 ……………………………… 372
复习思考题 …………………………… 372
延伸阅读 ……………………………… 372

附录 ………………………………… 373

参考文献 …………………………… 374

第一篇 PART 1

国际贸易术语

第一章　国际贸易术语概述
第二章　国际贸易的六大常用贸易术语
第三章　其他贸易术语
第四章　贸易术语的选用
第五章　进出口商品的价格核算

第一章 CHAPTER 1

国际贸易术语概述

◆ 学习目标

通过学习本章,要求掌握:
1. 贸易术语的含义及作用。
2. 贸易术语的演变与发展。
3. 有关贸易术语的国际贸易惯例。

◆ 引导案例

浙江某出口公司与外商按 CIF New York 条件成交出口一批货物,合同规定,商品的数量为 1 000 箱,以信用证方式付款,6 月装运。买方按合同规定的开证时间将信用证开抵卖方。货物顺利装运完毕后,卖方在信用证规定的交单期内办好了议付手续并收回货款。不久,卖方收到买方寄来的货物在纽约港的卸货费及进口报关费的收据,要求我方按收据金额将款项支付给买方。

◆ 案例思考

我方是否需要支付这笔费用?

第一节 贸易术语的含义及作用

一、贸易术语的含义

在国际贸易中,买卖双方在履约时要解决如交货的时间、地点、方式,买卖双方交接货物过程中风险转移的界限,相关进出口手续(通常包括取得进口或出口许可证、租船订舱、通关、投保、包装、标记、货物检验、缴纳进出口税费等)由谁来负责办理,所涉及的费用由谁来承担,买卖双方需要交接哪些单据等问题。如果交易双方每次都要就上述问题逐一进行磋商,不仅谈判耗时费力,增加交易成本,不利于交易的达成,而且缺乏惯例规则的框架指引,买卖双方对规则的理解也容易出现偏差。在这一背景下,贸易术语的出现就是为了节省磋商时间,减少交易成本,提高交易效率。

贸易术语(Trade Term)又称交货条件(Delivery Term)、价格术语(Price Term),是指在长期的国际贸易实践中逐渐产生与发展起来的,用一个简短的英文缩写字母来说明价格的构成以及买卖双方有关风险、责任及费用划分等问题的专门用语。

贸易术语具有双重性:一方面表示交货条件,即说明买卖双方在交接货物方面各自需承担的风险、责任以及费用的划分;另一方面表示价格构成因素,包括货价中所包含的从属费用。通常来讲,卖方需承担的风险和责任越小、费用越低,其价格就越低;反之,卖方需承担的风险和责任越大、费用越高,其价格就越高。但应明确的是,贸易术语并不完全等于价格,它只是价格的一个重要组成部分。

二、贸易术语的作用

一般来说,贸易术语主要有以下三大作用。

(1) 有利于贸易的迅速达成。从历史上看,一些国际组织曾先后对各种贸易术语做了一些解释与规定,这些具有特殊含义的国际贸易术语都有其特定的适用范围及含义,在国际上被广泛接受,成为国际贸易交易的行为准则。所以当买卖双方商定按何种贸易术语成交时,实际上已经明确了双方在交易时所应承担的责任、费用及风险,这就简化了交易手续,缩短了交易时间,从而有利于买卖双方迅速达成交易。

(2) 有利于买卖双方开展价格及成本的核算。贸易术语之所以有时被叫作价格条件,主要有以下两个方面的原因:一方面是贸易术语能说明商品的价格构成,能说明是否包括成本以外的主要从属费用,如运费及保险费;另一方面是能说明买卖双方在交接货物方面彼此所承担的责任、费用及风险的划分。

(3) 有利于贸易争议的解决。在长期的国际贸易实践中,贸易术语对买卖双方所承担的责任、风险、费用的划分进行了明确的规定,已经被国际贸易界从业人员及法律界人士所理解与接受,从而成为国际贸易中公认的一种类似行为规范的框架准则,这一规范框架准则有利于减少贸易纠纷及妥善解决贸易争端。

三、贸易术语的演变及未来发展

随着国际贸易范围的不断扩大,18 世纪末 19 世纪初,出现了 FOB(Free on Board)的贸易术语,即装运港船上交货。19 世纪 20 年代来自美国的棉花已成为英国港口利物浦最有价值的进口货物,棉纺工业的发展推动着经济的发展,而当时的英国进口商主要采用 FOB 术语进口美国棉花,在当时繁忙的利物浦港口,不时充斥着 FOB 的劳动号子,可以说 FOB 是贸易术语中历史最为悠久的术语。随着运输条件的改善、贸易服务意识的增强,与国际贸易相关的贸易服务业产生了巨大的进步,各类为国际贸易服务的运输公司、保险公司等纷纷成立,银行也参与到国际贸易结算中。从 19 世纪中叶开始，CIF（Cost，Insurance and Freight）逐渐成为国际贸易中最常用的交易方式，一度被西方称为海外贸易的最佳契约。

出于历史原因，不同国家及地区对贸易术语有着各种不同的解释及理解，这种差异会引起交易双方之间的误解、争议，浪费买卖双方的时间及金钱，影响国际贸易的有序发展。为了解决这一问题，经过长期的努力，国际商会、国际法协会等国际组织以及美国一些著名商业团体，分别制定了有关国际贸易术语的规则，逐步形成了一般的国际贸易惯例，至今不少惯例已在国际上被广泛采用，其中影响最大的是国际商会制定的相关规则。国际商会于 1936 年初次制定并于 1953 年修订了《国际贸易术语解释通则》（International Rules for the Interpretation of Trade Terms，简称 INCOTERMS），该时期的 INCOTERMS 只包括 9 种贸易术语。随着国际贸易的发展，国际商会于 1967 年、1976 年、1980 年、1990 年和 2000 年对 INCOTERMS 做了多次修订。20 世纪 90 年代由于无关税区的发展、电子信息交易的增多以及运输方式的变化，国际商会推出了 INCOTERMS® 2000，对交易双方有关义务的规定方面做了适当的变更。考虑到国际贸易领域出现的新变化，比如区域经济一体化浪潮的兴起，从 2010 年开始，国际商会组织有关专家对 INCOTERMS® 2010 进行了修订工作，国际商会于 2019 年 9 月正式公布了 INCOTERMS® 2020，与 INCOTERMS® 2010 相比改换了一个术语，依然为 11 个术语，其特点是更为明晰地向用户展示了各种术语所规定的买卖双方的权利与义务，升级了指导说明（Guidance Note）。INCOTERMS® 2020 于 2020 年 1 月 1 日正式生效。

第二节　有关贸易术语的国际贸易惯例

国际贸易惯例（International Trade Practice）是指在国际贸易实践中逐步形成的具有较普遍指导意义的一些习惯做法或解释，对贸易实践具有非常重要的指导作用。由于各国法律制度、贸易惯例与习惯做法不同，对贸易术语的分类、对同一贸易术语的解释也存在差异，因而容易引起贸易纠纷，国际贸易惯例正是为消除这种情况而产生的。国际贸易惯例本身不是法律，它对贸易双方不具有强制性，是以交易双方自愿、真实的意思表达为基础的，但它对国际贸易实践的规范作用却不容忽视。目前，有关贸易术语的国际惯例主要有以下三种。

一、《1932 年华沙 – 牛津规则》

《1932 年华沙 – 牛津规则》（Warsaw-Oxford Rules 1932）主要说明了 CIF 买卖合同的性质与特点。1928 年，国际法协会在波兰首都华沙开会，制定了关于 CIF 买卖合同的统一规则，称为《1928 年华沙规则》，其后在 1930 年的纽约会议、1931 年的巴黎会议和 1932 年的牛津会议上不断讨论修订并更名为《1932 年华沙 – 牛津规则》。《1932 年华沙 – 牛津规则》主要说明了 CIF 买卖合同的性质与特点，并具体规定了采用 CIF 术语时有关买卖双方所承担的风险、责任和费用的划分以及所有权转移方式。《1932 年华沙 – 牛津规则》的制定及公布有利于买卖双方解决 CIF 合同履行中可能出现的争议，当合同当事人发生争议时，可以依据此规则来处理。《1932 年华沙 – 牛津规则》在国际贸易中有一定的影响力，有些条款沿用至今。

二、《1990 年美国对外贸易定义修订本》

《1990 年美国对外贸易定义修订本》（Revised American Foreign Trade Definitions 1990）是由美国几个商业团体最早于 1919 年在纽约制定的，原名称为《美国出口报价及其缩写条例》，后于 1941 年在美国第 27 届全国对外贸易会议上对该条例做了修订，故命名为《1941 年美国对外贸易定义修订本》。这一修订本经美国商会、美国进口商协会和美国对外贸易协会所组成的联合委员会通过，由美国对外贸易协会予以公布。

根据形势发展的需要，1990 年该条例被再次修改，形成了《1990 年美国对外贸易定义修订本》，该版本所解释的贸易术语共有 6 种，分别为：EXW（Point of Origin，产地交货）、FOB（Free on Board，在运输工具上交货）、FAS（Free Along Side，在运输工具旁边交货）、CFR（Cost and Freight，成本加运费）、CIF（Cost, Insurance and Freight，成本加保险费、运费）、DEQ（Delivered Ex Quay，目的港码头交货）。《1990 年美国对外贸易定义修订本》主要在美洲国家采用，虽然有些缩写字母与国际商会用的贸易术语缩写字母相同，但其解释特别是 EXW、FOB 与国际商会 INCOTERMS® 2020 的解释存在明显差异，所以在同美洲国家进行交易时应该注意该规则与国际商会 INCOTERMS® 2020 的区别。

三、《2020 年国际贸易术语解释通则》（INCOTERMS® 2020）

国际商会在 2019 年 9 月正式发布了 INCOTERMS® 2020，INCOTERMS® 2020 最大的特点就是更明晰地向用户展示了各条术语所规定的买卖双方的权利与义务，以便买卖双方在签订合同时选择合适的术语，因此新版本的术语更强调选择正确的术语。新版本中除了按首字母排列外，还会根据交货过程及相关风险的不同重新排列相关术语，更加突出地显示重点，便于进出口商选择。此版本对买卖合同与附属合同之间的界限与联系也做出了更明确的解释，升级了指导说明，当前版本的指导说明会对每条术语做出更详细的解释。

与 INCOTERMS® 2010 相比，INCOTERMS® 2020 的修改主要集中在以下 7 个方面。

1. FCA 术语增加了承运人签发装船提单的选择项

根据 INCOTERMS® 2010，在 FCA 术语中由于交货是在货物装船之前完成的，卖方不能从承运人处获得装船提单，因为根据运输合同，承运人很可能只有在货物实际装船后才有签发已装船提单的权利或者义务。但有时为了出售在途货物，卖方或买方或银行可能需要带装船批注的提单。为了解决这个问题，INCOTERMS® 2020 的 FCA A6、B6 条款提供了一个附加选项。买卖双方可以约定：买方可指示其承运人在货物装船后向卖方签发装船提单，然后卖方有义务向买方提交该提单（通常是通过银行提交）。但需要强调的是，即使采用了这一机制，卖方对买方也不承担运输合同条款的义务。

2. 一站式的成本的列出方式

在 INCOTERMS® 2010 中，不同术语下的各种成本通常会出现在买卖双方权利与义务的不同部分，而在 INCOTERMS® 2020 中，具体术语所涉及的所有成本都会显示在每个术语的

A9、B9 处，列出了每个规则分配的所有成本，其目的是向用户提供一个一站式的成本清单，以便卖方或买方可以在一个地方找到其根据 INCOTERMS® 2020 应承担的所有成本。

3. 有关 CIF、CIP 保险条款规定的变更

INCOTERMS® 2010 对 CIF 及 CIP 术语的保险义务是通过 A3、B3 条款规定的，即卖方有义务自费购买货物保险，至少符合伦敦协会货物保险条款（C）或任何类似条款。协会货物保险条款（C）一般指的是只需负担货物的运输险，而不是协会货物保险条款（A）所规定的"一切险"（All Risks）。而 INCOTERMS® 2020 对 CIF 及 CIP 中的保险条款分别进行了规定，CIF 术语默认使用协会货物保险条款（C），即卖方只需要承担运输险，但是买卖双方可以规定较高的保额；而 CIP 术语使用协会货物保险条款（A），即卖方需要承担一切险，相应的保险费也会更高。也就是说，在 INCOTERMS® 2020 中，使用 CIP 术语，卖方承担的保险义务变大，而买方的利益会得到更多保障。

4. 有关 FCA、DAP、DPU 以及 DDP 术语中运输工具选择的规定

在 INCOTERMS® 2010 中，FCA、DAP 以及 DDP 术语基本规定在从卖方运往买方的过程中货物是由第三方承运人负责的，而承运人受控于哪一方则取决于买卖双方使用的具体贸易术语。然而 INCOTERMS® 2020 规定，在采用 DAP、DPU、DDP 时，从卖方到买方的货物运输完全可以不雇用任何第三方承运人的运输工具而直接选择卖方自己的运输工具。同样在采用 FCA 术语时，买方也可以选用自己的交通工具。

5. 对 D 组术语进行调整，将 DAT 改为 DPU

根据 INCOTERMS® 2010，DAT 与 DAP 的唯一区别在于，在 DAT 术语中，在货物运达之后，卖方需要将货物从运输工具上卸至目的地；而在 DAP 中，只要载有货物的交通工具抵达目的地，卖方即完成交货。不仅如此，在 INCOTERMS® 2010 中，"目的地"一词的定义大致包括"任何地方，无论是否覆盖……"，较为模糊。因此，在 INCOTERMS® 2020 中，国际商会决定对 DAT 及 DAP 进行两步修改。第一，调整 DAP 与 DAT 的位置，将 DAP 调至 DAT 之前。第二，将 DAT 改为 DPU，这样做的目的是强调目的地可以是任何地点，而不仅仅是"终点站"，如果该地点不在终点站，卖方应确保其计划交付货物的地点是能够顺利卸货的地点。

6. 与安全相关的义务及费用的规定有了新变化

INCOTERMS® 2010 是 21 世纪初安全问题受到普遍关注之后术语修订的第一个版本，在此后的航运实务中，又出现了很多与安全相关的需要关注的点，在 INCOTERMS® 2010 中，与安全相关的要求放在 A2、B2 和 A10、B10 项中但条目相当有限。而在 INCOTERMS® 2020 中，与安全相关的义务的明确分配已添加到每个规则的 A4、B4 及 A7、B7 项下，相关的费用也被更明确地标明，放在每条规则的 A9、B9 项下。

7. 有关用户说明的变化

在 INCOTERMS® 2010 中，指导说明放在每一个术语解释通则的开头，而 INCOTERMS® 2020 有了专门的"用户解释性注释"（Explanatory Notes for Users），这些注释解释了 INCOTERMS®

2020 的基本原则，例如何时使用、何时转移风险以及如何在买卖双方之间分配成本。解释性注释的目的有两个：第一，帮助用户准确、有效地使用适合特定交易的适当的国际贸易术语；第二，当受 INCOTERMS® 2020 管辖的合同存在争议时，这些解释可以为协议制定者以及咨询者提供必要的指导。

INCOTERMS 是一个重要的工具，也是进出口从业人员必须要掌握的技能，当前 INCOTERMS® 2020 的公布并不影响此前版本的适用性，所以大家在订立、阅读合同的时候，要明确规定在合同中使用的是哪个版本的 INCOTERMS。不难发现，INCOTERMS® 2020 相较于 INCOTERMS® 2010 有了明显的升级，买卖双方的权利与义务关系更加明晰，用户友好度更高。

四、有关合同条款的典型案例分析

案例 1-1

某公司向科威特出口冻鸭 200 箱，合同规定：宰鸭要按照伊斯兰教的用刀方法。货到科威特后，进口商发现冻鸭外体完整，颈部无任何刀痕。进口当局认为该批货物违反伊斯兰教的用刀方法，因此科威特的进口商拒绝收货并要求出口商退回货款。试问在上述情况下，进口商有无拒收货物及要求退回货款的权利？为什么？

【分析】

从本案例的情况看，出口商应收回货物并退回买方货款。首先，本案例所涉及的品质纠纷并非一般的品质纠纷，因为该合同买卖的冻鸭是供穆斯林食用的。卖方所交的冻鸭颈部未发现任何刀口痕迹，这显然违反了伊斯兰教的用刀方法，违反了买方所需的特定用途，这是一起重大的违反合同的行为，因此买方的退货、退款要求是合理的。其次，这个案件不仅涉及商品的品质问题，而且违反当地的公共政策（Public Policy），伤及对方的宗教感情，如果处理不当，有可能转化为政治纠纷，后果将十分严重。最后，出口商在向国外推销商品的时候除了要关注正常的法律、惯例外，还应当十分注意当地的消费习惯及公共政策方面的特殊要求。

资料来源：改编自钱益明. 国际贸易纠纷的处理与案例分析［M］. 北京：对外贸易教育出版社，1989.

本章小结

本章详细介绍了贸易术语的基本含义、作用及其演变发展；不同国际贸易相关的国际惯例诸如《1932 年华沙-牛津规则》《1990 年美国对外贸易定义修订本》《国际贸易术语解释通则》的主要内涵及特点；特别总结了 INCOTERMS® 2020 对 INCOTERMS® 2010 的主要修改内容。

复习思考题

1. 国际贸易术语的基本内涵是什么？

2. 国际贸易术语的作用有哪些？
3. 简述贸易术语与买卖合同性质的关系。
4. 有关贸易术语的国际惯例有哪些？它们各自有哪些特点？

延伸阅读

一般性合同揭示义务的标准

请扫二维码阅读

第二章

国际贸易的六大常用贸易术语

学习目标

通过学习本章，要求掌握：
1. FOB、CFR、CIF、FCA、CPT 以及 CIP 六大贸易术语的基本内涵及其作用。
2. 采用 FOB、CFR、CIF、FCA、CPT 以及 CIP 贸易术语应注意的问题。
3. FOB、CFR、CIF、FCA、CPT、CIP 的典型案例类别。

引导案例 2-1

A 公司与国外某公司以 CFR 术语签订了一份出口合同。A 公司按合同规定在装运期内装船完毕并于当天上午启程离港。由于恰逢五一劳动节休假，A 公司业务员在假期结束后的第一个工作日马上发出装船通知，但货船已在一天前遭遇海难，货物全部损失，国外进口商向出口公司 A 要求索赔。

案例思考

A 公司是否应承担赔偿责任？为什么？

引导案例 2-2

A 公司与 B 公司按 CIF 术语签订了进口合同。合同中规定：卖方保证运输船只不得迟于 1 月 1 日抵达目的港，若载货船只迟于 1 月 1 日抵达，则买方有权取消合同。

案例思考

合同中的这一条款是否合理？为什么？

第一节　FOB 术语

一、FOB 术语的基本内涵

FOB 即 Free on Board（... Named Port of Shipment），装运港船上交货（……指定装运港），是指当卖方在指定的装运港将货物运至买方指定的船上或取得已按此送交的货物凭证，即完成交货。当货物已运至船上时，货物灭失或损坏的风险发生转移，买方自那时起承担一切费用，该术语仅适用于海运或内河运输。在 INCOTERMS® 2010 中，FOB 术语中买卖双方的风险、责任、费用的划分界限已从装运港的"船舷"变为装运港的"船上"，但在 INCOTERMS® 2020 中，FOB 术语仍然没有拓展到集装箱运输中去。根据 INCOTERMS® 2020 的规定，在 FOB 术语下，买卖双方的主要义务分别如下。

1. 卖方的主要义务

（1）卖方必须提供符合销售合同规定的货物及相关商业发票，以及合同可能要求的、证明货物符合合同规定的其他任何凭证。

（2）卖方自担卖方境内风险及费用，取得任何出口许可证或其他官方许可，并办理货物出口所需的一切海关手续。

（3）卖方必须将货物交到装运港买方所指定的船上或买方指定的中间商手中；根据 INCOTERMS® 2020 的相关精神，通常情况下，"船上"是指货物安全地落在甲板上或货舱中，如果货物需要在运输上得到进一步的保障，例如用某种材料捆绑或分离，或在散装货物（如谷物）的货舱中均匀地分布，则卖方和买方应在合同中商定所需费用与风险由谁承担。

（4）卖方承担货物交到船上或连环销售中间商取得货物为止之前的货物灭失或损坏风险，无义务办理风险转移后的货运保险手续，但是，如果买方提出要求，则卖方必须向买方提供其拥有的相关信息，买方则需要安排保险。

（5）由于买方承担风险及费用，卖方必须给予买方说明货物已按照规定交货或者船只未能在约定的时间内接收上述货物的充分通知。

2. 买方的主要义务

（1）买方必须按照销售合同规定支付价款。

（2）买方自担风险和费用的情况下，自行决定是否取得任何进口许可证或其他官方许可，或办理货物进口以及在必要时从他国过境时所需的一切海关手续。

（3）买方接收卖方如此交付的货物，自付费用签订从指定装运港运输货物的合同。

（4）买方承担货物交到船上为止之后或中间商取得货物为止之后的货物灭失或损坏风险。

（5）买方必须给予卖方有关船名、装船点以及需要时在约定期限内所选择的交货时间的充分通知和装船后适用的任何与运输有关的安全要求。

二、采用 FOB 术语应注意的问题

1. 关于风险划分界限与连环销售

一般来说，运输途中货物的风险包括货物的灭失及损坏两类，具体是指货物因意外事故

而遭受的灭失或损坏。若不是因意外事故导致的灭失或损坏，诸如因货物包装不良、标识不清或因货物本质或内在瑕疵导致的灭失或损坏，风险并不会因交货而转移至买方。如果装运港码头的水位太浅，载货船舶不能靠岸，而必须在离码头较远的深水水域抛锚，从码头岸边到载货船舶之间需要用驳船转运时，在 FOB 术语下，转运的费用应由卖方支付，货运风险的划分仍然以载货船舶的船上，而不是以驳船的船上为界。

虽然总体而言，FOB 术语下的风险界限是货物"交到船上"，但在链式交易（String Sale）中，风险界限是中间商取得已被装运的货物。卖方必须将货物运到船上或取得已按此送交准备发运的货物凭证。当大宗货物买卖时，货物在从供应商到最终用户的运输过程中常常被多次销售。在链式交易发生时，在链条中间环节的卖方并不"装运"这些货物，因为这些货物已经由最开始的卖方装运了。连环运转中间环节的卖方不是通过装运货物，而是通过"取得"已经被装运的货物凭证履行其对买方的义务。

2. 关于 FOB 术语的变形

在程租船运输中，如果船方不愿意承担装船费用，买卖双方往往在 FOB 后加列附加条件，用来说明装船费用由谁承担，称为 FOB 贸易术语的变形。

（1）FOB Liner Terms 即 FOB 班轮条件，这一变形是指装船费用按照班轮的做法处理，班轮的特点之一是管装管卸，即装卸费用都由船公司承担，而 FOB 由买方租船订舱，所以采用这一变形，装船费用由支付运费的一方即买方承担，卖方不承担装船的有关费用。

（2）FOB Under Tackle 即 FOB 吊钩下交货，是指卖方承担将货物交到买方指定船只的吊钩所及之处的费用，而吊装入舱及其他费用，概由买方承担。

（3）FOB Stowed 即 FOB 理舱费在内，是指卖方负责将货物装入船舱并承担包括理舱费在内的装船费用。所谓理舱费是指货物入舱后进行安置以及整理的费用。

（4）FOB Trimmed 即 FOB 平舱费在内，是指卖方负责将货物装入船舱并承担包括平舱费在内的装船费用。所谓平舱费是指对装入船舱的散装货物进行平整所需的费用。

（5）FOBST 即 FOB Stowed and Trimmed，这是 FOB Stowed 及 FOB Trimmed 的综合，指由卖方承担包括理舱费以及平舱费在内的各项装船费用。

3. 关于交货通知问题

按照 FOB 条件达成的交易，卖方需要特别注意的问题是在交货后必须及时向买方发出已按要求交货的通知，以便买方办理投保手续。因为一般的国际贸易惯例以及有些国家的法律，如英国《1893 年货物买卖法》（1979 年修订）中规定："如果卖方未向买方及时发出装船通知，致使买方未能及时办理货物保险，那么，货物在海运途中的风险被视为由卖方承担。"这就是说，如果货物在运输途中遭受损失或灭失，由于卖方未发出通知而致使买方漏保，那么卖方就不能以风险在船上完成交货或中间商形式上取得货物为止为由免除责任。INCOTERMS® 2020 明确规定卖方有义务通知买方，风险和费用由买方承担。

4. 关于船货衔接问题

买卖双方要做好船货的衔接工作，防止船到货未到或货到船未到等情况而引起额外的费用支出。INCOTERMS® 2020 规定，由于买方未按规定履行通知卖方的义务或买方指定的船只未按时到达，或未接收货物或提前将船只派到，由此引起的额外费用由买方承担，但以货物已清楚辨认其为该合同项下的货物为条件。由于买方未按规定履行通知卖方的义务或通知了但船只提前到达，卖方没有准备好交货前的准备工作，会引起空舱费、港口停留费等费用，这些费用由买方承担。若买方履行了通知卖方的义务，但船只未按时到达，或未接收货物，就可能引起货物的仓储费增加或货损风险增加，这些费用以及风险都由买方承担，但以货物已清楚辨认其为该合同项下的货物为条件，即以所谓的特定化货物（Specified Goods）为条件。如果买方指派的船只按时到达装运港，而卖方却未能备妥货物，那么，由此产生的上述费用则由卖方承担。

5. 关于运输合同以及保险合同问题

关于运输合同问题，INCOTERMS® 2020 规定，"买方自己付费，必须签订从指定装运港运输货物的合同""卖方没有义务为买方订立运输合同。如果买方要求卖方签订，则卖方必须按照买方的风险以及成本向买方提供买方需要安排运输的任何信息，包括与运输有关的安全要求。如果双方同意，卖方必须按照通常在合同中商定的或由双方以前的交易确定的通常条件进行运输，由买方承担风险以及费用。卖方必须遵守任何与运输有关的安全要求，但仅限于交货"。也就是订立运输合同是买方的义务，但在买方承担风险以及费用的情况下，卖方可以代买方订立运输合同。

关于保险合同问题，INCOTERMS® 2020 规定，"卖方没有义务为买方订立保险合同。但是当买方要求的时候，卖方必须向买方提供买方获得保险时所需要的信息，此时一切风险以及费用（如果有的话）由买方承担"。也就是说，办理国际货运保险手续不是卖方的义务，但如果买方要求卖方提供买方办理保险时所需要的信息，卖方必须提供买方所需要的信息，但风险以及费用由买方承担。

6. 关于支付方式的选择问题。

INCOTERMS® 2020 规定，卖方必须自付费用向买方提供证明货物已按规定交货的通常单据。在应买方要求并由其承担风险及费用的前提下，卖方必须给予买方协助，以取得运输单据。为了避免货款两空的风险，建议卖方一般不应采用商业信用方式结算货款，而应该采用信用证等银行信用方式结算货款。

7. 关于不同国家或者规则对 FOB 解释的差异问题

按照 INCOTERMS® 2020 的解释，在 FOB 条件下，"卖方需自担风险及费用，取得任何出口许可证或其他官方许可并办理货物出口所需的一切海关手续"。FOB 要求由卖方负责办理货物出口清关，但卖方并没有义务办理货物的进口清关，承担任何进口关税或办理任何进口海关手续。但若按照《1941 年美国对外贸易定义修订本》的解释，只有在买方提出请求并由买方承担费用的情况下，指定装运港船上交货（FOB Vessel）的卖方才有义务协助买方取得由出口国签发的货物出口或在目的地进口所需的各种证件，并且出口关税及其他捐税费用也须由买方承担。因此，我国的外贸企业在与美国以及其他美洲国家出口商按照 FOB 洽谈进口业务时，除了在 FOB 后面加注 Vessel 外，还应该明确提出由对方（卖方）负责取得出口许可证并支付一切出口关税及费用。

三、有关 FOB 术语的典型案例分析

FOB 是一个历史较为悠久、使用范围较广的术语，与之相关的案例也较为丰富，一般来说，其类型包括租船订舱的责任问题、买卖双方的风险转移问题以及买卖双方船货的衔接问题等。

▶ 案例 2-1

我国某出口公司以 FOB 条件出口一批化工品到国外公司，合同签订后，国外买方委托我方租船，并由其承担相关费用。我方出口公司接受委托，但由于无法租到合适的船，所以合同规定的装运期结束时这批化工品仍未装船，且买方不同意改变装运港。后买方来函以我方未按期租船履行交货义务为由要求撤销合同。我方应如何处理？

【分析】

根据 INCOTERMS® 2020，FOB 条件下卖方是不负责租船订舱以及办理保险业务的。在实际业务中，卖方可以接受买方的委托来代办租船订舱或投保，但是如果卖方未能完成委托的租船订舱或投保，买方不得因此向卖方提出任何异议或借以撤销合同，所以，对方无权要求撤销合同。

▶ 案例 2-2

买卖双方按 FOB 条件成交一批谷物，装船时谷物经公证人检验，符合合同规定的品质条件，卖方在装船后及时向买方发出了装船通知。但在航行途中由于发生舱汗，部分谷物受潮，品质受到影响，买方不能按原计划出售谷物，转而要求卖方赔偿其所遭受的损失。卖方是否应负责赔偿？

【分析】

根据 INCOTERMS® 2020 对 FOB 条件的相关解释，对货物在运输途中因风险而发生的损失，卖方是无须负责的。在本案例中，卖方已把符合合同品质条件规定的谷物装上船，自装运港装上船后，货物的风险已由卖方转移给买方，所以卖方不需要负责。

▶ 案例 2-3

1986 年 11 月，我国 F 省粮油进出口公司与巴西某公司签订了一份出口油籽的合同。合同采用 FOB 价格术语，买方需于 1987 年 2 月派船到厦门港接货。合同还规定："如果在此期间内不能派船接货，卖方同意保留 28 天，但仓储、利息、保险等费用皆由买方承担。" 3 月

1 日，卖方在货物备妥后电告买方应尽快派船接货。但是，一直到 3 月 28 日，买方仍未派船接货。于是卖方向买方提出警告，声称将撤销合同并保留索赔权。买方在没有与卖方进行任何联系的情况下，直到 1987 年 5 月 5 日才将船只派到厦门港。这时卖方拒绝交货并提出损失赔偿，买方则以未订到船只为由拒绝赔偿损失，双方发生争议不能和解，卖方便起诉到法院。法院经取证调查，认为买方确实未按合同规定的时间派船接货，法院判决：卖方有权拒绝交货，并提出赔偿要求。后经双方协商，卖方交货，但由买方赔偿仓储、利息、保险等费用。你认为法院的判决合理吗？为什么？

资料来源：钱益明. 国际贸易纠纷的处理与案例分析［M］. 北京：对外贸易教育出版社，1989.

【分析】

法院的判决是合理的。按照 FOB 术语成交的合同属于装运合同，这类合同中卖方的一项基本义务是按照规定的时间和地点完成装运，而买方负责安排租船订舱。根据有关法律和惯例，如果买方未能按时派船，卖方有权拒绝交货，并且由此产生的各种损失均由买方承担。因此，在 FOB 术语下成交的合同，对于装运期和装运港要慎重规定，订约之后，有关备货和派船事宜，双方要加强联系，密切配合，保证船货衔接。在此案例中，卖方尽到了自己的责任。在装运期临近时，卖方电告催促买方派船接货，但买方仍没有及时派船接货。根据《联合国国际货物销售合同公约》的规定，卖方有解除合同之权利，并要求买方赔偿损失。

第二节 CFR 术语

一、CFR 术语的基本内涵

CFR 即 Cost and Freight Paid to（... Named Port of Destination），成本加运费付至（……指定目的港），是指卖方要在合同规定的装运期内，在装运港将货物装上运往指定目的港的船上，承担装运港装上船为止的一切费用以及货物灭失损坏的风险，并负责租船订舱，支付抵达目的港的正常运费。根据 INCOTERMS® 2020 的规定，在 CFR 术语下，买卖双方的主要义务分别如下。

1. 卖方的主要义务

（1）卖方必须提供符合销售合同规定的货物及商业发票以及合同可能要求的、证明货物符合合同规定的其他任何凭证。

（2）卖方自担风险及费用，取得任何出口许可证或其他官方许可，并办理货物出口所需的一切海关手续。

（3）卖方自付费用，按照通常条件订立运输合同，将货物运到目的港，交货是在装运港的船只上或由中间商获取这样的货物（形式上获取这样的货物）。

（4）卖方承担货物在装运港交到船上或连环销售中间商取得货物为止之前的货物灭失或损坏的风险，无义务办理风险转移后的货运保险手续。

（5）卖方必须给予买方一切必要的通知，以便买方采取必要的措施来确保领受货物以及办理保险。

2. 买方的主要义务

（1）买方必须按照销售合同规定支付价款。

（2）买方自担风险及费用的情况下，自行决定是否取得任何进口许可证或其他官方许可，或办理货物进口及在必要时从他国过境时所需的一切海关手续。

（3）买方接收卖方交付的货物，并在指定目的港从承运人处接收货物。

（4）买方承担货物交到船上为止之后或中间商（连环销售中的卖方）取得货物为止之后的货物灭失或损坏的风险。

（5）当买方有权决定装运货物的时间或在目的港内接收货物的地点时，买方必须给予卖方充分的通知。

二、采用 CFR 术语应注意的问题

1. 风险转移地点与费用转移地点的问题

卖方交付货物的方式是在商定的日期或在商定的期限内将货物放在船上，如果在期限结束时没有通知如何交付，则以港口惯常的方式交付货物。最重要的是，交货是在卖方将货物装上船时发生的，而不是在船只到达目的港时发生的，但运输费用却要付到目的地。卖方必须支付在船上装载货物的费用、运费以及任何与运输有关的安全费用，如果运输合同包括过境费和/或卸货港卸货费，这些费用也由卖方承担。

2. 关于装船通知的问题

在 CFR 术语下，卖方负责安排在装运港将货物装上船，而买方必须自行将货物运至目的港，当货物在装运港装上船后，货物灭失及损坏的风险转由买方承担，买方必须及时向保险公司办理保险，国际商会在 INCOTERMS 的各类版本中均强调：卖方必须给予买方关于货物已按照规定交至船上的充分的通知。所谓的"充分的通知"，意指装船通知在时间上是"毫不迟延"的，在内容上是"详尽"的，可满足买方为在目的港收取货物而采取的必要措施，包括办理保险的需要。INCOTERMS® 2020 也规定卖方必须"provides information to the buyer at his expense and risk needed to obtain insurance"（自付费用、自担风险、向买方提供其办理保险所需要的信息）。

3. 关于 CFR 术语的变形问题

CFR 术语的变形是为了解决大宗货物在租船运输中，货物到达目的港后的卸货费用的承担问题，具体变形有：

（1）CFR Liner Terms 即 CFR 班轮条件，指卸货费按班轮做法处理，由负责运费的一方即卖方承担卸货费。

（2）CFR Landed 即 CFR 卸至码头，这一变形是指由卖方承担卸货费，包括可能涉及的驳船费。

（3）CFR Ex Tackle 即 CFR 吊钩下交货，这一变形是指卖方负责将货物从船舱吊起一直卸到吊钩所及之处（码头上或驳船上）的费用，但船舶不能靠岸时，驳船费用由买方负责。

（4）CFR Ex Ship's Hold 即 CFR 舱底交货，按此条件成交，船到目的港在船上办理交接后，由买方自行启舱，并承担货物由舱底卸至码头的费用，包括可能涉及的驳运费也由买方承担。

三、有关 CFR 术语的典型案例分析

CFR 术语在国际贸易中的使用也较为广泛，与其相关的案例也非常丰富，归纳起来主要围绕卖方的装船通知问题、货物风险转移的问题以及术语所涉及的提单诈骗问题等。

案例 2-4

我方某公司以 CFR 术语出口一批瓷器，我方按期在装运港装船后，即将有关交易单据寄交买方，要求买方支付货款。过后，业务人员才发现忘记向买方发出装船通知。此时，买方已来函向我方提出索赔，因为货物在运输途中因海上风险而损毁。我方能否以货物运输风险是由买方承担为由拒绝买方的索赔？

【分析】

（1）我方不能以风险界点在装运港装上船为由而拒绝买方的索赔要求。

（2）这个案例涉及 CFR 术语，根据 CFR 术语，买卖双方的风险界点在装运港装上船，货物在装运港装船前的风险由卖方承担，货物装船以后的风险由买方承担。有鉴于此，卖方为了保证自己在遭到风险时能够将损失降低，可以通过向保险公司办理货运保险手续将风险转移给保险公司，但是买方能否及时办理保险取决于卖方在装运港装船后是否及时向买方发出装船通知。根据 CFR 术语，卖方在货物装船后及时向买方发出装船通知是其重要义务，如果卖方未及时向买方发出装船通知导致买方未能及时办理保险手续，那么由此引起的损失由卖方承担。

（3）就本案例而言，很显然卖方没有及时向买方发出装船通知，结果买方未办理货物保险，而货物却因海上风险而损毁，故卖方理应对该项货物损失负责，而不能以风险已转移给买方为由拒绝买方的索赔。

案例 2-5

1986 年，日本出口商 A 与韩国进口商 B 签订了一份 CFR 合同，规定 A 出售 10 000 M/T[①] 小麦给 B，小麦在装运港装船时是混装的，当时在 A 装运的 30 000 M/T 散装（In Bulk）小麦中，有 10 000 M/T 是卖给 B 的，货物运抵目的港后，将由船公司负责分拨 10 000 M/T 给 B。

[①] 表示公吨（Metric Ton 或 Tonne），1 M/T = 1 000 kg。公吨是公制单位，中国采用公制单位，因此我们说"吨"，其实指的是"公吨"。由于使用公吨的人太多，人们常把 Metric Ton 简写为 Ton。当国外客户说 Ton 的时候，有可能是指 Metric Ton，因此在外贸实践中，为避免混淆，建议用 Metric Ton，写合同更应如此。

但受载船只在途中遇到高温天气使小麦变质,该批货物损失 12 000 M/T,其余 18 000 M/T 安全运抵目的港。但 A 在货到目的港时声称,出售给 B 的 10 000 M/T 小麦已在运输途中全部损失,并且认为按 CFR 合同,A 对此项风险不负任何责任。买方则要求卖方履行合同,双方争执不下,于是根据合同中的仲裁条款请求仲裁解决。仲裁机构经过取证,最后裁决卖方不应推卸自己交货的责任,对货物在途中发生的损失不能转移给买方。

资料来源:钱益明. 国际贸易纠纷的处理与案例分析[M]. 北京:对外贸易教育出版社,1989.

【分析】

从本案例来看,卖方 A 对买方 B 负有交付 10 000 M/T 小麦的责任。因为:

(1)虽然按照 CFR 合同的规定,如果货物已经按照合同规定的时间在装运港把货物装上运往目的港的船只,自货物装上船只时起,货物的风险已由卖方转移给买方,这种规定适合一般情况下的 CFR 合同。但在本案例中,卖方出售 10 000 M/T 小麦是散装的,而且和另外 20 000 M/T 小麦混装在一起。在出售这 10 000 M/T 小麦时并未指定或特定化,既然如此,在运输途中虽然遇险损失了 12 000 M/T,但在这 30 000 M/T 小麦中,很难确定哪一粒小麦是卖给 B 的。因此,在这 10 000 M/T 小麦交给 B 以前,卖方 A 就不能以损失 12 000 M/T 为理由,把其中 10 000 M/T 认定是卖给 B 的,因此 A 仍然不能推卸交付 B 1 000 M/T 小麦的责任。INCOTERMS® 2020 对风险转移明确规定:"以该项货物已被适当地拨归于本合同,即已被清楚地分开,或已以其他方式被确定为本合同的货物为限。"引用该条规定解释本例最恰当不过了。

(2)从本案例中我们可以引申出另一个重要问题:有关货物风险的划分虽然与合同的性质有关,但同时也要考虑与货物的交货状态有关。假设本案例中 A 出售的是 10 000 M/T 包装小麦,卖方在装船时已把这 10 000 M/T 小麦清楚地分开,并在包装上刷注唛头,从而确定这 10 000 M/T 是出售给 B 的,如果这 10 000 M/T 小麦因风险导致全部或部分损失,那么,这项风险应属于 B。由本案例可以看出,在国际货物买卖中因货物风险转移发生争议时,一定要综合考虑多方面的因素,具体问题具体分析,不能生搬硬套教条。本案例中因卖方未对合同项下的货物进行划拨,所以不具备风险转移的前提,在这种情况下,卖方引用 CFR 合同中关于风险转移的规定进行抗辩,也就如"无源之水",没有合法的理论依据。

案例 2-6

我国某出口公司先后用 CFR 条件与伦敦 K 公司和瑞士 J 公司签订了两个出售农产品的合同,共计 3 500 ton⊖,价值为 8.275 万英镑。装运期为当年 12 月至次年 1 月。但由于原定的装货船舶出故障,只能改装另一艘外轮,致使货物 2 月 11 日才装船完毕。在我方公司的请求下,外轮代理公司将提单的日期改为 1 月 31 日,货物到达利物浦后,买方对装货日期提出异议,要求我方公司提供 1 月装船证明。我方公司坚持提单是正常的,无须提供证明。结果买方聘请律师上货船查阅船长的船行日志,证明提单日期是伪造的,立即凭律师拍摄的证据,向当地法院控告并由法院发出通知扣留该船,经过 4 个月的协商,最后,我方共计赔款 2.09

⊖ 表示英吨(Ton),即长吨(Long Ton),1 ton = 1.016 05 M/T = 1 016.05 kg。

万英镑，买方才肯撤回上诉而结案。

【分析】

（1）为了可以顺利结汇，交货人往往要求承运人倒签提单。

（2）在延期时间不多或者收货人不同意延期装运的情况下，有许多出口商会铤而走险。尤其是倒签的日子较长的话，就很容易引起买方怀疑。

（3）出口商必须明确倒签提单行为可能带来的法律后果，因为一旦被收货人发现，轻则可能会被行使留置权，严重的话可能招致诉讼。所以，本着诚实经商的原则，出口商不应该采用倒签提单的方法。

第三节　CIF 术语

一、CIF 术语的基本内涵

CIF 即 Cost, Insurance and Freight Paid to (... Named Port of Destination)，成本、保险费、运费付至（……指定目的港），是指卖方必须在合同规定的装运期内将货物交至运往指定目的港的船上，承担货物交到装运港船上为止的一切费用及货物灭失或损坏的风险，并且负责办理货运保险、支付保险费以及负责租船订舱，支付从装运港到目的港的运费。CIF 术语为现代国际贸易中运用最为广泛的贸易术语，也是最为典型的凭单交付的象征性交付交易。根据 INCOTERMS® 2020 的规定，在 CIF 术语下，买卖双方的主要义务分别如下。

1. 卖方的主要义务

（1）卖方必须提供符合销售合同规定的货物与商业发票以及合同可能要求的、证明货物符合合同规定的其他任何凭证。

（2）卖方自担风险及费用，取得任何出口许可证或其他官方许可，并办理货物出口所需的一切海关手续。

（3）卖方自付费用，按照通常条件订立运输合同，将货物运到目的港，交货是在装运港的船只上或由中间商获取这样的货物（形式上获取这样的货物）。

（4）卖方承担货物交到装运港船上为止或连环销售中间商取得货物为止之后的货物灭失或损坏的风险，但须自付费用办理风险转移后的货运保险手续，并保证买方或其他对货物具有保险利益的人有权直接向保险人索赔。

（5）卖方必须给予买方一切必要的通知，以便买方采取必要的措施来确保接收货物。

2. 买方的主要义务

（1）买方必须按照销售合同规定支付价款。

（2）买方在自担风险及费用的情况下，自行决定是否取得进口许可证或其他官方许可，或办理货物进口和在必要时从他国过境时所需的一切海关手续。

（3）买方接收卖方如此交付的货物并在指定目的港从承运人处接收货物。

（4）买方承担货物交到船上为止之后或中间商（连环销售中的卖方）取得货物为止之后的

货物灭失或损坏的风险。

（5）当买方有权决定装运货物的时间或在目的港内接收货物的地点时，买方必须给予卖方充分的通知。

二、采用 CIF 术语应注意的问题

1. 有关 CIF 合同性质的问题

在 CIF 术语下，买卖双方对于货物风险的承担是以在装运港装上船为分界点，卖方要负责到目的港为止的一切费用。但若把 CIF 合同称为"到岸价"也是不科学的，因为虽然卖方要将运费支付到目的地，但买卖双方风险转移的界限是装运港的船上而不是目的港，卖方在按合同规定的装运地将货物交付装运后，对货物可能发生的任何风险就不再承担责任了。值得注意的是，CIF 合同属于象征性交货（Symbolic Delivery）合同，指卖方只要按期在约定地点完成装运，并向买方提交合同规定的包括物权凭证在内的有关单证，就算完成了交货义务，而无须保证到货。在象征性交货方式下，卖方是凭单交货，买方是凭单付款。只要卖方如期向买方提交了合同规定的全套合格单据，即使货物在运输途中损坏或灭失，买方也必须履行付款义务。反之，如果卖方提交的单据不符合要求，即使货物完好无损地运达目的地，买方仍有权拒绝付款。当然，按 CIF 术语成交，卖方履行其交单义务，只是得到买方付款的前提条件，除此之外，卖方还必须履行交货义务。如果卖方提交的货物不符合要求，买方即使已经付款，仍然可以根据合同的规定向卖方提出索赔。

2. 有关租船订舱的问题

根据 INCOTERMS® 2020 的相关规定，在 CIF 合同项下卖方必须自付费用办理租船订舱并按照合同规定的时间装运出口。如果卖方不能按照合同规定的时间装船交货，就会构成违约，从而有可能被买方要求解除合同或承担赔偿的责任。但卖方只负责按照通常条件租船订舱，租用适合装运有关货物的通常类型的轮船，按照习惯行驶的航线装运货物。买方一般无权提出关于限制船舶的国籍、船型、船龄以及指定装载某船或某班轮公司的船只等要求。在实际出口业务中，如果国外买方提出上述要求，卖方在能够办到又不增加额外费用的情况下，也可灵活掌握，考虑接受。

3. 有关保险的问题

卖方应按合同要求办理保险，有关保险责任的起讫期限必须与货物运输相符合，必须自买方需承担货物灭失或损坏的风险时（即自货物在装运港装上船时起）对买方保障生效，并且该保险责任期限必须延展至货物到达约定的目的港为止。一般情况下，卖方是按照发票金额的 110% 确定保险金额。按照 INCOTERMS® 2020，除非另有规定，卖方只需按照 ICC 最低险别即 ICC（C）险投保即可。

4. 有关卸货费用的承担问题

CIF 的变形是为了解决租船运输中大宗货物到达目的港后的卸货费用承担的问题，具体的变形形式有：

（1）CIF Liner Terms 即 CIF 班轮条件，指卸货费用按班轮条件处理，由支付运费的一方即卖方承担。

（2）CIF Ex Ship's Hold 即 CIF 舱底交货，指买方承担将货物从舱底起吊卸到码头的费用，包括可能产生的驳运费。

（3）CIF Ex Tackle 即 CIF 吊钩下交货，指卖方承担将货物从舱底吊至船边卸离吊钩为止的费用，若装货船只不能直接靠岸，则驳运费由买方负责。

（4）CIF Landed 即 CIF 卸到岸上，指卖方承担将货物卸到目的港岸上的费用，包括可能产生的驳船费及码头费。

三、有关 CIF 术语的典型案例分析

在现代国际贸易中，CIF 是使用频率较高的术语，与 CIF 术语相关的国际贸易案例主要围绕 CIF 合同下买卖双方的责任划分问题、CIF 的象征性交货问题以及 CIF 卸货费用的承担问题等。

案例 2-7

瑞士 A 公司（卖方）和中国 B 贸易公司（买方）以 CIF 条件签订了一笔 10 000 M/T 钢材的买卖合同，支付条件为信用证，交货期为 2008 年 7 月 20 日。

买方向对方及时开出了信用证。A 公司也在 7 月 20 日之前按照合同规定的装运条件出运。此后不久，A 公司以传真通知买方，"装运给贵公司的 10 000 M/T 钢材是与另外发给厦门的 20 000 M/T 钢材一起装在一条船上的"。买方收到传真后，立即通知 A 公司，"这条船应在黄埔港卸完我们的货后再驶往厦门"。A 公司回复传真说，该船将先靠黄埔港。不料，该船实际上并没有先靠黄埔港，却先靠了厦门港，并且在那里停留了差不多一个月后才驶往黄埔港。在此期间，人民币与美元的兑换比率已有很大变动，买方需要支付更多的人民币才能兑换出足够支付这批钢材所需的美元。其结果是，买方不但得不到预期利润 80 000 美元，而且还要赔 20 000 美元，共计损失 100 000 美元。于是买方在对方货物迟迟不到的情况下，以 A 公司单据与信用证不符为由通知了银行拒付货款。货物抵达目的港黄埔港之后，买方认为对方违反其"先靠黄埔港"的承诺，而且人民币对美元贬值，即使买方接收该批货物也无利可图。于是，买方拒收该批货物。由于买方的拒收，直接导致 A 公司所派的船不能按时卸货，对方不得不支付滞期费 40 000 美元，并将货物卖于另一买主。A 公司认为 CIF 合同下，作为卖方，其已经在合同规定的期限内，在装运港把货物装上船，即它已经完成了交货义务。至于货物何时抵达目的港，并非 A 公司所能控制，而是船运方所为。因此，A 公司认为买方没有理由拒收货物，并要求买方赔偿其滞期费损失，买方以对方违约在先为由而拒赔。于是 A 公司将争议提交中国国际贸易促进委员会进行仲裁。请问卖方要不要承担责任？

资料来源：俞毅. 国际贸易实务习题与解答 [M]. 上海：格致出版社，2009.

【分析】

（1）申诉人在合同规定的期限内，将合同货物装上船，并向议付行提交了装运单据。为

此，申诉人已经完成了交货义务。

（2）依据国际贸易惯例，发货人没有义务也无法保证载货船舶何时抵达何港或先靠何港。除非发货人做了明确的承诺，否则它不应该对此承担责任。本案发货人 A 公司告诉收货人 B 贸易公司载货船舶将先靠黄埔港并不构成发货人的正式承诺。因此，它对载货船舶先靠厦门港这个事实不应承担责任。

（3）被诉人以人民币与美元的兑换率发生变动为由拒绝收货，违反国际贸易惯例。货币兑换率变动的风险应由被诉人承担。

（4）根据上述事实和理由，仲裁庭决定被诉人应赔偿申诉人 40 000 美元滞期费损失和利息。被诉人的反诉相应驳回。

（5）本案仲裁费 2 000 美元由被诉人承担。由此，我国 B 贸易公司既要独自承担由于汇率变动而造成的损失 100 000 美元，又要赔偿申诉人 A 公司 40 000 美元的滞期费和利息，还要承担仲裁费 2 000 美元，其教训较为深刻。

案例 2-8

某外贸公司与荷兰进口商签订一份皮手套合同，价格条件为 CIF 鹿特丹，向中国人民保险公司投保一切险。生产厂家在生产的最后一道工序将皮手套的温度降低到了最低程度，然后用牛皮纸包好装入双层瓦楞纸箱，再装入 20 尺⊖集装箱，货物到达鹿特丹后，检验结果表明：全部货物湿、霉、玷污及变色，损失价值达 8 万美元。据分析，该批货物的出口地不异常热，进口地鹿特丹不异常冷，运输途中无异常，完全属于正常运输。

（1）保险公司是否应对该批损失赔偿？为什么？
（2）进口商是否应对受损货物支付货款？为什么？
（3）你认为进口商应如何处理此事？

资料来源：俞毅. 国际贸易实务习题与解答［M］. 上海：格致出版社，2009.

【分析】

（1）本案例是在 CIF 术语的基础上加保一切险，一切险所覆盖的范围包括平安险、水渍险以及一般附加险。通常是在所发运货物容易发生碰损破碎、受潮受热、雨淋发霉、渗漏短少、串味、玷污以及混杂污染等情况下投保一切险。但本案例运输途中无异常，即没有发生承保标的运输途中的风险，所以保险公司无须承担相应的风险。

（2）在 CIF 术语下卖方所承担的风险是货物在装运港装上船，在出口商按时完成交货义务且提交符合要求的单据的条件下，进口商是首先要支付货款的。

（3）进口商应该根据商检情况向出口商或承运人索赔，若货损属于出口人的内在品质问题则向出口人索赔，若货损是由承运人的不当操作引起的则向承运人索赔。

案例 2-9

我方某出口公司与外商按 CIF Landed London 条件成交出口一批货物，合同规定，商品

⊖ 1 尺 = 33.33 厘米。

的数量为500箱，以信用证方式付款，5月装运。买方按合同规定的开证时间将信用证开抵卖方。货物顺利装运完毕后，卖方在信用证规定的交单期内办好了议付手续并收回货款。不久，卖方收到买方寄来的货物在伦敦港的卸货费和进口报关费的收据，要求我方按收据金额将款项支付给买方。我方是否需要支付这笔费用？为什么？

资料来源：俞毅. 国际贸易实务习题与解答［M］. 上海：格致出版社，2009.

【分析】

对于在伦敦港的卸货费，应该由我方支付，但是进口报关费，不应由我方支付。因为我方某出口公司与外商按 CIF Landed London 条件成交，所以支付的运费应该包括卸至伦敦港码头的卸货费。但是 CIF 贸易术语项下的进口清关是买方的义务，因此，我方不需要支付进口报关费。

第四节 FCA 术语

一、FCA 术语的基本内涵

FCA 即 Free Carrier（ ... Named Place），货交承运人（……指定地），是指卖方必须在合同规定的交货期内在指定地或地点将经出口清关的货物交给买方指定的承运人监管并负担货物交由承运人监管为止的一切费用和货物灭失或损坏的风险。买方必须自付费用订立从指定地或地点发运货物的运输合同，并将有关承运人的名称、要求交货的时间及地点充分地通知卖方；负担货交承运人后的一切费用及风险；负责按合同规定收取货物及支付价款。FCA 术语适用于各种运输方式，特别是集装箱运输和国际多式联运。根据 INCOTERMS® 2020 的规定，在 FCA 术语下，买卖双方的主要义务分别如下：

1. 卖方的主要义务

（1）承担货物在交给承运人监管之前的一切风险与费用。

（2）负责在合同规定的日期及期限内，把符合合同规定的货物交给买方指定的承运人，向买方发出货交承运人的通知。

（3）负责办理货物出口手续，取得出口许可证或其他核准书。

（4）负责提供商业发票和其他证明已履行交货义务的通常单据。

2. 买方的主要义务

（1）承担货物在交给承运人之后的一切风险。

（2）负责取得进口许可证或其他官方批准文件，办理进口报关手续，支付相关费用。

（3）负责安排运输，并把承运人的名称、运输方式以及在指定地点内向承运人交货的地点与时间等通知卖方。

（4）办理货物运输保险，并支付相关费用。

（5）收取货物，接收交货单据，并支付货款。

值得注意的是，INCOTERMS® 2020 FCA 中的 A6、B6 条款提供了一个附加选项，即买方可指示其承运人在货物装船后向卖方签发装船提单，然后卖方有义务向买方提交该提单（通常是通过银行提交)。应当强调的是,即使采用了这一机制,卖方对买方也不承担运输合同条款的义务。

二、采用 FCA 术语应注意的问题

1. 有关交货地点的问题

在国际贸易中,买卖双方费用及风险的划分都是根据某一关键点(Critical Point)进行划分的,此关键点即交货地点(Delivery Point)。因此,任何交货地点的选定或变更,对于买卖双方风险及费用的负担均有重大的影响,所以明确指出交货地点非常重要。由于 FCA 可用于多种运输方式,具有多种用途及性质,因此其交货地点也随运输方式的不同而有所不同。INCOTERMS® 2020 对 FCA 的交货地点做了两种不同的规定:交货地点若是卖方营业场所,则当货物已装上买方提供的运输工具时,允许买方的承运人以及买方在自己的车辆上收取;交货地点若是卖方营业场所以外的地点,卖方负责将货物运往由买方指定承运人控制的地点,但不卸货。在订立合同时,如买方保留交货地点及运输方式的决定权,则事先约定买方此项选择权的范围以及在何时行使此项权利将十分重要。若买方对于交货地点未保留决定权,而承运人有多处收货地点可供选择,则卖方可在指定交货地点中选择最合适的一处。

2. 有关运输安排的问题

FCA 合同的买方必须自付费用,订立自指定地点运输货物的合同。但是,如果买方提出请求,或按照商业惯例,在与承运人订立运输合同时需要卖方提供协助的话,卖方可代为安排运输,但有关费用和风险由买方来承担。但若进口国政府规定某些交易必须由买方自行订立运输合同,则买方应在订立合同时明确告知卖方,以免双方重复订立运输合同而引起问题和发生额外费用。反之,若卖方不愿按照买方的请求或商业惯例协助买方订立运输合同,也必须及时通知买方,否则,遗漏安排运输也将引发额外费用和风险。

3. 有关风险转移的问题

在采用 FCA 术语成交时,买卖双方的风险划分以货交承运人为界。但 FCA 通常情况下由买方负责订立运输契约,并将承运人名称及有关事项及时通知卖方,卖方才能如约完成交货义务,并实现风险的转移。而如果买方未能及时给予卖方上述通知,或者其所指定的承运人在约定的时间未能接收货物,那么自规定的交付货物的约定日期或期限届满之日起,由买方承担货物灭失或损坏的一切风险,但以货物已被划归本合同项下为前提条件。可见,对于 FCA 条件下风险转移的界限问题,不能简单、片面地理解为一概于交承运人处置货物时转移。因为在一般情况下,的确是在货交承运人时,风险由卖方转移给买方,但如果买方的原因致使卖方无法按时完成交货义务,只要货物已被特定化为给买方准备的,那么风险转移的时间可以前移。

4. 交货凭证问题

卖方应当自担费用向买方提供按照规定已完成交货的通常凭证。卖方应当根据买方的要求,给予买方一切协助以取得运输单据,但风险和费用由买方承担。

三、有关 FCA 术语与 FOB 术语的联系和区别

1. FOB 与 FCA 的主要联系

FOB 与 FCA 两种术语成交的合同均属装运合同。FCA 是从 FOB 发展而来的，其目的是适应集装箱运输、滚装船运输及多式联运的需要，可应用于包括以多式联运在内的任何运输方式承运货物的交易。在国际贸易实务中，常将 FCA 术语称为"多式联运的 FOB"，而将仅适用于海上交易的 FOB 术语称为"海上 FOB"；当 FCA 术语适用于铁路或公路运输方式的交易时，可称为"陆上 FOB"；适用于空运方式的交易时，则可称其为"航空 FOB"。

2. FOB 与 FCA 的主要区别

FOB 与 FCA 的主要区别在于以下几个方面。

（1）在运输方式上：FCA 可用于包括以国际多式联运在内的任何运输方式运送货物的交易，而 FOB 只能用于以海运或内河航运方式运送货物的交易。

（2）在交货地点上：FCA 的交货地点在内陆的运送集散地或其他收货地点，而 FOB 的交货地点则选在装运港船上。

（3）在风险转移上：FCA 的风险转移地点与运输工具没有关系，以货物交给指定承运人作为风险的分界点；而 FOB 则以货物在装运港装上船作为风险的分界点。

（4）在运输单据上：FCA 的交货地点在内陆，承运人签发运输单据时，货物尚未装上最终的运输工具，因此，对卖方所应提交的运输单据只能做出笼统的规定，如提供货物已交承运人的通常凭证；但在 FOB 术语下，卖方应提交的运输单据则必须表明货物已装上船，当然在 INCOTERMS® 2020 中这一点有所改变。

四、有关 FCA 术语的典型案例分析

虽然 FCA 适用于任何运输方式，但它在我国对外贸易实践中的运用却不多，与其相关的案例主要围绕不同场景下买卖双方风险转移的界限。

案例 2-10

我方以 FCA 贸易术语从意大利进口一批布料，双方约定最迟的装运期为 4 月 12 日，由于我方业务员的疏忽，导致意大利出口商在 4 月 15 日才将货物交给我方指定的承运人。当我方收到货物后，发现部分货物有水渍，据查是因为货交承运人前两天大雨淋湿所致。据此，我方向意大利出口商提出索赔，但遭到拒绝。我方的索赔是否合理？为什么？

资料来源：陈岩. 国际贸易术语惯例与案例分析 [M]. 北京：对外经济贸易大学出版社，2007.

【分析】

我方的索赔是不合理的。因为在 FCA 术语下，我方负责运输，但我方未在合同约定的装运期内派去运输工具，导致卖方无法及时交货，所以在运输工具晚到的时间内发生的损失应该由我方承担。

案例 2-11

2021年，中国A公司从瑞士B公司以FCA从瑞士某内陆城市进口一批农产品，合同约定适用INCOTERMS® 2020。买方A公司如期将租用的货车派至指定交货地点（即卖方B所在地）。A请求B装车，后者以手头订单多、人手不足等为由拒绝装车。A只好雇用当地人装车，货刚刚装上车，还未来得及做好防护措施，突然天降大雨，致使部分货物脏包，减损了货物的商业价值。买方A可否要求卖方B支付装车费并赔偿货损？

【分析】

按照INCOTERMS® 2020的解释，交货地点的选择直接影响装卸货物的责任划分问题。本案双方约定的交货地点是在卖方所在地，则卖方要负责把货物装上买方安排的承运人所提供的运输工具上。所以，买方A可以要求卖方B支付装车费并赔偿货损。

如果本案的交货地点是在其他地方，卖方则要自担风险和费用，自己提供运输工具将货物运至交货地点，在自己的运输工具上完成交货任务，但无须负责卸货，更无须将货物换装到买方指定的主运输工具上。

第五节　CPT 术语

一、CPT 术语的基本内涵

CPT 即 Carriage Paid to（ ... Named Place of Destination），运费付至（……指定目的地），指当货物已被交给由卖方指定的承运人时，卖方即完成了交货义务，但卖方还必须支付将货物运至指定目的地所需的运费。CPT 适用于任何运输方式。根据 INCOTERMS® 2020 的规定，在 CPT 术语下，买卖双方的主要义务分别如下。

1. 卖方的主要义务

（1）卖方必须提供与销售合同规定一致的货物及商业发票，以及合同可能要求的证明货物符合合同规定的凭证。

（2）卖方必须自担风险及费用取得任何出口许可证或其他官方核准文件，并办理货物出口以及货物在送达前从他国过境运输所需的一切海关手续。

（3）卖方承担费用订立运输合同，从交付地的约定地点运到指定目的地，在约定的日期或期限内按照规定将货物交给承运人。

（4）卖方承担货交承运人控制之前的货物灭失或损坏的风险，但无义务办理风险转移后的保险手续。

（5）卖方必须给予买方任何必要的通知，以便买方能够为领取货物采取通常必要的措施。

2. 买方的主要义务

（1）买方必须按照销售合同规定支付货物价款。

（2）买方在自行承担风险和费用的情况下，可以自由决定是否取得许可证或其他官方核准文件，并办理货物进口和经由他国过境运输的一切海关手续。

（3）买方在货物已经按照规定交货时接收货物，并在指定的目的地从承运人处受领货物。
（4）买方承担货交承运人控制之后的货物灭失或损坏的风险。
（5）一旦买方有权决定发送货物的时间和指定的目的地或者指定接收货物的地点，买方必须就此给予卖方充分通知。

二、采用 CPT 术语应注意的问题

1. 关于风险转移的时间及地点问题

如果使用多个承运人将货物运至指定目的地，且买卖双方并未对具体交货地点有所约定，则合同默认风险自货物由卖方交给第一承运人时转移，卖方对这一交货地点的选取具有排除买方控制的绝对选择权。如果当事人希望风险转移推迟至稍后的地点发生（例如某海港或机场），那么需要在买卖合同中明确约定这一点。

2. 关于运输合同及相关费用问题

由于将货物运至指定目的地的费用由卖方承担，因而当事人应尽可能准确地确定目的地中的具体地点，且卖方必须在运输合同中载明这一具体的交货地点。卖方基于运输合同在指定目的地卸货时，如果产生了相关费用，卖方无权向买方索要，除非双方有其他约定。

根据 INCOTERMS® 2020，采用 CPT 术语时，买卖双方要在合同中规定装运期及目的地，以便卖方选定承运人，卖方须自费订立运输合同，将货物运往指定的目的地。卖方将货物交给承运人之后，应向买方发出货已交付的通知，以便买方在目的地受领货物。如果双方未能确定买方受领货物的具体地点，买方可以在目的地选择最适合其要求的地点。卸货费可以包含在运费中，也可以由买卖双方在合同中另行规定。

3. 交货凭证问题

依照惯例或者依照买方的要求，卖方必须向买方提供其订立运输合同所签发的通常运输单据，且费用由卖方承担。运输单据必须包括约定货物，其注明日期必须在约定的装运时间内。按照约定或依照惯例，该单据必须同时能够赋予买方在约定地点向承运人受领货物的权利，以及通过向下一个买方转移单据或向承运人告知的方式在运输中卖出货物的权利。当这样的运输单据是以转让的方式签发并且有多份正本时，一个完整全套的正本必须向买方提供。

CPT 贸易术语要求卖方办理货物出口清关手续，但是卖方没有义务办理货物进口清关手续、支付进口关税以及办理任何进口所需的海关手续。

三、有关 CPT 术语与 CFR 术语的联系和区别

（1）在运输方式上：CPT 可适用于包括以国际多式联运在内的任何运输方式运送货物的交易，而 CFR 只能适用于以海运或内河航运方式运送货物的交易。因此，前者的承运人可能是公路承运人或是铁路承运人、航空承运人、联运承运人，承运人不必拥有运输工具，而后者的承运人一般是船东、租船人或船运代理人。

（2）在交货地点上：CPT 的交货地点在第一承运人营业处所，而 CFR 的交货地点则在装运港的船上。

（3）在风险转移上：CPT 的货物风险是以货物交给第一承运人时作为风险界限，而在 CFR 术语下则以货物在装运港越过船舷时作为风险转移的分界点。

（4）在卖方应提供的运输单据上：CPT 的卖方应提供的运输单据不必注明"On Board"（已装船）字样，但 CFR 的卖方应提供注明"On Board"字样的运输单据。

四、有关 CPT 术语的典型案例分析

虽然 CPT 术语能适用于任何运输方式，但我国出口企业仍然使用得不多，现有的相关案例主要围绕交货通知与买卖双方风险转移的时间地点、风险转移时间与货物特定化处理的关系等。

案例 2-12

2016 年 9 月，北京 A 公司与新西兰 B 公司签订了一份进口牛皮的合同，双方在合同中约定进口牛皮 2 500 片，总金额 10 750 USD CPT 新港成交。根据合同规定，买方 A 公司有权决定卖方的交货地点及时间，但应在适当的时间给予卖方充分、及时的通知。10 月 10 日，A 公司给 B 公司发去传真，要求在 10 月 12 日至 14 日交货。卖方接到通知后抓紧备货，但由于时间仓促，加上承运人场站出现事故，导致货物迟迟不能交付，14 日夜间，场站起火，2 500 片牛皮悉数烧毁。我国 A 公司以卖方迟交货为由拒付货款，卖方 B 公司则认为是因为买方没有及时通知才导致货物没有及时交付，但货物风险已经提前转移到买方，由此产生的风险和费用应由买方支付。双方相持不下。

【分析】

根据 CPT 术语的规定，当买方有权决定货物的发货时间及（或）目的地时，买方应将其决定给予卖方充分、及时的通知，以便卖方有充裕的时间安排运输事宜，否则买方须承担由此而增加的额外费用及风险。所谓增加的风险，按 CPT 术语 B5 的规定，若买方未将发货时间及（或）目的地给予卖方充分的通知，则货物灭失或损坏的风险可以提早转移至买方。同时，按 CPT 术语 B6 的规定，若买方未将发货时间及（或）目的地给予卖方适当的通知，自约定发货日或发货期间届满日起，该货物由此而发生的额外费用由买方负担。当然，上述风险的提早转移以及额外费用由买方负担，必须以货物已经划拨于买卖合同项下为前提。本案例中由于买方没有及时将发货时间通知卖方，导致货物在交货过程中灭失，同时由于货物已经特定化为合同项下商品，因此风险已转移至买方，买方应承担货物灭失的风险和费用。

案例 2-13

加拿大某出口商同时与某日本进口商及某韩国进口商分别签订了 3 000 M/T 和 2 000 M/T 的小麦出口合同，合同中均规定采用 CPT 术语。由于两份合同的交货时间相近且又在同一地

点分别交付指定的承运人,因此,按照约定的时间,卖方将 5 000 M/T 小麦使用同一运输工具一同运往指定地点,并打算货到后再进行分拨。然而,货到后卖方并未来得及划分,遂将全部货物交付给两个承运人,请他们第二天自行划分。结果当晚突降暴雨,由于存放小麦的仓库进水,小麦损失了 2 500 M/T。对此,韩国、日本进口商均以货物未特定化为由要求卖方赔偿,而卖方认为已经将货物交付承运人处置,风险已经转移,不应承担损失责任。双方莫衷一是,相持不下。

资料来源:陈岩. 国际贸易术语惯例与案例分析[M]. 北京:对外经济贸易大学出版社,2007.

【分析】

本案的关键在于货物是否已经特定化。在本案例中,卖方将混合在一起的小麦共同交给代表两个买方的两个承运人处置,并请他们在第二天自行划分货物,因此在当天晚上因暴雨而遭受损失的时候货物并没有特定化,此时风险并未转移给买方,卖方仍需承担相关的损失。

第六节 CIP 术语

一、CIP 术语的基本内涵

CIP 即 Carriage and Insurance Paid to (... Named Place of Destination),运费、保险费付至(……指定目的地),是指卖方将货物在双方约定地点交给其指定的承运人或其他人,卖方必须签订运输合同并支付将货物运至指定目的地所需的费用,卖方还必须负责办理货物运输保险并支付保险费。根据 INCOTERMS® 2020 的规定,在 CIP 术语下,双方的主要义务分别如下。

1. 卖方的主要义务

(1)卖方必须提供与销售合同规定一致的货物、商业发票以及合同可能要求的证明货物符合合同规定的凭证。

(2)卖方必须自担风险与自付费用取得出口许可证或其他官方核准文件,并办理货物出口以及货物在送达前从他国过境运输所需的一切海关手续。

(3)卖方自付费用订立运输合同,在约定的日期或期限内按照规定将货物交给承运人。

(4)卖方承担货交承运人控制之前的货物灭失或损坏的风险,自付费用办理风险转移后的保险手续。

(5)卖方必须给予买方必要的通知,以便买方能够为领取货物采取通常必要的措施。

2. 买方的主要义务

(1)买方必须按照销售合同规定支付货物价款。

(2)买方在自行承担风险及费用的情况下办理货物进口以及经由他国过境运输的一切海关手续。

(3)买方在指定的目的地从承运人处受领货物。

(4)买方承担货交承运人控制之后的货物灭失或损坏的风险。

（5）一旦买方有权决定发送货物的时间及地点，必须给予卖方充分的通知。

二、采用 CIP 术语应注意的问题

1. 有关风险转移的问题

在 CIP 术语下，将货物运输至具体交货地点的费用由卖方承担，因此双方最好尽可能明确在约定的目的地的具体交货地点。卖方最好制定与此次交易精确匹配的运输合同。若买卖双方未就具体交货点达成一致，则默认为风险自货物于某一交货点交付至第一承运人时转移，该交货点完全由卖方选择而买方无权控制。而如果买卖双方希望风险在之后的某一阶段转移（例如在一个海港或一个机场），则他们需要在其买卖合同中明确规定。

2. 有关保险的问题

在 CIP 术语中，卖方还必须订立保险合同以覆盖出口货物在运输途中可能遭受的风险。值得注意的是，在 INCOTERMS® 2010 中，卖方只需按照协会货物保险条款的最低险别即 ICC（C）投保即可，但在 INCOTERMS® 2020 中，CIP 的最低险别延伸至协会货物保险条款的 A 险，即 ICC（A），这是涵盖了所有风险的最高保险级别。导致这一变化的原因是 CIF 通常用于大宗商品的交易，而 CIP 则更常用于制成品的交易，制成品交易所要求风险覆盖的等级一般均强于大宗商品交易。

三、有关 CIP 术语与 CIF 术语的联系与区别

1. CIP 贸易术语与 CIF 贸易术语的联系

CIP 术语与 CIF 术语都需要由出口方办理运输保险事项，所以人们常将 CIF 称为"海上CIF"，而将 CIP 称为"联合运输 CIF"。

2. CIP 贸易术语与 CIF 贸易术语的区别

（1）在运输方式上：CIP 可适用于包括以多式联运在内的任何运输方式运送货物的交易，而 CIF 只能适用于以海运或内河航运方式运送货物的交易。

（2）在交货地点上：CIP 的交货地点在第一承运人营业处所，而 CIF 的交货地点则在装运港船上。

（3）在风险转移上：CIP 货物风险以货物交给第一承运人作为风险界限，CIF 则以货物在装运港装上船作为风险转移的分界点。

（4）在保险险别上：根据 INCOTERMS® 2020，CIF 术语中卖方只需按照协会货物保险条款的最低险别即 ICC（C）投保即可，但 CIP 的最低险别延伸至协会货物保险条款的 A 险，即 ICC（A）。

四、有关 CIP 术语的典型案例分析

CIP 术语适用于各类运输方式，在国际贸易实践中有一定的使用频次，CIP 术语的案例主

要围绕进口方的货损赔偿程序、象征性交货性质等。

案例 2-14

2006年5月,我国某成套设备进出口公司(A公司)与韩国SK公司签订了一份进口润滑油的合同。合同规定采用CIP术语,卖方负责将货物运至新港的运费及保险费,并在合同中约定了卖方投保的险别。6月15日,卖方按买方要求投保并在办理了交货后,货物在公路运输途中发生了事故,润滑油在事故中起火,丧失了使用价值。当A公司得到承运人及卖方发来的货物事故及损坏通知后,便忙于处理与卖方及承运人的赔偿,没有及时通知保险人事故发生的时间及原因。直到6月25日,A公司拿到单据准备向保险公司索赔时,保险公司以A公司没有在保险事故发生时及时通知为由,丧失了向承运人代位求偿的权利,由此保险公司拒绝全额赔偿。A公司认为,在CIP术语条件下,卖方负责投保,因此通知的义务理应由卖方承担,故卖方及保险公司应该共同赔偿货物的损失。双方各执一词,莫衷一是。

资料来源:陈岩. 国际贸易术语惯例与案例分析[M]. 北京:对外经济贸易大学出版社,2007.

【分析】

在CIP术语下,货物一经交付第一承运人,货物风险即转由买方承担,因此,买方必须靠运输保险来保护自身利益。虽然当货物在运输途中遭受灭失或损坏时,买方可以货主的身份有权向承运人请求赔偿,但是,基于承运人的免责及限制赔偿责任,这种赔偿请求权的价值不大。因此,一旦货物遭受灭失或损坏,买方通常只有转向保险人索赔,其保险金额通常为合同价格外加一成。

在保险承保范围之内,一旦货损事故发生,买方固然可从保险人那里获得损害补偿,但其必须通过保险人代位而拥有对抗承运人的可能。为此,买方必须适时向承运人发出货物已发生灭失或损坏的适当通知,使保险人日后不致失权,而可以向承运人索赔。这点很重要,不能疏忽。

案例 2-15

我国山东一家公司按照CIP术语向日本S公司出口饲料,目的地为日本横滨。卖方在合同规定期间备妥了货物,并将货物交给承运人,在办理装运手续时,考虑到运输里程较短,而且在以往的贸易中并没有发生意外,因此便没有为货物投保。货物经承运人承运后,顺利运达目的港日本横滨。卖方得知货物顺利抵达后,便携单据向银行议付,结果遭到了拒付,原因是银行认为单据中缺少保险单,与信用证不符。卖方则以货物已经安全抵达,而且货物完全与合同相符,保险单已失去效力为由进行抗辩。但最后银行仍拒绝议付,卖方遭受了巨大的损失。

【分析】

在象征性交货方式下,卖方是凭单交货,买方是凭单付款,只要卖方如期向买方提交了合同规定的全套合格单据,即使货物在运输途中损坏或灭失,买方也必须接受有关单据并履行付款义务。反之，如果卖方提交的单据不符合要求，即使货物完好无损地运达目的地，买方仍有权拒收单据、拒付货款。当然，提供符合合同的货物，是卖方的首要义务。如果卖方提交的货物不符合要求，买方即使已经付款，仍然可以根据合同的规定向卖方提出索赔。

◈ 本章小结

在国际贸易实务中，FOB、CFR、CIF是使用频率较高的贸易术语，覆盖的贸易场景较为广泛。本章详细地阐述了这三个贸易术语的基本内涵、采用时应注意的问题并归纳对应的典型案例。与此同时，FCA、CPT、CIP则被称为与FOB、CFR、CIF一一对应的新的三种术语，不仅能适用于各种运输方式，而且在交货地点、风险转移以及投保险别的选择上异于传统的FOB、CFR、CIF术语。本章对相应的新、旧三种价格术语展开了相应的阐述与比较。

◈ 复习思考题

1. 国际贸易中最常用的贸易术语是哪三种？买卖双方的责任各如何？
2. 说明CFR和CPT在合同性质、运输方式、风险转移和费用划分方面的相同点与不同点。
3. 说明CIF和CIP在合同性质、运输方式、风险转移和费用划分方面的相同点与不同点。
4. 对FOB术语变形的目的是什么？FOB术语的变形有哪些？
5. 对CIF术语变形的目的是什么？CIF术语的变形有哪些？
6. 如果按CIF术语出口，载货船舶在航行途中触礁沉没，货物全部灭失，买方闻讯提出拒付货款。卖方应如何处理？为什么？
7. 区别下列贸易术语：
   （1）FOB Shanghai 和 FOBST Shanghai。
   （2）FOB N. Y. 和 FOB Vessel。
   （3）CIF London 和 CIF Hamburg Landed。
8. 我方某出口公司与某德商按CIF汉堡、即期信用证方式付款的条件达成交易，出口合同和来证均规定不准转运。我方在信用证有效期内将货物装上直驶目的港的班轮，并以直运提单办理了议付，国外开证行也凭议付行提交的直运提单付了款。承运船只驶离我国途经某港时，船公司为接载其他货物，擅自将我方托运的货物卸下，换装其他船舶继续运往目的港。由于中途耽搁，加上换装的船舶设备陈旧，致使抵达目的港的时间比正常直运船的时间晚了两个多月，影响了买方对货物的使用。为此，买方向我方出口企业提出索赔，理由是我方提交的是直运提单，而实际上是转船运输，这是弄虚作假行为。我方有关业务员认为，合同用的是"到岸价格"，船舶的舱位是我方租订的，船方擅自转船的风险理应由我方承担，因此按对方要求进行了理赔。我方这样做是否正确？为什么？
9. 我方某进出口公司对日本某客户发盘，供应棉织浴巾4 000打，每打CIF大阪80美元，装运港大连；现日商要求我方改报FOB大连价。我方进出口公司对价格应怎样调整？如果最后按FOB条件签订合同，买卖双方在所承担的责任、费用和风险方面有什么区别？
10. 我方某出口公司与外商按CIF Landed London条件成交出口一批货物，合同规定，商品的数量为500箱，以信用证方式付款，5月装运。买方按合同规定的开证时间将信用证开抵卖方，货物顺利装运完毕后，卖方在信用证规定的交单期内办好了议付手续并收回货款。不久，卖方收到买方寄来的货物在伦敦港的卸货费和进口报关费的收据，要求我方按收据金额将款项支付给买方。我方是否需要支付这笔费用？为什么？

11. 某公司从美国进口计算机配件50 000件，外商报价为每件10美元FOB Vessel New York，我方如期将金额为50 000美元的不可撤销即期信用证开抵卖方，但美商要求将信用证金额增至50 800美元，否则，有关的出口关税及签证费用将由我方另行电汇。美商的要求是否合理？为什么？

12. 我方某进出口公司向新加坡某贸易有限公司出口香料15 M/T，对外报价为每公吨2 500美元FOB湛江，装运期为10月，集装箱装运。我方10月16日收到买方的装运通知，为及时装船，公司业务员于10月17日将货物存于湛江码头仓库，不料货物因当夜仓库发生火灾而全部灭失，以致货物损失由我方承担。在该笔业务中，我方若采用FCA术语成交，是否需要承担损失？为什么？

◈ 延伸阅读

INCOTERMS® 2020 解析及贸易术语的选用与应用

请扫二维码阅读

第三章 CHAPTER 3

其他贸易术语

学习目标

通过学习本章，要求掌握：
1. EXW、FAS、DAP、DPU、DDP 术语的基本内涵及采用时应该注意的问题。
2. INCOTERMS® 2020 对 FAS 的修改。
3. INCOTERMS® 2020 中的 FAS 术语与《1990 年美国对外贸易定义修订本》中的 FAS 术语的区别。

引导案例

我国某公司按照 FAS 术语进口一批化肥，在装运完成后，国外卖方来电要求我方支付货款，并要求支付装船时的驳船费用。

案例思考

对卖方的要求我方应该如何处理？

第一节 EXW 术语

一、EXW 术语的基本内涵

EXW 即 EX Works (... Named Place)，工厂交货（……指定地点），是指卖方在规定的时间和约定的地点将符合合同规定的货物准备好，由买方自己安排运输工具到交货地点接收货物，并自己承担将货物从交货地点到目的地的一切风险、责任和费用。由此可见，采用 EXW 条件成交时，交货给买方后，卖方即完成交货义务，卖方不办理出口清关或者将货物装上运输工具，买方则需承担在卖方所在地受领货物后的全部费用及风险，出口及进口清关手续均由买方承担。此术语是 INCOTERMS® 2020 所有术语中卖方费用、责任及风险最小的术语，该术语适用于各种运输方式。根据 INCOTERMS® 2020 的规定，在 EXW 术语下，买卖双方的主要义务分别如下。

1. 卖方的主要义务

（1）卖方必须按照销售合同的要求提供货物以及商业发票（或具有同等作用的票据），并提供任何其他符合规定的证据，如分析证书或称重文件等。

（2）承担将货物交给买方处置之前的一切费用及风险。卖方只是在买方约定的地点交付货物，地点通常是卖方自己的房屋或工厂。卖方承担货物灭失或损坏的风险直至买方接收货物。卖方必须向买方发出买方提货所需的通知。

2. 买方的主要义务

（1）在合同规定的时间，受领卖方提交的货物并按合同规定支付货款。
（2）承担受领货物之后的一切费用及风险。
（3）自担风险和自付费用取得出口、进口许可证及其他官方批准证件，并办理出口、进口的一切海关手续。

二、采用 EXW 术语应注意的问题

1. 关于进口商能力及出口资质的问题

在 EXW 术语下，卖方以"坐商"方式行销货物，原本可能会预期买方会将货物出口到海外市场，但实际上有时会发现买方无法完成出口手续，并试图以折扣价将货物卖到卖方的国内市场，以减少潜在的损失。另一种可能性是，买方不是从一个卖方而是从多个卖方购买货物，然后选择在另一个地点堆积货物，然后将其合并为一个或多个装运集装箱中的一批更大、更具成本效益的货物。对于买方在出口国办理出口手续方面，现在大多数国家要求出口商必须是在该国合法注册的实体才能办理出口手续，这意味通常的国际买家无法这样做。如果买方试图通过使用卖方国家的买方代理、货运代理、朋友或亲戚履行出口手续来规避这一点，就会使人怀疑销售的第三方是否真的具有出口商的法律地位。除此之外，一些卖方国家的税务当局将 EXW 销售视为当地销售，因此可能需要缴纳增值税及商品和服务税等。至今 INCOTERMS® 2020 仍不能协调处理各国不同的税收法律法规。

2. 关于货物的包装和装运问题

作为买方，在签约时应根据运输的情况，提出对货物包装的具体要求，并就包装费用负担问题做出规定，以免事后引起争议。关于货物的运输问题，按照 INCOTERMS® 2020 的解释，由买方自备运输工具到交货地点接运货物，在一般情况下，卖方不承担将货物装上运输工具的责任及费用，但如果双方约定，由卖方负责将货物装上买方的运输工具并承担相关费用，则应在签约时做出明确规定。此外卖方很大程度上不会允许买方或其承运人带着卡车、叉车及自己的工作人员在卖方仓库中横冲直撞，所以在工厂交货的具体地点及形式也是需要细化的。

3. 关于办理出口手续的问题

在工厂交货条件下，办理货物出口的责任在买方，尽管有时可要求卖方代办，但货物被禁止出口的风险还是由买方承担的。因此在成交之前，买方应了解出口国的相关规定，例如是否允许在出口国常驻机构的当事人办理出口结关手续。当买方无法做到直接或间接办理货物的出境手续时，则不应采用这一贸易术语成交而应该采用 FCA 术语。

三、有关 EXW 术语的典型案例分析

实际业务中与 EXW 相关的争端案例并不多，主要围绕买卖双方风险转移的界限问题。

案例 3-1

2006 年 4 月，在广州春交会上，出口商 B 公司与 A 公司签订了一份出口尼龙皱纹布跑步衫 3 000 打的合同。合同规定"每打 15 美元 EXW 汕头，6 月 15 日之前交货，支付方式为经 A 验货合格后电汇"。6 月 9 日 B 公司通知 A 公司货已备妥速来验收。6 月 10 日 A 公司派代表来汕头，由 B 公司陪同赴汕头市某服装厂 C 处验货。11 日该批货全部验收合格后并在 A 公司代表的监督指导下，按照 A 公司出具的唛头装箱刷唛。随即该代表向 A 公司发出电传，称货已验收刷唛完毕，B 公司等货款汇到后即可提供商业发票和其他有关的单证。12 日 B 公司收到 A 公司汇来的货款 45 000 美元，随即 B 公司将有关票证交付 A 公司代表。这时该代表向 B 公司提出货物暂放 C 厂，等其与汕头某货运代理联系集装箱和出口报关事宜妥当后便来工厂提货。不料 14 日凌晨 C 厂因隔壁一家化工厂爆炸突遭火灾，全部厂房及物资均化为乌有。A 公司闻讯后立即来汕头要求 B 公司退还货款，理由是其并未提货，货物被焚应由 B 公司负责。B 公司拒不同意，理由是其已按时履行了交货手续，该损失应由 A 公司自己承担。A 公司却认为 C 厂并未开具货物出厂证，货物所有权仍在 B 公司。双方各执一词，最后 A 公司向汕头市人民法院控告 B 公司未履行交货义务，理应承担退还货款的责任。

法院在认真审理此案后做出以下判决。

（1）卖方 B 已在合同规定日期和指定的交货地点将符合买方要求的货物如数交给买方 A 公司，这点有买方代表发给 A 公司的电传内容为证。

（2）根据 INCOTERMS® 2020 中对 EXW 这一贸易术语的解释，买方自工厂点收货物后即应承担货物灭失或损坏的一切风险。更何况是在买方代表监督下装箱刷唛，单独存放，事实上已充分说明该货物已完全特定化并置于买方支配之下了。

（3）工厂未开出厂证，只是工厂办理货物运出厂门的一项内部管理的手续，它并不涉及货物所有权的转移。

（4）被告 B 不应承担退还货款的责任。

资料来源：陈岩. 国际贸易术语惯例与案例分析［M］. 北京：对外经济贸易大学出版社，2007.

【分析】

按此 EXW 达成的交易，在形式上类同于国内贸易，卖方所承担的风险、责任和费用也都

以出口国国内交货地点为限。只要卖方按合同规定的时间、地点和品质将货物置于买方控制之下，就算完成了交货义务，风险也随之移交买方。本案 A 公司遭受损失的原因是对此术语下买方的风险估计不足，其教训有以下几点。

（1）买方事先应做好各项准备工作。如果买方在验货的同时就与货代联系好订箱、运输及报关事宜，就可提前两天提货，不至于等到那场火灾。

（2）凡按 EXW 贸易术语成交的货物，一经买方点收即应向买方交代货物所有权已转移，尽量避免出现寄存暂放等事情，以防不测。

第二节　FAS 术语

一、FAS 术语的基本内涵

FAS 即 Free Alongside Ship（ ... Named Port of Shipment），装运港船边交货（……指定装运港）。根据 INCOTERMS® 2020，按照这一术语成交，卖方要在约定的时间内将合同规定的货物交到指定装运港买方所指派的船边，在船边完成交货任务。买卖双方承担的义务均以装运港船边为界。如果买方所派的船只不能靠岸，卖方则要负责用驳船把货物运到港口外面的船边，仍要在船边交货，但装船的责任和费用由买方承担。

FAS 只适用于卖方实际上可以将货物放在船只旁边的地方，无论是在码头上，还是在被带到船只一侧的驳船上。INCOTERMS® 2020 进一步指出 FAS 不应用于集装箱运输，无论是整箱还是拼箱，因为在这种情况下货物通常由卖方在内陆地点交付给承运人，例如集装箱堆场或集装箱货运站。根据 INCOTERMS® 2020 的规定，在 FAS 术语下，买卖双方的主要义务分别如下。

1. 卖方的主要义务

（1）在合同规定的时间及装运港口，将合同规定的货物交到买方所派船只的旁边，并及时通知买方。

（2）承担将货物交至装运港船边前的一切费用及风险。

（3）自担风险和自付费用取得出口许可证或其他官方批准证件，并办理货物出口的一切海关手续。

（4）提交商业发票或具有相同作用的电子信息，并自付费用提供通常的交货证明。

2. 买方的主要义务

（1）订立从指定装运港口运输货物的合同，支付运费，并将船名、装货地点以及要求装货的时间及时通知卖方。

（2）在合同规定的时间、地点，受领卖方提交的货物并按合同规定支付货款。

（3）承担受领货物之后的一切费用和风险。

（4）自担风险和自付费用取得进口许可证或其他官方批准证件，并办理货物进口的一切海关手续。

二、采用 FAS 术语应注意的问题

1. 部分国家对 FAS 的不同解释

根据 INCOTERMS® 2020 的解释，FAS 术语只适用于包括海运在内的水上运输形式，交货地点只能是装运港。但是按照《1990 年美国对外贸易定义修订本》的解释，FAS 则是 Free Along Side 的缩写，即卖方把货物交到任何运输工具的旁边都算完成交货任务，因此在同北美国家的交易中使用 FAS 术语时，应在其后面加上"Vessel"字样，以明确限定"船边交货"。

2. 办理出口手续的问题

按照 INCOTERMS® 2020 的规定，采用 FAS 术语时，办理货物出口报关的风险、责任及费用由卖方承担。

3. 要注意船货衔接的问题

在 FAS 条件下，从装运港到目的港的运输合同要由买方负责订立，买方要及时将船名及要求装货的具体时间、地点通知卖方，以便卖方做好备货出运工作。卖方也应及时将货物交至船边的情况通知买方，以利于买方办理装船事项。如果买方指派的船只未按时到港接收货物或者比规定的时间提前停止装货，或者买方未能及时发出装船通知，只要货物已被清楚地划出或以其他方式确定为合同项下的货物，即所交货物已成为特定化货物，由此产生的风险和损失均由买方承担。

三、有关 FAS 术语的典型案例分析

关于 FAS 术语的案例主要围绕出口地装船费用的负担问题以及出口手续办理的责任问题。

案例 3-2

我国天津一家公司与美国 K 公司签订了一份购买大宗原棉的合同，合同规定采用 FAS 术语且买方自行选择承运人。双方约定买方预先支付 40% 的定金，待卖方完成交货后，买方再支付剩余款项。5 月 12 日，卖方完成交货后，我国天津公司收到代理人的传真，被告知货物的通关手续还未办理，我方及时终止了对剩余货款的支付并敦促卖方立即办理出口通关手续并承担相应的损失。卖方来电称：《1990 年美国对外贸易定义修订本》中 FAS 的出口通关手续是由买方负责办理的，并催促我方尽快支付剩余款项。我方无奈之下，只好支付了剩余款项，费尽周折办好了出口通关手续，蒙受了巨大的损失。

资料来源：陈岩. 国际贸易术语惯例与案例分析 [M]. 北京：对外经济贸易大学出版社，2007.

【分析】

在进行贸易的时候，首先要弄清楚贸易术语的适用范围以及具体的含义，在本案例中，由于我方没有在合同中明确约定使用 INCOTERMS® 2020 对术语的解释及约束，因此被美国 K 公司钻了空子，造成了损失。

INCOTERMS® 2020 中的 FAS 规定，卖方需自担风险和自付费用取得出口许可证及其他官方批准文件，在可适用的情况下，办理货物出口所需的一切通关手续；而《1990 年美国对外贸易定义修订本》中的 FAS 则规定由买方负责此项义务。因此，在进行贸易时，一定要在合同中明确约定究竟适用哪一版本的贸易术语以明确双方的义务。

第三节 DAP 术语

一、DAP 术语的基本内涵

DAP 即 Delivered at Place（... Named Place of Destination），目的地指定地点交货（……指定目的地）。在 DAP 项下卖方要在合同约定的日期或期限内，将货物运到合同规定的目的地约定地点，并将货物置于买方的控制之下，在卸货之前即完成交货。卖方要提交商业发票以及合同要求的其他单证。卖方应承担将货物运至指定的目的地的一切风险及费用（除进口费用外）。本术语适用于任何运输方式、多式联运方式及海运。根据 INCOTERMS® 2020 的规定，在 DAP 术语下，买卖双方的主要义务分别如下。

1. 卖方的主要义务

（1）卖方必须签订运输合同，支付将货物运至指定目的地或指定目的地内的约定地点所发生的运费。

（2）在指定目的地将符合合同约定的货物放在已抵达的运输工具上交给买方处置。

（3）自担风险和自付费用取得出口所需的许可或其他官方授权，办理货物出口和交货前从他国过境运输所需的一切海关手续。

（4）卖方承担在指定目的港运输工具上交货之前的一切风险及费用。

（5）卖方必须给予买方一切必要的通知，以便买方采取必要的措施来确保受领货物。

2. 买方的主要义务

（1）买方必须按照销售合同规定支付货款。

（2）在指定目的港从承运人处收取货物。

（3）买方在自担风险及费用的情况下，办理货物进口及在必要时从他国过境时所需的一切海关手续。

（4）承担在指定目的地运输工具上交货之后的一切风险及费用。

二、采用 DAP 术语应注意的问题

（1）DAP 开始出现于 INCOTERMS® 2010，旨在替代 INCOTERMS® 2000 中 DAF、DES 及 DDU 术语。也就是说，DAP 的交货地点既可以在两国边境的指定地点，也可以在目的港的船上，还可以在进口国内陆的某一地点。

（2）卖方在指定目的地交货，不负责将货物从到达的运输工具上卸下，但卖方要保证货物可供卸载。买方负责在指定目的地将货物从到达的运输工具上卸下。

（3）由于卖方承担在特定交货地点交货前的风险，买卖双方应尽可能清楚地指定目的地的交货地址，最好能具体到指定目的地内特定的地点。如果没有约定特定的交货点或该交货点不能确定，卖方可以在指定目的地范围内选择最适合的交货地点。

（4）由于整个运输过程的风险要由卖方承担，因此卖方通常必须通过投保规避货物运输风险。

（5）如果买卖双方希望由卖方办理进口所需的许可或其他官方授权，以及货物进口所需的一切海关手续，包括支付所有进口关税，则应该使用DDP术语。

三、有关DAP术语的典型案例分析

案例3-3

我国东北某外贸公司于2006年9月按照DAP满洲里条件与某俄罗斯商人签订了一批矿产品的买卖合同，合同规定的数量为8 000 M/T，可分批装运，交货期为当年12月底之前。签约后卖方即开始备货，安排铁路运输，并于12月31日之前将8 000 M/T货物分批发运出去。买方在满洲里铁路货运站接收货物，发现卖方未支付卸货费用，只得自行支付并收货。后经检验发现该批货物有短量现象，同时发现有一部分货物是2007年1月到达满洲里的。于是买方向卖方发电称：

（1）卖方未支付卸货费用，要求从货款中扣除。

（2）卖方违反交货期及短交货物，并就此提出索赔。但卖方以铁路承运人出具的运输单据证明自己已按时交了货，并出具商检证及铁路运单上所载明的数量说明自己是按量交货的，因此拒绝赔偿。请问在此案例中买方的要求是否合理？卖方有无违约情况？

资料来源：陈岩. 国际贸易术语惯例与案例分析［M］. 北京：对外经济贸易大学出版社，2007.

【分析】

出口方应该拒付卸货费。DAP是目的地交货，卖方在指定的目的地将仍处于抵达的运输工具之上且已做好卸货准备的货物交由买方处置时即为交货，卖方不负责卸货，故买方的要求（1）不合理。另外，在本案例中卖方存在违反交货期及短交货物的现象，因为采用DAP，应该以货物到达满洲里的时间及状况为准，而卖方存在交货延迟及未按量交货的违约事实，应该承担相应的责任。

第四节 DPU术语

一、DPU术语的基本内涵

DPU即Delivered at Place Unloaded（ ... Named Place of Destination），目的地卸货后交货，是指卖方在指定的目的地卸货后完成交货。在该术语下卖方要承担将货物运至指定的目的地的一切运输风险及费用，DPU适用于铁路、公路、空运、海运、内河航运或者多式联运等任何形式的贸易运输方式。根据INCOTERMS® 2020的规定，在DPU术语下，买卖双方的主要义务分别如下。

1. 卖方的主要义务

（1）卖方必须提供符合销售合同规定的货物、商业发票等证明货物符合合同规定的其他任何凭证。

（2）卖方自担风险及费用，取得出口许可证或其他官方许可并办理货物出口所需的一切海关手续。

（3）卖方承担在指定目的地卸货后交给买方处置之前的一切风险及费用。

（4）卖方必须给予买方一切必要的通知，以便买方采取必要的措施来确保受领货物。

2. 买方的主要义务

（1）买方必须按照销售合同规定支付货款。

（2）买方办理进口手续承担相关费用。

（3）买方承担在目的地接收卸货后货物的一切风险及责任。

（4）买方对于与运输相关的诸如安全要求、船名、装船地点、可能的交货时间等，在合同规定的时间内给予卖方充分的通知。

二、采用 DPU 术语应注意的问题

（1）DPU 术语是 INCOTERMS® 2020 中唯一要求卖方在目的地完成卸货的贸易术语，若不要求卖方承担目的地卸货的费用及风险，那就直接采用前述的 DAP。

（2）买卖双方应对目的地交货的具体地点做出详细明确的规定。因为该地点决定了买卖双方风险承担的始末和费用划分的始末。

（3）如果买方没有安排进口清关，货物将被滞留在目的地国家的港口或内陆运输终端，那么滞留的损失及风险将由买方承担，因为 B3（a）条规定，在货物重新起运至指定内陆地点之前，货物灭失的风险由买方承担。

（4）DPU 术语适用于多种运输方式。

三、有关 DPU 术语的典型案例分析

案例 3-4

2021 年，上海 A 公司与美国 K 公司采用 DPU 术语签订了一份进口导航仪的合同，交货地点为上海外高桥保税区内 A 公司的仓库，交货日期为 2021 年 7 月 15 日。卖方根据合同要求备货后，于 7 月 14 日发货到洋山港，但 A 公司没有及时完成保税区的进口手续，至 7 月 15 日 24 时美国公司仍然无法完成交货，只能将货物存于保税区外的仓库，当晚该仓库发生火灾，而 A 公司的产品不幸也在其中，导致未交货的导航仪被全部烧毁。美国 K 公司以上海 A 公司未及时接货为由要求其支付全部货款，A 公司称没有在保税区仓库收到货物，于是拒绝支付。请分析 A 公司这一主张是否合理？

【分析】

根据 INCOTERMS® 2020 的相关规定，在 DPU 术语下，买卖双方应该尽可能详细地规定

目的地交货的具体地点。主要原因在于：第一，该地点关乎买卖双方货损风险的转移点；第二，该地点也关乎买卖双方货运费用的划分点。此外 DPU 术语也规定进口清关手续由进口方负责，若由于买方的原因导致进口清关失败，那么买方应对由此引发的损失负责。

在本案例中，买卖双方的交货地点明确为上海外高桥保税区内 A 公司的仓库，在该地点完成交货的前提是进口方上海 A 公司能够及时办理进口手续，但由于各种原因，A 公司未能在 7 月 15 日前完成交货，这是美国 K 公司无法在规定的时间内在进口国指定地点完成交货并遭受意外货损的主要原因，所以 A 公司应该对此损失负责。

第五节　DDP 术语

一、DDP 术语的基本内涵

DDP 即 Delivered Duty Paid（... Named Place of Destination），完税后交货（……指定目的地），是指卖方在指定的目的地，办理完进口清关手续，将在交货运输工具上尚未卸下的货物交与买方，完成交货。卖方必须承担将货物运至指定的目的地的一切风险及费用，包括在需要办理进口海关手续时在目的地应缴纳的任何"税费"，包括手续费、税款以及其他费用。根据 INCOTERMS® 2020 的规定，在 DDP 术语下，买卖双方的主要义务分别如下。

1. 卖方的主要义务

（1）卖方必须提供符合销售合同规定的货物、商业发票以及合同可能要求的证明货物符合合同规定的其他相关凭证。

（2）自担风险及费用取得进出口许可证或其他官方许可，并办理货物进出口所需的一切海关手续。

（3）必须自付费用订立运输合同或安排运输将货物运至指定目的地。如果未约定或按照惯例也无法确定具体交货点，则卖方可在目的地选择最适合的交货点。

（4）必须给予买方一切必要的通知以便买方采取必要的措施来确保受领货物。

（5）承担货物在指定目的地交付给买方处置之前的灭失或损坏的一切风险及费用，包括装船、绕航等额外费用。

2. 买方的主要义务

（1）接收合同规定的运输单据，并支付货款。

（2）在指定的目的地从抵达的运输工具上提取货物并支付相关的卸货费。

（3）承担在规定交货地点接收货物后货物的灭失或损坏的风险。

（4）当有权决定目的地内接收货物的时间与地点时，买方必须给予卖方充分的通知。

二、采用 DDP 术语应注意的问题

（1）妥善办理投保事项。由于按照 DDP 术语成交，卖方要承担很大的风险，为了能在货物受损或灭失时及时得到经济补偿，卖方应办理货运保险。选择投保的险别时，也应与 DDU

术语一样，根据货物的性质、运输方式及运输路线来灵活决定。

（2）按照INCOTERMS® 2020的解释，采用DDP术语时，进口手续由卖方办理，如果卖方不能直接或间接地取得进口许可证，则不应使用此术语。

（3）在DDP交货条件下，卖方是在办理了进口结关手续后在指定目的地交货的，这实际上是卖方已将货物运进了进口方的国内市场。如果卖方直接办理进口手续有困难，也可要求买方协助办理。如果双方当事人同意由买方办理货物的进口手续及支付关税，则应采用DPU术语。如果双方当事人同意在卖方承担的义务中排除货物进口时应支付的某些费用（如增值税），应写明"Delivered Duty Paid, VAT Unpaid (... Named Place of Destination)"，即"完税后交货，增值税未付（……指定目的地）"等。

三、有关DDP术语的典型案例分析

有关DDP术语的业务争论主要围绕进口国境内的卸货费用的负担问题，其实INCOTERMS® 2020对这一问题已有明确的规定。

案例 3-5

法国出口商向荷兰进口商出口80 000箱餐巾纸。合同约定采用DDP术语，交货地点在荷兰的鹿特丹，交货时间为2006年9月23日。卖方备好货物后，通过公路运输，将货物于9月21日运抵鹿特丹交货地点。在卸货费用上，双方发生了争执，买方坚持卖方必须承担卸货费，卖方则援引INCOTERMS® 2020，认为通则明确卸货费用由买方负担，但买方还坚持不承担卸货费用并声称惯例都是卖方负责卸货。无奈之下，卖方申请仲裁，仲裁庭审理后认为，卖方不需负责卸货，买方则要负责卸货并承担因交货延迟而给卖方造成的损失。

资料来源：陈岩. 国际贸易术语惯例与案例分析 [M]. 北京：对外经济贸易大学出版社，2007.

【分析】

根据INCOTERMS® 2020的规定，在DDP术语下，从到达的运输工具上把货物卸下是买方的义务，运输工具一经到达指定地点，卖方即完成交货。因此，本案中，买方不愿承担卸货费用显然是不合理的。

本章小结

本章详细介绍了EXW、FAS、DAP、DPU、DDP五个贸易术语的基本内涵以及买卖双方对应的责任、费用、风险的划分，强调了在INCOTERMS® 2020规定下的这些术语的一些特点，归纳了与这五大术语相关的典型案例并开展了一定的解析。

复习思考题

1. 采用EXW术语应注意什么问题？

2. FAS 术语的基本内涵是什么？INCOTERMS® 2020 对 FAS 做了哪些新说明？
3. INCOTERMS® 2020 中的 FAS 术语与《1990 年美国对外贸易定义修订本》中的 FAS 术语的区别是什么？
4. DAP 术语的内涵是什么？采用时应注意什么问题？
5. DPU 术语的内涵是什么？采用时应注意什么问题？
6. DDP 术语的内涵是什么？采用时应注意什么问题？

延伸阅读

LDP 贸易方式在信息时代的广泛应用及发展

请扫二维码阅读

第四章
CHAPTER 4

贸易术语的选用

学习目标

通过学习本章,要求掌握:
1. 选用贸易术语时应考虑的主要因素。
2. 使用 INCOTERMS® 2020 所涉及的相关问题探讨。
3. INCOTERMS® 2020 所不能覆盖的内容。

引导案例

某市一出口公司曾向韩国某公司出口甘草膏 30 M/T,共 1 200 箱,FOB 洋山港条件成交,货值 54 000 美元。装运期为当年 10 月 25 日前,货物装集装箱。该出口公司在上海设有办事处,在 10 月上旬就将货物运到上海,由上海办事处负责订箱装船。不料货物在上海存仓后的第三天,即因火灾全部被焚。办事处只好通知公司赶快补发 30 M/T 货物。

案例思考

本案例的问题是什么原因造成的?

第一节　选用贸易术语要考虑的主要因素

在签订贸易合同时,买卖双方所选用的贸易术语不仅决定了交易价格的构成,也决定了合同的性质。一般而言,选择贸易术语时,需考虑以下因素。

1. 运输条件

对出口方而言,如果本身有足够的运输能力或安排运输无困难且费用经济的情况下,可争取由自身安排运输的贸易条件成交,否则,应酌情考虑由对方安排运输的条件成交。

INCOTERMS® 2020 对 11 种贸易术语分别适用于何种运输方式，都做了明确具体的规定。如 FAS、FOB、CFR、CIF 适用于海洋运输及内河运输，剩下的 EXW、FCA、CPT、CIP、DAP、DPU、DDP 7 个贸易术语则适用于各种运输方式（包括多式联运）。因此选择采用哪种贸易术语，首先应考虑合同采用的具体运输方式。此外，出口方还应考虑自身的运输能力以及安排运输的难易。在本身有足够运输能力或安排运输无困难的情况下，可争取由出口商安排运输的贸易条件成交，如进口采用 FCA、FAS 或 FOB 甚至 EXW，出口采用 CIP、CIF 或 CFR。否则，应根据情况争取由对方安排运输的条件成交，如以 CIP、CIF 或 CFR 安排进口，以 FCA、FAS 或 FOB 安排出口。

2. 货源情况

国际贸易中的货物品种很多，不同类别的货物具有不同的特点，它们在运输方面各有不同要求，故安排运输的难易程度不同，运费开支大小也有差异。这是选用贸易术语时应考虑的因素。此外，成交量的大小，也直接涉及安排运输是否有困难和费用上是否合算。在成交量太小又无班轮通航的情况下，负责安排运输的一方势必会增加运输成本，故选用贸易术语时，也应予以考虑。有些货物价值较低，但运费占货价的比重较大，对这类货物，出口应选用 FOB 术语，进口选用 CIF 或 CFR 术语。所以成交量的大小，也会涉及运输安排的难易及经济核算的问题，对贸易术语的选用会有影响。

3. 运费因素

货物的运费是商品价格的一个重要组成部分，在选用国际贸易术语时，应考虑货物经由路线的运费收取情况以及运价的变动趋势。当装卸港口出现拥挤情况时，船公司大多不愿意到上述区域接运货物或者提出加收额外的附加费用。在这种情况下，若考虑节省运费，采用由对方来安排运输的贸易术语就比较有利。同样，在运费看涨的情况下，为了避免承担运费上涨的风险，也可以选用由对方安排运输的贸易术语。

4. 自然灾害、意外事故等风险因素

在国际贸易实践中，交易的商品一般都需要通过长途运输。货物在运输过程中可能遇到各种自然灾害、意外事故等风险，特别是遇到战争或正常的国际贸易在某一时期或某一地区遭到人为阻碍与破坏的情况下，运输途中的风险更大。因此，买卖双方洽谈交易时，必须根据不同时期、不同地区、不同运输路线以及不同运输方式的风险情况，并结合购销意图来选用适当的国际贸易术语。

5. 进出口结关的便利因素

关于进出口货物的结关手续，有些国家规定只能由结关所在国的当事人安排或代为办理，有些国家则无此项限制。因此，买卖双方为了避免承担办理进出口结关手续有困难的风险，在洽谈交易前，必须了解有关政府当局关于办理进出口货物结关手续的具体规定，以便选用适当的国际贸易术语。例如，当买方不能直接或间接办理出口结关手续时，则不宜按 EXW 术语成交，而应选 FCA 术语成交。

第二节　关于 INCOTERMS® 2020 使用的一些说明

一、INCOTERMS® 2020 中的交货、风险与费用

2010 年之前的 INCOTERMS 版本将术语分为 E、F、C 及 D 四组，就交货地点而言，E 组及 D 组处于相对的两个极端，而 F 组及 C 组则位于中间。EXW 规则中的交货地点是约定的买方收货地点，不论买方打算将货物运往什么目的地。在另一个极端的 DAP、DPU 及 DDP 规则中，交货地点与卖方或其承运人将货物运至的目的地是同一个地点。在第一组的 EXW 规则中，风险甚至在运输开始之前就已经发生了转移；在 D 组规则中，风险在运输过程的大后端转移。需要说明的是在 EXW 以及类似的 FCA 规则中，无论货物是否实际到达目的地，卖方均履行了其交货义务。INCOTERMS® 2020 中两端的两个规则分别是 EXW 及 DDP，国际商会已建议贸易商应对这两个术语的国际合同考虑替代规则。因为在采用 EXW 术语时，卖方仅需要将货物交由买方处置，这可能会在装货及出口清关方面给买卖双方各自带来问题，建议卖方最后采用 FCA 规则销售。同样，在采用 DDP 交易时，卖方对买方承担的某些义务，例如获取进口清关，只能在买方所在国才能得到履行。若要求卖方在买方国家履行这些义务，可能面临实务或法律方面的困难。因此，在这种情况下销售货物，卖方最后采用 DAP 或 DPU 术语。

二、关于 INCOTERMS® 2020 合同规则与其他合同之间的关系

国际货物买卖合同涉及合同的成立、修改、变更、终止等程序，以及货物品质、数量、价格、支付方式、运输、保险、争议解决和适用法律等内容。上述内容通常由双方当事人对交易中可能出现的所有事项都事先在合同中规定得非常详细。而对于在合同中未明确规定的一些事项，有时可能对交易的进行也有较大的影响，为此，可以适当地运用一些国际惯例加以补充。因此，作为国际贸易惯例的 INCOTERMS® 2020，可以对国际货物买卖合同起到补充和解释的作用。

INCOTERMS® 2020 一旦被纳入国际货物买卖合同，它就构成合同的一部分内容，对合同当事人具有约束力，即成为调整合同双方权利和义务的依据之一。但 INCOTERMS® 2020 描述的主要是货物的交付、进出口手续的办理、风险的转移、费用的划分以及通知义务的履行等事项，相较于之前来说，双方的权利义务更为清晰也更具有指导性。除了这些事项之外，在合同的履行中还涉及所有权的转移和所有权保留等许多事项，这是买卖合同中具有核心意义的法律事项，INCOTERMS® 2020 对此并没有规定。对于买卖双方来说，除了合同履行中产生的法律事项之外，他们之间因合同而产生的法律事项还包括合同的成立与生效、合同的变更、解除与修改、违约责任等内容。对于这些事项，INCOTERMS® 2020 中没有任何规定。对于这些 INCOTERMS® 2020 没有规定的法律事项，以及 INCOTERMS® 2020 已经规定但仍没有完整地解决的法律事项，必须依赖于合同当事人的约定及合同所适用的法律加以调整。

值得注意的是，虽然 INCOTERMS® 2020 仅仅管辖销售合同的特定方面，并不构成如运输、保险或信用证等其他合同的内容，但这并不等于说 INCOTERMS® 2020 对这些其他合同

内容没有影响。货物的进口与出口通常是通过一系列合同进行的，作为一种理想状态，这些合同彼此之间应该相互匹配，确保与承运人或保险人约定的运输或保险条款或者信用证条款，均符合销售合同所需要签订的附属合同或取得或提交的单据的描述，也符合这一系列不同合同中所有当事人的利益，因此，尽量确保这一系列合同的不同部分彼此匹配，是符合卖方和买方利益的。因起始点是销售合同，所以在适用 INCOTERMS® 2020 的情况下，这一系列合同要与销售合同匹配。

三、关于集装箱总重的核实问题

在 2010 年之后，国际贸易实践中有了一个特别的发展，即核实集装箱总重，特别是自 2016 年 7 月 1 日起，根据《国际海上人命安全公约》（International Convention for Safety of Life at Sea，SOLAS）第二条的规定，在集装箱运输的情况下，托运人负有义务，要么使用经过校准和认证的设备对已包装的集装箱进行称重，要么对集装箱的内容物进行称重，再加上空集装箱的重量。在两者中的任一情况下，承运人都应该记录核实的集装箱总重（Verified Gross Mass，VGM）。如违反要求，根据《国际海上人命安全公约》的规定制裁，即集装箱不得装船。之所以要核实集装箱总重，其一，在于增强海上安全，提升海上安全运输系数；其二，在于减少因不实的集装箱重量造成不合理配载所引起的岸上、海上、人员伤亡，货物灭失的风险。世界上的有些大型港口及一些船运公司甚至提出了"NO VGM，NO LOAD"的口号，认为提供准确的 VGM 信息是托运人的基本责任及义务，各港口海事监管局有权对 VGM 进行抽查。但 INCOTERMS® 2020 的起草小组认为有关核实集装箱总重相关的义务和费用过于具体及复杂，无法在 INCOTERMS® 2020 中清楚地提及。

四、关于 INCOTERMS® 2020 不能覆盖的内容提示

INCOTERMS® 2020 本身不是一份销售合同，因此不能作为销售合同的替代。INCOTERMS® 2020 设计的目的在于反映任何种类货物的贸易实务，而非特定货物的贸易实务。INCO-TERMS® 2020 本身不具体处理下列问题：① 销售合同究竟是否存在；② 出售货物的规格；③ 价款支付的时间、地点、方式及币种；④ 可供寻求的销售合同的违约救济；⑤ 迟延或其他违反合同履行义务所导致的绝大多数后果；⑥ 制裁的影响；⑦ 征收关税；⑧ 进出口禁令；⑨ 不可抗力或艰难情形；⑩ 知识产权问题以及违约情况下纠纷解决的方式、地点或法律等。当事人需要在他们的销售合同中对这些事项做出具体约定，否则日后产生履约或违约纠纷时就容易产生问题。从本质上讲，INCOTERMS® 2020 本身不是销售合同，这些术语只是在被并入一份已经存在的合同后才成为合同的一部分。INCOTERMS® 2020 也不提供合同的法律，一般贸易合同适用的是一些贸易惯例或国际法，如《联合国国际货物销售合同公约》，或许是诸如和健康和安全或环保有关的国内的强制性法律等。

◆ 本章小结

本章总结了选用 INCOTERMS® 2020 中 11 种术语时需考虑的因素并且详细说明了 INCO-

TERMS® 2020 中的交货、风险与费用，INCOTERMS® 2020 合同规则与其他合同之间的关系，INCOTERMS® 2020 关于集装箱总重的核实问题以及 INCOTERMS® 2020 不能覆盖的内容提示。

◆ 复习思考题

1. 选用贸易术语时应该主要考虑哪些因素？
2. 怎样理解 INCOTERMS® 2020 合同规则与其他合同之间的关系？
3. 《国际海上人命安全公约》要求核实集装箱总重的主要原因是什么？
4. INCOTERMS® 2020 本身不能处理哪些贸易合同内容？
5. 我方某公司以 FOB 条件出口一批冷冻食品。合同签订后接到买方来电，买方称订租船市场很难订到舱位转而委托我方代为订舱。为了方便合同履行，我方接受了对方的要求。但由于装运时间比较紧张，我方无法在规定的时间内订到合适的舱位，另买方又不同意改变装船地点，到装运期满时货仍无法装船，买方因销售季节即将结束便来函，以我方未按期订舱履行交货义务为由要求撤销合同，我方应怎样处理？

◆ 延伸阅读

在美国办理进口清关的 POA

请扫二维码阅读

第五章 CHAPTER 5

进出口商品的价格核算

◆ 学习目标

通过学习本章，要求掌握：
1. 进出口商品的价格掌握。
2. 进出口商品的作价方法。
3. 汇率变动对进出口盈亏的影响。
4. 佣金与折扣的运用。
5. 买卖合同中的价格条款。

◆ 引导案例

某进出口公司计划从美国进口美容器械两台，每台价格为3 000美元FOB纽约，预估海运运费为2 500美元，保险费为300美元，进口关税税率为33%，增值税税率为17%，进口的其他杂费总计为1 800元人民币，消费税税率为17%。

◆ 案例思考

如果该公司预期的利润率为20%，在外汇牌价为1 USD = 6.1 RMB的情况下，该美容器械的国内销售价格应定为多少？

第一节 进出口商品价格的掌握

价格的掌握是一项十分复杂的工作，必须正确贯彻我国进出口的作价原则，切实掌握国际市场的价格变动趋势，充分考虑影响价格的各种因素，加强成本及盈亏的核算，并熟练进行各类价格的换算。

一、贯彻正确的作价原则

进行进出口商品的作价，必须贯彻以下三项作价原则：

（1）按照国际市场价格水平作价。从理论上讲，国际市场价格是在商品的国际价值基础上形成的，虽有一定的波动范围，但总体上国际价格是围绕国际价值波动的。国际市场价格是我们确定进出口商品价格的客观依据。

（2）结合国别、地区政策作价。在参考国际市场价格水平的同时，也应适当考虑我国的外交政策，特别是不同时期我国的国别、地区政策，如我国的"一带一路"倡议等。

（3）结合购销意图作价。进出口商品的价格可在参照国际市场价格水平的基础上，根据国家或企业的购销意图来确定，即可略高或略低于国际市场价格。

二、影响进出口商品作价的各类因素

影响进出口商品作价的各类因素可以归纳为以下几个方面：

（1）商品的质量及档次。在国际市场上，一般都是按质论价的，即质高价高，质次价低。不仅如此，有时商品包装、款式设计、商标、品牌知名度等都会影响商品的价格。

（2）运输距离。国际货物买卖一般都与长距离的运输有关，货物运输距离的远近影响运费及保险费的支出，从而影响商品的价格。因此，确定商品价格时，必须认真核算运输及保险成本，体现选择不同贸易术语的差异。

（3）季节性需求的变化。在国际市场上与国际某些盛大节令配套的商品，如果能抢行应市就能卖上好价。但一旦错过时节，就会极大地影响售价甚至只能以低于成本的"跳楼价"出售。因此，出口商应该充分利用需求的季节性变化规律，争取有利的成交价格。

（4）成交数量。与国内贸易一样，国际市场上的商品价格与成交数量有比较大的关系，若进口方的成交数量较大，一般就能争取到较为优惠的低价，例如采用数量折扣的办法；反之，如果成交量过少，就会面对较高的价格。

（5）支付条件及汇率的变动。支付条件及汇率的变动都会影响商品的售价，例如，同一商品在其他交易条件相同的情况下，采取预付货款方式的价款要高于远期信用证方式的价款。同时在确定商品价格时一般应该争取采用相对有利的货币成交，如果只能采用"软币"成交，则出口货价应反映汇率变动的风险，即需适当提高售价。

第二节　进出口商品的成本核算

一、出口商品成本核算的几个主要指标

出口企业要注意加强成本核算，以提高经济效益，防止及克服不计成本、不计盈亏以及单纯追求交易量的偏向，一般来讲出口商品的成本核算指标主要有以下几类。

1. 出口商品盈亏率

出口商品盈亏率是指出口商品盈亏额与出口商品总成本的比率。出口商品盈亏额是指出

口销售人民币总收入与出口商品总成本的差额,若前者大于后者为盈利;反之为亏损。出口商品盈亏率的计算公式为:

$$出口商品盈亏率 = \frac{出口销售人民币总收入 - 出口商品总成本}{出口商品总成本} \times 100\%$$

【例 5-1】

某服装进出口公司对外报价为每打 280 USD CIF NEW YORK,总计 300 打。原料采购成本为 300 000 RMB,生产加工费为 200 000 RMB,加工损耗为原料采购成本的 1%,管理费用为原料采购成本的 1%,税金为原料采购成本的 17%,退税率为原料采购成本的 12%,运费为每打 10 USD,保险费为每打 1 USD,暂不考虑机器损耗和其他杂费,若此时银行买入价为 1 USD = 7.2 RMB。请计算该出口商品盈亏率。

【解】

出口销售人民币总收入 = 280×300×7.2 = 604 800(元)

出口商品总成本 = [300 000 + 200 000 + 300 000×(1% + 1% + 17% − 12%)] = 521 000(元)

出口商品盈亏额 = 出口销售人民币总收入 − 出口商品总成本 − 运费 − 保险费
= 604 800 − 521 000 − (10 + 1)×300×7.2
= 60 040(元)

$$出口盈亏率 = \frac{出口商品盈亏额}{出口商品总成本} = \frac{60\ 040}{521\ 000} \times 100\% \approx 11.52\%$$

2. 出口商品换汇成本

出口商品换汇成本也是用来反映出口商品盈亏的一项重要指标,它是指出口商品总成本与出口商品的外汇净收入之比,其算术含义为赚一美元所需的人民币成本。直观地讲,出口商品换汇成本的对照指标为同期银行外汇牌价中的买入价。若换汇成本高于银行的对应外汇牌价,则出口的绩效较差。其计算公式为:

$$出口商品换汇成本 = \frac{出口商品总成本(本币)}{出口商品的外汇净收入(FOB)}$$

根据例 5-1 中的数据,出口商品换汇成本为:

$$出口商品换汇成本 = \frac{521\ 000}{(280-10-1)\times 300} = \frac{521\ 000}{80\ 700} \approx 6.456(RMB/USD)$$

可以理解为通过出口该商品,每换回 1 美元必须用 6.456 元人民币,而外汇牌价为每买入 1 美元必须用 7.2 元人民币,因此,从换汇成本的角度看,这一交易是具有经济效益的。

3. 出口创汇率

出口创汇率是指加工后成品出口的外汇净收入与原料外汇成本的比率。如果原料不存在进口,则外汇成本可照同类原料的 FOB 出口价计算。如所用原料需要进口,则按该进口原料的 CIF 价计算。通过计算出口的外汇净收入与原料外汇成本的对比,可以据此衡量成品出口的创汇情况,从而判断该出口是否有利。在进料加工的情况下,就有必要对出口创汇率这项指标进行核算。其计算公式为:

$$出口创汇率 = \frac{成品出口外汇收入 - 原料外汇成本}{原料外汇成本} \times 100\%$$

二、出口报价

1. 出口价格的构成

在出口报价中,价格主要包括以下三个要素,即产品成本、费用及预期利润。

(1)产品成本。按照企业性质的不同,产品成本的构成是有所差别的,对于有进出口自营权的企业,产品成本即为生产成本;对于来件装配、来料加工以及来样加工的企业,产品成本则表述为加工成本;对纯外贸企业来说,由于产品是从外部生产企业采购来的,则产品成本又被称为出口商品的进货价,具体包括出口商品的原始进价、该商品进入仓库或口岸前所发生的运费、代购手续费、自备包装费等费用。当然所有的成本都应该扣除出口退税额。

(2)费用。出口费用具体可以分为境内费用和境外费用。境内费用又称商品流通费,指从出口商品进入仓库后一直到离开口岸所发生的相关费用。

(3)预期利润。预期利润是企业希望通过出口获得的盈利目标,是指引企业出口报价的目标准则。

2. 出口价格核算的基本要点

(1)出口退税收入。出口退税是许多发展中国家鼓励出口的激励措施。在我国现有的税收政策下,外贸公司在收购出口商品时必须缴纳增值税,增值税的税率范围一般为13%~17%。当企业办理了出口报关手续后,企业可凭外汇核销单副联、报关单、商业发票等单据向税务部门申请退税。在退税后企业的实际成本的计算公式为:

$$实际成本 = 购货成本 - 退税收入$$

其中,$退税收入 = \dfrac{购货成本 \times 退税率}{1+增值税税率}$。

例如,某外贸公司出口商品的购进价为每打200元人民币,其中国内流通所交的增值税率为17%,同时该商品可享有12%的退税率,根据上述公式则该商品实际成本约为179.49元人民币。

(2)定额费用。为了提高效率、方便核算,许多出口公司将诸如国内运费、仓储费、码头费用、经营管理费、银行利息等杂费统一以一定的比例计算,该比例一般以货值即购货成本的某个百分比为准,费用额一般为5%~10%不等。

(3)出口关税。按照通行的海关规则出口商品必须缴纳税金。有些国家对关系国计民生、本国稀有储备或高科技产品的出口通过征收出口关税或其他手段予以限制,但对于大部分出口商品是不予征税的。出口关税的计算公式为:

$$出口关税 = 出口完税价格 \times 出口关税税率$$

其中,出口完税价格是海关征收关税所依据的价格。我国海关征收出口关税是以商品的FOB价为基础的,用公式表示为:

$$出口完税价格 = \dfrac{FOB}{1+出口税率}$$

例如,某公司出口化学原料1 000千克,出口关税为30%,出口价为每千克100美元CFR科威特,假设从上海到科威特的运费为4 000美元,则:

$$出口完税价格 = \dfrac{FOB}{1+出口税率} = \dfrac{100 \times 1\ 000 - 4\ 000}{1+30\%} \approx 73\ 846.15(美元)$$

则出口应缴关税为:

$$出口关税 = 73\ 846.15 \times 30\% \approx 22\ 153.85（美元）$$

（4）佣金。在对外贸易中，不少进口商是以代理身份出现的，这就会牵扯到佣金，含有佣金的出口报价称为含佣价，否则称为净价。直接表示在价格中的佣金称为明佣，不直接表示在价格中的佣金则称为暗佣。

（5）利润。在对外报价中，利润留成占比是出口核算的关键部分，必须根据商品的特征、行业及市场环境等因素综合考虑。

三、进出口商品价格的换算

1. 主要贸易术语的价格构成

（1）FOB、CFR、CIF 贸易术语的价格构成。

适用于海上或河内运输的 FOB、CFR 及 CIF 三种术语在我国进出口业务中的使用较为广泛。这三种贸易术语的价格构成通常包括以下三方面的内容：进货成本、费用以及净利润。其中，费用的核算最为复杂，它通常包括国内费用和国外费用两部分。

国内费用主要包括：① 加工整理费用；② 包装费用；③ 保管费用（包括仓租、火险等费用）；④ 国内运输费用（仓至码头等费用）；⑤ 证件费用（包括商检费、公证费、领事签证费、产地证费、许可证费、报关单费等）；⑥ 装船费用（装船费、起吊费和驳船费等）；⑦ 银行费用（贴现利息、手续费等）；⑧ 预计损耗（耗损、短损、漏损、破损、变质等费用）；⑨ 邮电费用（电报、电传、邮件等费用）。

国外费用主要包括：① 国外运费（自装运港至目的港的海上运输费用）；② 国外保险费用（海上货物运输保险费用）；③ 可能出现的中间商佣金。

FOB、CFR 及 CIF 三种贸易术语的价格构成用公式表示为：

$$FOB = 进货成本价 + 国内费用 + 净利润$$
$$CFR = 进货成本价 + 国内费用 + 国外运费 + 净利润$$
$$CIF = 进货成本价 + 国内费用 + 国外运费 + 国外保险费 + 净利润$$

（2）FCA、CPT 及 CIP 三种贸易术语的价格构成。

FCA、CPT 及 CIP 三种贸易术语与前述的 FOB、CFR 及 CIF 三种术语较为对应，但适用于各类运输方式，其价格构成也同样由进货成本、费用及净利润三部分构成。但由于采用的运输方式不同，交货地点及交货方式也有所不同，其费用构成表示略有不同。

FCA、CPT 及 CIP 三种贸易术语涉及的国内费用通常包括：① 加工整理费用；② 包装费用；③ 保管费用（包括仓租、火险等费用）；④ 国内运输费用（仓至码头、车站、空港、集装箱运输站、集装箱堆场等费用）；⑤ 拼箱费用（货物不足一整集装箱时产生）；⑥ 证件费用（包括商检费、公证费、领事签证费、产地证费、许可证费、报关单费等）；⑦ 银行费用（贴现利息、手续费等）；⑧ 预计损耗（耗损、短损、漏损、破损、变质等费用）；⑨ 邮电费用（电报、电传、邮件等费用）。

国外费用主要有：① 国外运费（自出口国内陆启运地至国外目的地的运输费用）；② 国外保险费用（海上货物运输保险费用）；③ 中间商的佣金。

FCA、CPT 及 CIP 三种贸易术语的价格构成用公式表示为：

$$FCA = 进货成本价 + 国内费用 + 净利润$$
$$CPT = 进货成本价 + 国内费用 + 国外运费 + 净利润$$
$$CIP = 进货成本价 + 国内费用 + 国外运费 + 国外保险费 + 净利润$$

2. 主要贸易术语的价格换算

（1）FOB、CFR 及 CIF 三种贸易术语的价格换算。

1）FOB 价换算为其他价。

$$CFR = FOB + 国外运费$$
$$CIF = \frac{FOB + 国外运费}{1 - 投保加成 \times 保险费率}$$

2）CFR 价换算为其他价。

$$FOB = CFR - 国外运费$$
$$CIF = \frac{CFR}{1 - 投保加成 \times 保险费率}$$

3）CIF 价换算为其他价。

$$FOB = CIF \times (1 - 投保加成 \times 保险费率) - 国外运费$$
$$CFR = CIF \times (1 - 投保加成 \times 保险费率)$$

（2）FCA、CPT、CIP 三种贸易术语的价格换算。

1）FCA 价换算为其他价。

$$CPT = FCA + 国外运费$$
$$CIP = \frac{FCA + 国外运费}{1 - 保险加成 \times 保险费率}$$

2）CPT 价换算为其他价。

$$FCA = CPT - 国外运费$$
$$CIP = \frac{CPT}{1 - 保险加成 \times 保险费率}$$

3）CIP 价换算为其他价。

$$FCA = CIP \times (1 - 保险加成 \times 保险费率) - 国外运费$$
$$CPT = CIP \times (1 - 保险加成 \times 保险费率)$$

第三节　出口作价方法

出口贸易一般采用固定作价方法，即在交易磋商中把价格先固定下来作为以后支付及结算的不变标准，但在实际业务中出口商有时也会采用非固定价格，出口商会根据不同的情况，分别采取不同的作价方法。

一、固定价格

出口贸易合同的价格条款绝大部分都是在双方协商一致的基础上明确地规定具体价格，这也是国际上常见的做法。按照各国的法律，合同价格一经确定，就必须严格执行，任何一方都不得擅自更改。

固定价格具有明确、具体、肯定以及便于核算的特点。但在国际货物买卖中采用固定价格就意味着买卖双方要承担从订约到交货付款以至转售时价格变动的风险。在国际市场行情剧烈变动的情况下，还可能会影响合同的顺利执行。在采取固定价格时，首先，必须对影响商品供需的各种因素进行深入细致的预判；其次，必须对客户的资信进行认真调查，慎重选择订约的对象。

二、非固定价格

1. 非固定价格的类型

非固定价格即一般业务上所谓的"活价"，大体上可分为以下三种类型。

（1）具体价格待定。

这种定价法又可以进一步细分为：

1）在价格条款中明确规定作价时间及作价方法。例如，"在装运月份前45天，参照当地及国际市场价格水平，协商议定正式价格"或"按提单日期的国际市场价格计算"。

2）只规定作价时间。例如，"由双方在××年×月×日协商确定价格"。应该注意的是，由于未就作价方式做出规定，容易给合同埋下不稳定性，导致合同无法执行。因此，这种方式一般只适用于双方有长期交往并已形成比较固定的交易习惯的场合。

（2）暂定价格。

即在合同中先订立一个初步价格作为开立信用证及初步付款的依据，等双方确定具体价格后再进行最后清算，多退少补。例如，"单价暂定CIF神户，每公吨1 000英镑，作价方法，以××交易所3个月期货，按装船月份平均价加5英镑计算，买方按本合同规定的暂定价格开立信用证"。

（3）部分固定价格，部分非固定价格。

为了解决双方在采用固定价格或非固定价格方面的分歧，有时也可采用部分固定、部分非固定的做法或干脆分批作价，交货期近的价格在订约时先固定下来，其余则在交货期前一定期限内作价。

2. 采用非固定价格的优缺点

（1）采用非固定价格作价，有助于暂时解决双方在价格方面的分歧，解除客户对于价格风险的顾虑，以便早日签约。这种作价方法不但有利于巩固、扩大出口市场，也有利于生产、收购等出口规划的安排。

（2）采用非固定价格作价有助于排除出口商对价格风险的顾虑，不失时机地做成生意；同时也有助于排除进口商的价格风险，保证一定的转售利润。

（3）非固定价格的重要特点是先订约后作价，存在着双方在作价时不能取得一致意见的情况，这会不可避免地给合同带来较大的不稳定性，影响合同的最终实行。所以能否采用非固定价格作价办法，在某种程度上取决于客户关系。

3. 采用非固定价格作价方法时应注意的问题

（1）酌情确定作价标准。

为减少非固定作价方法给合同带来的不确定因素，消除双方在作价方面的潜在矛盾，明确作价标准是一个重要的、必不可少的前提，作价标准可根据不同商品的具体情况酌情做出。例如，合同可以规定以某商品交易所公布的价格为准，或以某商品的国际市场价格为准等。

（2）明确规定作价时间。

关于作价时间的确定，出口合同一般可以采用下列几种规定方法：

1）在装船前作价。一般是规定在合同签订后若干天或装船前若干天作价。采用这类作价方法时，交易双方仍要承担自作价至付款转售时的价格变动风险。

2）装船时作价。一般是指按提单日期的行市或装船月的平均价作价。除非有明确客观的作价标准，否则卖方不会轻易采用，因为需要承担价格波动风险。

3）装船后作价。一般是指在装船后若干天，甚至在船到目的地后开始作价。卖方采用这类方法需承担较大的风险，所以一般很少使用。

4. 非固定价格对合同成立的影响

在非固定作价的情况下，由于双方当事人在合同中并未就价格这一主要条款取得一致性意见，因此就存在着按这种方式签订的合同是否有效的问题。目前，大多数国家的法律认为，合同的具体价格可留待以后由双方确立的惯常交易方式决定。《联合国国际货物销售合同公约》允许合同只规定"如何确定价格"，但对确定价格的方法却没有具体规定或也没做进一步的解释。为了避免争议以及保证合同顺利履行，在采用非固定价格时，应尽可能对作价方法做出明确具体的规定。

三、价格调整条款

在国际货物买卖中，有时合同除规定具体的价格外，还规定各种不同的价格调整条款。值得注意的是，在国际上，随着越来越多的国家采用扩张性的货币政策，有些商品合同，特别是加工周期较长的机器设备合同，都越来越多地采用"价格调整条款"（Price Adjustment Clause），在订约时只规定初步价格（Initial Price），同时规定如果原材料、工资发生变化，卖方有保留调整价格的权利。

在价格调整条款中，通常具体使用下列公式来调整价格：

$$P = P_0 \left(A + B \frac{M}{M_0} + C \frac{W}{W_0} \right)$$

式中，P 为商品交货时的最后价格；P_0 为签订合同时约定的初始价格；M 为计算最后价格时引用的有关原料的平均价格或指数；M_0 为签订合同时引用的有关原料的平均价格或指数；W 为计算最后价格时引用的有关工资的平均数或指数；W_0 为签订合同时引用的工资的平均数或指数；A 为经营管理费用以及利润在价格中所占的比例；B 为原料在价格中所占的比重；C 为工资在价格中所占的比重。

买卖双方也可以在合同中规定，若与初始价格相比，最终价格变动的比例不超过一定的范围，则初始价格可不予调整，合同原定的价格对双方当事人仍有约束力，双方必须严格执行。

"价格调整条款"的实质就是按原材料价格及工资的变动来计算合同的最后价格。在通货膨胀的条件下，它是出口厂商转嫁国内通货膨胀、确保利润的一种手段。但值得注意的是，这种做法已被联合国欧洲经济委员会纳入它所制定的一些"标准合同"之中，而且其应用范围已从原来的机械交易扩展到一些初级产品交易，因此越来越具有普遍性。由于这类条款以工资及原材料价格变动作为调整价格的依据，因此，在合同中必须明确规定相关指数的选择方法。

此外，在出口贸易中，有时也根据物价指数的变动来调整价格，即若合同履行期间物价指数的变动超过一定范围，价格也要做相应的调整。

第四节 出口计价货币

出口贸易中的计价货币与支付货币通常为同一种货币，但也有不同的情形，意味着这些货币可以是出口国的货币或进口国的货币，也可以是由买卖双方商定的第三国货币。在浮动汇率条件下，买卖双方都会承担一定的汇率升降风险，有时需要采取一些汇率对冲手段，但都以不影响正常的出口交易为前提。

一、计价货币的选择

计价货币（Money of Account）是指合同中规定的用来计算价格的货币。如果合同使用一种货币（如美元）来表示，没有规定采用其他货币支付，则合同中规定的货币既是计价货币又是支付货币（Money of Payment）。在一般的国际货物买卖合同中，价格都表现为一定的特定货币（如每公吨 300 美元），通常不再规定支付货币。如在计价货币之外，还规定了用其他货币（如英镑）来支付，则其他货币（如英镑）就是支付货币。

在国际贸易中，用来计价的货币可以是出口国的货币，也可以是进口国的货币或双方同意的第三国货币，有时也可以是买卖双方协商同意的某种记账单位，具体采用哪种货币则由买卖双方根据合同特点协商确定。国际货物买卖的交货时间一般都比较长，从订约到履行合同，往往需要有一个过程。在此期间，如果计价货币的币值发生了变化甚至出现大幅度的起伏，其结果直接影响进出口双方的利益。因此，怎样选择正确的计价货币是买卖双方在确定价格时必须注意的问题。一般进出口合同都采用可兑换的、国际上通用的或双方同意的支付手段进行计价及支付，每一笔出口交易都必须在深入调查研究的基础上，尽可能争取把发展趋势对我方有利的货币作为计价货币。从理论上说，在出口交易中，采用硬币比较有利；而在进口交易中采用软币比较合算。但在实际业务中，以什么货币作为计价货币，还应视双方的交易习惯、经营意图以及价格而定。如果为达成交易而不得不采用对我方不利的计价货币，则可用下述两种方法补救：其一是根据该种货币今后可能的变动幅度来相应调整对外报价；其二是争取订立保值条款，以避免由计价货币汇率变动而产生的风险。

二、出口商品计价货币的换算

在出口业务中会遇到货币换算问题，一般采用的换算方法有以下三种。

（1）底价为人民币改报外币，则以中国银行公布的人民币对外币的买价进行折算：

$$外币价格 = \frac{人民币底价}{人民币对外币买价}$$

【例 5-2】

我国某出口商的某出口商品单价为 300 RMB CIF Hamburg。如改报美元价，应为多少？已知当日外汇牌价为 100 USD = 706.61 RMB（买入价）/709.09（卖出价）。

【解】

$$美元价 = \frac{300 \times 100}{706.61} \approx 42.46（美元）$$

（2）底价为外币改报人民币，以卖出价换算：

$$人民币价格 = 外币底价 \times 人民币对外币的卖价$$

【例 5-3】

我国某出口商的某出口商品单价为 ￡56 CIF London。如改报人民币价，应为多少？已知当日外汇牌价为 ￡100 = RMB 915.67（买入价）/917.33（卖出价）。

【解】

$$人民币价 = \frac{56 \times 917.33}{100} \approx 513.70（元人民币）$$

（3）由外币改报另一种外币，均以买入价换算或均以卖出价换算。

【例 5-4】

我国某出口商的某出口商品单价为 US $ 200 CFR Karachi。如改报英镑价，应为多少？已知当日外汇牌价 US $ 100 = RMB ￥706.61（买入价）/709.09（卖出价）；￡100 = RMB ￥915.67（买入价）/917.33（卖出价）。

【解】

先求出 1 美元等于多少英镑，再以求出的金额乘以原报美元数。如用买入价换算，则两种汇率均用买入价换算。

（1）$US \$ 1 = \dfrac{706.61（买入价）}{915.67（买入价）} \approx ￡0.7716$

英镑价应为：

$$US \$ 200 \times 0.7716 \approx ￡154.32$$

（2）$US \$ 1 = \dfrac{709.09（卖出价）}{917.33（卖出价）} \approx ￡0.773$

英镑价应为：

$$US \$ 200 \times 0.773 \approx ￡154.6$$

两种换算方法得出的尾数稍有出入，可选择对我方有利的一种。

三、外汇保值条款

对一些收汇期限长、金额大的贸易合同，为避免支付货币贬值而遭受损失，在必要时出口商可采用外汇保值条款（Exchange Clause）或称汇率保值条款。外汇保值条款的规定办法主要有以下三种。

（1）计价货币与结算货币均为同一"软币"。在订约时则需固定这一"软币"与另一"硬币"的汇率，支付时按当日汇率折算成原货币支付。以欧元区的历史货币为例：

The amount in French Francs under this contract is equivalent to Swiss Francs ×× as calculated according to the ratio between the buying rate of French Francs and that of Swiss Francs published by the Bank of China on the day of concluding this contract. On the date of negotiation, the amount in Swiss Francs shall be converted into French Francs for full or part payment according to the ratio between the buying rates of French Francs and Swiss Francs published by the Bank of China on that date.

本合同项下的法国法郎金额，按合同成立日中国银行公布的法国法郎与瑞士法郎买进牌价之间的比例折算，相当于××瑞士法郎。在议付之日，按中国银行当天公布的法国法郎与瑞士法郎买进牌价之间的比例，将应付之全部或部分瑞士法郎金额折合成法国法郎支付。

（2）"软币"计价，"硬币"支付。这就是将商品单价及总金额固定计价货币与结算货币当时的汇率，锚定成另一种"硬币"，按另一种"硬币"支付。例如：

Under this contract, one French Franc is equivalent to Deutsche Mark ××. Both invoice and draft shall be made out in Deutsche Marks.

本合同项下每一法国法郎相等于××德国马克。发票以及汇票均须以德国马克开立。

（3）"软币"计价，"软币"支付。由双方协商同意确定某一货币与另几种货币的算术平均汇率或用其他计算方式的汇率，按支付当日与另几种货币的平均汇率或其他汇率的变化做相应的调整，折算成原货币支付。这种保值方法也可称为"一揽子汇率保值法"。多种货币综合汇率的计算有多类方法可如简单平均、加权平均等。例如：

The value of U.S. Dollars under this contract is determined by the arithmetic average of the mean buying and selling rates of U.S. dollars against Swiss Francs, Deutsche Marks and French Francs published by the Bank of China on ×× (date). The arithmetic average so determined shall be taken as the basic figure for the purpose of adjustment. Should the arithmetic average of the mean buying and selling rates of U.S. dollars against Swiss Francs, Deutsche Marks and French Francs published by the Bank of China on the date of negotiation differ from the above basic figure more than 25, the amount for payment under this contract shall be adjusted in proportion to the actual change in the arithmetic average. The relative Letter of Credit opened by the Buyer must bear express stipulation to this effect.

本合同项下的美元币值，是按××月××日中国银行公布的瑞士法郎、德国马克及法国法郎对美元买卖中间的算术平均汇率所确定的。所确定的算术平均汇率作为调整的基数。如中国银行在议付日公布的瑞士法郎、德国马克及法国法郎对美元买卖中间价的算术平均汇率与上述基数平均汇率的实际变动做比例调整。买方所开出的有关信用证必须对此做出明确规定。

第五节 佣金与折扣

在实际业务中，佣金与折扣是交易磋商时常常涉及的内容，如果能够正确及适当地运用佣金及折扣，就能够增强出口商品在市场上的竞争能力，调动商人的经营积极性，从而扩大贸易。在进口贸易中也可通过佣金及折扣的运用争取到有利的价格。进出口贸易中的价格可分为包含佣金或折扣的价格以及不包含这类因素的净价（Net Price）。

一、佣金

1. 佣金的含义

佣金（Commission）一般是指代理人或经纪人为委托人服务而收取的报酬。在进出口贸易中，佣金常常表现为交易一方支付给中间商的报酬。例如，出口商向销售代理人支付佣金或进口商向采购代理人支付佣金。

2. 佣金的规定方法

在进出口价格条款中，佣金有不同的规定方法，如：
（1）直接在价格条款中称"含佣价"。如"每公吨 3 000 美元，CIF 香港，佣金 3%"。
（2）用英文字母"C"代表佣金，并注明佣金的百分比，如"每公吨 3 000 美元，CIFC 3%，上海"。
（3）用绝对数来表示佣金。如"每公吨支付佣金 30 美元"。

进出口合同的价格条款中直接将佣金明确表示出的就称为"明佣"，如果进出口双方虽然对佣金已经达成协议，但不在价格条款中明确表示出来而约定当事人之间按约定另行支付的则称为"暗佣"，使用"暗佣"的目的有时候是逃汇或逃税。

3. 佣金的计算方法

常见的佣金的计算方法是以买卖双方的成交额或发票金额为基础计算而得的。
具体的计算公式为：
$$单位货物佣金额 = 含佣价 \times 佣金率$$
净价的计算方法为：
$$净价 = 含佣价 - 单位货物佣金额 = 含佣价 \times (1 - 佣金率)$$
如果已知净价求含佣价，则计算公式为：
$$含佣价 = \frac{净价}{1 - 佣金率}$$

【例 5-5】
已知某商品对外报价为 CIF 价 3 000 美元，外商要求报 CIFC 4%。为保持我方的净收入不变，则对外改报的含佣价应为：

$$含佣价 = \frac{3\,000}{1-4\%} = 3\,125\,(美元)$$

4. 主要贸易术语净价与含佣价之间的换算

（1）以 FOBC 价换算为其他价格，计算公式为：

$$FOB 净价 = FOB 含佣价 \times (1 - 佣金率)$$

$$CFR 净价 = FOB 含佣价 \times (1 - 佣金率) + 运费$$

$$CIF 净价 = \frac{FOB 含佣价 \times (1 - 佣金率) + 运费}{1 - 投保加成 \times 保险费率}$$

【例 5-6】

某公司向欧洲某客商推销某商品，发盘价格为每公吨 1 360 英镑 CFR 西欧某港口，对方复电要求改按 FOB 中国口岸定价，并给予 2% 佣金。经查，自中国口岸至西欧某港口的运费为每公吨 190 英镑，我方如要保持外汇收入不变，怎样改按买方要求条件报价？

【解】

$$FOB = CFR - F = 1\,360 - 190 = 1\,170\,(英镑)$$

$$含佣价 = \frac{净价}{1 - 佣金率} = \frac{1\,170}{1 - 2\%} = 1\,194\,(英镑)$$

（2）以 CFRC 价换算为其他价格，计算公式为：

$$FOB 净价 = CFR 含佣价 \times (1 - 佣金率) - 运费$$

$$CFR 净价 = CFR 含佣价 \times (1 - 佣金率)$$

$$CIF 净价 = \frac{CFR 含佣价 \times (1 - 佣金率)}{1 - 投保加成 \times 保险费率}$$

【例 5-7】

某出口公司对某商品的对外报价为每打 200 英镑 CFRC 5% 伦敦，现进口商要求改报 CIFC 5% 伦敦报价，已知投保加 1 成，保险费率为 0.5%。应怎样报价？

【解】

$$CIFC5 = \frac{CFRC \times (1 - 佣金率)}{1 - 投保加成 \times 保险费率 - 佣金率} = \frac{200 \times (1 - 5\%)}{1 - 1.1 \times 0.5\% - 5\%} \approx 201.16\,(英镑)$$

（3）以 CIFC 价格换算为其他净价，计算公式为：

$$FOB 净价 = CIFC \times (1 - 投保加成 \times 保险费率 - 佣金率) - 运费$$

$$CFR 净价 = CIFC \times (1 - 投保加成 \times 保险费率 - 佣金率)$$

$$CIF 净价 = CIFC \times (1 - 佣金率)$$

【例 5-8】

某商品的出口报价为每箱 100 美元 CIF 西雅图。国外要求改报 CFRC 5% 西雅图，假如保险费率为 1.05%，加一成投保，问我方应怎样报价？

【解】
$$CFRC5 = \frac{CIF \times (1-1.1\times 保险费率)}{1-佣金率} = \frac{100\times(1-1.1\times 1.05\%)}{1-5\%} \approx 104.05（美元）$$

二、折扣

1. 折扣的含义

折扣（Discount）是卖方在原价基础上给予买方一定的价格减让。从性质上看，折扣是一种价格优惠。折扣的具体种类主要包括数量折扣（Quantity Discount）以及特别折扣（Special Discount）等，在出口贸易中应该针对不同客户，灵活运用各种折扣方法来推动销售、扩大出口。

2. 折扣的规定方法

折扣的规定方法如下：
（1）用文字明确表示折扣比例。例如，"CIF 纽约，每公吨 3 000 美元，折扣 2%"。
（2）用绝对数表示折扣。例如，"每公吨折扣 3 美元"。

3. 折扣的计算方法

通常以成交额或发票金额为基础来计算折扣，具体的计算公式为：
$$单位货物折扣额 = 含折扣价 \times 折扣率$$

卖方实际净收入为：
$$净收入 = 含折扣价 \times (1-折扣率) = 含折扣价 - 折扣额$$

【例 5-9】
某出口商品对外报价为 FOB 上海价每打 100 美元，含 5% 折扣，如出口该商品 1 000 打，试计算其折扣额以及实际收汇额。

【解】
$$折扣额 = 1\,000 \times 100 \times 5\% = 5\,000（美元）$$
$$折实售价 = 100 \times (1-5\%) = 95（美元）$$
$$实收外汇 = 95 \times 1\,000 = 95\,000（美元）$$

三、佣金与折扣的支付方法

国际贸易中佣金的支付方式主要有以下两种形式。

在支付时间上通常佣金可以在合同履行后逐笔支付，也可按月、按季、按半年，甚至一年汇总支付。具体而言，佣金的支付方式一般有以下两种：
（1）交易达成时就向中间商支付佣金；
（2）卖方在收到全部货款后，再另行支付佣金。

第一种支付方式对中间商的激励较强，但对给付佣金的出口商来说则存在一定风险，因为有时虽然交易已达成，但万一最终合同无法履行，出口人仍要向中间商支付佣金。第二种支付方式则是对第一种支付方式的改进,对给付佣金的出口委托人比较有利。

在实际的出口业务合同中出口委托人最好事先与中间商达成书面协议,明确规定支付佣金的方法。

折扣一般可在买方支付货款时预先扣除,这种方法叫作"明扣"。有时当事人双方对折扣虽然已经达成协议,但出于各种考虑却不在合同价格条款中表示出来而按约定另行支付,这种方法又称为"暗扣"或"回扣"。

四、订立出口合同价格条款应注意的问题

(1) 合理确定商品的价格,防止作价偏高或偏低。定价过高会丧失竞争力,而过低会丧失利润。

(2) 根据实际的经营意图及国际市场价格水平制定适当的价格。

(3) 争取选择有利的计价货币以对冲汇率变动的风险,出口时尽量采用"硬币"计价,进口时尽量采用"软币"计价,在无法统筹时则应当加外汇保值条款或利用汇率互换策略。

(4) 根据具体的情况灵活运用固定价格、非固定价格以及价格调整条款等作价方法以应对价格波动的风险。

(5) 灵活运用佣金及折扣等促销作价方法。

❖ 本章小结

本章详细讨论了进出口商品作价的原则、方法,影响进出口作价的因素,进出口商品成本核算的基本指标,主要价格术语换算的基本方法以及佣金及折扣等在进出口贸易中的应用。

❖ 复习思考题

1. 简述我国进出口商品的作价原则及影响出口成交价格的各种因素。
2. 进出口商品的价格由哪些部分组成?
3. 简述出口成本价格与出口成交价格的主要区别。
4. 试草拟包括佣金及折扣的单价条款各一例。
5. 下列我方出口单价的写法是否正确?如有错误或不完整,请予以更正或补充。
   (1) 每打 10 英镑 CFR 法国。
   (2) 每公吨 300 美元 FOB 西雅图。
   (3) CIF 伦敦每箱 50.50 元。
   (4) 每盒 100 马克 CIF 广州,包括 3% 的佣金。
   (5) 每打 100 欧元 CFR 净价含 2% 佣金。
   (6) 1 000 美元 CIF 宁波减 2% 折扣。
   (7) 每桶 50 英镑 CFR 汉堡。
6. 某出口公司与英国进口商订立了长期供应某种蘑菇的合同,合同规定交货前由进口方指派

的承运人前往该企业所在地收取货物，出口公司只需负责在规定时间按规定方式将蘑菇包装好即可。该种蘑菇每箱价格为 100 元人民币，请你为该企业拟一则单价条款。

7. 某公司以 CFR 条件程租船运输方式向国外出口一批货物，但国外目的港维多利亚港的费用较高，我方不愿承担卸货费用。已知该批出口货物每公吨 CFR 价格 300 美元，请代该公司拟单价条款。

8. 我方对外报价为每公吨 1 000 美元 CIF 新加坡，而外商还盘为 902 美元，FOB 中国口岸。经查该货物由中国港口运至新加坡每吨运费为 88 美元，保险费率合计为 0.95%。试问单纯从价格角度讲，我方可否接受该项还盘？

9. 某外贸企业与英商达成一笔交易，合同规定我方出口某商品 500 M/T，每公吨 450 美元 CFRC 2% 利物浦，海运运费为每公吨 29 美元，出口收汇后出口企业向该英商汇付佣金，计算：
   （1）该出口企业向中国银行购买支付佣金的美元共需多少人民币？
   （2）该出口企业的外汇净收入为多少美元？（按当时银行外汇牌价：100 美元 = 694.39/697.33 元人民币。）

10. 我方某公司出口商品一批共 1 000 M/T，出口价格为每公吨 2 000 美元 CIF×××港。客户现要求改报 FOBC 5% 上海价。经查，该商品总重量为 1 200 M/T，总体积为 1 000 m³，海运运费按 W/M 计收，每运费吨基本运费率为 120 美元，港口附加费 15%；原报价的保险金额按 CIF 价另加成 10%，保险险别为一切险，保险费率为 1%。试求商品的 FOBC 5% 上海价。

11. 某出口公司收到澳大利亚客户来电，询购 1 000 只睡袋，要求按下列条件报出每只睡袋的 CIFC 5% 悉尼的美元价格。条件：睡袋国内购货成本为每只 60 元人民币，国内其他费用总计为 6 000 元人民币，出口公司的预期利润为 10%，该睡袋为纸箱装，每箱 20 只。从装运港至悉尼的海运费为每箱 30 美元。海运出口保险按 CIF 价加成一成投保一切险、战争险，费率为 0.8%（注：假设人民币兑美元汇率为 6.95∶1）。

12. 某出口公司向英国某进口商出口商品，对外报价为 FOBC 2% 宁波每箱 600 英镑，客户要求将佣金增至 5%，出口公司考虑后同意。请问为使净收入不减少，价格应改报多少？

13. 某出口公司向新西兰某公司出售一批货物，出口总价为 15 万美元 CIF 新西兰，其中从青岛港至新西兰的海运运费为 6 000 美元，保险按 CIF 总价的 110% 投保一切险，保险费率为 1%。这批货物的出口总成本为 72 万元人民币。结汇时，银行外汇买入价为 1 美元折合 6.95 元人民币。试计算这笔交易的换汇成本及盈亏率。

14. 某出口货物报价为每箱 35 美元 FOB 青岛，现客户要求改报 CIF 伦敦价。已知该货物至伦敦的海运费为每箱 5 美元，按 CIF 金额的 110% 投保海运一切险，费率为 0.8%，对应的 CIF 价为多少？

15. 某出口公司对非洲某客商发盘，出口价格条件为 CIF 非洲某口岸每公吨 1 500 美元，按发票金额 110% 投保一切险和战争险。现对方要求改报 FOB 中国口岸。经查自中国口岸至目的港的海洋运输费用为每公吨 50 美元，一切险的保险费率为 0.5%，战争险的保险费率为 0.3%。若维持出口销售净收入不变，改报 FOB 中国口岸价是多少？

16. 上海某出口公司出售一批货物到美国，出口总价为 10 万美元 CIF 旧金山，其中从上海到旧金山的运费及保险费占 10%，已知这批货物的国内购进价为 70 万元人民币（含增值税

17%),该公司的费用定额率为5%,退税率为9%。结汇时银行的外汇买入价为1美元折合6.95元人民币。请计算该批货物的出口商品换汇成本及出口商品盈亏率。

17. 上海某出口公司收到日本三井株式会社订购17公吨海产品的询价,已知该海产品每公吨进货价格为5 600元人民币(含增值税17%),出口包装每公吨500元人民币,该批货物国内运杂费共计1 200元人民币,出口商检费300元人民币,报关费100元人民币,港区港杂费950元人民币,其他各种费用共计1 500元人民币。出口公司的银行贷款年利率为8%,预计垫款时间2个月,银行手续费率0.5%(按成交价格计),退税率为3%,海洋运费共2 200美元,保险费率0.85%,三井株式会社要求报价含佣金3%。若该出口公司的预期利润是10%,人民币兑美元汇率为6.95∶1。出口公司报的CIFC 3%价格应为多少?

延伸阅读

从大萧条到长期停滞:我们是不是低估了汇率协调的作用

请扫二维码阅读

第二篇
PART 2

合同的标的

第六章　商品名称与商品品质
第七章　商品的数量
第八章　商品的包装

第六章 CHAPTER 6

商品名称与商品品质

学习目标

通过学习本章,要求掌握:
1. 进出口贸易中准确表示品名条款的意义、方法及注意事项。
2. 进出口贸易对商品品质的基本要求以及国际贸易中表示商品品质的基本方法。
3. 进出口贸易中品名、品质条款的基本订立方法。

引导案例 6-1

某外贸公司出口苹果酒一批,以信用证方式结算,信用证及相关单据上均使用 Apple Wine,单证均完全一致。不料货到国外后遭海关扣留罚款,因该批酒的内外包装上均有"Cider"字样,结果外商要求我方赔偿其罚款损失。

案例思考

在这笔交易中我方是否应该承担一定的责任?

引导案例 6-2

我国 A 公司与外商签订了一份农产品的出口合同,其中的品质条款为:水分最高 12%,杂质不超过 3%,交货品质以中国的出口检验证书为最后依据。在成交前,A 公司曾向对方公司寄送过样品,但并没有说明样品仅供参考,合同签订后又电告对方成交货物与样品相似。货到国外后,收货人表示货物品质比样品差,要求每公吨减价 6 英镑。我方出口公司以合同中并未规定凭样交货为由不同意减价。于是国外收货公司请该国某检验公司检验,出具了所交货物平均品质比样品差 7% 的检验证明并据此提出赔偿。我方 A 公司则认为该产品是农产品,不可能做到货样完全相符,但不至于低 7%。由于我方留存的样品遗失,无法证明实际情况,因此只好赔付一笔品质差价。

案例思考

我方出口公司应从中吸取什么教训?

第一节　商品名称

商品名称是每笔进出口贸易的重要物质基础,是进出口贸易合同中的主要交易条件之一。

一、列明商品名称的意义

商品名称(Name of Commodity)简称品名,是法律上所谓的标的物(Subject Matter),是进出口贸易赖以进行的物质基础与前提条件,是订立合同的前提条件。正确选取合同标的物名称是买卖双方在协商及签订合同时首先需要考虑的问题之一,也是买卖双方履行合同的基本依据。

正确规定合同标的物名称具有重要的意义:首先,从法律的角度来看,合同标的物名称是构成商品说明的重要组成部分,是买卖双方货物交接的基本依据之一。若卖方交付的货物不符合约定的品名或说明,买方有权提出损害赔偿要求,直至拒收货物或撤销合同。其次,从业务的角度看,品名条款是商业统计、外贸统计的依据,也是报关、报运、投保、商检、仲裁等实务环节中的费用依据,因此正确列明出口商品的具体名称具有重要的实践意义。

二、商品名称的表示方法

出口贸易中商品名称的表示方法主要有以下几种:

(1)以货物的主要用途来表示商品名称。主要是突出货物的主要用途,便于客户购买,如"自行车""电饭锅"等。

(2)以构成货物的主要原料来表示商品名称。主要是突出出口货物所使用的加工原料,以反映货物的质量,如"羊毛衫""玻璃杯""实木家具"等。

(3)以人物姓名表示商品名称。主要是利用人物的知名度或是历史积淀,如"李宁牌运动鞋""张生记"餐饮等。

(4)以著名品牌表示商品名称。品牌是企业产品质量的历史记录,代表着企业对消费者的产品质量承诺,也有助于消费者克服选择商品时的信息不对称,如"百事可乐""青岛啤酒"等。

(5)以产地名称表示商品名称。对于一些农副土特产品或加工方面有特殊工艺的产品,直接用产地名称命名出口商品,如"西湖龙井""金华火腿"等。

(6)以主要成分表示商品名称。以货物所含的主要成分表示货物名称可帮助消费者了解货物的成分构成,有助于消费者选择货物,如"玉米油""钻戒"等。

(7)以商品的外观造型命名出口商品。这种命名方法有助于消费者了解商品的外观特点,如"高跟鞋""喇叭裤""蝙蝠衫"等。

三、合同的品名条款

进出口贸易合同中的品名条款并没有统一的格式,通常在出口合同或销售确认书中的"商品名称"或"品名"项下列明规定的货物名称。例如,品名:中国桐油(Name of Commodity: Chinese Tung Oil)。

在国际贸易实务中,商品的品名条款比较简单,一般不单列,而是将其包含在品质条款中,因为许多货物往往具有不同的品种、等级以及型号。有时一份合同里交易的货物不止一种,为了明确起见,便把有关具体品名、品种、规格、等级等合并在一起表示,如:

| 序号 | 货物品名与规格 | 单位 | 数量 | 单价 | 总价 |
| Item | Description | Unit | Quantity | Unit Price | Amount |

四、规定品名条款时应注意的问题

在进出口贸易中规定品名条款时应注意以下问题:

(1)货物选用的名称应准确、具体、简洁。要求名称能切实反映货物的特点及物理、化学特性,切忌笼统、含糊不清。

(2)应实事求是,切实反映货物的实际情况。凡做不到或不必要的修饰性语句都不应采用,以免给后续的履约带来不必要的麻烦。

(3)应尽可能使用国际上通用的名称。当前世界上不同的国家甚至同一国家的不同地区,对同一货物的名称可能不尽相同,为了避免俚语、方言等因素可能造成的误解,应尽可能地使用国际上通用的货物名称。如果必须使用地方性的名称,则需要买卖双方事先就其内涵达成一致。对于某些新货物的名称或其译名,则必须做到准确易懂并符合对方国家的习惯。

(4)应恰当地选用合适的名称。在有多种名称可供选择时,需要根据进出口费用、关税费用、运输费用等因素选择恰当的名称,总体原则是在不影响外贸政策的前提下,从中选择有利于降低关税、运费费率以及其他相关费用的名称。

第二节 商品品质

商品品质(Quality of Goods)也称商品质量,是指商品的内在质量以及外观形态的综合。前者包括商品的物理性能、机械性能、化学成分以及生物特性等自然属性,后者包括商品的外形、色泽、款式以及包装等。

一、商品品质的重要性

从业务来看,商品品质的优劣不仅影响售价的高低、销量的增减、交易双方经济利益实现的程度,而且还关系到企业信誉、国家形象以及消费者的利益。在当今日趋激烈的世界市场竞争中,以质取胜已经成为各国达成共识的出口战略。

从法律上看,合同中的品质条件是构成商品说明的重要组成部分,也是买卖双方交接货物的依据。《联合国国际货物销售合同公约》规定:卖方交货必须符合约定的质量,如卖方所交货物不符合约定的品质条件，买方有权要求损害赔偿，也可要求修理或交付替代货物，甚至可拒收货物或撤销合同。

二、进出口商品品质的要求

商品品质的高低不仅关系到买卖双方的利益，而且还关系到企业乃至国家的声誉，因此必须认真对待。

1. 进口商品品质的要求

严把进口商品的质量关，切实保证进口商品的质量能够符合经济建设以及人民生活改善的需要。要根据国内的供需缺口进口合适的生产资料，推动产能瓶颈的克服；要根据国内、国际双循环的要求以及消费品的免税政策选择有利于推动我国居民消费升级的商品进口；同时要严格执行进口商品的质量检验制度，以防止危害我国社会公共利益以及生物安全。

2. 出口商品品质的要求

对于出口商品，应坚持"以质取胜"的战略，加强出口商品的研发投入，提高出口商品的技术含量，严把出口商品的质量关。具体要做好以下几个方面的工作：

（1）强化出口厂商的品质观念，坚持"以质取胜、以质量换市场"的理念，严把出口商品的质量关，不断提高出口商品的信誉及美誉。

（2）针对不同市场、不同消费水平确定不同的出口品质。各国的经济发展水平、文化背景、生活习惯都有所不同，因此应该有针对性地选择与购买力及消费习惯相匹配的出口商品。

（3）建立健全出口企业的品质管理体系。大力推广国际标准化组织的 ISO 9000 以及 ISO 14000 等质量认证及管理体系，切实把国际的质量认证体系标准作为出口企业开拓国际市场的"敲门砖"。

（4）出口商品的质量应符合进口国当地的法律、法规要求。许多国家对进口商品的品质、安全、卫生等有专门的具体要求，不符合其要求的商品一律不准进口。因此，要熟悉东道国与出口商品相关的法律、法规。

三、表示品质的基本方法

由于出口商品种类繁多、特点各异，所以表示出口商品品质的方法也各有不同，但主要包括以实物表示及以说明表示两类。

1. 以实物表示商品品质

以实物表示商品品质是指以作为交易对象的商品实际品质（Actual Quality）或以代表商品品质的样品（Sample）来表示商品品质。前者为看货买卖，后者为凭样品买卖。

（1）看货买卖（Sales by Actual Quality）。采用这种方法时，通常是买方或其代理人在卖方存放货物的场所验看货物，一旦达成交易，卖方就应按照对方验看过的商品交货。只要卖方交付的货物符合验看的品质要求，买方就不得对品质提出异议。这种方法多用于寄售、拍卖及展卖等业务。

（2）凭样品买卖（Sales by Sample）。所谓样品是指从一批商品中抽出来的足以反映并代表整批商品品质的少量货物。在进出口贸易中若买卖双方以样品作为签约或交货时的品质依据，就称为凭样品买卖或称为看样成交。

根据样品提供者的不同，凭样品买卖又可细分为以下几种：

1）凭卖方样品买卖（Sales by Seller's Sample）。这即在贸易中以卖方提供的样品作为交货品质依据。采用凭卖方样品买卖时应该注意以下问题：第一，出口方提供的样品应该具有代表性，通常以平均水平为准。如果样品品质选择过高，就会造成日后交货品质难以与样品相符的问题，而如果样品品质选择过低，就会影响价格及销售。第二，要注意留存复本。所谓复本（Duplicated Sample）或者叫封样是指选择与寄送样品品质一致的商品作为留样。留存复本的目的是作为解决日后或有品质争议的依据。必要时可邀请第三方公证机关共同加封，以增强封样作为处理品质争议的依据。

2）凭买方样品买卖（Sales by Buyer's Sample）。这即以买方所提供的样品作为交货品质的最后依据。在这种交易方式下，必须注意以下三个问题：第一，来样的内容及形式不能包含毒品、色情等违反公共利益的内容。第二，在凭买方样品成交时，出口方需要综合考虑原料保障、生产技术条件以及加工能力等能否匹配。第三，凭买方样品成交时，出口方应在合同中明确声明若由来样引起的工业产权等的侵权责任应由样品提供方承担，与卖方无关。

无论是以买方样品还是卖方样品达成的交易，卖方必须承担所交货物品质与样品品质一致的责任。对于货样难以达到一致的商品，出口方应在合同中加列"品质与样品大致相同"（Quality Shall Be about Equal to the Sample）或"品质与样品相近"（Quality Is Nearly the Same as the Sample）等类似条款，并对货样品质差异的处理方法做明确规定，避免可能的纠纷。

3）凭对等样品买卖（Sales by Counter Sample）。为了避免交货双方因为对样品品质理解的不同而产生纠纷，有时候卖方会根据买方提供的样品试生产一批供买方确认，这种经确认后的样品称为"回样"（Return Sample）或"对等样品"（Counter Sample），作为交货时的品质依据。

凭样品买卖的基本要求为：第一，样品是交货品质的唯一依据；第二，卖方所交付的货物必须与样品完全一致。凭样品买卖的好处是免去了订立烦琐的品质条款的麻烦，尤其是在文字难以描述产品品质的情况下。

目前单纯凭样交易的商品越来越少了，样品一般只用于表示商品的某一方面或某几方面的品质指标，如色样（Color Sample）、款式样（Pattern Sample）等。

2. 以说明表示商品品质

以说明表示商品品质（Sales by Description）在国际贸易中采用较多。在出口贸易中以说明表示商品品质能够细化为以下几种。

（1）凭规格买卖（Sales by Specification）。

商品的规格是指足以反映商品品质的一些主要指标，如成分、含量、性能、大小、重量等，用规格来确定商品品质的交易称为凭规格买卖。不同的出口商品应选用不同的规格来表示质量，同一种商品由于买方所需用途不同也应选用不同的规格。比如，某批东北大豆的规格可以表示为"水分最高12%，含油量不低于15%，杂质最高1%，不完整颗粒最高6%"；某蜂蜡的规格可以表示为"熔点60 ℃，密度在15.5 ℃时为0.95～0.98 g/cm^3，杂质不超过

1%"。以规格表示商品的品质较为简单、方便、准确，在出口贸易中的应用较为广泛。

（2）凭等级买卖（Sales by Grade）。

商品的等级最简明的定义就是根据规格的差异对商品进行分级、分类，即按照同类商品规格上的差异把商品分为优劣不同的若干等级，如大、中、小；重、中、轻；甲、乙、丙；A、B、C等，用以匹配不同等级的交易。

例如，出口钨砂按其三氧化钨以及锡含量的不同，分为特级、一级、二级、三级；出口皮蛋按其重量可分为奎、排、特、顶、大五级。

用等级交易可以起到简化交易磋商的作用，值得注意的是由个体厂商制定的等级并没有约束力，为了便于合同履行，避免贸易纠纷，在列明等级的同时最好同时说明每一等级的具体规格。

（3）凭标准买卖（Sales by Standard）。

所谓标准即统一化的规格等级及其检验方法，体现了技术与实践经验的结晶。用标准表示商品品质并开展的交易称为凭标准买卖。商品的标准可由国家或有关政府部门制定，也可由同业工会、商品交易所或企业自身制定。在国际贸易中商品的标准一般分为五大类，即企业标准、团体标准、国家标准、区域标准以及国际标准。在我国的出口贸易中一般采用国内公布的不同等级的标准，但有时也会根据客户的要求采用国际标准。

值得注意的是，同一标准的不同版本对商品的质量要求是不同的，所以在出口合同中不仅应该注明标准的名称，也应该注明标准颁布的年份。例如，利福平，《英国药典》1993年版（Rifampicin B.P. 1993）。

在国际贸易中还存在一些特殊类型的标准表述方法，如：

1）良好平均品质（Fair Average Quality，FAQ），有时也称大路货，是指一定时期内某地出口商品的平均品质水平。一般用来表示农产品的产品品质，其基本含义为：农产品在某个生产年度的中等货或某一季节或某一装船月份在某一装运地发运的同种农产品的平均质量。采用FAQ表示商品品质时，应注意以下两点：第一，要明确生产年份、产地，甚至确定的季节。例如，"东北大豆2019年收成，良好平均品质"。第二，应明确是装船品质还是到岸品质，如英国SGA规定是以到岸品质为准。

为了更确切地表示商品的品质，在合同品质条款中注明FAQ的同时，也会增加一些主要规格指标。例如，"中国花生，大路货，规格：水分不超过12%，不完善颗粒最高3%，含油量最低43%"。

2）上好可销品质（Good Merchantable Quality，GMQ），是指卖方须保证交付的货物品质良好，适合商销。强调货物的品质不会影响销售，一般只适用于木材或冷冻鱼虾等水产品。

（4）凭品牌或商标买卖（Sales by Brand or Trademark）。

品牌（Brand）是工商企业对其制造或销售产品的命名，主要是区别于其他企业生产的同类产品。品牌或品牌的一部分在政府有关部门依法注册后称为"商标"（Trademark），商标具有法律内涵，代表了一种排他的使用权。用品牌或商标来确定商品品质的交易方式称为凭品牌或商标买卖。目前采用凭品牌或商标开展进出口贸易的情况越来越普遍，因为在现代经济中品牌或者商标本身就代表了品质形象，品牌或者商标包含了消费者情感，是对商品品质的最佳说明。

（5）凭产地名称买卖（Sales by Name of Origin）。

有些农副土特产品在产地等自然条件或传统的生产工艺、生产技术影响下，形成了自己独特的风格或品质,产地名称能突显其独特的品质,这类产品可用产地名称来表示商品品质并开展买卖,例如龙口粉丝、西湖龙井、涪陵榨菜等。

(6)凭说明书买卖(Sales by Descriptions)。

有些复杂的机、电、仪产品以及大型的设备、交通工具等技术密集型产品,由于其复杂的技术结构及工艺流程,通过说明书来表示该产品的品质较为合适,即称为凭说明书买卖。在这种情况下卖方所交货物的品质必须与说明书上所列明的条件完全相符。但需要强调的是,在这种情况下在出口合同中除列入说明书的具体内容外,仍需要订立卖方品质保证条款以及技术服务条款,卖方保证在一定期限内所售出的货物品质符合说明书上规定的技术指标,否则买方有权要求赔偿,卖方有义务消除或更换品质不符合的商品并承担由此引起的各项费用。

四、规定品质条款需要注意的问题

商品的品质条款是进出口双方买卖货物、解决品质纠纷的主要依据,规定好品质条款有着很重要的意义。一般而言,出口方在规定品质条款时应注意以下问题。

1. 正确运用各类表示品质的方法

在规定出口商品品质指标时要根据商品的具体特性正确地选用表示商品品质的方法。因为在出口贸易中有些商品适宜于凭样品进行买卖,有些则需要凭规格、等级、标准或说明书进行买卖。此外,凡是能用一种方法表示品质的,一般不宜用两种或两种以上的方法来表示。一般来说,凭样品与凭规格、等级、标准等表示品质的方法不宜混用。根据某些国际贸易惯例及公约的规定,既凭样品买卖,又凭规格、等级、标准买卖,则卖方所交货物的品质既要与样品一致,又要符合规格、等级、标准的要求,否则买方有权拒收货物,甚至索赔。

2. 某些出口商品的品质指标可采用弹性的规定方法

在国际贸易中严格按照合同的品质条款交货是卖方的主要义务之一,但在具体的出口业务中,由于受商品特性、生产加工条件、运输条件以及气候等因素的影响,出口方所交产品的实际品质会与合同所列条款存在合理的细微差异。为了避免交货质量与合同稍有不符可能造成的违约,在工业制成品出口时一般应加订品质公差条款,而在初级产品特别是农副产品出口时,则应加订品质机动幅度条款并辅以品质增减价条款。

(1)品质公差条款(Quality Tolerance Clause)。

品质公差条款一般用于工业制成品,是指行业所公认的或在正常情况下买卖双方认可的产品质量差异,意味着卖方所交付的货物品质可以略高于或低于合同的规定。这种误差的存在是现有生产技术条件下所无法避免的。品质公差条款主要是针对工业制成品的出口,一般有两种规定方法:①仅做出笼统规定,例如"质地、重量、尺寸、颜色均允许合理差异",至于什么是"合理差异",则未做明确的规定;②明确规定允许存在一定幅度的差异,例如"尺码或重量允许有 ±2%～±3% 的合理公差"。

(2)品质机动幅度条款(Quality Latitude Clause)。

品质机动幅度条款是指允许卖方所交货物的品质存在一定的机动幅度差异,具体有三种规定方法:

1)规定具体范围。这是指对某项品质指标允许存在的上下差异范围,例如,棉布幅宽为

33～35英寸①。

2）规定指标极限。这即对某些商品的品质规格指标规定上下限，具体可以用最高、最低或最大、最小来表示。例如，"中国芝麻，水分最高6%，杂质最高3%，含油量最低50%"。

3）规定上下差异。例如，"灰鸭毛，含绒量16%，上下2%"。这种规定方法具有机动、灵活的特点。

（3）品质条款结合增减价条款（Quality Clause Combined with Price Increase or Decrease Clause）。品质条款结合增减价条款具体有以下三种：

1）在品质机动幅度内，按实际交货品质的差异幅度予以增减价。例如，"东北大豆，水分每增减1%，价格减增1%"。

2）在品质机动幅度范围内，实际交货品质若低于合同规定则予以扣价，若高于合同规定则按照合同价格计算。此种规定方法对买方比较有利。

3）在品质机动幅度范围内，按品质差异程度的不同，采用递增的扣价方法。例如，"实际交货品质低于合同规定的1%以内，扣价1%；低于合同规定的1%以上，扣价2%"。

3. 出口品质条款的规定应具体明确

出口品质条款要尽量做到文字简练，语意准确。一般不宜采用诸如"大约""左右""合理误差"之类的模棱两可的字眼，以免在交货品质问题上引起争议。

4. 品质条款要体现对潜在知识产权纠纷的处理原则

出口方要在合同中明确声明若按照买方提供的技术图样、图案、程序或其他规格生产的产品涉及第三方工业产权或其他知识产权纠纷的，卖方对此概不负责，而由技术图样、图案、程序等的提供方负责。例如：

For any goods produced with the designed, trade marks, brands and/or stamps provided by the buyers, should there be any disputes arising from infringement upon the third party's industrial property or other intellectual property right, it is the buyers to be held responsible for it.

对于任何根据买方提供的设计、商标、品牌或图案生产的产品，若涉及第三方工业产权或其他知识产权纠纷，概由买方负责。

五、有关品质条款的典型案例分析

▶ 案例 6-1

1988年6月，我国某出口公司销往约旦巧克力3 000箱，合同未定巧克力"湿度"指标，货抵杰拉什省后，约旦进口商反映经进口国商检验局检验，巧克力的湿度为2.6%，超过标准1.5%，不能在当地市场销售，必须移送出境，否则就地销毁，我国出口公司陷于被动境地。后考虑到市场前景及客户关系，我方同意退货，但造成了重大损失。

资料来源：钱益明. 国际贸易纠纷的处理与案例分析［M］. 北京：对外贸易教育出版社，1989.

---

① 1英寸 = 0.025 4米。

【分析】

出口贸易的品质条件也有明示和暗示之分,前者指合同中双方订明的品质规格标准,后者指"货物必须具备符合商销的品质"或"货物适合于同一规格货物通常使用目的"。但本案合同中品质条件并未列明"湿度"指标,而且货到目的港时巧克力并未有任何异样,完全适合于"通常使用目的",如不考虑其他因素,我方也可不承担任何责任。本案例的主要启示为:① 出口商品的质量把握要有明确的针对性。世界各国的不同经济发展水平及阶段会对产品质量有不同的要求,因此,我们要从东道国的实际经济发展水平及消费现状出发,执行相应的产品质量标准;② 出口商品的品质控制要符合进口国的相关法律法令要求;③ 出口商品的一些主要质量指标应该尽量明确,以免日后品质纠纷的发生。

案例 6-2

我国某出口公司与英国某公司凭样成交一批瓷器,复验期为 90 天。货到英国经过复验后,未提出任何异议。事隔一年后我方接到买方来电:瓷器大部分出现"釉裂",英方只能减价销售,要求出口方对损失进行赔偿。我方接到来电后立即查看留存的复样,也发现"釉裂"现象。请问我方应该如何处理?

【分析】

我国出口公司应对进口方的损失做出相应的赔偿。因为这批瓷器发生"釉裂"是由于配料本身以及加工不当所导致的,而且这种潜在的瑕疵是买方检验时所无法发现的,需要一定时间才能显露。违反了英国《1979 年货物买卖法》第 15 条第 2 款第 3 项"所交货物不应存在使其品质不能令人满意的瑕疵,即不应存在对样品的合理检验中不易发现的瑕疵"。也就是说,卖方违反了合同中对品质的暗示条款。此外,这种瑕疵在货物风险转移到买方之前就已存在而且在风险转移之后才明显表现出来,因此虽然超过了 90 天的复验期,卖方仍需要承担货物与合同不符的责任。

本章小结

本章详细介绍了出口商品品名的表示方法及注意事项、出口商品品质的规定方法及注意事项、典型的出口商品品质纠纷案例剖析等。

复习思考题

1. 表示品质的方法有哪些?
2. 规定品名条款的意义有哪些?
3. 规定品质条款需要注意哪些事项?
4. 凭样品买卖时,根据样品提供者的不同可分为哪几种类型?
5. 2020 年,我国某出口公司向巴西出口一批非食用玉米。合同规定:品质为适销品质,以 98% 的纯度为标准,杂质小于 2%,合同生效后两个月到货。对方以货物质量比原定规格低、黄曲霉菌素超标为由拒收货物。经查实，原货物品质不妨碍其销售，对方违约主要是由于当时市场价格下跌。后经多次商谈，我方以降价30%完成合同。请问出口方应吸取什么教训？

6. 青岛某出口公司向日本出口一批苹果。合同及来证上均写的是三级品，但到发货时才发现三级苹果售罄，于是该出口公司改以二级品交货，并在发票上加注"二级苹果仍按三级计价"。请问这种以好顶次的做法是否妥当？

7. 我国某公司向英国出口一批大豆，合同规定水分最高为14%，杂质不超过2.5%，在成交前我方曾向买方寄过样品，订约后我方电告买方成交货物与样品相似，当货物到达英国后，买方提出货物与样品不符，并出示相应的检验证书证明货物的质量比样品低7%，并以此要求我方赔偿15 000英镑的损失。请问在此情况下，我方是否可以以该项交易并非凭样品买卖为由而不予理赔？

8. 我国某公司出口3 000辆儿童三轮车，合同规定1 000辆为黑色、2 000辆为黄色。卖方在备货过程中，发现黄色儿童三轮车无货，于是在未征得买方同意的情况下，擅自用500辆橘红色、500辆绿色和1 000辆银色三轮车取代约定的2 000辆黄色三轮车并装运出口。货到后，因为卖方交付与合同颜色不符的货物，买方拒绝付款赎单。双方反复交涉后，买方仍坚持要求卖方尽快补交2 000辆约定的黄色儿童三轮车，而对卖方未经买方同意擅自发运的2 000辆杂色儿童三轮车只同意按原价降低7%处理。此外，这批货物在目的港存放仓库的仓储费以及晚收货款的利息损失也均由卖方承担。请问卖方应该吸取哪些教训？

延伸阅读

如何看待中国出口产品的质量问题

请扫二维码阅读

第七章
CHAPTER 7

商品的数量

学习目标

通过学习本章，要求掌握：
1. 进出口贸易合同中的常用计量单位及度量衡制度。
2. 进出口贸易合同中的数量条款及注意事项。
3. 有关数量条款的典型案例及评析。

引导案例

某出口商对外销售布匹 40 000 m，合同上订明红、白、黄、绿 4 种颜色的布匹各 10 000 m，并允许溢短装 10%。该出口商的实际交货数量为红色 10 400 m、白色 8 000 m、黄色 9 100 m、绿色 9 000 m，共计 36 500 m。最后进口商认为出口商违反交货数量约定，法院也做出相同的判决。但出口商认为白色布匹虽超过 10% 的溢短装条款，但就 4 种颜色布的总量来说并未超过合同约定的数量。

案例思考

请问出口商有没有违反出口数量条款？

第一节 数量的计算方法

出口贸易中的货物数量体现为以一定的度量衡单位表示的货物的重量、个数、长度、面积、容积等，商品的种类、性质各异并且各国度量衡制度不同，因此国际贸易的计量单位在不同的场合有不同的表示，但常用的出口贸易计量单位主要有以下几类。

一、重量的计算方法

国际贸易中重量（Weight）的计算方法主要有以下几种：

（1）按毛重（Gross Weight）计算。

所谓商品的毛重即商品本身的重量加上商品包装物料的重量。与此对应的另一概念称为"以毛作净"（Gross for Net），即把商品的毛重近似等同于商品的净重，主要适用于价值较低的商品的计重，如大米、蚕豆等农产品。

（2）按净重（Net Weight）计算。

所谓商品的净重即去掉包装物料后商品本身的重量，是国际贸易中以重量计量商品的主要形式。而包装物料的重量称为皮重（Tare），在国际贸易中习惯上有以下种不同的皮重计算方法：

1）实际皮重（Actual Tare）。这即实际过秤衡量出每件包装的重量及总重量。

2）平均皮重（Average Tare）。对于一些不规则的包装，为了简便起见，抽出一小部分包装过秤衡量出每件平均皮重，以该平均皮重推算整批货物的皮重，称为平均皮重。

3）习惯皮重（Customary Tare）。有的包装比较规范化并形成了一定的标准，即有公认的标准单件重量，在这个基础上乘以总数即可得出整批货物的重量。

4）约定皮重（Computed Tare）。这即单件商品的包装重量由双方事先约定，商品的包装总重量由单件包装重量乘以数量得出。

（3）其他的重量计算。

1）按公量（Conditioned Weight）计算。

国际贸易中的一些商品如棉花、羊毛、生丝等具有很强的吸湿性，其所含的水分受客观环境的影响较大，重量很不稳定。为了准确计算这类商品的重量，通常采用按公量计算的方法，即以科学方法除去商品实际所含的水分，再加上标准的含水量以求得重量。也可以理解为以商品的干净重加上国际公定回潮率与干净重相乘所得出的重量为公量，其计算公式为：

$$公量 = 商品干净重 \times (1 + 公定回潮率)$$

或

$$公量 = \frac{商品净重 \times (1 + 公定回潮率)}{1 + 实际回潮率}$$

2）按理论重量（Theoretical Weight）计算。

对于规格以及尺寸固定的商品，其重量大致整齐划一，总重量能够推算。根据件数而推算出的重量称为理论重量，如根据厚度、宽度、长度等体积指标能够推算出钢板的总重量。

3）按法定重量（Legal Weight）及实物净重（Net Net Weight）计算。

法定重量即商品的重量加上直接接触商品的包装物料的重量，是海关征收从量税的基础，用公式表示即法定重量 = 商品重量 × （1 - 包装折扣率）。实物净重又称净净重，它是扣除了商品的内包装以及水分、尘芥等其他杂物的纯商品重量，也是海关征税时采用的指标之一。

根据《联合国国际货物销售合同公约》第56条的相关规定，如果进出口贸易合同没有明确规定采用什么方法计算重量及价格，根据惯例应按照净重计量与计价。

二、常用的度量衡制度

国际贸易中常用的度量衡制度主要有：公制（The Metric System）、英制（The British System）、美制（The U.S. System）以及国际单位制（The International System of Units，SI）。《中华人民共和国计量法》第3条明确规定："国家采用国际单位制。国际单位制计量单位和国家选定的其他计量单位,为国家法定计量单位。"在我国出口业务中,除了为照顾进口国的贸易习惯而采用公制、英制或美制外,一般都采用我国的法定计量单位。对于机器设备及仪表,不采用法定计量单位就不准进口,除非有特殊需求并经过主管部门批准。

(1)公制。公制的使用起始于18世纪,是以法国发明的十进制为基础的一种度量衡制度。因为单位换算比较方便,所以被越来越多的国家采用。

(2)英制。英制单位源自罗马帝国的度量衡单位,是以当时的农业生产作为单位的基准的度量衡制度。这种制度曾在世界上有过很大的影响,但由于没有采用十进制的计算方法,换算不太方便,其在国际贸易中的使用频率越来越低。英国自1965年起换成国际单位制,并于1995年完成了单位制的转换,但陆路交通仍以英里作为单位。国际上许多领域仍沿用英制,如电视机、电脑显示器、手机屏幕大小等以英寸表示。另外在航空管制上,如飞行高度、跑道长度等多以英尺[一]为单位。

(3)美制。美制度量衡单位是以英制为基础发展起来的,常用在重量及容量单位方面。美制容量单位分为"干量"(Dry Measure)及"液量"(Liquid Measure)两种,干量多用于粉状或颗粒状等固体形状物的计量,液量多用于液体的计量。美制度量衡单位在谷物、玉米等农产品交易方面使用较广。

(4)国际单位制。1960年第11届国际计量大会通过了国际单位制的度量衡单位,由于国际单位制是以公制为基础制定的,因此又称为现代米制。在这次国际计量大会上,通过了"米"的新规定:"一米等于氪同位素(Kr)原子在真空中辐射的光波波长的1 650 763.73倍。"这样,自然基准的光波波长就取代了人工基准。目前,世界许多国家已开始向国际单位制过渡,我国立法也明确规定采用国际单位制。

值得注意的是,同一单位的不同度量衡所表示的数量会存在明显的差异。例如,就重量的"吨"而言,实行公制的国家采用的是公吨,每公吨折合1 000 kg;实行英制的国家采用的是长吨,每长吨折合约1 016 kg;实行美制的国家采用的是短吨,每短吨折合约907 kg。

三、常用的计量单位

国际贸易中常用的计量单位及适用商品有以下几类。

1. 重量单位

重量单位通常用于一般的天然产品及部分工业制成品,如铁矿石、煤炭、羊毛、棉花、谷物、油类等。重量方面常用的计量单位有:公吨(Metric Ton)、长吨(Long Ton)、短吨(Short Ton)、千克(Kilogram)、克(Gram)、磅(Pound)、盎司(Ounce)、克拉(Carat)等。

2. 容积单位

容积单位通常用于谷物以及流体、气体物品的买卖,常用的容积单位有蒲式耳(Bushel)、公升(Liter)、加仑(Gallon)、品脱(Pint)等。例如美国以蒲式耳作为各种谷物的计量单位,但蒲式耳所代表的重量会因谷物不同而有差异,如每蒲式耳亚麻籽为56磅,燕麦为32磅,大豆及小麦为60磅。公升、加仑则是用于酒类、油类商品的计量。品脱主要在英国、美国及

[一] 1英尺 = 0.304 8米。

爱尔兰使用，在度量衡单位公制化背景下，品脱在英国及肯尼亚只用作表示啤酒及牛奶的容量。但在食谱方面，英国大多仍然使用品脱作为大量液体的容量单位，而使用公制的食谱则把 1 品脱化作 500 毫升或 600 毫升。

3. 个数单位

个数单位主要用于工业制成品以及杂货类商品的买卖，如文具、玩具、成衣、车辆等，常用的数量单位有件（Piece）、双（Pair）、套（Set）、打（Dozen）、卷（Roll）、令（Ream）、袋（Bag）和包（Bale）等。

4. 长度单位

长度单位主要用于纺织品、电线电缆等商品的买卖，常用的长度单位有米（Meter）、英尺（Foot）、码（Yard）等。

5. 面积单位

面积单位主要用于皮制品、塑料制品、玻璃、地板、铁丝网等商品的买卖，常用的面积单位有平方米（Square Meter）、平方尺（Square Foot）、平方码（Square Yard）等。

6. 体积单位

体积单位主要用于木材、化学气体等类的商品的买卖，常用的体积单位有立方米（Cubic Meter）、立方尺（Cubic Foot）、立方码（Cubic Yard）等。

第二节　合同的数量条款

一、数量条款的基本内容

数量条款（Quantity Clause）是合同的主要条款之一，主要包括交货数量及计量单位，对于大宗散装货物，还需要在数量条款中加订溢短装条款（More or Less Clause），即为满足订舱及仓容等的需要，允许卖方所交的货物数量在一定的范围内略多于或少于合同规定，主要包括数量机动幅度、机动幅度的选择权以及溢短装部分的作价方法。

二、订立数量条款的基本要求

1. 必须正确掌握进出口商品的数量

出口商品的数量掌握既要考虑国外市场的需求量、市场变化趋势、季节因素等以保证及时与稳定的供应，以便巩固并扩大销售市场，还要考虑进口方的资信情况及经营能力以防发生货款落空的风险。进口商品的数量掌握主要应服从国内生产及生活的需要，同时要与外汇支付能力及运输能力相匹配。

2. 合理地规定溢短装条款

对于部分农副产品及工矿产品，由于商品的特性、生产能力、船舶舱位、装载技术与包装等因素，往往难以完全照合同精确地交货，此时可在合同中规定采用溢短装条款。按照这一规定，卖方在交货时可多交或少交一定比例的合同数量。按照《跟单信用证统一惯例》的规定，如采用信用证付款方式，除非 L/C 所列的货物数量不得增减，否则在支取金额不超过 L/C 金额的条件下，即使不准分批装运，卖方交货数量的伸缩幅度为 5%，但是货物数量以包装单位或个体计算时，此项伸缩条款不适用。

溢短装数量一般由卖方决定，也可由买方或船方决定。在合同数量大、商品价格波动较为剧烈的情况下，为了防止卖方或买方利用溢短装条款谋利，有的合同规定货物的溢短装部分按装船时或货到时的国际市场价格计算。

3. 对于"约量"的解释

有时出口合同数量条款中只规定"约量"（About），即在合同规定的数量前加上"约"字，意思是卖方交货的数量可以有一定范围的灵活性。不同的国家对"约量"有不同的解释，有的解释为 2%，有的解释为 5%，也有的解释为 10%。根据《跟单信用证统一惯例》的规定，"约量"可解释为交货数量有不超过 10% 的增减幅度。为了便于合同的执行，建议最好在合同数量条款中不采用"约量"，而是规定明确的溢短装幅度，如确需采用"约量"，当事人双方应就"约量"的含义做出明确的规定。

三、签订进出口合同数量条款的注意事项

进出口合同数量条款一般包括数量单位、度量衡制度、溢短装条款、整批或分批交货条款等内容。

（1）要正确处理实际交货数量与合同规定不一致的情况。与数量条款相关国际贸易法律与惯例主要有英国《1893 年货物买卖法》，例如其第 30 条规定："卖方交付货物的数量若少于约定数量，买方可以拒收货物；卖方实际交货数量多于约定数量，买方可以只接受约定数量而拒收超出部分，也可以全部接受。如果全部接受，则必须按约定单价支付货款。"《联合国国际货物销售合同公约》规定，卖方必须按合同数量条款的规定如数交付货物。如果卖方交付货物多于约定数量，买方可以收取多交货物的全部或部分。如果卖方实际交货数量少于合同规定，卖方应在规定的交货期前补交，但不得使买方遭受不合理的不便或承担不合理的开支，买方保留要求损害赔偿的任何权利。

（2）在国际贸易中，除买卖飞机、船舶、机器、仪器或其他贵重产品可规定绝对数量外，对一般的商品数量都有一定的上下幅度规定，即可以附带溢短装条款。例如，卖方可以溢短装 5%，其溢短装部分的价格按货到目的港当天市价计算。如价格双方无法达成一致，则由仲裁裁决。再如，卖方可以溢短装 5%，其溢短装部分按合同价格计算。

（3）要注意卖方交货的数量是以装运数量（Shipping Quantity）为准，还是以到岸数量（Landing Quantity）为准。这两种交货数量标准，卖方所承担的责任是不同的。为了避免纠纷，建议事前应对具体的交货数量标准做出明确的规定。

（4）要注意总重量与包装内含量的关系，避免无法调和情况的产生。例如，"数量：1 000 kg，按装船净重计算，不得溢短装装运。包装：纸箱装，每箱净重 30 kg"。卖方无法按照上述条款执行，因为若按照 1 000 kg 总重量交货，就会打破每箱净重 30 kg 的要求，而在不得溢短装的情况下，按照每箱净重 30 kg 的要求就无法满足 1 000 kg 的总交货数量。

第三节　有关商品数量纠纷的典型案例及评析

进出口实务中的数量纠纷主要存在于：以包装单位或个数计量产品是否适用于溢短装、数量溢短装是否与信用证金额总量匹配、交货数量多于合同规定数量所引发的进口国海关监管等问题。

一、以包装单位或个数计量产品的溢短装问题

案例 7-1

某出口公司对伊朗出口电风扇 1 500 台，信用证规定不允许分批装运。但临近装船时，卖方发现有 40 台严重损坏，更换又来不及。发货人员认为根据《跟单信用证统一惯例》（UCP 600）第 30 条的规定，即使合同未规定溢短装条款，数量上仍允许有 5% 的增减，故决定少交 40 台风扇，即少交 4%。结果遭买方拒付。

【分析】

《跟单信用证统一惯例》（UCP 600）关于允许 5% 增减的规定并不适用于以包装单位或个数计量的产品买卖。如"大米 100 M/T"，即使不规定可增减，也允许 5% 的增减。但是若写明"大米 100 M/T，麻袋包装，每包 100 kg，共 1 000 包"，则交货时数量不得有任何增减。

二、数量溢短装与信用证金额总量匹配问题

案例 7-2

1983 年 3 月 1 日，某化工进出口公司收到国外开出的信用证，信用证规定："Amount：USD 1 232 000 ... 800 M/T（quantity 5% more or less allowed）of××，Price：USD 1 540 per M/T net，CIF A port. Partial shipments are not allowed."该化工进出口公司于 4 月 7 日将货装运出口，取得已装船提单，并备妥信用证项下所需的其他单据向议付行办理议付。议付行经审单发现单证不符，不同意议付，原因是信用证规定总金额 1 232 000 美元，而发票及汇票金额却为 1 268 960 美元，议付金额比信用证规定总金额多 36 960 美元。该粮油食品进出口公司认为其不符点不成立，即向议付行申述：信用证规定 800 M/T 货物的数量，又规定装运数量可增减 5%。按 800 M/T 的增减 5% 计算，即最高可以装 840 M/T，最低可以装 760 M/T。该公司实际只装 824 M/T，仅增装了 3%，没有超出信用证规定的 5% 的范围。议付行认为虽然信用证允许交货有 5% 的增减幅度，但信用证的总金额并没有增减的弹性，所以即使数量符合信用证规定，但议付的总金额却超出信用证总金额限度，这是绝对不允许的。根据《跟单信用证统一惯例》（UCP 600）第 30 条 b 款规定："银行可拒收其金额超过信用证所允许金额的商业发票。"议付行认为货既已装运又无法更改，所以建议采取"部分信用证、部分托收"的方式。部分信用证、部分托收，即汇票分两套缮制，信用证总金额项下 1 232 000 美元缮制一套，在证下正常办理议付；其超额部分 36 960 美元另行缮制汇票，办理光票托收。最后买方支付了信用证项下的 1 232 000 美元的货物而拒付了超额托收部分，该粮油食品进出口公司损失了 36 960 美元。

资料来源：对外经济贸易部人事教育局.进出口业务案例选编[M].内部资料，1984.

【分析】

该化工进出口公司的主要教训就是在信用证审核时未发现信用证只允许数量增减装运5%,而信用证金额并没有覆盖多装部分。由于信用证金额没有增加,公司多装的3%就超出了信用证的金额。在这种情况下,如果卖方要多装,就必须向买方提出修改信用证,增加信用证金额。若像本案例中那样,出口方仅仅采取"部分信用证、部分托收"的方式去结算,在遇到资信不佳的买方时就会遭受部分甚至全部拒付的损失。

三、交货数量多于合同规定而引发的进口国海关监管问题

案例 7-3

某粮油食品进出口公司出口 25 M/T 驴肉到日本,合同规定的总数量为 1 500 箱,每箱净重 16.6 kg。如按照这一规定装货总重量为 24.9 M/T,进口商认为余下的 100 kg 可以不再补交。但当货物运抵日本港口后,日本海关人员在抽查时发现该批货物每箱的净重不是 16.6 kg 而是 20 kg,即每箱多装了 3.4 kg,整批货物实际装了 30 M/T。但所有出口单据上都注明总重量为 24.9 M/T,货款也按照 24.9 M/T 议付,即向日本客户白送 5.1 M/T 驴肉。由于出口单据上的净重与实际出口重量不符,在进口报关时日本海关认为出口方有帮助进口商偷税的嫌疑,经我方解释才未予深究,但多装的 5.1 M/T 驴肉不再退还,也不补付货款。

【分析】

世界上许多国家的海关一般都对进口货物实行严格的监管,如进口商申报的进口货物数量与到货数量不符,进口商必然受到询查,如果到货数量超过报关数量就有走私舞弊之嫌,海关不仅可以扣留或罚没货物,而且可以追究进口商的刑事责任。本案例中的出口方由于自身的供货失误,不仅给自己造成了损失,还给进口商带来了麻烦,主要原因是出口工作的各个环节没有衔接好。首先,业务人员在给加工部门下达的加工通知单中没有明确规定每箱只能装 16.6 kg,加工部门则按照常规每箱装了 20 kg。其次,货物出口报关、装船环节只注意总重量而没有仔细检查每箱净重,出口公司在履约过程中对单证、单货的复核工作有待改进。

本章小结

本章详细介绍了进出口贸易合同中的常用计量单位及度量衡制度、进出口数量条款的正确规定方法及注意事项,并围绕数量条款的典型案例做出了一定的评析。

复习思考题

1. 国际上主要的度量衡制度有哪些?
2. 买卖合同中的数量条款的内容有哪些?
3. 为什么在国际贸易中要规定货物数量的机动幅度?具体怎么规定?

4. 在制定数量条款时要注意哪些问题？
5. 我国某出口公司出口一批黄豆到俄罗斯，合同中的数量条款规定每袋黄豆净重100 kg，共1 000袋，合计100 M/T。但当货抵俄罗斯后，俄罗斯海关检查发现每袋黄豆净重94 kg，共1 000袋，合计94 M/T。当时世界黄豆价格下跌，俄罗斯进口商以单货不符为由提出降价5%的要求，否则拒收。请问俄罗斯商人的要求是否合理？我方应采取什么补救措施？
6. 大连某出口公司向日本出口2 000 M/T大米，每公吨US $ 280 FOB大连港。但在签订合同时，只是笼统地写了2 000吨，我方当事人认为合同上的吨就是指公吨，但日商要求按长吨供货。请问日商的要求是否合理？
7. 我国某出口公司与西班牙进口商签订了一份出口橙子的合同。货到西班牙后，进口商发现水果总重量少了7%，而且每个橙子的重量均低于合同规定的标准，西班牙客户因此拒绝付款、提货，以致最后橙子全部腐烂也无人处理。西班牙海关还要向我方收取仓储费及保管费8万美元。请问出口商应如何处理？

延伸阅读

国际单位制的简介及历史

请扫二维码阅读

第八章
CHAPTER 8

商品的包装

◆ 学习目标

通过学习本章，要求掌握：
1. 商品包装的作用及意义。
2. 运输包装、销售包装的分类及作用。
3. 中性包装的类型及应用。

◆ 引导案例

2019年，某出口公司以CIF术语向欧洲客户出口一批工艺品，合同规定内包装盒子由客户免费提供。交货前3个月，出口公司去电："货将备妥，请速提供内包装盒子。"客户未做答复。1个月后出口公司再次去电："货妥，急等内包装盒子，否则货将无法按期装运。"欧洲客户仍未答复。几天后，该客户派了远东分公司代表来厂看货，该代表当场表示："由于时间问题，内包装来不及提供，可由出口方自行解决。"我出口公司当即进行包装，进仓待运。但在规定的装运期前1个月，欧洲客户突然来电称："此批货物仍用我方提供的内包装。"公司当即回电："货已按你方远东公司代表意见包装完毕，进仓待运，无法更改。"客户回电："包装一定得改，否则将不履行合同，希望你方理解及合作。"在这种情况下，出于对老客户的维护，出口公司只好同意客户的要求，重新更换包装。

◆ 案例思考

请问出口方应从中吸取哪些教训？

商品包装是商品生产的延续，商品只有经过包装才能进入流通领域及消费领域。商品的包装不仅能够保护商品的使用价值，而且能够增加商品的价值。在竞争激烈的国际市场上，商品包装已日益成为非价格竞争的重要手段。

第一节 运输包装

运输包装（Transportation Packing）又称大包装或外包装（Outer Packing），它是指为保护商品数量、品质以及便于运输、储存而进行的外层包装。其主要作用在于保护商品，防止出现货物损失，便于运输、储存，降低运输成本，等等。

一、运输包装的种类

运输包装主要有单件运输包装以及集合运输包装两类。

（一）单件运输包装

单件运输包装是指货物在运输过程中作为一个计件单位的包装。单件运输包装按照包装的造型又可分为箱、包、桶、袋等。

（1）箱（Case）。箱主要包括木箱（Wooden Case）、板条箱（Crate）、纸箱（Carton）以及瓦楞纸箱（Corrugated Carton）、漏孔箱（Skeleton Case）等，多用于包装价值较高且易受损的货物。在现代运输中最常用的主要有纸箱、瓦楞纸箱及木箱。

（2）包（Bale）。凡原始体积较大又能压紧的商品如棉花、羽毛、布匹等，采用机压打包的方式包装，压缩体积而形成的包装单位称为包。

（3）桶（Drum）。桶一般是指密封的金属或塑料容器，多用于液体、半液体以及粉状、粒状等类型商品的包装，主要包括木桶（Wooden Cask）、塑料桶（Plastic Cask）、铁桶（Iron Drum）等。

（4）袋（Bag）。袋一般用于农产品及化学原料等货物的包装，主要有麻袋（Gunny Bag）、塑料袋（Plastic Bag）以及布袋（Cloth Bag）等。

除以上四种单件运输包装外，常见的还有钢瓶（Cylinder）、卷（Roll）、篓或筐（Basket）、捆（Bundle）、坛或罐（Carboy）等。

（二）集合运输包装

集合运输包装又称成组化运输包装，是指将若干数量的单件包装货物组合成一件大的包装或装入一个大的容器内。作为一种新型的包装方式，集合运输包装具有提高装卸效率、节省运输费用和防止货物被盗等作用。集合运输包装主要包括集装箱、集装袋、托盘等。

（1）集装箱（Container）。集装箱是指能对包装或无包装货用机械设备进行装卸搬运的一种成组工具，又称"货箱"或"货柜"。集装箱既是货物的运输包装，又是运输工具的组成部分，一般由船公司或其他专门运输公司提供。

（2）集装袋（Flexible Container）。集装袋全称柔性集装袋，也称为大袋、吨包装袋，是一种柔软、可曲折的包装容器，是由可折叠的涂胶布、树脂加工布及其他软性材料制成的大容积的运输袋，一般是以聚丙烯或聚乙烯为主要原料，经挤出成膜、切割、拉丝，再经编织、裁切、缝制而成。这种包装不仅有利于提高装卸效率，促进散装货物包装的规格化、系列化，降低运输成本，而且还具有便于包装、储存及造价低等优点，特别适用于机械化作业，是仓储、包装、运输的理想选择，可广泛应用于水泥、化肥、食盐、糖、化工原料、矿石等散装货物的公路、铁路及海上运输。

（3）托盘（Pallet）。《中华人民共和国国家标准：物流术语》（GB/T 18354—2021）对托盘的定义是：在运输、搬运和存储过程中，将物品规整为货物单元时，作为承载面并包括承载面上辅助结构件的装置。作为与集装箱类似的一种集装设备，托盘现已广泛应用于生产、运输、仓储和流通等领域，被认为是20世纪物流产业中两大关键性创新之一。托盘作为物流运作过程中重要的装卸、储存和运输设备，与叉车配套使用，在现代物流中发挥着巨大的作用。

二、运输包装的标志

运输包装标志（Packing Mark）简称包装标志，是指在商品的运输包装上用文字、几何图形、数字等标明或刷制的特定记号及事项说明，以方便货物的运输、装卸、储存保管以及核对单证，防止错发、错运、错提货物。按其用途不同，可分为运输标志、指示性标志以及警告性标志三种形式。

（一）运输标志

运输标志（Shipping Mark）也称唛头，是指刷制、书写或压印在外包装明显部位上的几何图形、字母、数字及文字组成的符号，便于有关运输部门识别货物、点数，防止错发及错运。运输标志主要包括以下基本内容（见图8-1）。

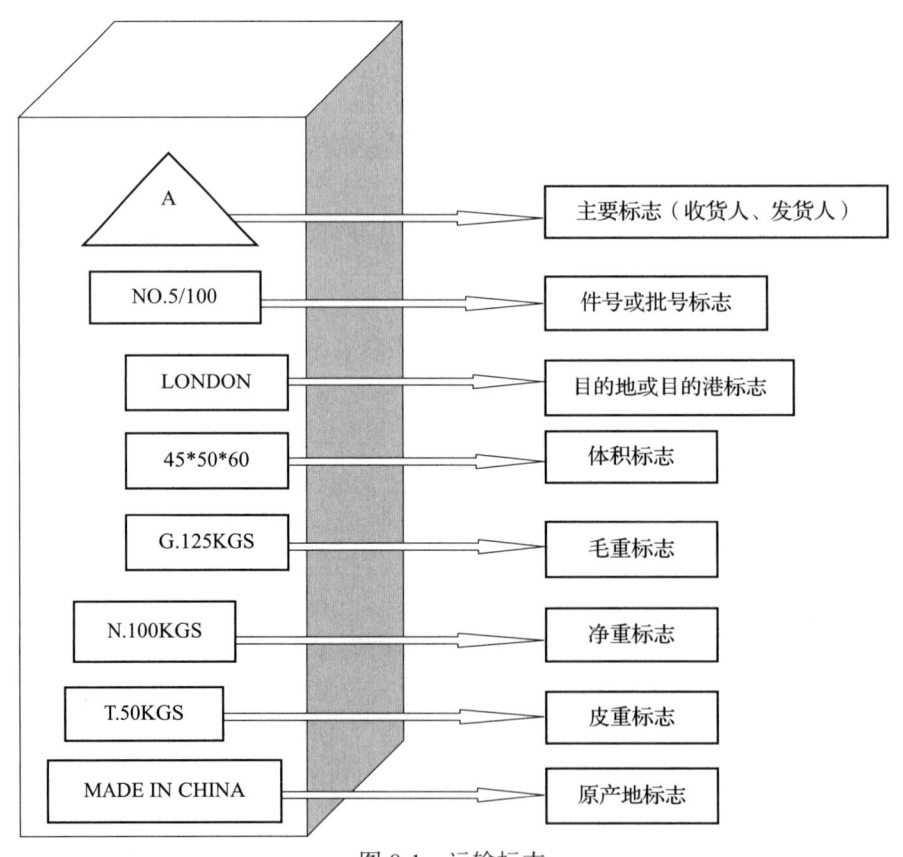

图8-1　运输标志

（1）目的地或目的港名称。目的地名称一般不能使用简称或代号，为防止重名，除城市名称外还应注明国家和地区名称，以免错运。如需经由某港口或某地转运，还需注明转运港名称，并在它前面加"VIA"一字，例如，"阿布扎比 VIA 中国香港（目的地是阿布扎比，经由中国香港中转）"。

（2）收货人、发货人的名称缩写或代号。一般采用几何图形如圆形、三角形、菱形、长方形、星形等另加文字表示，图形内的英文字母一般是收货人或发货人的名称缩写或代号。

（3）件号或批号。件号或批号一般用 n/m 的形式表示，m 为该批货物的总件数，n 为该件货物在整批货物中的编号。

（4）体积和重量标志。体积为包装物的长 × 宽 × 高，一般为立方厘米或立方米；重量为毛重、净重、皮重等，一般为千克。

（5）原产地名称。原产地是指商品的主要生产、制造、加工的国别或地区，与国际贸易的普惠制待遇关系较为密切。

除上述内容以外，有时运输标志还包括合同号码、许可证号码等。制作运输标志时，应注意简明、清晰、易于辨认，在每件货物相对应的两个侧面上刷制相同的标志，所用的颜料要不易褪色和脱落，同时要避免在商品的运输包装上刷带任何形式的广告宣传文字或图案。

为了适应国际货物流量的增加以及计算机在运输及单证流转方面的需要，联合国欧洲经济委员会"简化国际贸易程序工作组"研究制定了一项"标准运输标志"，于1979年正式向各国推荐使用。该标准运输标志由四项内容按规定顺序排列而成（见图8-2），每项内容不得超过17个字母（包括数字和符号），不得采用几何图形。该标准运输标志的主要内容包括：① 收货人或买方名称简称，或其英文缩写字母；② 参考号码，这个号码必须是交易中最重要的号码，如运单号、订单号或发票号等，由买卖双方共同协商决定；③ 运输目的地，即货物的最终目的港或目的地名称；④ 件号，即要标明货物的总件数和每件货物的顺序号。这四项内容是货物安全运达目的地交货所必需的运输标志。

```
ABC··················收货人或买方名称简称
1234·················参考号码
LONDON···············运输目的地
3/100················件号（每件货物顺序号/总件数）
```

图 8-2　标准运输标志

（二）指示性标志

指示性标志（Indicative Mark）又称安全标志或注意标志，是指根据商品的特征，在易碎、易损、易变质等商品的外包装上标出醒目的图形及文字，提醒有关人员在装卸、搬运及储存商品时加以注意。如"小心轻放"（Handle with Care）、"防热"（Keep from Heat）、"防潮"（Keep Dry）、"由此开启"（Open Here）等。

国际标准化组织（ISO）、国际航空运输协会（IATA）以及国际危险货物铁路运输欧洲协定（RID）分别制定了包装储运的指示性标志，并推荐各国采纳。我国也制定了关于运输包装指示性标志的国家标准，所用图形与国际上通用的图形基本相同。

（三）警告性标志

警告性标志（Warning Mark）又称危险货物包装标志，是指在易燃、易爆、有毒、有腐蚀性、有放射性等危险品的运输包装上用图形或文字表示各种危险品的标志，警告有关装卸、运输以及保管人员根据货物的特性采取正确的操作措施，以保障人身及货物的安全。一般来说，各国对危险货物包装标志的图形、颜色、位置、尺寸等都有明确的规定。

在我国出口危险品的运输包装上要同时刷制我国有关部门制定的"危险品货物包装标志"以及联合国海事协商组织规定的"国际海运危险品标志"，这样既符合我国的规定，又可以确保货物在国外港口不会因标志不当而影响卸货。

三、制作运输包装时需要注意的问题

因为在国际贸易中，货物运输的距离较长、中间环节较多、风险发生的概率较大，所以国际贸易商品的运输包装要求比较高，需根据商品的特点、目的地的气候、装运港、目的港的设施以及市场习惯等因素对运输包装的方法及材料进行系统分析及选择，具体需要注意以下问题：

（1）运输包装必须与商品的特点及性能相匹配。例如，对于瓷器、玻璃制品等易碎商品应该选择具有一定的刚度及强度、不易变形且能够防震的包装材料，而对于面粉、棉花等易受潮的商品应采用防潮包装。

（2）单件运输包装的选择要与运输方式相匹配。对于棉花等重量较轻且可以压缩的货物可采用单件压缩的包装方式；对于大型机床等大型机电产品可采用拆装分包的方式。

（3）运输包装必须与国际惯例、目的国的相关规定、消费者的消费习惯等相匹配。一些国家对进口商品的运输包装有些特殊的规定，若不符合其规定则要面临缴纳罚金或征收较高关税甚至不允许进口的窘境。例如，一些欧洲国家禁止使用未被熏蒸的木材作为包装箱的材料。

（4）运输包装必须与其标准化的国际趋势相匹配。出口商必须努力使运输包装符合国际标准。国际运输包装标准化的一般要求可以概括为"七个统一"，即统一包装材料、统一结构形状、统一规格尺寸、统一包装容量、统一包装标志、统一封装方法以及统一固定方法。

第二节 销售包装

销售包装（Selling Packing）又称小包装（Small Packing）、内包装（Inner Packing）或直接包装（Immediate Packing），是指直接接触商品并随商品进入零售市场与消费者直接见面的包装。销售包装不仅能够保护商品，而且还能够美化、宣传商品，吸引消费者购买，所以也具有较强的促销作用。

随着云计算、大数据、移动互联网的发展，销售包装正从保护商品、美化、宣传商品的传统定位向绿色包装、智能包装等方向发展。销售包装的行业细分越来越精细，如传统的纸箱、两片金属罐、包装水等细分行业的龙头不断出现。

一、销售包装的种类

根据商品的特征、形状、数量以及商品的销售意图，销售包装可以分为以下几种类型。

1. 便于陈列展销类

（1）挂式包装。此类包装上有吊钩、吊带、挂孔、网兜等结构，可使商品在货架上悬挂展示，充分利用货架提供的空间陈列展销。

（2）展开式包装。展开式包装具有特殊的结构，当包装如盒子等展开时，图案与商品互相衬托，具有良好的展销效果，常用于文具、化妆品等商品。

（3）堆叠式包装。通常是指包装商品顶部和底部都设有吻合装置，使得商品在上下堆叠时可以互相吻合，不仅能增强堆叠的稳定性，而且能节省货位。常用于瓶装、盒装或罐装的商品。

2. 便于识别类

（1）透明或开窗包装。这是指全部或部分使用透明材料或使用开有窗口的包装。这种包装可以使消费者透过包装看到商品的外观质量、色泽以及样式。常用于衣服、手帕、袜子等商品。

（2）习惯包装。某些商品的包装使用习惯造型、LOGO，消费者见到包装就能辨别商品的种类、质量等。如火腿用马蹄形包装、沙丁鱼罐头用椭圆形包装，这类包装与商品的品牌建设有关。

3. 便于使用类

（1）携带包装。指包装上附有提手等装置以便携带，如啤酒手提盒、月饼盒等。

（2）易开包装。在封口严密的包装容器上标有特定的开启位置，便于启封，如易拉罐可乐、梅林罐头等。

（3）喷雾包装。这种包装带有喷出液体的压力装置，常用于香水、灭蚊剂等商品。

（4）配套包装。经常同时使用的同类或不同规格的商品搭配的包装。如餐具、绘图用品、文具、粉饼、眼霜、唇膏等。

（5）绿色包装。绿色包装又可以称为无公害包装和环境之友包装，指对生态环境及人类健康无害，能重复使用和再生，符合可持续发展的包装。

（6）软包装。软包装是指在填充或取出内装物后，容器形状可发生变化的包装。用纸、铝箔、纤维、塑料薄膜以及它们的复合物所制成的各种袋、盒、套、包封等均属于软包装。

二、对销售包装的基本要求

出口商应根据出口商品、包装材料、销售国家或地区以及销售对象的差异综合设计销售包装的结构、装潢画面以及文字说明。一般而言，出口商品的销售包装应符合以下要求：

（1）包装装潢的画面设计要突出商品的特点，力求造型美观大方、丰富多彩，以便于消费者识别，要注意突出商品的品牌形象。

（2）要具有艺术吸引力。销售包装在设计题材、造型、画面以及文字等方面应积极创新、互相衬托，反映出口国民族艺术的风格及特点。

（3）要便于消费者选购、携带及使用，同时还要便于运输、装运、储存及陈列展售。例如，透明或者开窗式包装的食品可以方便挑选，组合式包装的礼品可以方便携带，喷嘴开口形式的洗发水方便使用，等等，包装的方便易用能够增添商品的吸引力。

（4）销售包装的文字说明要符合进口国的相关法律法规要求。例如《中华人民共和国产品质量法》《化妆品监督管理条例》等有关法律法规对进口化妆品的包装提出了明确的要求。此外，世界其他各国的法律法规都对其进口商品的销售包装提出了对应的要求。例如，瑞典政府对化纤类产品要求说明使用年限；加拿大政府规定，销往其法语区的商品必须同时使用英、法两种文字；等等。

（5）销售包装要符合进口国或地区的消费偏好、宗教及风俗习惯。每个国家或地区对商品包装的结构形式、颜色、图案、数字、文字等都有其特定的偏好及习俗。例如，伊斯兰国家禁止用猪或与猪类似的动物作为销售包装上的图案；阿拉伯国家规定进口商品的销售包装上的图案禁止使用六角形，因为以色列国旗上有六角星；美国的 FDA 规定，所有医疗、健身及美容产品都要具备能防止掺假、掺毒等防污能力的包装。因此在设计出口包装时要对这些条例、规则予以重视，防止出现由于销售包装问题而影响出口的情况产生。

三、条形码

条形码由一组带有数字的黑白及粗细间隔不等的平行条纹组成，表示特定的信息，是专供机器识读的一种特殊符号。条形码技术产生于 20 世纪 20 年代 Westinghouse 的实验室里，1949 年后被广泛应用于银行业、邮电通信、图书馆、仓储货运、单证以及工业生产自动化等领域。20 世纪 70 年代初，美国将条形码技术应用于食品等杂货类商品。现在条形码已经成为一种商品流通于国际市场的通用语言，是商品身份证的国际统一编号。

目前国际上通用的条形码主要有两种：一种由美国及加拿大组织的统一编码委员会（Universal Code Council，UCC）编制，使用的物品标识符号称为 UPC 码（Universal Product Code）；另一种由欧盟 12 国组成的欧洲物品编码协会（European Article Number Association，EAN）编制。现在两者已经相互兼容，并且共同组成了 EAN·UCC 全球统一标识系统。目前使用 EAN·UCC 物品标识系统的国家及地区已达 100 多个，EAN·UCC 系统已经成为国际公认的物品编码标识系统。我国于 1988 年 12 月成立了中国物品编码中心，该中心于 1991 年 4 月代表中国正式加入国际物品编码协会（EAN），同年 7 月 1 日起成为正式会员，统一组织、协调、管理我国的商品条形码工作。国际物品编码协会分配给我国的国别号为"690"至"699"。我国国家质量监督检验检疫总局㊀于 2005 年 5 月 16 日公布了《商品条码管理办法》，并于 2005 年 10 月 1 日起施行。

在国际上广泛使用的标准 EAN 条形码有 13 位，前 3 位为国别码，即生产地的标识，该国别码由各国专属的条形码机构向 EAN 总会申请后确定；中间 5 位为制造商码，即生产厂家的标识，由厂商向当地条形码机构申请获得；后 4 位是产品码，即商品属性、制造日期等标识，由厂商自己设定；第 13 位码为计算机检查码，用以检查前面的编码是否被正确读取（见图 8-3a）。此外，还有一种缩短的条形码，有 8 位，前 3 位为国别码，中间 4 位为产品码，第 8 位为检查码（见图 8-3b）。

a) 标准的条形码

b) 缩短的条形码

图 8-3 EAN 条形码

㊀ 2018 年 3 月被撤销，并组建为国家市场监督管理总局。

第三节　中性包装

一、中性包装的类型

中性包装（Neutral Packing）是指在商品的内外包装上都不注明生产国别、原产地、厂商、商标或牌号等可能识别商品来源的包装。使用中性包装的主要目的是突破某些进口国家的关税及非关税壁垒。进出口贸易中的中性包装主要包括无牌中性包装及定牌中性包装。

1. 无牌中性包装

无牌中性包装俗称"白牌"，是指商品及其包装上既没有生产国别、原产地、生产厂商等相应标识，也没有进口商的商标或牌号等标识，需经买方重新包装后再销往最终的销售市场。无牌中性包装主要是用于一些待进一步加工的半制成品，如供印染用的棉坯布或供加工成批服装用的呢绒、布匹以及绸缎等。

2. 定牌中性包装

定牌中性包装是指在商品及其包装上不注明生产国别、原产地、生产厂商等相应标识，但有买方指定的商标或牌号。在我国的出口业务中，使用定牌中性包装的目的是利用买主的经营能力以及其企业信誉或品牌声誉，提高商品售价及扩大销售数量。

二、中性包装的作用

进出口业务中的中性包装的作用可以概括为以下几个方面。

（1）有助于利用国家地区之间的优惠贸易政策。例如，根据《洛美协定》，欧盟国家对来自非洲、加勒比、太平洋地区的发展中国家的全部工业产品与96%的农产品实行低税、免税待遇，所以一些国家把中性包装的商品运往这些地区，试图在转口贸易中获得优惠关税待遇。

（2）有助于突破进口国家或地区的关税及非关税壁垒等方面的一些限制。例如，能够利用出口配额富足的国家的额度出口以及回避针对特定国家的制裁。

（3）能够帮助暂无经济外交关系、处于对峙状况的国家间先行开展贸易关系。具体操作方法是采用中性包装通过转口贸易方式将商品出口到第三国，经过重新包装及整理后再出口到目标市场国。

三、采用中性包装要注意的问题

（1）采用定牌中性包装的出口商品，一般要标明"中国制造"（Made in China）。

（2）要仔细审查买方提供的图案、文字内容，以避免损害我方声誉或含有与我国对外贸易政策相抵触的内容。

（3）要考虑买方指定的商标、牌号是否有可能引起知识产权或工业产权的纠纷，一般有必要在合同中明确规定若日后因此而发生知识产权或工业产权纠纷，一切责任及损失由品牌的提供方承担。

第四节　包装条款实例及签订时要注意的问题

一、出口合同包装条款实例

包装条款是买卖合同中的重要条款之一，主要包括包装材料、包装规格、包装标志以及包装费用等内容。包装条款由交易双方在交易磋商时确定，并在合同中注明。以下是出口合同有关包装条款的一些实例：

- 单层新麻袋，每袋净重 100 kg，皮重不少于 5 kg（In new single jute bags, each containing 100 kg net, tare weight not less than 5 kg）；
- 木箱装，每箱 50 kg（In wooden cases of 50 kg each）；
- 布包装，每包 20 匹，每匹 42 码（In cloth bales each containing 20 pieces, with 42 yards each piece）。

以上实例都具体规定了包装条款，但在实际业务中，有时只对包装条款做笼统的规定，例如，按照卖方一般出口包装、适合海运包装、习惯包装等。但是由于各国法律规定不同，对此类规定缺乏统一的解释，容易引起纠纷和争议。因此，除非买卖双方事先已对此予以明确规定，或在长期的业务往来中取得一致的认识，一般在合同中不采用此方法。

二、签订包装条款时要注意的问题

（1）包装材料及包装方式的选择要与商品性质、运输方式等相匹配。包装材料一般由卖方提供，如约定全部或部分包装材料由买方提供，合同应同时规定包装材料最迟到达卖方的时间及方式，合同应强调买方应承担一切与延迟提供包装材料等相关的损失及费用。

（2）包装费用一般都包括在货价之内，买卖双方在合同中不需另行规定。但是如果买方对出口货物包装提出特殊要求，买方应当承担超出正常包装的费用。

（3）运输标志一般由卖方设计确定，如买方要求指定运输标志，合同要明确买方提供运输标志的最迟时间，同时规定若买方逾期且尚未指定，卖方可自行决定。

（4）要时刻注意不同进口国家对进口商品的运输包装唛头、标记等方面的规定，以免因违规而遭到处罚。例如，德国对进口商品的包装要求禁用类似纳粹及军团符号标志。

第五节　有关商品包装的典型案例分析

一、对运输包装条款缩写不理解而造成纠纷的案例

案例 8-1

广州某出口公司出口一批自行车到国外，合同规定木箱装运，来证也注明"Packed in Wooden Case"，但在 Case 后面又加了缩写字母 CKD，我方对所有单据按照来证整车装入木

箱，但货物运到目的港后被海关罚款并要求补交关税，外商向我方提出索赔要求。请问我方有无责任？

【分析】

根据对方信用证的要求，我方应将自行车拆散后装入木箱。CKD是"Complete Knock Down"的缩写，由于我方未弄清对方意图，既未要求对方改证，也未按照来证要求拆散装箱，从而造成货证不符，使买方被海关罚款。同时由于整件税率高于散件税率，买方也被征收较高关税。对此种情况的发生，我方有责任，应该承担赔偿责任。

二、销售包装使用不当而导致营销失败的案例

案例 8-2

在荷兰某超级市场上有我方某公司出口的黄色竹制罐装茶叶一批，罐的一面印有"中国茶叶"的中英文说明，另一面印有我国古装仕女图，看上去似乎精致美观，颇具民族特点，但国外消费者少有问津。请问从销售包装的角度看，该出口包装存在什么问题？

【分析】

出口商品的销售包装上应有必要的文字说明，如商标、牌名、品名、产地、数量、规格、成分、用途及使用方法等。使用的文字必须简明扼要，传达的信息必须充分完整，切实反映商品的内在质量。但本案例中，"中国茶叶"的中英文文字说明没有充分反映出口商品的质量信息，如没有说明是红茶还是绿茶、产地在哪里、采摘时间等，无法帮助购买者做出购买决策，而仕女图的图案也与商品茶叶的关联性较弱，无法直接明示商品内容。所以本销售包装的文字说明及图案内容均存在一定的问题。

三、外包装材料及文字不符合合同规定而引发纠纷的案例

案例 8-3

我国某出口公司出口一批货物到加拿大，合同规定用塑料袋包装，每件要使用英、法两种文字的唛头。实际交货时我方公司改用其他包装代替塑料袋包装，并且外包装的唛头只有英文，为了适应当地市场的销售要求，进口方不得不雇人重新更换包装及唛头，随后向我方提出索赔，我方最终认赔。

【分析】

本案例中卖方未严格按照合同规定的包装条件履行交货义务，应视为违反合同。《联合国国际货物销售合同公约》第35条规定"卖方交付的货物必须与合同规定的数量、质量和规格相符，并需按照合同所规定的方式装箱或包装"。本案例中出口公司的错误在于两个方面：其一是擅自更换包装材料，其二是未按照合同规定使用唛头。由于加拿大部分地区原是法国殖民地，所以产品包装除英文外常常还要求加注法文。

本章小结

本章详细介绍了运输包装的类别、运输包装的标志、制作运输包装需要注意的问题;销售包装的种类及要求;条形码的种类及运用以及中性包装的种类及运用。在这基础上剖析了与出口包装相关的一些典型案例。

复习思考题

1. 国际货物买卖中商品包装有什么作用?
2. 进出口商品的包装有哪些类型?请分析说明其主要作用。
3. 出口商品的运输包装要注意哪些问题?
4. 什么是运输标志?标准化的运输标志包括哪些内容?
5. 什么是指示性标志和警告性标志?
6. 什么是条形码?有什么作用?
7. 什么是定牌、无牌包装以及中性包装?中性包装的作用有哪些?
8. 签订包装条款应该注意哪些问题?
9. 菲律宾某公司与上海某自行车厂洽谈进口业务,希望进口"永久"牌自行车1 000辆,但要求出口方改用"剑"牌商标并在包装上不得注明"Made in China"字样。请问出口方是否可以接受?在处理类似业务时应注意什么问题?
10. A国出口公司与B国买方订立了一份CIF合同,合同规定"黄桃罐头300箱,每箱24罐×100克,即每箱装24罐,每罐100克"。卖方在出货时装运了300箱,但是每箱24罐×200克。B国买方因货物重量超过合同中规定的一倍而拒绝收货,并要求撤销合同。请问买方的要求是否合理?

延伸阅读

波尔:稳健发展的金属包装行业巨头

请扫二维码阅读

第三篇
PART 3

国际货物的交付

第九章　国际货物运输
第十章　国际货物运输保险

第九章
CHAPTER 9

国际货物运输

学习目标

通过学习本章,要求掌握:
1. 不同国际货物运输方式的概念和优缺点。
2. 国际货物运输的国际惯例和相关条款。
3. 国际货物运输的单据业务和操作流程。
4. 国际货物运输费用的计算。

引导案例

某年4月,我国T公司向荷兰M公司出售一批纸箱装货物,以FOB条件成交,目的港为鹿特丹,由M公司租用H远洋运输公司的货轮承运该批货物。同年5月15日,在青岛装船。船方接货时,发现28箱货物外表破损,大副在收货单上注明"该批货物28箱外表破损"字样。船方准备将其标注于提单上,T公司赶紧向船方解释说,买方是老客户,不会因包装问题而索赔,不让船方标注在提单上,并向船方提交保函"若收货人以包装为由向承运人索赔,由我方承担责任"。于是船方签发了清洁提单。该船起航不久,接到M公司的指示,要求将卸货港改为法国马赛港,收货人变更为法国的F公司。一个月后货到马赛,F公司发现40箱包装破损,内部有不同程度的损失。于是,F公司以清洁提单与货物不符为由向船方索赔。最后裁定,船方向F公司赔偿20多万美元。此后,船方凭保函向卖方T公司要求偿还20多万美元的损失,但T公司以装船时仅有28箱包装破损为由,拒绝赔偿余下的十几箱损失,于是船方与卖方产生了争执。

案例思考

船公司和T公司在运输过程中有哪些不恰当的行为?在办理国际货物运输时应该注意哪些事项?

第一节　海洋运输

海洋运输（Sea Transport；Ocean Transport）简称海运，是指利用商船在国内外港口之间，通过一定的航区和航线进行货物运输的一种方式。海运具有通过能力强、运输数量大、运输费用低、适应性强、不受道路或轨道限制等优点，是国际贸易中历史悠久、占有重要地位的一种运输方式，但相对而言，运输速度较慢、风险较大。

一、海洋运输船舶的营运方式

按船舶的营运方式划分，国际海洋货物运输有班轮运输和租船运输两种。

（一）班轮运输

1. 班轮运输的概念

班轮运输（Liner Transport）也称定期船运输，它是指在一定航线上、一定的停靠港口定期开航的一种船舶营运方式。

2. 班轮运输的特征

（1）"四固定"。"四固定"是指航线固定、停靠港口固定、航行时间表（Sailing Schedule）固定、运费率相对固定。

（2）"一负责"。货物由承运人负责配载、装卸并承担装卸费用，即承运人既管装又管卸。装卸费用包含在运费内，由运费支付方承担。

（3）承运人和托运人双方的权利、义务和责任豁免以班轮公司签发的提单条款为依据。一般不计算装卸时间及滞期费和速遣费。

其中，"四固定"和"一负责"是班轮运输方式的基本特征。

3. 班轮运输的优势

班轮运输相对于其他海洋运输方式而言具有如下优势：

（1）班轮船舶通常具有良好的技术质量，配备优秀的船长、船员及船舶航运必需品，并且班轮公司具有较为健全的管理制度，有利于保证货物运输安全与质量。

（2）班轮运输的"四固定""一负责"的基本特征，为进出口商订立买卖合同中的交货条款、掌握交货时间、安排货物的运输提供了方便。

（3）班轮船舶承运货物的品种、数量比较灵活，一般不做限制，因此，适用于零星成交、批次较多、到港分散的货物运输。

（4）班轮船舶负责办理货物的装卸及中途转运，且定期公布船期表，为货主提供了极大的便利。

（二）租船运输

1. 租船运输的概念

租船运输（Charter Transport）是指租船人向船东租赁船舶用于运输货物的一种营运方式。

租船（Charter）有租赁整船和租赁部分舱位两种，一般以租赁整船为多。

2. 租船运输的方式类型

在租船运输方式下，船舶的航运时间、行驶航线、停靠港口和船方收取的运费或租金以及装卸费用等均由出租方（船东）与租船人双方临时议定，这与班轮运输相比差别较大。在国际海运业务中，租船运输方式主要有定程租船和定期租船两种。因为粮食、油料、矿产品和工业原料等大宗初级产品运输批量较大，所以就国际贸易来说，使用较多的租船方式是定程租船。

（1）定程租船（Voyage Charter；Trip Charter）。定程租船又称程租船或航次租船，是指以航程为基础的租船方式，程租船由出租人负责营运，其责任与义务以租船合同为准。在定程租船方式下，依据租船合同规定，船舶出租人向租船人提供船舶或者船舶的部分舱位，装运事先约定的货物，从一个港口运至另一个港口，由租船人支付约定的运费。定程租船又分单程航次租船（Single Trip Charter）、来回程航次租船（Return Trip Charter）、连续航次程租船（Consecutive Voyages）等。

（2）定期租船（Time Charter）。定期租船又称期租船，在这种租船方式下，依照租船合同规定，船舶出租人向租船人提供约定船舶并配备船员，由租船人在约定的期间内，按照约定的用途使用，并支付租金。租期短的仅有几个月，租期长的可达几年或十几年，甚至一直到船舶报废时为止。

另外，还有一种定期租船方式通常称为光船租船（Bare Boat Charter），它与一般定期租船的区别在于船舶出租人向租船人提供船舶时不配备船员，在约定的期间内，租船人对船舶予以占有、使用和营运，并向出租人支付约定租金。

近年来，国际上还逐步兴起了一种介于定程租船和定期租船之间的租船方式，即航次期租（Time Charter on Trip Basis，TCT）。这种方式以完成一个航次运输为目的，按完成航次所花的时间以及互相约定的租金率计算租金。

二、海洋货物运输费用的计算

船公司为了补偿航运成本的开支，并获得合理的利润，从而继续维持和扩大再生产，需要向托运人收取一定的费用，这种费用称为运费。海洋货物运输费用简称海运运费，依据海洋运输船舶的不同营运方式，主要分为班轮运费、租船运费，其中租船运费又分为程租船运费和期租船租金。

（一）班轮运费及其运价类别

1. 班轮运费

班轮运费是班轮公司为运输货物而向货主收取的费用。班轮运费因散货运输还是集装箱运输而有所不同，散货运输的班轮运费包括货物从装运港至目的港的海上运费以及货物的装卸费。[一]

[一] 本节所述班轮运费是指散货班轮运费，有别于集装箱运输的班轮运费。

2. 班轮运价的类别

班轮运费的单位价格称为班轮运价。班轮运费是按照班轮运价表（Liner's Freight Tariff）的规定计算的。班轮运价表的结构一般包括：说明及有关规定、货物分级表、航线费率表、附加费率表、冷藏货及活牲畜费率表等。班轮运价具体分类如下：

（1）按其制定者划分为：班轮公会运价、班轮公司运价、货方运价、双边运价。

1）班轮公会运价是由班轮公会制定的运价。班轮公会会员公司必须按照公会运价表的费率和规定收取运费，否则将受到公会的处罚。这种运价是一种垄断性质的运价，意在限制会员公司之间的内部竞争，并一致对抗外来竞争。

2）班轮公司运价是由班轮公司自行制定并负责调整的运价。虽然货方可以对班轮公司制定的运价提出异议，但解释权和决定权仍归班轮公司所有。各班轮公司制定的运价并不统一，但一般都会低于公会运价水平。

3）货方运价是由能常年向船公司提供大量货载的货主制定，并为船方接受和采用的运价。这种运价的调整或修改会在与船方协商的基础上进行，但货方享有较大的决定权。

4）双边运价是由船货双方共同商议制定，并由双方共同遵守的运价。运价的调整和条款的修改、变更需经双方协商确定，任何一方都无权单方面更改。

（2）按其计费形式划分为：单项费率运价、等级费率运价。

1）单项费率运价又称商品费率运价，它是针对各种不同的货物，在不同的航线上分别制定的。

2）等级费率运价是将全部货物按价值的高低分为若干等级（一般分为20个等级）（见表9-1），并根据不同的航线，为每一个等级的货物分别制定的一个基本费率（见表9-2）。在实际业务中，大都采用等级费率运价。

表 9-1　货物等级分类

货名	商品	等级 W/M
干果	Dried Fruit	5
红木家具漆	Black Wood Furniture Lacquer	12
⋮	⋮	⋮
小礼品	Gift	8
人参	Ginseng	Ad.Val.
眼镜	Glasses	13

表 9-2　航线等级费率

中国至日本航线	
基本港：川崎、神户、门司、名古屋、大阪、清水、东京、四日市、横滨	
等级费率表 Scale of Rates IN USD（F/T）	
等级	营口、秦皇岛、烟台、新港、大连、连云港、宁波、上海	福州、厦门、汕头、湛江、广州
1	45.50	50.00
2	46.00	51.00
3	47.00	51.50
⋮	⋮	⋮
8	50.50	55.00

（续）

等级	营口、秦皇岛、烟台、新港、大连、连云港、宁波、上海	福州、厦门、汕头、湛江、广州
9	51.50	56.00
10	52.00	57.00
⋮	⋮	⋮
Ad.Val.	1%	1%

3. 基本运费计算标准

运费是由代表单位货物运费的运价率乘以若干计算单位而得、计费标准用以确定运费的计算单位。班轮运费由基本运费和附加费用构成。基本运费的计算标准（Basis）一般有如下几种：

（1）按货物的毛重计收。这即以重量吨（Weight Ton）为计算单位计收。1重量吨为1公吨或1长吨，按照船公司采用公制还是英制计量而定。按照此方式计收运费者，班轮运价表中的货物名称后面均注有"W"字样。

（2）按货物的体积计收。这即以尺码吨（Measurement Ton）为计算单位计收。1尺码吨以1立方米或40立方英尺为计费单位，也是按照船公司采用公制还是英制计量而定。按照此方式计收运费者，运价表中均注有"M"字样。在海运运费计算中，人们通常将重量吨和尺码吨统称为运费吨（Freight Ton）。

（3）按货物的价格计收。这习称从价运费，一般根据有关货物的FOB总价值，按一定的百分比收费。按此方式计收运费者，在运价表中注有"A.V."或"ad. val."（拉丁文 ad valorem，即"从价"）字样。

（4）按货物重量或尺码从高计收。这即在重量吨或尺码吨两种计算标准中选其高者计收。运价表内用"W/M"表示。

（5）按货物重量、尺码或价值三者中选择一种最高的运费计收。运价表中用"W/M or ad. val."表示。

（6）按货物重量或尺码选择其高者，再加上从价运费计收。运价表中以"W/M plus ad. val."表示。

（7）按每件货物作为一个计费单位计收。如活牲畜按"每头"（Per Head），车辆按"每辆"（Per Unit）。

（8）临时议定运价（Open Rate）。这即由货主和船公司临时协商议定，通常适用于承运粮食、豆类、矿石、煤炭等运量较大、货值较低、装卸容易、装卸速度较快的农副产品和矿产品。临时议定运价的运费率一般比较低。

在实际业务中，基本运费的计算标准以按货物的毛重（"W"）、按货物的体积（"M"）或按重量、体积（"W/M"）从高选择的三种方式居多。贵重物品较多是按货物的价值，即按FOB总值（"A.V."）计收。

4. 班轮附加费

班轮附加费的名目繁多，主要有燃油附加费（Bunker Adjustment Factor，BAF）、货币贬值附加费（Currency Adjustment Factor，CAF）、超重附加费（Heavy Lift Additional）、超长附加费（Long Length Additional）、直航附加费（Direct Additional）、转船附加费（Transhipment

Surcharge)、港口附加费（Port Surcharge）、港口拥挤附加费（Port Congestion Surcharge）、选择港附加费（Optional Surcharge）、变更卸货港附加费（Alteration Surcharge）等。班轮附加费通常以基本运费的一定百分比计收，也有以每运费吨若干金额计收的。

5. 班轮运费计算

在班轮运费实际业务中，采用临时议定运价的需由货方和船方协商确定，采用单项费率运价表的分别按表列费率计算基本费率。以上两种方法相对比较简单，采用等级费率表的班轮运费计算则略显复杂，具体计算方法是：先根据货物的英文名称从货物分级表中查出有关货物的计费等级及其计算标准，然后从航线费率表中查出有关货物的基本费率，最后加上各项需支付的附加费率，所得的总和就是有关货物的单位运费（每重量吨或每尺码吨的运费），再乘以计费重量吨或尺码吨，即可得到该批货物的运费总额。当附加费为绝对值时，班轮运费＝基本费率×运费吨＋附加费；当附加费是百分比时，班轮运费＝基本费率×运费吨×（1＋附加费百分比）。如果是从价运费，则按规定的百分比乘以FOB货值即可。

【例 9-1】

我国锦江棉纺厂有一批棉布，重量是 18 500 kg，体积是 20.5 m^3，从上海港搭载中国远洋运输有限公司的班轮出口至日本横滨。已知货币贬值附加费为 20%，燃油附加费为 15%。经查货物等级分类表，得知棉布的等级为 9 级，计算标准为 W/M；又经查航线等级分类表，得知中国上海至日本横滨 9 级货基本费率为每运费吨 51.5 USD。求该批棉布的运费。

【解】

因为计算标准为 W/M，且该批棉布重量为 18 500 kg，即 18.5 重量吨，体积为 20.5 m^3，即 20.5 尺码吨，因为 20.5 尺码吨大于 18.5 重量吨，所以按尺码吨计费。

$$
\begin{aligned}
运费 &= 基本运费 + 燃油附加费 + 货币贬值附加费 \\
&= [51.5 + 51.5 \times 15\% + (51.5 + 51.5 \times 15\%) \times 20\%] \times 20.5 \\
&= 51.5 \times (1 + 20\%) \times (1 + 15\%) \times 20.5 \\
&= 1\ 456.94\ \text{USD}
\end{aligned}
$$

该批棉布的运费为 1 456.94 USD。

（二）程租船运费

程租船运费主要包括程租船基本运费和装卸费，此外，还可能包括速遣费、滞期费等。

1. 基本运费

程租船运费是指货物从装运港至目的港的海上运费。程租船运费的计算方式与支付时间，需由租船人与船东在所签订的程租船合同中明确规定。其计算方式主要有两种：一种是按运费率（Rate of Freight），即规定每单位重量或单位体积的运费额，同时还要规定是按装船时的货物重量还是按卸船时的货物重量来计算总运费的方法；另一种是整船包价（Lump-Sum Freight），即规定一笔整船运费，船东保证船舶能提供的载货重量和容积，不管租方实际装货多少，一律按照整船包价支付。

程租船运费率的高低取决于诸多因素，如租船市场运费水平、承运的货物价值、装卸货物所需设备和劳动力、运费的支付时间、装卸费的承担方法、港口费用高低及船舶经纪人的佣金高低等。程租船运费有预付和到付之分。预付有全部预付，也有部分预付；到付包括船到目的港开始卸货前支付、边卸边支付和货物卸完后支付。

2. 装卸费

程租船运输情况下，有关货物的装卸费由租船人和船东协商确定后在程租船合同中做出具体规定。具体做法主要有以下四种：

（1）船方承担装货费和卸货费。这又可称为"班轮条件"（Gross Terms；Liner Terms or Berth Terms），即装卸费用采用班轮运输的做法，将货物的装卸费用包含在程租船运费内。租船人承担运费，装卸费由船方负责支付。在此条件下，船货双方一般以船边划分费用，多用于木材和包装货物的运输。

（2）船方管装不管卸（Free Out，F.O.）。这即船方承担装货费，但不承担卸货费。

（3）船方管卸不管装（Free In，F.I.）。这即船方承担卸货费，但不承担装货费。

（4）船方装和卸均不管（Free In and Out，F.I.O.）。这即船方既不承担装货费，也不承担卸货费。这种条件一般适用于散装货。采用这一方法时，必要时还需明确规定理舱费和平舱费由谁承担，如规定由租方承担，则称为"船方不管装卸、理舱和平舱"（Free In and Out, Stowed and Trimmed，F.I.O.S.T.）条款。

3. 滞期费和速遣费

（1）装卸时间及其计算标准。装卸时间或称装卸期限，是指租船人承诺的完成装卸作业的一定期限。装卸时间直接关系到船舶的周转与出租人的营运成本，因此，它是程租船合同的一项重要内容。装卸期限可用若干日表示；也可用装卸率表示，即平均每天装卸若干吨。此外，还要规定哪些时间应算为工作日，哪些时间除外。装卸时间的计算，通常有以下几种标准。

1）按日（Days）或连续日或小时（Running or Consecutive Days/Hours），是指时间连续满24小时就算一日或连续日。

2）按工作日（Working Days），是指按港口习惯，属于正常工作的日子。

3）按晴天工作日（Weather Working Days），是指既是工作日，又是适宜装卸的天气才计算为装卸时间。何谓适宜装卸，应依据货物的性质以及在不良天气下装卸是否对货物质量有影响而定。

4）连续24小时晴天工作日（Weather Working Days of Consecutive 24 Hours）。这种条款和晴天工作日相同，但是明确了在天气适宜装卸工作日内，时钟连续走24小时算一个工作日。

工作日通常要订明星期日、节假日除外（Sundays and Holidays Excepted）。为明确起见，还要说明星期日、节假日进行作业算不算装卸时间。如星期日、节假日除外，即使已使用了也不算（Sundays and Holidays Excepted even if Used），或星期日、节假日除外，已使用者不算（Sundays and Holidays Excepted Unless Used）。

（2）滞期费和速遣费。

1）滞期费和速遣费的概念。程租船运输情况下，装卸货物的时间长短影响到船舶的使用周期和在港费用，直接关系到船方利益。因此，在程租船合同中，除需规定装卸货时间外，还需规定一种奖励处罚措施，以督促租船人快装快卸。在规定的装卸期限内，如果租船人未能完成装卸作业，为了弥补船方的损失，对超过的时间租船人应向船方支付一定的罚款，这种罚款称为"滞期费"或"延滞费"（Demurrage）。反之，如果租船人在规定的装卸期限内，提前完成装卸作业，对所节省的时间船方要向租船人支付一定的奖金，这种奖金称为"速遣费"（Despatch Money）。后者一般为前者的二分之一。

2）滞期费和速遣费条款的应用。为了使程租船合同有关条款符合实际并能保证兑现，条款必须根据货物的种类、船舶舱口数、港口的装卸能力、港口习惯、航运市场的运费水平等因素，在充分了解和掌握的基础上慎重确定。而且，还应在买卖合同中对装卸时间和滞期费、速遣费条款做相应规定，防止进出口合同条款与租船合同不一致而造成损失。

【例9-2】

我国某企业以FOB条件从南非进口矿石100 000 M/T，进口合同规定每天装4 000 M/T，延期一天罚款5 000元，提前一天奖励2 500元，而程租船合同规定每天装5 000 M/T，滞期一天罚款6 000元，速遣一天奖励3 000元。结果22天6小时装完全部矿石。请问我方支付给南非出口商的速遣费、支付给船方的滞期费各为多少？

【解】

$$100\ 000 \div 4\ 000 = 25（天）$$
$$100\ 000 \div 5\ 000 = 20（天）$$

实际22天6小时，即22.25天装完。

故根据进口合同，发生速遣2.75天；根据程租船合同，发生滞期2.25天。则：

$$速遣费 = 2.75 \times 2\ 500 = 6\ 875（元）$$
$$滞期费 = 2.25 \times 6\ 000 = 13\ 500（元）$$
$$双重损失 = 6\ 875 + 13\ 500 = 20\ 375（元）$$

即我方支付给南非出口商的速遣费为6 875元、支付给船方的滞期费为13 500元，双重损失为20 375元。

（三）期租船租金

在定期租船情况下，租船人为使用船舶而付给船舶所有人的代价称为期租船租金（Rent）。租金率取决于船舶的装载能力和租期的长短，通常规定为按月每载重吨若干金额或整船每天若干金额。租船人必须按时按规定的金额支付租金，一般来说，如租金未在到期之日付到船舶所有人指定的收款银行，则船舶所有人有权撤回船舶。

三、海洋货物运输单据

海洋货物运输单据主要表现为海运提单。近年来，在国际货物运输业务中，海上货运单也逐渐被推广使用。

(一) 海运提单

海运提单（Ocean Bill of Lading），简称提单（B/L），是指用以证明海上货物运输合同和货物已经由承运人接收或装船，以及承运人保证据以交付货物的单证。

1. 海运提单的性质和作用

（1）海运提单是承运人应托运人的要求所签发的货物收据（Receipt for The Goods）○，表明承运人已按提单所列内容收到货物。

（2）海运提单是一种货物所有权的凭证（Document of Title）。提单就是货物的象征。船货抵达目的港后，提单的合法持有人可以凭提单要求承运人交付货物，而承运人也必须按照提单所载内容向提单的合法持有人交付货物。提单的合法持有人不仅可以通过背书将提单转让从而转移货物的所有权，而且可以凭提单向银行办理抵押贷款或叙作押汇。

（3）海运提单是承运人与托运人之间所订立的运输合同的证明（Evidence of the Contract of Carriage）。提单条款明确规定了承运人与托运人或提单持有人等各方之间的权利与义务、责任与豁免，是处理他们之间有关海洋运输方面争议的依据。

2. 海运提单的种类

根据不同划分标准，海运提单有以下主要分类：

（1）根据货物是否已经装船，分为"已装船提单"和"备运提单"。

"已装船提单"（On Board B/L；Shipped B/L）是指承运人在货物已经装上指定船舶后所签发的提单。已装船提单必须以文字表明货物已装上或已装运于某具名船只，提单签发日期即为装船日期。

"备运提单"（Received for Shipment B/L）又称收讫待运提单，是指承运人已收到托运货物等待装运期间所签发的提单。在签发备运提单情况下，发货人可在货物装船后凭此调换已装船提单；也可经承运人或其代理人在备运提单上批注货物已装上某具名船舶及装船日期，并签署后使之成为已装船提单。

按照国际贸易惯例，除非另有约定，卖方有义务向买方提交已装船提单。

（2）根据提单上对货物外表状况有无不良批注，分为"清洁提单"和"不清洁提单"。

"清洁提单"（Clean B/L）是指货物在装船时表面状况良好，承运人在提单上不附带明确说明货物受损或包装有缺陷状况的不良批注的提单。

"不清洁提单"（Unclean B/L；Foul B/L）是指承运人在签发的提单上带有明确说明货物或包装有缺陷状况的不良批注的提单。例如，提单上有"被雨淋湿""×箱破损""×件玷污"等或类似批注。

按国际贸易惯例，除非另有约定，否则卖方有义务提交清洁提单。清洁提单也是提单转让时必须具备的基本条件之一。

○ 根据《中华人民共和国海商法》第72条规定，货物由承运人接收或者装船后，应托运人的要求，承运人应当签发提单；提单可以由承运人授权的人签发，提单由载货船舶的船长签发的，视为代表承运人签发。

（3）根据提单收货人抬头不同或是否可转让，分为"记名提单""不记名提单"和"指示提单"。

"记名提单"（Straight B/L）又称"收货人抬头提单"，是指提单上的收货人（Consignee）栏内填明特定收货人名称的提单。记名提单只能由该特定收货人用以提货，而不能通过背书的方式转让给第三者。因为记名提单不能流通，所以在国际贸易中只能在特定情况下使用（如在国外举办展览会使用的展品和小卖品，由特定收货人收取）。

"不记名提单"（Bearer B/L）又称"来人抬头提单"，是指提单上的收货人栏内不写明具体收货人的名称，只写明"货交提单持有人"（To Bearer），或不填写任何内容的提单。不记名提单无须背书即可转让，但在实际业务中，一般也经托运人背书后转让。在国际贸易中，不记名提单的使用极少。

"指示提单"（Order B/L）是指提单上的收货人栏内填写"凭指示"（To Order）或"凭某人指示"（To the Order of ...）字样的提单。"凭指示"和"凭托运人指示"（To the Order of Shipper）的含义相同，在托运人背书转让前，物权归托运人。这种提单经过背书后可以转让，故其在国际贸易中使用最广。背书的方式又有"空白背书"和"记名背书"之分。前者是指背书人在提单背面签名，而不注明被背书人名称；后者是指背书人除在提单背面签名外，还列明被背书人名称。记名背书的提单受让人（被背书人）如需再转让，必须再加背书。目前在实际业务中使用最多的是"凭指示"并经空白背书的提单，习惯上称其为"空白抬头、空白背书"提单。

（4）根据运输方式的不同，提单可分为"直达提单""转船提单"和"联运提单"。

"直达提单"（Direct B/L）是指货物在装运港装上海轮后，中途不再换船而直接驶往目的港卸货所签发的提单。

"转船提单"（Transhipment B/L）是指货物装上某一海轮后，在航运的中途港将货物卸入另一船舶再驶往目的港卸货的情况下所签发的包括运输全程的提单。有的换船甚至不止一次。转船提单上一般注有"在某港转船"字样，有的还注明二程船甚至三程船的船名。

"联运提单"（Through B/L）是指经过海洋运输和其他运输方式的联合运输（例如海陆、海空联运）时，由第一程承运人（船公司）所签发的，包括全程运输并能在目的港或目的地凭以提货的提单。

转船提单和联运提单虽然都是包括全程运输的提单，但是这两种提单的签发人一般都在提单中规定，"只对他负责运输的一段航程内发生的货损承担责任"。至于货物在中途转换运输工具及与下一程承运人进行交接的工作，则由第一程承运人或其代理人（一般为提单签发人）负责办理。

（5）根据船舶营运方式的不同，可分为"班轮提单"和"租船提单"。

"班轮提单"（Liner B/L）是指由班轮公司承运货物后签发给托运人的提单。

"租船提单"（Charter Party B/L）是指承运人根据租船合同签发的提单。提单上通常注明"一切条件、条款和免责事项按照某某租船合同"字样。这种提单受租船合同条款的约束，银行或买方在接受这种提单时，有时要求卖方提供租船合同副本。

（6）根据提单内容的繁简，可分为"全式提单"和"略式提单"。

"全式提单"（Long Form B/L）又称"繁式提单"，是指不仅具有提单正面内容，而且在提单背面列有承运人和托运人权利与义务详细条款的提单。

"略式提单"（Short Form B/L）又称"简式提单"，是指提单背面无条款，而只是列出提单正面必须记载事项的提单。这种提单内一般都印有"本提单货物的收受、保管、运输和运费等事项，均按照本公司全式提单上的条款办理"的字样。

（7）根据提单使用效力的不同，可分为正本提单和副本提单。

"正本提单"（Original B/L）是指提单上有承运人、船长或其代理人的签字盖章并注明签发日期的提单，这种提单在法律上是有效的单据。正本提单上必须标明"正本"（Original）字样。正本提单一般签发一式两份或单份（个别也有只签发一份的），凭其中的任何一份提货后，其余的即作废。为防止他人冒领货物，买方与银行通常要求卖方提供船公司签发的全部正本提单，即所谓"全套"（Full Set）提单。

"副本提单"（Copy B/L）是指提单上没有承运人、船长或其代理人的签字盖章，仅供参考之用的提单。副本提单一般都标明"副本"（Copy）或"不可转让"（Non-Negotiable）字样，副本提单不得标明"正本"字样。

（8）在实际业务中经常遇到的其他提单。

1）"过期提单"（Stale B/L），是指提单签发后超过信用证规定期限才交到银行的提单，或者银行按照正常邮程寄单，但收货人不能在船到目的港前收到的提单。过期提单的原意是指晚于货物到达目的港的提单。自国际商会《跟单信用证统一惯例》规定银行拒绝接受晚于信用证规定的从装运日期后特定期间提交的单据后，有人也把这种晚交的提单归入过期提单。但是就其本质而言，真正的过期提单应当主要是指晚于货物到达目的港的提单。在实践中，邻近国家之间的贸易，常因运输路线短，提单邮寄所需时间往往超过实际运输时间而不能在船到目的港前被进口人收到，而产生"过期"提单。因为过期提单可能造成进口人不能如期提货而造成损失的情形，所以，在实际业务中，鉴于邻近国家的贸易产生过期提单在所难免，为便于进口人及时提货，买卖双方往往事先商定，待货物装运后，由卖方负责将一份正本提单委托船公司随货带往目的地交开证行或代收行，由进口商向银行付款后领取，然后，再凭以向船公司提取货物。

2）"甲板提单"（On Deck B/L），又称舱面提单，是指承运人签发的表明货物装于船舶甲板上的提单。有些货物如危险品、活动物等，只能装在甲板上；有些货物因体积过大或舱位不够而装在甲板上。承运人在签发提单时加批"货装甲板"字样。货物装在甲板上受损的风险较大，进口人一般不愿意接受货物装在甲板上的甲板提单。依照《跟单信用证统一惯例》第26条a款的规定，除非信用证另有规定，否则银行不接受甲板提单。

3）"货运提单"（House B/L），是指由运输代理人签发的提单，它只是运输代理人收到托运货物的收据，而不是可以转让的物权凭证。因此，银行一般不接受这种提单。按照《跟单信用证统一惯例》第20条规定，除非信用证另有授权，否则银行将只接受运输代理人出具的表面上载有承运人名称的运输单据，并且该单据须由承运人或代表承运人的具名代理签署，或船长或代表船长的具名代理签署。

3. 海运提单的内容

国际贸易中通常使用的班轮提单，其内容包括正面及背面条款两部分。

（1）提单正面条款。提单正面条款的内容一般包括：承运人名称、托运人名称、收货人名称、船名和船舶国籍、装运港、目的港、货物名称、唛头、件数、重量或体积、运费和其他费用、提单签发日期、地点及份数、承运人或其代理人签字。上述内容分别由托运人和承运人填写。

（2）提单背面条款。各船公司签发的提单，其背面条款规定不一。为了统一提单背面条款的内容，国际上先后签署了《海牙规则》《维斯比规则》《汉堡规则》等重要国际公约。

（二）海上货运单

海上货运单简称海运单（Sea Waybill；Ocean Waybill），是证明海上货物运输合同和货物由承运人接管或装船，以及承运人保证据以将货物交付给单据所载明的收货人的一种不可流通的单据，因此又称"不可转让海运单"（Non-Negotiable Sea Waybill）。海运单不是物权凭证，故而不可转让。收货人不凭海运单提货，承运人也不凭海运单交货，而是凭海运单载明的收货人的提货或收货凭条交付货物，只要该凭条能证明其为运单上指明的收货人即可。目前，欧洲、斯堪的那维亚半岛、北美和某些远东、中东地区的贸易界越来越倾向于使用不可转让海运单，主要是因为海运单能方便进口人及时提货、简化手续、节省费用，还可以在一定程度上减少以假单据进行诈骗的现象。

四、关于海洋货物运输的主要国际规则

（一）《海牙规则》

1.《海牙规则》的由来

在国际海洋运输初期，货物所有人都随船到国外进行贸易。船货双方遇到问题，可随时协商处理，无须另订契约。除了共同海损或严重不正当行为之外，货物的风险几乎全部由货主承担。[一]当海上货物运输发展到托运形式以后，承托（船货）双方的矛盾与冲突日趋增加。这种矛盾的发展大致经历了以下三个阶段：

（1）承运人责任过于重大，托运人责任较小。由于货方不再随船航行，只能将货物的装卸、运输、保管、照料等责任以及海上风险全部转移给船方，承运人不仅要对货物负责，而且要对其所签发的提单负责，一旦发生海难，船东的赔偿金额就会十分巨大，甚至倾家荡产。

（2）免责条款逐渐扩大，承运人责任大幅度减小。为了鼓励国际航海业发展，保护船东利益，英国立法倡导"契约自由"的原则，从18世纪开始，在提单中出现了不可抗力、国王的敌人、货物特性或包装不固、货物抛弃等承运人免责条款。到了19世纪80年代，免责项目多达六七十种，甚至关于承运人对所载货物应予适当注意和提供适航船舶等默认义务均予以明文免责，进而出现了"承运人除了收取运费之外，似乎无其他责任可言"的局面，货方及保险、银行等其他相关方的利益几乎得不到保障。

（3）承运人责任过小，货主利益难以保障，承托双方的矛盾逐步激化。19世纪末，在海运贸易中，按照提单的规定，船方除收取运费外，对所承运的货物不负任何责任。这种情况一度阻碍了航海事业的继续发展，引起了各方不满情绪的上升。收货人担心货物能否安全到达及海损是否由船方赔偿，保险机构不敢承保，银行不愿接受汇兑，市场上更无人肯卖提单。

[一] 司玉琢."海牙规则"与"汉堡规则"浅析[J].大连海运学院学报，1978，（2）：93-94. 1994年，大连海运学院更名为大连海事大学。

当时，在国际贸易中处于货主地位的美国认为英国主导的提单内容和条款违背了美国的公共秩序，于是在 1893 年制定了著名的《哈特法》（Harter Act）。该法明确规定了承运人就货物积载、堆装、保管、交付等应尽"谨慎处理"之责，禁止在提单上插入因自己过失所造成的货物灭失或损坏而减轻、减少或免除这些责任的条款，特别强调船舶的适航性。《哈特法》对承运人和托运人之间的"契约自由"原则所设置的严格限制为《海牙规则》的形成奠定了良好基础。此后，许多国家相继制定有关海运的国内法，例如，澳大利亚 1904 年制定了《海上货物运送法》（Australian Carriage of Goods by Sea Act，1904），加拿大 1910 年制定了《水上货运法》（Canadian Water Carriage of Goods Act，1910）。这些法律都是针对英国轮船公司提单所规定的免责条款而制定的，加重了船方的一定责任，利益相关方的矛盾和纠纷日益增多，各方都希望能有一个合理的解决方案。

鉴于国际海运承托运双方及其他利益各方之间矛盾的发展与激化，以及各国关于提单的法律法规的巨大差异，制定一个关于提单的国际公约十分必要。因此，在国际法协会所属的海上法委员会（Maritime Law Committee）的倡议下，1921 年 9 月，各航海国派遣代表在荷兰海牙召开会议，协商起草了一份关于提单内容的国际规则。此后，各国政府代表相继在瑞典斯德哥尔摩、挪威奥斯陆、德国柏林、荷兰海牙、英国利物浦和伦敦、美国纽约等地开会讨论，并于 1922 年 10 月和 1923 年 10 月两次修改该规则，直到 1924 年 8 月 25 日，由 25 个国家代表团在比利时首都布鲁塞尔正式签署了《关于统一提单的若干法律规定的国际公约》（International Convention for The Unification of Certain Rules of Law Relating to Bill of Lading），于 1931 年 6 月 2 日生效，并建议各国予以采用。由于该公约是在荷兰海牙（Hague）起草的，故人们通常将它简称为《海牙规则》（Hague Rules），其根本宗旨在于企图统一各国提单法律条款的分歧。

2.《海牙规则》的主要内容

《海牙规则》共计 16 条，第 1～8 条规定了承运人和托运人及收货人对运送货物应采取的措施和货物受到损失后双方的权利与义务以及诉讼时效、承运人应享受的豁免等；第 9～16 条规定了各国政府批准《海牙规则》的各项程序，在第 9 条的前一部分规定了承运人在赔偿货物的损失时，若每件货物超过 100 镑，则该 100 镑的价值是以金价为准。第 9 条其他部分规定也是属于程序方面的。因此，各国航海业所使用的提单援引《海牙规则》只限于第 1～9 条的前一部分，共计八条半，合计 2 234 字。

（二）《维斯比规则》

第二次世界大战前后，伴随海运技术的飞速发展和国际形势的急剧变化，《海牙规则》显得难以适应国际海运与国际贸易发展的需要，各方强烈要求修改这一规则。于是国际海事委员会从 20 世纪 60 年代开始着手修改《海牙规则》，并于 1963 年 6 月在瑞典的斯德哥尔摩会议上草拟了《海牙规则》议定书修改草案。1968 年 2 月 23 日，该草案在布鲁塞尔以 24 票赞成、18 票弃权、0 票反对而通过，被称为《修改统一提单的若干法律规定的国际公约的议定书》，俗称《1968 年布鲁塞尔议定书》（The 1968 Brussels Protocol）。由于代表们在该议定书草案草拟期间曾参观了瑞典哥得兰岛的维斯比城，所以简称《维斯比规则》。因其内容与《海牙规则》的交叉面较广，常常被称为《海牙-维斯比规则》。

该公约共计 17 条，相比较于《海牙规则》，主要进行了如下修改：① 统一了各缔约国对提单证据效力的不同规定，使提单上的记载事项成了最终证据，即不允许承运人提出任何反证；⊖ ② 将最高赔偿限额由每件或每一单位 100 英镑提高到 10 000 金法郎或毛重每千克 30 金法郎，以其金额较高者为准，并说明一个金法郎是指一个含有纯度为 900‰、黄金 65.5 毫克的单位；③ 增列了"集装箱运输"条款，规定如果提单上列明箱内所装货物的件数，则可按此件数计算最高赔偿额，否则每一集装箱作为一件或一个单位；④ 规定了承运人及其雇用人、代理人的责任限制丧失，为船货双方公平地分摊海上风险迈出了第一步；⑤ 经双方协议，一年诉讼时效期满后仍可延长；⑥ 扩大了公约的适用范围。⊜ 不过上述修改均缺乏实质性，多数修改仅限于措辞上比《海牙规则》较为明确具体。《维斯比规则》通过后，经历了近 10 年时间直到 1977 年 6 月才开始生效。参加这一规则的主要有英国、法国、丹麦、挪威、瑞典、瑞士、比利时、叙利亚、黎巴嫩、新加坡、厄瓜多尔和汤加等 12 个国家。

(三)《汉堡规则》

1.《汉堡规则》的形成

由于《维斯比规则》对《海牙规则》的修改缺乏实质性内容，核心条款仍偏重于维护承运人的利益，从而引起许多发展中国家的不满。它们认为在卫星导航和先进通信技术被应用于航海、集装箱运输组织管理有新的突破的情况下，海上运输和贸易的安全因素明显增加，承运人不应当再继续享受《海牙规则》《维斯比规则》中关于航行和管理船舶过失的免责权利，所以强烈要求全面彻底地修改《海牙规则》，以构建国际经济新秩序。⊜ 鉴于这种情况，1968 年 3 月与 1969 年 4 月，联合国贸易和发展会议决定设立由 33 个国家组成的国际航运立法工作组，着手调查研究国际海商法对发展中国家经济的影响。1971 年 2 月，该工作组决定重点修改《海牙规则》并企图制定新公约，为了避免工作重复，这项工作被移交给联合国国际贸易法委员会，1971 年 4 月，该委员会设立了新的国际航运立法工作组，从 1972 年 1 月到 1975 年 2 月，该工作组召开了 6 次会议对《海牙规则》进行了一系列审议，于 1976 年 5 月拟定了《联合国海上货物运输公约》草案，并提交于 1978 年 3 月 6 日至 31 日由联合国在汉堡主持召开的海上货物运输公约外交会议进行审议修改，最终以 68 票赞成、3 票弃权、0 票反对而通过，通常被称为《1978 年联合国海上货物运输公约》(United Nations Convention of the Carriage of Goods by Sea 1978)，简称《汉堡规则》。

《汉堡规则》第 30 条规定，必须由 20 个国家签约批准一年期满后该公约方可生效。由于《汉堡规则》早期签约国只包括巴西、智利、厄瓜多尔、联邦德国、加纳、马达加斯加、墨西哥、巴拿马、菲律宾、葡萄牙、塞拉利昂、新加坡、埃及、委内瑞拉、梵蒂冈和塞内加尔等十几个国家和地区，因此，截至 1992 年赞比亚成为《汉堡规则》第 20 个签约国之前，《汉堡规则》历经 14 年之久一直未能生效。随着赞比亚的加入，《汉堡规则》终于在 1992 年 11 月 1 日正式生效。

⊖ 《海牙规则》规定提单的证据效力为表面证据，即允许承运人提出相反的证据。
⊜ 王治华. 维斯比规则主要条款分析[J]. 上海海运学院学报，1984，(2)：77-86. 2004 年，上海海运学院更名为上海海事大学。
⊜ 吴振会. 论《汉堡规则》对海上保险的影响[J]. 水路运输文摘，2006，(4)：47.

2.《汉堡规则》的主要内容及其历史贡献

《汉堡规则》全文共分 7 个部分、34 条和 1 项共同谅解,其内容概要如下:① 明确了承运人的责任以其过失为基础,并规定举证的责任在于承运人;② 废除了驾驶和管理船舶过失免责条款,解决了以前承运人对其雇员过失不负责的问题;③ 提高了责任限制的金额,使之符合货币变迁以及货运变化的实际需求;④ 新设立了责任限制权利丧失的条款;⑤ 规定原告有权选择起诉法院,扭转了船主国家主宰国际航运诉讼与纷争的局面;⑥ 将诉讼时效的期限延长至两年,切实保障了托运人的利益;⑦ 延长承运人的责任期间,以利于加强货物的管理工作;⑧ 规定承运人应对舱面货物负责,以适应货物运输的需要。

《汉堡规则》对《海牙规则》进行了较为全面彻底的修改,一定程度上,它不是修改本,而是一个新制定的国际公约。《汉堡规则》通过扩大承运人责任使承托双方的权利和义务达到了基本平衡,从而在某种程度上打破了《维斯比规则》长期以来作为国际海运事务核心依据法的垄断地位。

(四)《鹿特丹规则》

1.《鹿特丹规则》的兴起

随着集装箱运输、多式联运的蓬勃发展,以及国际航运技术的不断进步,以《海牙规则》和《维斯比规则》为核心的"海牙体系"日趋滞后,亟须进一步创新。同时,《汉堡规则》逐步打破了"海牙体系"一统天下的局面,因国际海运规则冲突引起的国际摩擦与纠纷日趋增多。基于上述背景,联合国国际贸易法委员会决定制定一个新的国际公约,从而实现国际海上货物运输规则的重新统一。历经十余年的磋商、谈判、修订、讨论,各方共同起草了《联合国全程或部分海上国际货物运输合同公约》(United Nation's Convention on Contract of Carriage of Goods Wholly or Partly by Sea),2008 年 12 月 11 日,联合国第 63 届联合国大会第 67 次会议审议通过了该公约,并定于 2009 年 9 月 23 日举行签字仪式。由于该仪式在荷兰鹿特丹举行,因此该公约又简称为《鹿特丹规则》。但截至目前,该公约签署批准的国家数目尚未达到法定 20 个的要求,因此该公约至今尚未生效。㊀ 尽管如此,国内外许多学者和实业界人士认为《鹿特丹规则》是一个具有里程碑意义的国际海运货物运输公约。因为该规则是国际组织和航运大国寻求通过统一立法形式来取代三大传统国际海上货物运输公约(《海牙规则》《维斯比规则》《汉堡规则》)的一种尝试,具有很大的创新性。尤其是,该规则在具有船方利益保护倾向的《海牙规则》和具有货方利益保护倾向的《汉堡规则》的基础之上,较好地平衡了船货双方的利益,从长远看,比较符合当今国际航运的实际需求,具有较强的操作性。㊁

2.《鹿特丹规则》的主要内容及其创新

《鹿特丹规则》共 18 章、96 条,与三大传统国际海运公约相比较,《鹿特丹规则》的主要内容及其创新主要体现在以下几个方面。

(1)进一步扩展了公约的适用范围。为了适应国际集装箱"门到门"运输的需要,《鹿特

㊀ 余筱兰.《鹿特丹规则》中"门到门"运输及其影响 [J]. 河北科技师范学院学报(社会科学版),2014,(4):8-13.

㊁ 王一茹. 论我国多式联运经营人责任制度的完善 [J]. 物流技术,2015(3):121.

丹规则》突破了以往国际海运公约的"港到港"运输区间，采取了"海运+其他"的运输合同适用范围，运输区间既有国际海运，还包含国际陆运、空运等其他运输方式。承运人全程运输责任的确定采取"最小网状责任制度"，首先适用运输区间相应已生效的铁路、公路或航空运输公约，其次适用该公约。

（2）重新设计、增加了合同履约方、海运履约方、单证托运人、控制方等多个海上货物运输合同主体的概念。《鹿特丹规则》在传统国际海运公约"喜马拉雅条款"[一]的基础上，充分考虑到国际贸易中 FOB 合同持续增加及卖方、银行等对货物控制的权益诉求，重新独立设定了合同履约方、海运履约方、单证托运人及控制方等多个运输合同主体，并赋予不同主体相应的权利和义务。

（3）新增了"电子运输记录"等概念，丰富、扩展了海上货物运输契约的形式或证明。迄今为止，国际货物运输契约及单证多采取纸质形式，而且维持其运行的商业惯例及法律规则较为完备。虽然随着现代网络信息技术和电子商务的飞速发展，电子合同、电子单证等不断涌现，但是其技术成熟度、证据安全性及规则完整性等均有待提高和检验。《鹿特丹规则》的出台有利于规范、指导新形势下现代国际航运与贸易实践的发展，降低交易成本，提升交易效率。

（4）对承运人的义务进行了重大修改，并调整了承运人和托运人的义务。具体表现在以下方面：将承运人责任期间扩展到从接收货物到交付货物的整个运输过程；增加了承运人管理货物的特别义务；规定承运人负有全航程条件下货舱、集装箱等保持适货状态和适航义务；规定承运人归责原则采取完全过失责任制，取消承运人航海过失免责条款；由承运人承担管理货物和免责事项的举证责任；将承运人的货物赔偿责任限额提高到《汉堡规则》限额水平之上；将承运人的交付义务区分为可转让单证和不可转让单证下的交付，并确定了记名单证的凭单交付义务及流程等；采纳了《汉堡规则》下托运人对海上货物运输契约的过失责任原则，并规定由承运人负举证责任，改变了"海牙体系"的严格责任原则，降低了托运人对货物托运申报及保证货物安全等义务。这是《鹿特丹规则》的核心内容，是新规则对船货双方利益、承运人责任基础的重新安排，体现了新的立法理念和重大制度的设计。

（5）进一步调整了货物控制权的确立和行使规则。为了适应国际贸易合同的需求，保障货方对货物的控制权利益，《鹿特丹规则》借鉴了国际航空、国际铁路运输公约的原则，引进了货物控制权和权利转让规则，赋予货方（控制权人等）等向承运人发出货物指示的权利等。但货物控制权的确立和行使仍具有不确定性，承运人及履约方会面临多重义务与巨大风险。

（6）首次引入批量合同[二]的概念。《海牙规则》《维斯比规则》的调整对象是提单，不直接调整批量合同；《汉堡规则》调整运输合同，强制适用于批量合同下每一运输，但没有规定批量合同的概念。《鹿特丹规则》区别于上述规则，允许批量合同条款背离规则而享有合同自由权，使得各种类型的批量运输合同更大可能地游离于新规则，从而处于缔约优势或控制地位的货方及特定承运人等享有更多合同自由权，通过批量合同条款或规则，限制合同相对人的

[一] "喜马拉雅条款"主要界定承运人及其雇用人员、分立契约人之间的责任、免责和抗辩。
[二] 批量合同，也称运输服务合同，在中美航线总称为"海运服务协议"，是指承运人和托运人就在一定时间内运输的货物总吨位，使用船舶、运价、装运条件、起运港和目的港等达成的协议或订立的货运总合同。

权益，进而形成特殊的货物运输合同"特区"，但这一点有悖于"鹿特丹规则"的初衷与立法目标。○

（7）调整了诉讼时效和仲裁协议的效力。《鹿特丹规则》规定诉讼时效为两年，并允许合同当事人协议延长诉讼时效，这一改变有利于运输合同双方索赔和权益保护，但承运人及履约方等会面临更长时间的索赔风险；同时，新规则还对仲裁协议的效力做了限制，从而限制了国际运输契约当事人的意识自治能力。

五、海洋货物运输条款

（一）"交货时间"和"装运时间"条款

在国际贸易中，"交货"（Delivery）和"装运"（Shipment）两种用语不尽相同，因此通常有"交货时间"（Time of Delivery）和"装运时间"（Time of Shipment）两种不同条款。在使用FOB、CFR、CIF、FCA、CPT、CIP等六种贸易术语达成的交易中，由于卖方在装运港或装运地将已经办理出口清关的货物装到船上或者交付给承运人以运交买方就算完成了交货任务，因此，"交货"和"装运"在一定意义上是一致的；但按照INCOTERMS® 2020的解释，"交货"一词是用于表示货物灭失或损坏的风险由卖方转移至买方的时间和地点，因此在实际业务中，应用"装运时间""装运地点"较为适宜。至于DAP、DPU和DDP术语，卖方必须于目的地实际交货，因此，"装运"和"交货"的概念完全不同。

在FOB、CFR、CIF、FCA、CPT、CIP合同中，通常以装运时间作为交货时间，最常见表述有以下几种：

（1）规定某月装运。例如：20××年5月装运（Shipment during May, 20 ...）。

按照此规定，卖方可在20××年5月1日至5月31日这一段期间内的任何时候装运出口。

（2）规定跨月装运。这即所规定的一段可供装运的期间，可从某月跨到下月，甚至更后的月份。例如：20××年3/4/5月装运（Shipment during Mar./Apr./May, 20 ...）。

按照此规定，卖方可从20××年3月1日至5月31日这段时间内任何时间装运出口。

（3）规定在某月月底或某日前装运。这即在合同中规定一个最迟装运的期限，这个最迟装运期限，既可以是某一月份的月底，也可以是某一天。例如：20××年9月底或以前装运（Shipment at or before the end of Sep, 20 ...），即自订立合同之日起，在20××年9月30日或于此日期前的任何日期装运。

（4）规定在收到信用证后若干天内装运。为了防止买方不按时履行合同而造成损失，在出口合同中可采用在收到信用证后一定时间内装运的方法规定装运时间。例如：收到信用证后45天内装运（Shipment within 45 days after receipt of L/C），但在采取此种装运期的规定时，必须同时规定有关信用证的期限。

以上四种规定装运时间的方法是最常见的方法。在实践中，个别情况下也有规定在某一特定日期装运、具备某一条件（如接到确认样品通知书等）后确定装运期以及使用近期装运术语等的做法。

○ 孙勇志. 试论鹿特丹规则的新变化及国际影响力［J］. 交通企业管理，2010，（8）：46-47.

（二）装运港（地）和目的港（地）条款

装运港（地）和目的港（地）不仅关系到卖方于何地履行交货义务和货物的风险何时由卖方转移至买方，还关系到运输的安排、运费和保险费乃至成本核算和确定售价等问题，因此，这些都必须在国际货物买卖合同中做出具体规定。在国际贸易中，装运港或装运地一般由卖方提出，经买方同意后确定；目的港或目的地一般由买方提出，经卖方同意后确定。在实际业务中，应根据合同使用的贸易术语和运输方式正确选择与确定装运港（地）和目的港（地）。

在国际贸易中，买卖合同通常只规定一个装运港或装运地，如"装运港：上海"（Port of Shipment：Shanghai）；有时按实际业务需要，例如货物分散在多处，或磋商交易时货物尚不能确定在何处发运货物，也可规定两个或多个港口的名称；必要时甚至可做笼统规定。例如，装运港：上海和/或宁波（Port of Shipment：Shanghai and/or Ningbo）。

与装运地点一样，在实际业务中，一笔交易通常只规定一个目的港或目的地，如"目的港：纽约"（Port of Destination：New York）；有时按实际业务需要，如买方有不同的使用或销售地，而商定合同时尚不能确定供何处使用和销售，也可规定两个或两个以上的目的港或目的地，个别的甚至也有做笼统规定的。

在国际贸易中，进口商（收货人）由于诸多原因影响尚未确定最后卸货港，为了取得更多的选择时间，或为了便于进行"路货"（Cargo Afloat）交易，有时要求采用"选择港"（Optional Ports）条款，即允许收货人在预先提出的两个或两个以上的卸货港中，在货轮驶抵第一个备选港口前，按照船公司规定的时间，将最后确定的卸货港通知船公司或其代理人，船方负责按通知的卸货港卸货。按一般航运惯例，如果货方未在规定的时间将选定的卸货港通知船方，船方有权在任何一个备选港口卸货。但在接受选择港要求时，需要注意：买卖合同中规定"选择港"的数目一般不超过三个；备选港口必须在同一条班轮航线上，而且是班轮公司的船只都停靠的港口；在核定价格和计算运费时，应按备选港口中最高费率加上选港附加费计算。如成交的价格是按一般条件商定的，则在买卖合同中应明确规定因选择港而增加的运费、附加费均由买方承担。例如：CIF 伦敦，任选汉堡/利物浦，选港附加费由买方承担（CIF London, optional Hamburg/Liverpool, optional additional for buyer's account）。

（三）分批装运和转运条款

1. 分批装运的概念及其规则

分批装运（Partial Shipments）又称分期装运（Shipment by Instalments），是指一个合同项下的货物先后分若干期或若干批装运。在国际贸易中，有的交易因为数量较大或是由于备货、运输条件、市场需要或资金的限制，有必要分期分批交货、到货的，则可在进出口合同中规定分批装运条款。

国际商会制定的《跟单信用证统一惯例》就规定："允许分批支款或分批装运。"按此规定，在信用证业务中，除非信用证明示不准分批装运，卖方即有权分批装运。有鉴于此，为防止误解，在我国的外贸实践中，如需要分期分批装运的，一般应在进出口合同中做明确具体的规定。

在进出口合同中规定分批装运的方法主要有以下两种：

（1）只原则上规定允许分批装运，对于分批的具体时间、批次和数量均不做规定。这种做法对卖方来说比较灵活，他可以根据货源和运输条件，在合同规定的装运期内主动掌握。

（2）在规定分批装运条款时，具体订明每批装运的时间和数量。这种做法往往是根据买方对货物的使用或转售的需要而确定的，对卖方的限制较严。例如，"3月至6月分四批每月平均装运"（Shipment During March/June In Equal Monthly Lots）。对于类似的限批、限时、限量的条款，若其中任何一期未按规定装运，则本期及以后各期均不得凭装运支款。

有必要指出：按照惯例，对于运输单据表面上注明同一运输工具、同一航次、同一目的地的多次装运的，即使其表面上注明不同的装运日期或不同的装货港、接受监管地或发运地，也不视作分批装运；货物经邮运或专递运输，如邮局收据或邮寄证明或专递收据或发运单的表面上是由信用证规定的发运地并于同一日期盖戳、签署或以其他方式证实的，则该邮寄或专递装运将不做分批装运论。

2. 转运的概念及其规则

按照《跟单信用证统一惯例》（UCP 600）第19条规定，转运（Transhipment）是指货物在信用证中规定的发运、接受监管或装载地点到最终目的地的运输过程中，从一个运输工具卸下并重新装载到另一个运输工具上（无论是否为不同运输方式）的运输。一般来说，允许转运对卖方来说比较灵活，但转运要增加费用支出。而货物在转运时有可能增加损耗或散失，且易使运程延迟，所以是否允许转运或在何地转运往往是买卖合同的重要内容。但是，《跟单信用证统一惯例》（UCP 600）2007年修订本对"转运"一词按不同运输方式做了不同的解释，并做了淡化和从宽的处理。该出版物对"转运"的解释如下：在海运情况下，是指从信用证中规定的装货港至卸货港的运输过程中，从一艘船只卸下，再装上另一船只；在航空运输情况下，是指从信用证中规定的启航机场至目的地机场的运输过程中，从一架飞机卸下，再装上另一架飞机；在公路、铁路或内河运输情况下，是指从信用证中规定的装运地、发运地或运输地至目的地运输过程中，在同一运输方式内，从一运输工具卸下，再装上另一运输工具。

该惯例还规定，银行将接受表明货物将被或可能被转运的运输单据，如果同一单据包括全程运输，即使信用证禁止转运，注明发生以下有关转运内容的运输单据也可被银行接受：

（1）注明将发生或可能发生转运，只要提单（或不可转让海运单）证明有关货物是由集装箱、拖车或驳船装运的。

（2）注明将发生或可能发生转运的空运单据。

（3）注明将发生或可能发生转运的公路、铁路或内河运输的运输单据。

总而言之，UCP 600的所谓"禁止转运"，实际上仅是指禁止海运港至港除集装箱以外的货物（即散货）运输的转运。

UCP 600之所以做这样的界定和处理，主要是由于近年来随着运输技术和国际贸易的发展，客观情况发生了很大变化。在许多情况下，转运不可避免。例如，海运货物进入集装箱及(或)载驳船运输,这类船舶往往因船体巨大不能直接停靠目的港码头,需将货物卸在较小的船只上再航行至目的港码头卸货;航空运输的直接航班也可能是从一个国内机场到另一个国内机场,再到国际航线,这里可能是有转运的;⊖货物用汽车从一个国家运到另一个国家,进口国往往禁止出口国的运货汽车入境,则需要从出口国的汽车上卸下再装上进口国承运人的汽车;同样,货物通过铁路运输从一国运到另一国,如果两国铁路轨距不一致,在越过国境时,就必须从出口国铁路车辆上卸下,再装上进口国铁路车辆。UCP 600做了以上淡化和从宽的规定,有利于减少因转运而引发的纠纷,从而促进国际贸易的顺利发展。

但是,有必要指出,以上规定仅适用于信用证业务的处理而不涉及买卖合同条款的解释,而且,如果进口人想要禁止任何形式的转运,在申请开立信用证时可以要求开证行在信用证中清楚地写明不包括上述有关转运的条款。因此,在实际业务中,尤其是在出口合同中,还是以明确规定允许转运条款为宜。

六、有关海运的典型案例分析

案例 9-1

我国传龙贸易公司与英国某公司签订了一笔钢锭进口合同,合同规定钢锭 40 000 M/T,FOB 总价 840 万美元,装运条款是可分批装运直达班轮,不接受租船提单。传龙贸易公司按照合同规定于 3 月 1 日开出以英国公司为受益人的 840 万美元的信用证。开证后,英国公司多次电传要求修改装运条款,强调从装运港英国弗利克斯托至中国口岸无直达班轮,租船可以更快捷运到。我国传龙贸易公司因生产急需该批货物,同意修改信用证,接受租船提单。4 月 18 日,传龙贸易公司收到英国公司发来的装船通知:总价 168 万美元的 8 000 M/T 钢锭已于 4 月 17 日在利物浦港装上 A 轮。4 月 28 日,英国公司通知第二批货、第三批货总共 28 600 M/T 钢锭,在利物浦港合装一艘 B 轮发运。英国公司以上述三批货物的全套单证(包括重量单、装箱单、出厂检验证、提单、发票等)于 4 月 29 日在比利时 DNC 银行结汇,议付了全部货款。5 月 8 日又通知第四批货 3 400 M/T 已装 C 轮,并向 DNC 银行交单结汇,四批货共议付 840 万美元。

传龙贸易公司付出了 840 万美元的货款,手中持有完整无缺的四批货物单证,迫切等待船到提货。按正常情况从弗利克斯托到中国口岸航程 30 天左右,但两个月后仍杳无音讯。卖方认为发货后风险已转移,中方应按提单向承运人追究或按保险单向保险公司追究。传龙贸易公司迅速通过外轮公司了解情况,获悉装载第一批货物的 A 轮将于 7 月初抵达中国港口,装第二批货、第三批货的 B 轮可能停靠在新加坡没到中国来,装第四批货的 C 轮行踪不明。传龙贸易公司感到情况严重,立即组员兵分两路进行追究,一路去欧洲找卖方公司和承运人,另一路去新加坡等待 B 轮到来。

经查,英国公司的注册资金仅 8 万英镑,只有一个秘书看家,其他人避不露面。承运人是英国的老骗手,已逃之夭夭。再向出具单证的生产厂家进行了解,查明所有单证都是伪造的。英国公司以这些假单证向 DNC 银行议付货款时,根本没有合同货物存在。从船公司和港

⊖ 例如从美国到中东的航班需要从纽约先飞至德国法兰克福,然后经转其他飞机再运抵目的地。

口了解到的情况证明，第一批货款以假单证提走时，A 轮尚未进入发运港，该船到 6 月 7 日才起航，所载钢锭是 7 400 M/T。装第二、第三批货的 B 轮，据劳氏船级社登记，其总载重量只有 28 000 M/T，而英国公司用以议付的两张提单总载重量是 28 600 M/T，但港口记载该轮船起航时只装了 15 000 M/T，目的港是新加坡。装第四批货的 C 轮更是子虚乌有，据船级社记载，这条船早已报废拆解，不存在了。

至此，本案的诈骗真相全部暴露，运到中国港口的第一批货因传龙贸易公司持有的提单与船长所持有的提单不符，船长拒绝交货，货物卸在港口由外运公司保管，后来几经交涉和经过繁杂的手续，传龙贸易公司才提到 7 400 M/T。停靠在新加坡的 B 轮因我国传龙贸易公司持有的提单与船长持有的提单不符，船长不仅拒绝交货，而且连上船验看也不允许，迫使传龙贸易公司在新加坡法院对该船提起诉讼，申请法院扣船，并公告其他持有该轮提单的货主申报，若逾期不申报，则该船所载钢锭将全部判归中国公司。经公告一个月内无人申报，新加坡法院将船上 15 000 M/T 钢锭判归中国货主，换船运至中国口岸。已经支付了 40 000 M/T 钢锭的货款，费了九牛二虎之力，却总共只收到 22 400 M/T 钢锭，损失将近一半。请结合此案对传龙贸易公司的教训予以评析。

【分析】

1. 传龙贸易公司不应轻易同意修改信用证，接受租船提单，这一行为为后来蒙受巨额损失埋下了隐患，应该要求相关责任人提供已装船的清洁提单。

2. 合同约定的装运条款是可分批装运直达班轮，不接受租船提单，尽管信用证独立于货物贸易合同，但考虑安全收货起见，信用证中的装运条款与合同一致更加妥当。

3. 传龙贸易公司事前没有深入了解出口方资信状况，为对方在履约过程中的欺诈行为提供了可能性。

第二节　铁路运输

铁路运输（Rail Transport）是我国对外贸易运输中又一重要的运输方式。它具有运量大、安全可靠、运输准确及连续性强等优点。我国内地对外贸易铁路运输包括对我国香港、澳门特别行政区铁路运输和国际铁路货物联运两部分。对港、澳铁路运输目前做法与内地一般货物铁路运输基本相同。本节主要介绍国际铁路货物联运。

一、对香港特别行政区的铁路货物运输

我国内地对香港特别行政区的铁路运输由内地段铁路运输和港段铁路运输组成，由招商局集团有限公司[①]的相关下属公司和香港中国旅行社有限公司联合承包，其运营过程可概括为"租车过轨、两票运输"，具体操作流程如下：

（1）发货人在内地车站将货物托运到深圳北站，以深圳中外运物流有限公司为收货人。

（2）深圳中外运物流有限公司作为发货人的代理人，在口岸与铁路部门办理票据交接，

[①] 招商局集团有限公司（简称"招商局集团"）成立于 1872 年，旗下包括中国长江航运集团有限公司和中国外运股份有限公司等 21 家二级公司，是国家驻港大型企业集团。

并向铁路局租车,报关后将货物过轨至香港。

(3)货车过轨后,由深圳中外运物流有限公司在香港的代理——香港中旅货运有限公司向香港海关报关,并向香港铁路公司重新办理港段铁路运输。

(4)货物到达目的地后,由香港中旅货运有限公司将货物卸车交给实际收货人。

香港特别行政区铁路运输费用分为内地段运费和港段运费两个部分:内地段运费包括铁路运费、深圳过轨租车费和深圳中外运物流有限公司劳务费,以人民币计算;港段运费包括铁路运费、港段终点站卸货费、港段调车费及劳务费等,以港币计算。

二、国际铁路货物联运

(一)国际铁路货物联运的基本内涵

国际铁路货物联运是指两个或两个以上不同国家的铁路当局联合起来,依据有关国际条约,使用一份统一的国际联运单据,经过两个或两个以上国家铁路,并在由一国铁路向另一国铁路移交货物时,不需发货人、收货人参加的一种全程铁路运输方式。

(二)主要国际铁路货物联运条约

目前,应用较为普遍的国际铁路货物联运条约主要有《国际铁路货物运输公约》与《国际铁路货物联运协定》。前者简称《国际货约》,后者简称《国际货协》。

1.《国际货约》

《国际货约》可以追溯到1890年欧洲各国在瑞士首都伯尔尼举行的各国铁路代表会议上制定通过的《国际铁路货物运输规则》,1938年修改为《国际铁路货物运输公约》(Convention Concerning International Carriage of Goods by Rail,CIM),又称《伯尔尼货运公约》,同年10月1日开始实行。在第一次和第二次世界大战期间曾经中断,战后又重新恢复,此后为适应国际形势的不断变化又历经多次修改。参加国共有24个,包括德国、奥地利、比利时、丹麦、西班牙、芬兰、法国、希腊、意大利、列支敦士登、卢森堡、挪威、荷兰、葡萄牙、英国、瑞典、瑞士、土耳其、南斯拉夫[①]、保加利亚、匈牙利、罗马尼亚、波兰、捷克斯洛伐克[②]。苏联没有参加《国际货约》组织的国际货物联运,但与芬兰订有苏芬铁路货物联运协定。

该公约最近一次修订是1999年6月3日,修订后的《国际铁路货物运输公约》于2006年7月1日生效。参加《国际货约》的国家目前有46个,主要是欧洲国家,但近年来,伊朗、巴基斯坦、俄罗斯等国家也加入了该公约。一些《国际货约》成员同时参加了《国际货协》,以使《国际货约》成员的货物能够通过铁路直接转运到《国际货协》成员,从而为国际铁路货物的运输提供了便利条件。

《国际货约》是适用于至少两个缔约国之间的铁路联运。铁路的运输单据称为运单,内容包括接货地点、日期和交货地点及货物质量情况、件数、标记等,是运输合同成立的证据。

[①] 已解体。
[②] 1993年解体为捷克和斯洛伐克两个国家。

承运人对货物的灭失、残损或延误负责，但是由索赔人的错误行为、货物的内在缺陷或承运人所不能避免的原因造成的除外，责任豁免的举证责任在于承运人。

2.《国际货协》

1951年11月1日，苏联与罗马尼亚、保加利亚、匈牙利、民主德国、波兰、阿尔巴尼亚、捷克斯洛伐克等东欧七国部长举行会议，对国际铁路货物运输问题进行研究，并起草通过了《国际铁路货物联运协定》（Agreement Concerning International Carriage of Goods by Rail），简称《国际货协》。我国于1954年1月起也参加了该协定，接着蒙古、朝鲜、越南也参加了这一协定。直到1990年10月，由于德国的统一，民主德国终止参加《国际货协》。后随着东欧形势的变化，匈牙利、捷克斯洛伐克等国也于1991年1月1日起终止参加《国际货协》。

1998年，包括中国在内的22个国家部长出席会议，通过了新的《国际铁路货物联运协定》。最新的《国际货协》由8章、41条组成。《国际货协》是缔约各国发货人、收货人以及过境办理货物联运所共同遵循的基本文件，适用于缔约国铁路方面之间的国际直通货物联运，主要内容包括："适用范围""运输契约缔结""托运人的义务和权利""承运人权利和义务""赔偿请求与诉讼时效"等，对相关缔约国的铁路部门、发货人、收货人均具有约束力。

随着新亚欧大陆桥的开通和我国"一带一路"倡议的深入实施，近年来，"义新欧"、印度洋新通道等国际铁路班列陆续开通运行，国际铁路联运的发展更加飞速。

（三）国际铁路货物联运范围

（1）参加《国际货协》国家之间的货物运送。发货人使用一张运单在发货站向铁路托运，即可由铁路以连带责任办理货物的全程运输，并在最终到达站将货物交付收货人。

（2）未参加《国际货协》国家的货物运输。一般是使用《国际货协》运单办理至参加《国际货协》的最后一个过境国的出口境站，再由该站站长办理转发至未参加《国际货协》国家的最后到达站。反向运输亦可。

（3）通过参加《国际货协》国家的港口向其他国家运送货物。使用《国际货协》运单将货物运至参加《国际货协》国家的港口，再由港口收转人办理转发至目的地的手续。

（四）国际铁路货物联运的优越性

国际铁路货物联运促进了我国边境贸易的发展，加强了我国与《国际货协》缔约国之间的贸易往来。同时，借助于《国际货协》与《国际货约》的双重参加国，诸如保加利亚、罗马尼亚、波兰，将欧洲大陆连成一片，方便了我国同西北欧贸易的货物运输。它具有手续简便、节省运输时间、降低运输中风险、加速资金周转、减少运输费用等优点。

（五）国际铁路货物联运单据

国际铁路联运运单的正本和副本是国际铁路联运的主要运输单据，它是参加联运的发送国铁路与发货人之间订立的运送合同。它具体规定了参加联运的各国铁路和收、发货人的权利和义务，对收、发货人和铁路都具有法律效力。当发货人向始发站提交全部货物，并付清应由发货人支付的一切费用，经始发站在运单正本和运单副本上加盖始发站承运日期戳记，证明货物已被收妥承运后，即认为运输合同已经生效。

国际铁路货物联运的运单共有一式五联，除运单正本和运单副本外，还有运行报单、货物交付单和货物到达通知单。运单正本随货同行，在到达站连同货物到达通知单及货物一并交给收货人，作为交接货物和结算费用的依据。运单副本交给发货人，作为向收货人证明货物已经发运并凭以结算货款的依据。货物交收货人时，收货人在货物交付单上签收，作为收妥货物的收据，也可供车站备查。运行报单则为铁路内部使用。

国际铁路货物联运的运单通常还需随附出口货物报关单、出口许可证、商品检验证书等单证。此外，根据不同出口货物的情况，有的还需随附磅码单、装箱单、检疫证书、兽医证明书、化验单等买卖合同所规定的以及按照海关、出入境检验、检疫等法律法规所规定的单证。

三、铁路货物运输费用的计算

关于国际铁路货物联运的费用计算，一般有如下规定：发送国铁路的运送费用，按发送国铁路的国内运价计算；到达国铁路的运送费用，按到达国铁路的国内运价计算；过境国铁路的运送费用，按国际铁路联运协定统一过境运价规程（统一货价）的规定计算。

四、国际铁路货物运输的典型案例分析

案例 9-2

2005 年，郑州 A 轴承厂通过中国正大技术进出口公司从俄罗斯 B 设备机器厂购进 5 台磨床。B 设备机器厂将磨床分装成 20 箱托运，交俄罗斯铁路运输部门以国际联运方式运往中国郑州，收货人为郑州 A 轴承厂。货物从俄罗斯运出后，途经俄罗斯和蒙古国铁路沿线，各国铁路运输部门对货物的交接换装都没有异议。货物运达中国二连站时，蒙古国和中国的铁路工作人员在货物交接过程中发现运单项下的货物少了 2 箱。经证实，货物丢失的责任者为蒙古国铁路运输部门。二连站（隶属我国内蒙古呼和浩特铁路局管辖）编制了商务记录，载明货少 2 箱。蒙古国的铁路工作人员在该记录上签字确认。货物换装中方货车后，二连站又将其余货物续运。货物运达郑州站之后，收货人郑州 A 轴承厂领取了货物，并按合同支付了各过境国路段和国内的运输费用，以及货物换装费用。2006 年 8 月，郑州 A 轴承厂持运单及商务记录向呼和浩特铁路局索赔。呼和浩特铁路局将索赔材料转寄给责任方所在国蒙古国的乌兰巴托铁路局处理。郑州 A 轴承厂在提出索赔要求半年之后仍无结果的情况下，在中国某法院对呼和浩特铁路局提起诉讼，要求其赔偿因货物短少而给原告造成的损失。

法院认为，本案中的铁路货物运输合同是根据《国际货协》订立的，俄罗斯、蒙古国和中国都是《国际货协》的缔约国。诉讼在中国提起，中国作为《国际货协》缔约国，法院应该适用《国际货协》的规定处理本案。

【分析】

《国际货协》规定：按国际铁路联运单承运货物的铁路部门，应负责完成货物运达终点的

全程运输，其间每一承担续运的铁路部门自接收附有国际铁路联运单的货物时起，即作为参加该运输合同关系的当事人承担运输义务。同时，还规定托运人托运的货物在从铁路部门承运时起直到在终点站交付时为止，其间如全部或部分发生灭失或损害，则由铁路部门承担赔偿责任。赔偿请求由托运人向始发国路段铁路部门提出，或由收货人向终到国路段铁路部门提出，诉讼只能向受理该赔偿请求的铁路部门所属国家的法院提出。

根据上述规定，被告是本案运输关系的连带责任人，应承担承运人未按国际铁路联运单记载向收货人交付货物的违约责任。至于本案中丢失货物的实际责任人——蒙古国路段的铁路运输部门，被告在赔偿原告之后可依《国际货协》有关规定向其索偿清算。

第三节 航空运输

航空运输（Air Transport）是一种现代化的运输方式。与海洋运输、铁路运输相比较，航空运输具有交货迅速、准确方便、节省包装、减少保险和储存费用、保证运输质量且不受地面条件限制等优点。在国际贸易中，航空运输特别适用于易腐商品、鲜活商品和季节性强的商品以及紧急物资运输。

一、国际航空货物的运输方式

国际航空货物运输通常包括班机运输、包机运输、集中托运和航空急件传送等方式。

1. 班机运输（Airliner Transport）

班机是指在固定的航线上定期航行的航班，有固定始发站、到达站和途经站。一般航空公司都使用客货混合型飞机，一些较大的航空公司也在某些航线上开辟有全货机航班运输。

2. 包机运输（Chartered Carrier Transport）

包机可分为整架包机和部分包机两种形式。整架包机是指航空公司按照事先约定的条件和费率，将整架飞机租给租机人，从一个或几个航空站装运货物至指定目的站的运输方式。整架包机适用于运输大宗货物。部分包机是指由几家航空货运代理公司或发货人联合包租整架飞机，或者由包机公司把整架飞机的舱位分租给几家航空货运代理公司。部分包机适用于 1 M/T 以上但不足整机装运的货物运输，运费率较班机低，但运送时间比班机要长。

3. 集中托运（Consolidation Transport）

航空集中托运是指航空货运代理公司把若干批单独发运的货物组成一批向航空公司办理托运，填写一份总运单将货物发运到同一目的站，由航空货运代理公司在目的站的代理人负责收货、报关，并将货物分别拨交给各收货人的一种运输方式。航空运输的运费按不同重量标准确定不同运费率，运量越大，费率越低。

4. 航空急件传送（Air Express Service）

航空急件传送是目前国际航空运输中最快捷的运输方式。它不同于航空邮寄和航空货运，而是由一个专门经营此项业务的机构与航空公司密切合作，设专人以最快的速度在货主、机场、收件人之间传送急件，特别适用于急需的药品、医疗器械、贵重物品、图样资料、货样及单证等的传送，被称为"桌到桌运输"(Desk to Desk Service)。

二、航空运输承运人及航空运单

（一）航空运输承运人

1. 航空运输公司

航空运输公司是航空货物运输业务中的实际承运人，负责办理从启运机场至到达机场的运输，并对全程运输负责。

2. 航空货运代理公司

航空货运代理公司可以是货主的代理，负责办理航空货物运输的订舱，在始发机场和到达机场的交、接货与进出口报关等事宜，也可以是航空公司的代理，办理接货并以航空承运人的身份签发航空运单，对运输全程负责，还可两者兼而有之。

（二）航空运单

航空运单（Air Waybill）是航空运输货物的主要单据，它是航空承运人与托运人之间缔结的运输合同的书面凭证，也是承运人或其代理人签发的接收货物的收据，但它不是物权凭证。货物运到目的地后，收货人凭承运人的到货通知提取货物。

航空运单按照签发人的不同可分为主运单（Master Air Waybill）和分运单（House Air Waybill）。前者是由航空公司签发的，后者是由航空货运代理公司签发的，两者在内容上基本相同，法律效力也无不同。

三、航空货物运输运费的计算

航空运价是承运人为货物航空运输所收取的报酬。它只是货物从始发机场至到达机场的运价，不包括提货、报关、仓储等其他费用。航空运价仅适用于单一方向。

航空运价是按货物的实际重量（千克）和体积重量（以 6 000 立方厘米或 366 立方英寸体积折合 1 千克）两者之中较高者为准。针对航空运输货物的不同性质与种类，航空公司规定有特种货物运价、一般货物运价、等级货物运价和集装设备运价等不同的计收方法。

第四节 集装箱运输

为了方便产品的搬运和在运输存储过程中保护产品，集装箱被广泛使用于国际货物运输系统。集装箱运输（Container Transport）是以集装箱作为运输单元进行货物运输的一种现代化运输方式。该运输方式应用十分广泛，可适用于海洋运输、铁路运输、航空运输、公路运输、内河运输与国际多式联运等。

一、集装箱的含义、种类及优点

1. 集装箱的含义

集装箱是一种容器,而且是能反复使用的运输辅助设备,其外形像一个箱子,又可将货物集中装入箱内,故称集装箱,又称"货柜"或"货箱"。按国际标准化组织(International Organization for Standardization,ISO)第 104 条的规定,集装箱应具备下列条件:① 能长期反复使用;② 中途转运,无须搬动容器内的货物,可直接换装;③ 能快速装卸,并能从一种运输工具上直接和方便地换装到另一种运输工具上;④ 便于货物的装满和卸空;⑤ 每个容器具有 1 立方米(即 35.32 立方英尺)或以上的容积。[○]

2. 集装箱的种类

国际标准化组织为统一集装箱的规格,推荐了三个系列、13 种规格的集装箱,而在国际航运上使用的主要为 20 英尺和 40 英尺两种,其中使用最广泛的有:IA 型,规格为 8 英尺 × 8 英尺 × 40 英尺;IAA 型,规格为 8 英尺 × 8.6 英尺 × 40 英尺;IC 型,规格为 8 英尺 × 8 英尺 × 20 英尺。集装箱运输要求与其相适应的设备条件相互配套,如专用码头、站场、船舶和专用装卸机械。为适应运输各类货物的需要,集装箱除通用的干货集装箱外,还有罐式集装箱、冷冻集装箱、框架集装箱、平台集装箱、开盖集装箱、通风集装箱、牲畜集装箱、散货集装箱、挂式集装箱等。

3. 集装箱的优点

集装箱运输不仅改变了传统的运输模式,而且对传统的国际运输惯例以及相关国际条约产生了深远影响。这主要是因为集装箱运输具备一系列传统运输方式不具备的优点:① 有利于提高货运速度,加快运输工具、货物及资金的周转;② 有利于减少运输过程中的货差、货损,提高货运质量;③ 有利于节省劳动力,避免重复劳动;④ 有利于节省货物包装费用,降低仓储和运输成本,减少货物运杂费支出;⑤ 有利于简化货运手续,提高货物运输便利化水平。

二、集装箱运输货物的装箱、交接与业务操作流程

(一)集装箱运输货物的装箱

集装箱货物有整箱货(Full Container Load,FCL)和拼箱货(Less Than Container Load,LCL)之分。整箱货(FCL)是指由发货人在工厂或仓库进行装箱,并负责填写装箱单、场站收据,货物装箱后直接运交集装箱堆场(Container Yard,CY)等待装运,货到目的港或目的地后,收货人可直接从目的港或目的地的集装箱堆场提取。拼箱货(LCL)是指货量不足一整箱,需由承运人在集装箱货运站(Container Freight Station,CFS)负责将不同发货人的货物拼装在一个集装箱内,货到目的港或目的地后,由承运人拆箱后分拨给各收货人。海运条件下,整箱货(FCL)与拼箱货(LCL)的运输流程有所区别,具体情况如下。

(1)整箱货集装箱一般流转路径。

① 以发货人工厂或仓库配置集装箱并由发货人在自己工厂或仓库装箱;

[○] 联合国欧洲经济委员会(ECE)和《国际集装箱安全公约》也对集装箱提出相类似的要求。

② 通过出口国内陆或内河运输货物；
③ 在集装箱装运码头堆场办理货物交接并将集装箱根据堆场计划堆放；
④ 通过海洋运输；
⑤ 集装箱装船；
⑥ 集装箱卸船；
⑦ 在集装箱目的码头将集装箱根据堆场计划堆放并在集装箱码头堆场办理交接；
⑧ 通过进口国内陆或内河运输；
⑨ 在收货人工厂或仓库掏箱；
⑩ 集装箱空箱回运。

上述发货人至集装箱码头堆场以及从集装箱码头堆场运至收货人方面的内陆运输，可采用3种运输系统。

① 货主自己拖运系统。这即有关空箱的配置、实箱运输均由货主负责，在运至集装箱码头堆场大门时与船公司办理交接。

② 承运人拖运系统。这即有关空箱的配置以及实箱运输（内陆）均由船公司安排，并支付运费（内陆运输费用作为全程运费的一部分），承运人的责任从发货人的工厂或仓库开始。

③ 混合拖运系统。这即船公司负责并监管空箱配置，有关实箱的运输由货主安排，并支付运费。

（2）拼箱货集装箱一般流转路径。
① 集装箱货运站从码头堆场领取空箱；
② 集装箱货运站负责配箱、装箱；
③ 货运站对已装箱的实箱加铅封；
④ 货运站将实箱运至码头堆场；
⑤ 集装箱装船；
⑥ 集装箱通过海上运输；
⑦ 集装箱卸船；
⑧ 将实箱运货运站；
⑨ 集装箱货运站掏箱；
⑩ 集装箱货运站交货；
⑪ 集装箱空箱回运。

（二）集装箱运输货物的交接

采用集装箱运输时，可以在发货人的工厂、仓库、场地或集装箱货运站将货物装进标准规格的集装箱内，经当地海关铅封后，由各有关承运人将货物直接送交收货人。较常见的集装箱货物交接方式有"堆场到堆场"，即发货人整箱交货，收货人整箱接货；"货运站到货运站"，即发货人拼箱交货，收货人拼箱接货；"门到门"，即由承运人在发货人工厂或仓库接货，在收货人工厂或仓库交货。在实际运输中，根据整箱货、拼箱货的不同，集装箱货物交接包括下述9种主要方式。

（1）门到门（Door to Door）。这种交接方式适合整箱货，一般货物批量较大。货主把空箱运到自己的工厂仓库装箱后，由海关在工厂仓库内加封验收，运输经营人在发货人工厂或仓库整箱接货，然后把重箱运到集装箱码头堆场，等待装船。在目的港，由运输经营人负责把货物运到收货人的工厂或仓库整箱交货，收货人在其工厂或仓库整箱接货。

（2）门到场（Door to CY）。这种交接方式下承运人不负责目的地的内陆运输，货物也都是整箱交接。发货人负责装箱并在其工厂或仓库整箱交货，运输经营人在发货人工厂或仓库整箱接货，并负责运抵装货港，在集装箱堆场整箱交货，收货人负责在卸货港集装箱堆场整箱提货。

（3）门到站（Door to CFS）。在这种交接方式下，运输经营人一般是以整箱接收货物，而以拼箱交付货物。发货人负责装箱并在其工厂或仓库整箱交货，运输经营人在发货人工厂或仓库整箱接货，并负责运抵卸货港集装箱货运站，经拆箱后按件向各收货人交付。

（4）场到门（CY to Door）。在这种交接方式下，货物一般都是整箱交接。发货人负责装箱并运至装货港集装箱堆场整箱交货，运输经营人在装货港集装箱堆场整箱接货，并负责运抵收货人工厂或仓库整箱交货，收货人在其工厂或仓库整箱接货。

（5）场到场（CY to CY）。在这种交接方式下，货物一般都是整箱交接，运输经营人不负责内陆运输。发货人负责装箱并运至装货港集装箱堆场整箱交货，运输经营人在装货港集装箱堆场整箱接货，并负责运抵卸货港集装箱堆场整箱交货。收货人负责在卸货港集装箱堆场整箱提货。

（6）场到站（CY to CFS）。在这种交接方式下，运输经营人一般是以整箱接收货物，而以拼箱交付货物。发货人负责装箱并运至装货港集装箱堆场整箱交货，运输经营人在装货港集装箱堆场整箱接货，并负责运抵卸货港集装箱货运站或内陆货运站拆箱按件交货，收货人负责在卸货港集装箱货运站按件提取货物。

（7）站到站（CFS to CFS）。在这种交接方式下，货物的交接形态一般都是拼箱。发货人负责将货物运至集装箱货运站按件交货，运输经营人在集装箱货运站按件接收货物并装箱，负责运抵卸货港集装箱货运站拆箱后按件交货，收货人负责在卸货港集装箱货运站按件提取货物。

（8）站到场（CFS to CY）。在这种交接方式下，运输经营人一般是以拼箱接收货物，而以整箱交付货物。发货人负责将货物运至集装箱货运站按件交货，运输经营人在集装箱货运站按件接收货物并装箱，负责运抵卸货港集装箱堆场整箱交货。收货人负责在卸货港集装箱堆场整箱提货。

（9）站到门（CFS to Door）。在这种交接方式下，运输经营人一般是以拼箱接收货物，而以整箱交付货物。发货人负责将货物运至集装箱货运站按件交货，运输经营人在装货港集装箱货运站按件接收货物并装箱，负责运抵收货人工厂或仓库整箱交货，收货人在其工厂或仓库整箱接货。

表 9-3 对集装箱运输交接方式进行了比较。

表 9-3 集装箱运输货物交接方式比较

交接方式	起运负责人	到达负责人	接货形态	交货形态	发货人个数	收货人个数
Door to Door	运输经营人	运输经营人	FCL	FCL	1个	1个
Door to CY	运输经营人	收货人	FCL	FCL	1个	1个
Door to CFS	运输经营人	收货人	FCL	LCL	1个	多个
CY to Door	发货人	运输经营人	FCL	FCL	1个	1个
CY to CY	发货人	收货人	FCL	FCL	1个	1个

(续)

交接方式	起运负责人	到达负责人	接货形态	交货形态	发货人个数	收货人个数
CY to CFS	运输经营人	发货人	FCL	LCL	1个	多个
CFS to CFS	运输经营人	发货人	LCL	LCL	多个	多个
CFS to CY	运输经营人	发货人	LCL	FCL	多个	1个
CFS to Door	运输经营人	收货人	LCL	FCL	多个	1个

近年来，随着集装箱运输方式的快速发展，国际航运市场上不断涌现出一些新的集装箱交接方式，虽然不太多见，但是值得积极关注，譬如：① CY to FO（Free Out），即承运人在装货港集装箱堆场接收整箱货物并负责运至卸货港但不负责卸货；② CY to LO（Line Out），即承运人在装货港集装箱堆场接收整箱货物并负责运至卸货港；③ CY to TACKLE，即承运人在装货港集装箱堆场接收整箱货物并负责运至卸货港且卸货至接货车上；④ CY to HOOK，即承运人在装货港集装箱堆场接收整箱货物并负责运至卸货港卸货，当吊臂吊下货物后服务终止。

（三）集装箱班轮运输出口业务一般流程

集装箱的优势决定了集装箱运输可以和海洋运输、铁路运输、航空运输、公路运输等多种运输方式整合，大大提高了国际运输效率。其中，集装箱班轮运输在国际物流体系中占有十分重要的地位，颇受进出口贸易商和运输经营人的青睐，其出口业务一般流程及其单据⊖形成情况如图9-1所示。

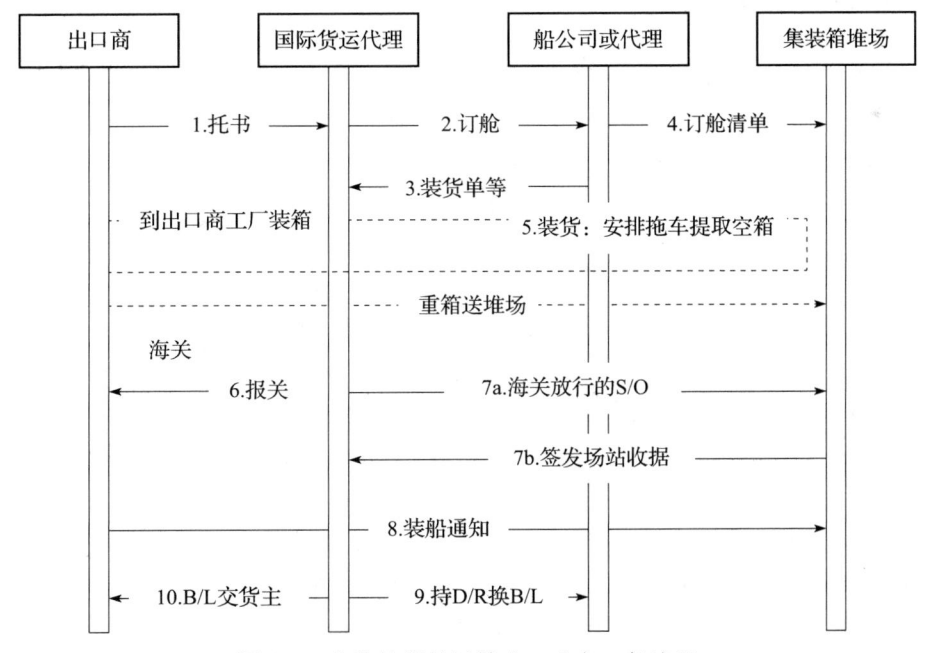

图9-1 集装箱班轮运输出口业务一般流程

⊖ 集装箱运输单据主要有场站收据（Dock Receipt，D/R）、集装箱装箱单（Container Load Plan，CLP）、提单（Bill of Lading，B/L）或集装箱联运提单（Combined Transport B/L，CTB/L）或多式运输单据（Multi-Modal Transport Document，MTD）。此外，还有设备交接单（Equipment Receipt，E/R）、收（交）货记录（Delivery Record）等。

（1）出口商填写国际货物委托书（简称"托书"），并随附有关资料向货运代理商托运，如果委托货运代理商报检、报关，应提交报检、报关委托书及相关资料；

（2）货运代理商根据托书缮制"集装箱货物托运单"（Container Booking Note，B/N），俗称"十联单"，向船代订舱；

（3）船代在十联单的装货单（S/O）上签章确认订舱，然后将十联单的后半套退还货运代理商；

（4）货运代理商编制"订舱清单"（也叫"预配清单"）送集装箱码头堆场（CY），安排发放空箱、办理货运交接等事宜；

（5）货运代理商安排拖车到指定的码头堆场提空箱，到出口商工厂装箱（假定在工厂装箱），然后将重箱送至集装箱码头堆场，与堆场办理交接（有些港口要先报关再进港）；

（6）货运代理商持装货单（S/O）、大副联、场站收据（D/R）等向海关报关（也可以委托报关行报关），海关放行后在装货单（S/O）上盖章放行；

（7）货运代理商将盖有海关放行章的装货单（S/O）、大副联、场站收据（D/R）交至集装箱码头堆场凭此装船，堆场留下装货单（S/O）、大副联、场站收据（D/R）给货运代理商；

（8）货物装船后，出运前一天，货主传真装运通知给收货人；

（9）货物离港后，货代持场站收据（D/R）找船代换取正本已装船提单（B/L）；

（10）货代将换来的正本提单（B/L）交给出口商。

三、集装箱运费的计算

（一）集装箱运费的基本构成

集装箱运费是指承运人自接收货物起至交付货物为止的全部费用，其费用构成和计算方法因运输方式不同而不同。以海运为例，它包括内陆运输费或装运港市内运输费、拼箱服务费、堆场服务费、集装箱及其设备使用费、集装箱海运运费等。⊖

（1）内陆运输费（Inland Transport Charge）或装运港市内运输费。此费用主要包括区域运费、无效拖运费、变更装箱地点费等。内陆或港口市内运输可以由承运人负责，也可以由货主自理。如由货主自理，有关费用负担和支付按照买卖合同规定，由发货人或收货人负责。在通常情况下，在出口地发生的费用由发货人负责，在进口地发生的费用由收货人负责。

（2）拼箱服务费（LCL Service Charge）。此费用包括拼箱货在货运站至堆场之间空箱或重箱的运输、理货，货运站内的搬运、分票、堆存、装拆箱以及签发场站收据、装箱单制作等各项服务费用。

（3）堆场服务费（Terminal Handling Charge），也称码头服务费。此费用包括在装船港堆场接受来自货主或集装箱货运站的整箱货和堆存、搬运至装卸桥下的费用，以及在卸货港从装卸桥下接收进口箱，将箱子搬运到堆场和在堆场的堆存费用。堆场服务费还包括在装卸港的有关单据费用。

⊖ 在集装箱运输中，集装箱整箱接收与交付是在托运人和收货人工厂或仓库或集装箱堆场完成的，而拼箱收与交付则是在集装箱货运站内完成的。集装箱交接方式不同，费用构成就不同，譬如 CY to CY 交接方式下，其运费构成为装港堆场服务费、海运运费和卸港堆场服务费；CY to Door 交接方式下，其运费构成为装港堆场服务费、海运运费、卸港堆场服务费和卸港内陆运输费。

（4）集装箱及其他设备使用费（Fee for Use Container and Other Equipments）。此费用是指当货主使用由承运人提供的集装箱及底盘车等设备时发生的费用，它还包括集装箱从底盘车上吊下的费用。

（5）集装箱海运运费。此费用是集装箱海运条件下的主要运费，通常由船舶运费和一些有关费用所组成。目前集装箱海运运费基本上分成两大类：一类是沿用传统的件杂货即散货的运费计算方法，也就是以每运费吨作为计费单位；另一类是以每个集装箱作为计费单位，即包箱费率（Box Rate）。总的趋势是包箱费率的计算方法将逐步取代传统件杂货运费的计算方法。

（二）集装箱运输费用的计算方法

不同交接方式下集装箱运费的构成只是一个一般的概念，集装箱运费并不一定按照其每一项运费构成计收。事实上，不少船公司通常按集装箱类型规定不同航线每一个集装箱运费的包箱费率。船公司根据需要，可以在不同航线上采用不同的包箱费率。常见的包箱费率主要有FAK包箱费率、FCS包箱费率和FCB包箱费率。

（1）FAK（Freight All Kinds）包箱费率是一种均一包箱费率，即对于同一航线上相同类型的每一个集装箱，不分箱内货物等级，在集装箱载重量限度内，不计货物重量，统一采用相同的运价。其费率表形式如表9-4所示。在这种费率表下，整箱货（FCL）根据货物的种类以及集装箱的规格，可在有关航线的费率表中查出相应的费率；拼箱货（LCL）则根据货物种类，可在有关航线的费率表中查得每运费吨的运费，再乘以按计算标准确定的计算单位，即得出运费。

表9-4 FAK包箱费率表（举例）

SHANGHAI TO	JAKARTA、SURABAYA		SINGAPORE	
OMMODITY	LCL（W/M）	20'/40'	LCL（W/M）	20'/40'
GENERAL CARGO	84	1 200/2 250	78	1 100/2 050
SEMI-HAZARDOUS	111	1 700/3 100	97	1 450/2 700
HAZARDOUS		2 150/4 000		1 850/3 400
REEFER				
	SURABAYA PLUS：100/20'，200/40' LCL10/FT			

在表9-4中，"SURABAYAPLUS：100/20'，200/40'，LCL10/FT"表示：上海到苏腊巴雅的集装箱，应在雅加达费率的基础上，整箱货每20英尺集装箱另加100美元，每40英尺集装箱另加200美元；拼箱货每运费吨加收10美元。以下类同。

（2）FCS（Freight for Class）包箱费率是对于同一航线上不同等级的普通货物和不同类型的集装箱规定不同运价的包箱费率。其费率表形式如表9-5所示。在表9-5中，集装箱普通货物的等级与件杂货一样，共分20级。在这种费率表下，整箱货根据货物的种类（普通货物还需按等级）、集装箱的规格，可查得有关航线上集装箱的费率。若箱内货物等级不同，则按最高等级计收运费；拼箱货则根据货物种类、等级查得费率。

表 9-5　FCS 包箱费率表（举例）

SHANGHAI TO	DUBAI		KARACHI	
COMMODITY	LCL（W/M）	20'40'	LCL（W/M）	20'40'
1—7	119	1 850/3 500'	103	1 750/3 300
8—10	127	2 000/3 800	109	1 850/3 500
11—15	133	2 100/4 000	112	1 900/3 600
16—20	139	2 200/4 200	122	2 000/3 800
GENERAL CHEMICAL	133	2 100/4 000	112	1 900/3 600
SEMI-HAZARDOUS	161	2 600/4 900	160	2 300/4 350
HAZARDOUR		3 150/5 900		3 150/6 000
REEFER		3 400/6 450		3 350/6 350
	KUWAIT PLUS：350/20', 550/40'L DAMMAN PLUS：160/20', 240/40' LCL26/FT			

（3）FCB（Freight for Class & Basis）包箱费率是一种按货物等级和计算标准制定的包箱费率。其费率表形式如表 9-6 所示。

表 9-6　FCB 包箱费率表（举例）

FROM CHINESE PORT TO	ANTWERP、HAMBURG、ROTTERDAM		
COMMODITY	BASIS	LCL	20'/40'
1-8	M	107	1 850/3 515
9	M	112	1 950/3 705
10-11	M	117	2 050/3 895
12-20	M	122	2 100/4 050
1-12	W	134	1 850/3 515
13-15	W	142	2 000/3 800
16-20	W	150	2 100/4 050
NON-HAZARDOUS	W/M	112	1 950/3 705
SEMI-HAZARDOUS	W/M	148	2 650/5 035
HAZARDOUS			3 350/6 270

整箱货和拼箱货根据货物的种类、等级、计算标准、集装箱类型，在有关航线的费率表中，可分别查得相应的费率。整箱货运费除了根据包箱费率计算外，还有最低运费和最高运费等。和件杂货运输类似，集装箱运输根据需要也要加收各种附加费。

（三）集装箱运费计算举例

【例 9-3】

某公司采用最高运费方式计收集装箱运费。对于 40 ft 干货集装箱，规定其最高运费吨为 43 m³，即使货主实际装箱的货物体积超出 43 m³，船公司仍按照 43 m³ 作为计费吨收取运费，超出部分免收运费。当集装箱内装载两种及以上货物，并且货物等级不一时，超出部分按照箱内货物等级由低而高免收相应的运费。假设某 40 ft 干货集装箱，箱内实际装载货物 50 m³，其中 15 级货物 46 m³，5 级货物 4 m³，求运费和免收的运费。

【解】

$$运费 = 43 \text{ m}^3 \times 15 \text{ 级货物运费率}$$
$$免收的运费 = 4 \text{ m}^3 \times 5 \text{ 级货物运费率} + 3 \text{ m}^3 \times 15 \text{ 级货物运费率}$$

第五节 国际多式联运与大陆桥运输

伴随国际运输及互联网技术的进步，以及区域经济一体化、经济全球化的快速发展，现代国际贸易对传统的、单一的海洋、铁路、航空、公路和内河等运输方式提出了新的要求。特别是在集装箱运输出现以后，国际运输领域出现了一些新的运输方式。其中，国际多式运输和大陆桥运输逐步发展成为使用范围最广、最重要的两种联运方式。

一、国际多式联运

(一) 国际多式联运的概念及其优点

国际多式联运 (International Multi-Modal Transport) 又称国际联合运输 (International Combined Transport)，它是在集装箱运输的基础上产生和发展起来的一种综合性的连贯运输方式。它一般是以集装箱为媒介，把各种单一的运输方式有机地结合起来，组成一种国际性的连贯运输。

国际多式运输较之个别单一运输方式或一般的联运方式，不仅有简化手续、加快货运速度、方便运输费用计算、缩短发货人收回货款时间的优点，而且还有助于货运质量的提高。

(二) 国际多式联运的构成条件

依据 1980 年联合国国际联合会议上通过的《联合国国际货物多式联运公约》(United Nations Convention on International Multimodal Transport of Goods)，国际多式运输是指按照多式运输合同，以至少两种不同的运输方式，由多式运输经营人将货物从一国境内接管货物的地点运至另一国境内指定交付货物的地点的一种运输方式。据此，构成国际多式联运应具备下列条件：① 必须是国际货物运输。② 必须是全程单一的运费费率。③ 必须至少有两种不同运输方式的连贯运输。④ 必须有一个多式运输合同 (Multi-Modal Transport Contract)。多式运输合同是指多式运输经营人与托运人之间订立的凭以收取运费、负责完成或组织完成国际多式运输的合同。它明确规定了多式运输经营人和托运人之间的权利、义务、责任和豁免。⑤ 必须由一个多式运输经营人 (Multi-Modal Transport Operator) 对全程运输负总责。多式运输经营人是指其本人或通过其代表订立多式运输合同的任何人，他是事主，而不是发货人的代理人或代表或参加多式运输的承运人的代理人或代表，并且负有履行合同的责任。⑥ 必须使用一份包括全程的多式运输单据 (Multi-Modal Transport Document)。多式运输单据是指证明多式运输合同以及证明多式运输经营人接管货物并负责按照合同条款交付货物的单据。

（三）我国国际多式联运发展

目前，我国已开办的多式运输路线可到达欧洲、美洲、非洲的港口或内地城市，形式也多种多样。货物的交接方式有门到门、门到港（站），也有港（站）到港（站）、港（站）到门等。办理此项业务的地区由原来仅限于沿海港口城市及其周围地区，发展到内地各省市的许多城市及附近地区。这对我国内地省市出口货物的按时装运和及时收汇创造了有利条件。采用多式运输方式，货物在内地只要装上第一程运输工具，发货人即可取得多式运输经营人或其代理人出具的包括全程运输的多式运输单据，凭以向银行办理收汇手续。

二、大陆桥运输

（一）大陆桥运输的含义

大陆桥运输（Land-Bridge Transport）是指以集装箱为媒介，以大陆上的铁路或公路运输系统为中间桥梁，把大陆两端的海洋运输连接起来，构成海－陆－海的连贯式运输。它具有集装箱运输和国际多式运输的优点，并便于利用成熟的海、陆运输条件，形成合理的运输路线，大大缩短营运时间，降低营运成本。

（二）第一条与第二条欧亚大陆桥

世界上第一个出现的大陆桥路线是美国大陆桥，但现在已经萎缩了。利用俄罗斯西伯利亚铁路的欧亚大陆桥后来居上，发展很快，它东自符拉迪沃斯托克的纳霍德卡港从海上连接日本、韩国、中国香港和中国台湾等地，西至欧洲各地和伊朗等中、近东地区，在运输方式上也逐步演绎出铁路与铁路、铁路与公路和铁路与海运相联合的方式。由于这条路线横跨欧洲和亚洲，故称第一条欧亚大陆桥。

1992年9月，新亚欧大陆桥或称第二条欧亚大陆桥正式开通。它东起我国江苏的连云港市，经由陇海、兰新、北疆铁路与独联体土西铁路在阿拉山口和德鲁巴站相接，西至荷兰的鹿特丹，全长10 800公里，途经莫斯科、华沙、柏林等地，将我国和独联体、东欧、西欧国家的铁路连接起来，从而形成了一条新的国际运输大动脉。这对促进我国对外贸易和沿途省区的经济发展极为有利。新亚欧大陆桥较之西伯利亚大陆桥将海上运输的距离缩短更多，而且大部分途经我国大陆的中西部地区。所以，无论从方便运输、节约货运时间和费用、发展我国对外贸易，还是从促进我国沿途省区的经济发展来看，均有积极作用。同时，也有利于我国西部大开发战略的实施。

目前，我国利用新亚欧大陆桥开展过境运输，即日本、韩国及东南亚等国和中亚、俄罗斯、欧洲等国之间的进出口货物通过连云港至阿拉山口的新亚欧大陆桥实现海铁联运。努力健全完善大陆桥运输相关激励与管理制度安排，充分发挥新欧亚大陆桥的国际物流功能，对于"一带一路"倡议目标的实现具有极其深远的历史与现代意义。

三、国际多式联运运费的计算

（一）国际多式联运运费的基本构成

国际多式联运运费由以下几个部分组成：① 各区段运费（公路、铁路、内河、航空、海洋运费);②装运港包干费,包括在装运港将货物装上船之前的所有费用;③中转地费用,指货物在中转地由一种运输工具转移至另一种运输工具时所产生的各种费用,如转运费、堆存费、吊卸吊装费等;④集装箱租用费用等特殊费用;⑤多式联运经营人的利润,等等。

(二)国际多式联运运费的计算方法

1. 单一运费制

单一运费制是指集装箱从托运到交付,所有运输区段均按照一个相同的运费率计算全程运费。在西伯利亚大陆桥运输中采用的就是这种计费方式。一般要求单一费率要有相对的稳定性,并且要有一定的透明度。由于各区段的运费可能发生变化,因此,确定单一费率时使用的数据应是较长一段时间内各数据的平均值。一般而言,单一费率=运输成本+经营管理费用+利润。

2. 分段运费制

按照组成多式联运的各运输区段,分别计算海运、陆运(铁路、公路)、空运及港站等各项费用,然后合计为多式联运的全程运费,由多式联运经营人向货主一次计收。各运输区段的费用,再由多式联运经营人与各区段的实际承运人分别结算。目前大部分多式联运的全程运费均采用这种计费方式。例如,欧洲到澳大利亚的国际集装箱货物多式联运、日本到欧洲内陆或北美内陆的国际集装箱多式联运等。通常,国际多式联运运费=基本运费+附加运费+码头装卸包干费。

3. 混合计算运费制

混合计算运费制即预付运费与到付运费相结合的办法。理论上讲,国际多式联运企业应制定全程运价表,且应采用单一运费率制。然而,制定单一运费率是一件较为复杂的问题。因此,作为过渡方法,目前有的多式联运经营人尝试采取混合计收办法:从国内接收货物地点至到达国口岸采取单一费率,向发货人收取(预付运费);从到达国口岸到内陆目的地的费用按实际成本确定,另向收货人收取(到付运费)。

◆ 本章小结

国际货物运输是指跨越国境的货物运输,包括海洋运输、铁路运输、航空运输、集装箱运输、大陆桥运输以及国际多式联运等运输方式,在选择国际货物运输方式时,应注意不同方式的优缺点、适用条件以及相关国际惯例。通过本章学习,应掌握不同货物运输方式涉及的单据和基本操作流程,学会根据货物具体情况而选择合适的运输方式,尤其注意运输风险的规避和争端的解决。

◆ 复习思考题

1. 租船运输的形式和特点是什么?
2. 说明班轮运输的特点和作用。

3. 班轮运费的计算标准有哪几种？分别说明其含义。
4. 说明海运提单的性质和作用。
5. 什么是选择港？试举例说明选择港的具体订法和订立时应该注意的问题。
6. 什么是"已装船提单""指示提单""直达提单""转运提单""清洁提单""过期提单"？
7. 为什么当货物通过班轮运输时，进口人通常要求出口人提供"已装船、清洁、做成凭指示的空白抬头、空白背书"的提单？
8. 多式运输单据与海运提单有哪些区别？
9. 何谓国际多式联运？它具有哪些特点？
10. 集装箱运输和大陆桥运输有哪些主要优点？
11. 什么是装卸时间、装卸率、滞期费和速遣费？为何程租船合同要对这些问题做出具体规定？
12. 什么是不可转让海运单？它与海运提单有哪些区别？
13. 在国际贸易中，航空运输特别适用于哪些货物的运输？
14. 国际航空运输的方式有哪几种？简述其基本做法。
15. 铁路运单、航空运单、邮包收据与海运提单有哪些异同？
16. 现有一份 CIF 合同，订有以下装运条款：
    （1）运输方式：海上运输；
    （2）装运期：限 5 月 31 日装船；
    （3）自上海至伦敦装 A 船公司所属船舶，并须附有英国劳氏船级社证明；
    （4）目的港：欧洲主要港口。
    以上装运条款是否妥当？为什么？
17. 我国外贸公司以 FOB 中国口岸与新加坡某公司成交钢材一批，新加坡商人立即以 CFR 釜山价出售给韩国 H 公司。新加坡商人开来信用证价格为 FOB 中国口岸，要求货运釜山，并在提单上标明有"Freight Prepaid"字样。我方能否接受对方的条件？应如何解决？

延伸阅读

我国运输服务贸易发展的现状及对策

请扫二维码阅读

第十章
CHAPTER 10

国际货物运输保险

学习目标

通过学习本章，要求掌握：
1. 国际货物运输保险的含义和基本原则。
2. 国际货物运输保险的承保范围。
3. 海洋运输、陆空邮运输货物保险的险别与条款。
4. 伦敦保险协会海运货物保险条款的种类和内容。

引导案例

某远洋运输公司的"东风"号轮在 4 月 28 日满载货物起航，出海后由于风浪过大偏离航线而触礁，船底划破长 2 米的裂缝，海水不断渗入。为了船货的共同安全，船长下令抛掉一部分货物并组织人员抢修裂缝。船只修复以后继续航行。不久，又遇船舱失火，船长下令灌水灭火。在火被扑灭后发现 2 000 箱货物中一部分被火烧毁，一部分被水浸湿。在船抵达目的港后，经清点发现共有以下损失：① 抛入海中的 200 箱货物；② 组织抢修船只而额外支付的人员工资；③ 被火烧毁的 500 箱货物；④ 船只部分船体被火烧毁；⑤ 被水浸湿的 100 箱货物。

案例思考

上述几种损失分别属于什么性质的损失，涉及什么类别的保险？

人类在生存与发展过程总是可能遭受一定的自然灾害和意外事故，以及各种或然性风险。为了转移风险、补偿损失，保险就应运而生。保险的概念有广义与狭义之分。广义的保险是集合具有同类风险的众多组织和个人，以合理计算风险分担金的形式,向少数因风险事故发生而遭受经济损失的组织或个人提供经济保障与补偿的一种行为。狭义的保险是以合同为依据而建立的一种经济损失补偿性制度的安排,被保险人以缴纳保险费的方式将风险转移给保险人,保险人根据合同收取保险费,建立保险基金,履行损失补偿或给付保险金责任。我国保险业最早可以追溯到 1835 年英国人在广州设立的"于仁保险公司",当时"保险"被称作"燕梳",与英文"Insurance"发音相近。新中国成立后,我国成立了中国人民保险公司(The People's Insurance Company of China)○。随着我国社会主义市场经济体制的逐步建立和完善,保险业也取得长足进展,特别是 2009 年以来,修订后的《中华人民共和国保险法》及我国《保险公司管理规定》《保险专业代理机构监管规定》《保险经纪机构监管规定》《保险公估机构监管规定》等法规相继施行,保险市场进一步趋于规范与健康发展。但是,相对于国际货物贸易大国和国际航运大国的地位而言,我国国际货运保险业发展比较滞后。本章重点探讨国际货物运输保险的主要险别及其相关条款。

第一节 国际货物运输保险及其基本原则

按照表现形式,保险可分为互助保险、合作保险、商业保险和社会保险;按照实施方式,保险可分为强制保险和非强制保险;按照保险标的,保险可分为财产保险、人身保险、责任保险、保证(信用)保险。国际货物运输保险属于财产保险的范畴。不论哪一类保险,投保人和保险人均需遵循保险合同或保险协议并共同遵守保险的基本原则。

一、国际货物运输保险的含义

国际货物运输保险(International Cargo Transportation Insurance)就是被保险人(The Insured)或投保人(Applicant)在货物装运以前,向保险人(Insurer)或称承保人(Underwriter)估定一定的投保金额(即保险金额),即保险公司投保货物运输险;被保险人按投保金额、投保险别及保险费率,向保险人支付保险费并取得保险单据;被保险货物若在运输过程中遭受保险事故造成损失,则保险人负责保险险别责任范围内的损失,按保险金额及损失程度向保险单据的持有人进行赔偿。

二、国际货物运输保险的基本原则及其应用

(一)保险利益原则

1. 相关概念

保险标的(Subject Matter Insured)是保险所要保障的对象,它可以是任何财产及其有关利益或者人的寿命和身体。保险利益(Insurable Interest)又称可保权益,是指投保人(被保险人)对保险标的具有的法律上所承认的利益。保险利益原则也称可保利益原则,是指投

○ 2003 年,中国人民保险公司重组为中国人民保险集团股份有限公司(PICC),下设 10 家子公司,经营范围从单一的非寿险发展到非寿险、寿险、健康险、资产管理、保险经纪等多个领域。

保人对保险标的具有保险利益；反之，如果投保人对保险标的不具有保险利益，保险合同就无效。

2. 国际货物运输保险中的保险利益原则

反映在国际运输货物上的利益，主要是货物本身的价值，但也包括与此相关联的费用，如运费、保险费、关税和预期利润等。当保险标的安全到达时，被保险人就受益；当保险标的遭到损毁或灭失时，保险人就会受到损害或负有经济责任。

国际货物运输保险同其他保险一样，要求被保险人必须对保险标的具有保险利益，但其又不像人身保险等有的保险那样要求被保险人在投保时就具有保险利益，它仅要求被保险人在保险事故发生时对保险标的必须具有保险利益。这种特殊要求和国际贸易的特点密切关联。例如，在国际货物买卖中，买卖双方分处两国，如以 FCA、FOB、CFR、CPT 条件达成的交易，货物风险的转移以货物在装运港装上船或在出口国发货地或装运地交付承运人为界。显然，货物在装上船或交付承运人风险转移之前，仅卖方有保险利益，而买方并无保险利益。如果硬性规定被保险人在投保时就必须有保险利益，则按这些条件达成的合同，买方便无法在货物装船或交付承运人之前及时对该货物办理保险。因此，在国际货物运输保险业务中，保险人可视买方具有预期的保险利益而允许承保。

（二）最大诚信原则

1. 基本含义

最大诚信原则是指投保人和保险人在签订保险合同时以及在合同有效期内，必须保持最大限度的诚意，双方都应恪守信用，互不欺骗隐瞒。保险人应当向投保人说明保险合同的条款内容，并可以就保险标的或者被保险人的有关情况提出询问，投保人应当如实告知。保险合同是以最大诚信为基础的，因此，如果一方当事人不遵守最大诚信原则，那么另一方可声明该保险合同无效。

2. 我国最大诚信原则的要求

我国法律规定，保险活动当事人行使权利、履行义务应当遵循诚实信用原则。对被保险人来说，最大诚信原则主要有两个方面的要求：

（1）重要事实的申报。这是指投保人在投保时应将自己知道的或者在通常业务中应当知道的有关保险标的的重要事实如实告知保险人，以便保险人判断是否同意承保或者决定承保的条件。例如，在货物运输保险中，被保险人应向保险人提供保险标的、运输条件、航程以及包装条件等方面的真实情况。根据我国《海商法》规定，如果被保险人故意未将重要情况如实告知保险人的，保险人有权解除合同，并且不退还保险费。合同解除前发生保险事故造成损失的，保险人不负赔偿责任。如果不是由于被保险人的故意，未将重要情况如实告知保险人的，保险人有权解除合同或者要求相应增加保险费。由保险人解除合同的，对于合同解除前发生保险事故所造成的损失，保险人应当负赔偿责任；但是未告知或者错误告知的重要情况对保险事故的发生有影响的除外。

（2）保证（Warranty）。这是指被保险人在保险合同中所做的保证要做或不做某种事情，保证某种情况的存在或不存在，或保证履行某一条件。例如，不用15年以上船龄的旧船装运货物，载货船舶不能驶入某些海域，货物必须是合法的，等等。经保险双方同意写进保险单中的条款即为保证条款，称为明示保证。此外，还有默示保证，即在保险单内虽未明文规定，但是按照法律或惯例，被保险人应该保证对某种事情的行为或不行为。对于保证条件，被保险人必须严格遵守，如有违反，保险人可自保证条件被违反之日起不再履行其应负的责任。

（三）补偿原则

1. 基本概念

补偿原则（Principle of Indemnity）又称损害赔偿原则，是指当保险标的遭受保险责任范围内的损失时，保险人应当依照保险合同的约定履行赔偿义务。各种保险合同（人身保险合同除外）都是补偿性合同，所有补偿性合同都是建立在补偿原则基础之上的。

2. 应用标准

当保险标的发生保险责任范围内的损失时，保险人在对被保险人理赔时，对补偿原则掌握的标准主要为：

（1）赔偿金额既不能超过保险金额，也不能超过实际损失。实际损失是根据损失时的市价来确定的。

（2）被保险人必须对保险标的具有保险利益。同时，赔偿金额也以被保险人在保险标的中所具有的保险利益金额为限。

（3）被保险人不能通过保险赔偿而得到额外利益，即保险的赔偿是使被保险人在遭受损失后，经过补偿能恢复到他在受损前的经济状态，而不应使被保险人通过补偿而获得额外利益。

（四）近因原则

1. 基本含义

近因（Proximate Cause）原则是保险理赔工作中必须遵循的一项基本原则，也是在保险标的发生损失时，用来确定保险标的所受损失是否能获得保险赔偿的一项重要依据。这一原则是指保险人只对承保风险与保险标的的损失之间有直接因果关系的损失负赔偿责任，而对保险责任范围外的风险造成的保险标的的损失不承担赔偿责任。

2. 国际货物运输保险中的近因原则

在国际货物运输保险业务实践中，近因原则的应用可以分为以下几种情况：

（1）如果造成损失的原因只有一个，而这个原因又是在保险人的承保责任范围内的，那么，这一原因就是损失的近因，保险人应承担赔偿责任；反之，则不承担赔偿责任。例如，货物在运输途中遭受雨淋而受损，若被保险人在投保平安险或水渍险的基础上加保淡水雨淋险，保险人则应负责赔偿；若未加保，保险人则不予负责。

（2）造成保险标的损失的原因是两个或两个以上，就应做具体分析：① 如果损失是由多个原因造成的，并且这些原因均属于承保责任范围内的，则该项损失的近因肯定是保险事故，保险人应负赔偿责任；反之，如果造成损失的多个原因都是在承保责任范围以外的，保险人不负赔偿责任。② 如果损失是由多个原因造成的，这些原因既有承保责任范围内的，也有承保责任范围外的，则应根据情况区别对待。如果前面的原因是承保责任范围内的，后面的原因不是承保责任范围内的，但后面的原因是前面的原因导致的必然后果，则前面的原因是近因，保险人应负责赔偿。例如，包装食品投保水渍险，运输途中遭受海水浸湿，外包装受潮后导致食品发生霉变造成损失，霉变是海水打湿外包装导致水汽侵入造成的结果，保险人应负责赔偿。反之，如果前面的原因不是承保责任范围内的，后面的原因是承保责任范围内的，后面的原因是前面的原因导致的必然后果，则近因不是承保责任范围内的，保险人不负责赔偿。例如，在战争期间，某企业将投保一切险的出口商品运至码头仓库待运，此时，适逢敌机轰炸，引起仓库火灾，使该批商品受损。当被保险人要求保险公司赔偿时，保险公司予以拒绝，理由是造成货物受损的原因有两个：投弹和火灾，而投弹是造成货损的直接原因。由于造成损失的近因不属于保险公司承保责任范围，因此，保险公司拒绝赔偿合理。

第二节 国际海洋运输货物保险承保范围

根据运输方式不同，国际货物运输保险可分为海洋运输货物保险、陆上运输货物保险、航空运输货物保险和邮包运输货物保险。其中，起源最早、历史最悠久的是海洋运输货物保险。对于不同运输方式的货物保险，保险公司承保的责任有所不同，但所保障的范围都是基本相似的。海洋运输货物保险在国际贸易中占有重要地位，陆运、空运、邮运货物保险大都是借鉴海运货物保险的基本原则和做法，并在其基础上发展起来的。准确掌握海洋运输货物保险保障的风险、损失以及不同险别的责任范围、保险期限等基本概念，不仅对正确处理海运货物投保和保险索赔事宜十分必要，而且对于理解和掌握其他各种运输方式下的货物保险也具有重要意义。

一、海上风险与损失

（一）海上风险

1. 概念

海上风险（Perils of the Sea）又称海难，一般是指船舶或货物在海上运输过程中发生的或随附海上运输所发生的风险，包括自然灾害和意外事故。

2. 海上风险的类别

（1）自然灾害（Natural Calamity）。自然灾害是指不以人的意志为转移的自然界的力量所引起的灾害，譬如恶劣气候、雷电、海啸、地震、洪水、火山爆发、浪击落海等。这些灾害在国际货物运输保险业务中都有其特定的含义。

（2）意外事故（Fortuitous Accidents）。意外事故是指由于偶然的、难以预料的原因造成的事故，譬如船舶搁浅、触礁、沉没、焚毁、互撞或遇流冰或其他固体物体，如由码头碰撞以及失火、爆炸等原因造成的事故。需要强调的是，海上风险并非局限于海上发生的灾害和事故，那些与海上航行有关的发生在陆上或海陆、海河或与驳船相连接之处的灾害和事故，例如，地震、洪水、火灾、爆炸、海轮与驳船或码头碰撞等也属于海上风险。

（二）海上损失

1. 基本内涵

海上损失和费用是指被保险人因被保险货物在运输途中遭遇海上风险而造成的损失和引起的费用，通常表现为两种形式：一种是指货物本身遭到损坏或灭失的损失；另一种是营救货物而支出的费用。按照各国保险业习惯，海上损失和费用还包括与海运相连接的陆上或内河运输中所发生的损失和费用。

2. 海上损失的类别

运输途中被保险货物本身遭到损坏或灭失的损失，按其损失程度可分为全部损失和部分损失。

（1）全部损失（Total Loss）。全部损失简称全损，是指整批或不可分割的一批被保险货物在运输途中全部遭受损失。全部损失又分为实际全损和推定全损。

① 实际全损（Actual Total Loss）。实际全损是指一批被保险货物在运输途中完全损失，或者受到严重损坏完全失去原有的形体、效用，或者不能再归被保险人所拥有。值得注意的是，载货船舶失踪，经过一定时间后仍没有获知其消息的也视为实际全损。被保险货物在遭到实际全损时，被保险人可按其投保金额获得保险公司全部损失的赔偿。

② 推定全损（Constructive Total Loss）。推定全损是指被保险货物在运输途中遭受损失后，实际全损已经不可避免或者为避免发生实际全损所需支付的费用与继续将货物运抵目的地的费用之和超过其保险价值，即恢复、修复受损货物并将其运送到原定目的地的费用将超过安全到达目的地的处于完好状态的货物的价值。被保险货物发生推定全损时，被保险人可以要求保险人按部分损失赔偿，也可以要求按全部损失赔偿。如果要求按全部损失赔偿，被保险人必须向保险人发出委付通知（Notice of Abandonment）。所谓委付，就是被保险人表示愿意将保险标的物的一切权利和义务转给保险人，并要求保险人按全部损失赔偿的一种行为。委付必须经保险人同意后方能生效，但是保险人应当在合理的时间内将接受委付或不接受委付的决定通知被保险人，委付一旦经保险人接受，就不得撤回。

（2）部分损失（Partial Loss）。部分损失是不属于实际全损和推定全损的损失，即没有达到全部损失程度的损失。在保险业务中，按照造成损失的不同原因，部分损失又分为共同海损和单独海损两种。

① 共同海损（General Average）。共同海损是指在同一海上运输航程中，船舶、货物和其他财产遭遇共同危险，为了共同安全，有意地、合理地采取措施所直接造成的特殊牺牲以及支付的特殊费用。一般而言，船舶发生意外、牺牲或者发生其他特殊情况而损坏时，为了安全完成本次航程，驶入避难港口、避难地点或者驶回装货港口、装货地点，进行必要的修理，在港口或者在其他地点停留期间额外支付的港口费、船员工资、给养补给、船舶所消耗的燃料、物料，为修理而卸载、储存、重装或者搬移船上货物、物料以及其他财产所造成的损失、支付的费用，均可列入共同海损。

构成共同海损，必须具备以下条件：第一，导致共同海损的危险必须是真实存在的，或不可避免的；第二，船方所采取的措施，必须是为了解除船货的共同危险，有意识而且是合理的；第三，所做的牺牲具有特殊性，支出的费用是额外的，是为了解除危险，而不是由所面临的危险直接导致的；第四，牺牲和费用的支出最终必须是有效的，也就是说，经过采取某种措施后，船舶和货物的全部或一部分最后安全抵达航程的终点港或目的港，从而规避了船货同归于尽。

根据惯例，共同海损的牺牲和费用应由受益方，即船舶、货物和运费三方按最后获救价值的多寡，按比例予以分摊，即共同海损分摊（General Average Contribution）。

② 单独海损（Particular Average）。单独海损是指除共同海损以外的部分损失，即被保险货物遭遇海上风险受损后，其损失未达到全损程度，而且该损失应由受损方单独承担的部分损失。

③ 共同海损与单独海损均属部分损失，二两者的主要区别为：单独海损是由海上风险直接造成的货物损失，没有人为因素在内，而共同海损则是因采取人为故意的措施而导致的损失；单独海损的损失由受损方自行承担，而共同海损的损失是由各受益方按获救财产价值的比例共同分摊。

二、外来风险与损失

（一）外来风险

外来风险（Extraneous Risks）是指海上风险意外以外的其他外来原因引起的风险。外来风险又可分为一般外来风险和特殊外来风险。例如，雨淋、短量、偷窃、玷污、渗漏、破损、受潮、受热、串味、锈损和钩损等为一般外来风险；战争、罢工和交货不到、拒收等则为特殊外来风险。

（二）外来风险的损失

外来风险的损失则是指海上风险以外的其他外来风险所造成的损失。按照不同的原因，又可分为一般外来风险的损失和特殊外来风险的损失。前者是指在运输途中由于偷窃、短量、钩损、碰损、雨淋、玷污等一般外来风险所导致的损失；后者是指由于军事、政治、国家政策法令以及行政措施等特殊外来风险所造成的损失，例如，战争、罢工、交货不到、拒收等。

三、关于海损的理算

（一）共同海损的理算

1. 共同海损理算的概念及其法律依据

共同海损事故发生后，采取合理措施所引起的共同海损牺牲和支付的共同海损费用，由全体受益方共同分摊，为此，需要确定作为共同海损受到补偿的牺牲和费用的项目及金额，应参加分摊的受益方及其分摊价值，各受益方的分摊额以及最后应付的金额和结算办法，等等，这一系列工作称为共同海损理算。

共同海损理算应该依据合同约定的理算规则进行。当前，国际上最广为接受的理算规则是《约克－安特卫普规则》[一]，它是欧洲一些国家的商人制定的民间共同海损规则，在全世界范围内通用，这个规则虽然只是一个民间规则而不是国际公约，但由于其悠久的历史和广泛的接受性，在统一和协调各国的理算工作方面起着积极作用。在我国，《中华人民共和国海商法》对共同海损的范围、分摊及其理算等做了原则性规定。如果合同没有约定理算规则的，共同海损理算应该依据理算地的法律进行。

2. 共同海损分摊金额的确定与计算

共同海损分摊价值主要包括船舶、货物与运费的分摊：① 船舶共同海损分摊价值，按照船舶在航程终止时的完好价值，减除不属于共同海损的损失金额计算，或者按照船舶在航程终止时的实际价值，加上共同海损牺牲的金额计算。② 货物共同海损分摊价值，按照货物在装船时的价值加上保险费和运费，减除不属于共同海损的损失金额和承运人承担风险的运费计算。货物在抵达目的港以前售出的，按照出售净得金额，加上共同海损牺牲的金额计算。③ 运费分摊价值，按照承运人承担风险并于航程终止时有权收取的运费，减除为取得该项运费而在共同海损事故发生后，为完成本航程所支付的营运费用，加上共同海损牺牲的金额计算。

以上每一项分摊价值都要加上共同海损牺牲的金额，是因为共同海损牺牲中的一部分将要从其他各受益方得到补偿，因此也有部分价值因为共同海损行为而得到保全，从而也应计算在共同海损分摊价值之内。共同海损应当由受益方按照各自的分摊价值的比例分摊，各受益方的分摊金额计算分两步：① 首先计算出一个共同海损损失率，这应该以共同海损损失总金额除以共同海损分摊价值总额得出；② 然后以各受益方的分摊价值金额分别乘以共同海损损失率，得出各受益方应分摊的共同海损金额。

（二）额外费用的理算

海上货运保险的额外费用是指为营救被保险货物所支出的费用，主要包括施救费用和救助费用：① 施救费用（Sue and Labour Expenses）。施救费用是指保险标的在遭遇保险责任范围内的灾害事故时，被保险人或其代理人、雇用人员和保险单受让人对保险标的采取的各种抢救、防止或减少货损的措施而支出的合理费用。保险人对这种施救费用负责赔偿。② 救助费用（Salvage Charges）。救助费用是指保险标的遭遇保险责任范围内的灾害事故时，由保险人和被保险人以外的第三者采取了救助措施并获得成功而向其支付的报酬。保险人对这种费用也负责赔偿。

第三节 我国海洋运输货物保险的险别与条款

我国进出口货物运输保险最常用的保险条款是"中国保险条款"（China Insurance Clause，C.I.C.）[二]。"中国保险条款"按运输方式分为海洋、陆上、航空和邮包运输保险条款；对某些特

[一] 该规则肇始于1890年，因先后在英国约克和比利时安特卫普讨论并制定而得名，曾经历1924年、1950年、1974年、1994年、2004年多次修订。

[二] "中国保险条款"（CIC）是由中国人民保险集团公司旗下的中国人民财产保险股份有限公司（原中国人民保险公司）根据我国保险业实际，参照国际保险市场的习惯做法制定的，并经中国银保监会报备颁布启用。该条款于1981年1月1日修订，2009年向中国银保监会（原中国保监会）报备，故称2009版，于2010年起使用，2009版与1981年修订版内容相同。

殊商品，还配备有海运冷藏货物、陆运冷藏货物、海运散装桐油及活牲畜、家禽的海陆空运输保险条款；适用于上述各种运输方式货物保险的各种附加险条款。我国的货物运输保险险别，按照能否单独投保，可分为基本险和附加险两类。基本险可以单独投保，而附加险不能单独投保，只有在投保其某一种基本险的基础上才能加保附加险。

一、我国海洋运输货物保险的基本险别与条款

按照《海洋运输货物保险条款》（Ocean Marine Cargo Clauses）的规定，海洋运输货物保险的基本险别分为平安险、水渍险和一切险三种。除此之外，还包括专门适用于海运冷藏货物的海洋运输冷藏货物保险、海运散装桐油的海洋运输散装桐油保险以及活牲畜、家禽运输的保险，这三种保险险别也属于基本险性质。因此，将一起予以介绍。

（一）平安险

平安险的承保责任范围如下：

（1）被保险货物在运输途中由于恶劣气候、雷电、海啸、地震、洪水自然灾害造成整批货物的全部损失或推定全损。当保险人要求赔付推定全损时，需将受损货物及其权利委付给保险公司。被保险货物用驳船运往或运离海轮的，每一驳船所装的货物可视作一个整批。

（2）由于运输工具遭受搁浅、触礁、沉没、互撞、与流冰或其他物体碰撞以及失火、爆炸等意外事故造成货物的全部或部分损失。

（3）在运输工具已经发生搁浅、触礁、沉没、焚毁等意外事故的情况下，货物在此前后又在海上遭受恶劣气候、雷电、海啸等自然灾害所造成的部分损失。

（4）在装卸或转运时由于一件、数件或整件货物落海造成的全部或部分损失。

（5）被保险人对遭受承保责任内危险的货物采取抢救、防止或减少货损的措施而支付的合理费用，但以不超过该批被救货物的保险金额为限。

（6）运输工具遭遇海难后，在避难港由于卸货所引起的损失，以及在中途港、避难港由于卸货、存仓以及运送货物所产生的特别费用。

（7）共同海损的牺牲、分摊和救助费用。

（8）运输契约订有"船舶互撞责任"条款，根据该条款规定，应由货方偿还船方的损失。

（二）水渍险

保险公司对水渍险（With Average or With Particular Average，W.A. or W.P.A.）的承保责任范围，除包括上列平安险的各项责任外，还负责被保险货物由于恶劣气候、雷电、海啸、地震、洪水等自然灾害所造成的部分损失。

（三）一切险

一切险（All Risks）的责任范围是除包括上列平安险和水渍险的各项责任外，还负责被保险货物在运输途中由于一般外来风险所造成的全部或部分损失。

投保人可根据货物的特点、运输路线等情况选择投保平安险、水渍险和一切险三种险别中的任一种。

对海洋运输货物保险的三种基本险别，保险公司规定有下列除外责任（Exclusion）：① 被保险人的故意行为或过失所造成的损失；② 属于发货人责任所引起的损失；③ 在保险责任开始前，被保险货物已存在的品质不良或数量短差所造成的损失；④ 被保险货物的自然损耗、本质缺陷、特性以及市价跌落、运输延迟所引起的损失或费用；⑤ 属于海洋运输货物战争险条款和货物运输罢工险条款规定的责任范围与除外责任。

与国际保险市场的习惯做法一样，我国的海洋运输货物保险条款规定的保险责任起讫期限，也是采用"仓至仓"条款（Warehouse to Warehouse Clause，W/W Clause），即保险公司的保险责任自被保险货物运离保险单所载明的起运地仓库或储存处所开始运输时生效，包括正常运输过程中的海上、陆上、内河和驳船运输在内，直至该货物所载明目的地收货人的最后仓库或储存处所或被保险人用作分配、分派或非正常运输的其他储存处所为止。如未抵达上述仓库或储存处所，则以被保险货物在最后卸载港全部卸离海轮后 60 天为止。如在上述 60 天内被保险货物需转运至非保险单所载明的目的地时，则以该项货物开始转运时终止。

以上三种基本险别的索赔时效，自被保险货物在最后卸载港全部卸离海轮后起算，最多不超过两年。○

（四）海洋运输货物专门保险

1. 海洋运输冷藏货物保险

根据《海洋运输冷藏货物保险条款》的规定，海洋运输冷藏货物保险（Ocean Marine Insurance—Frozen Products）险别分为冷藏险（Risks for Frozen Products）和冷藏一切险（All Risks for Frozen Products）两种。

冷藏险的责任范围除负责水渍险承保的责任外，还负责赔偿由于冷藏机器停止工作连续达 24 小时以上所造成的被保险货物的腐败或损失。

冷藏一切险的责任范围除包括冷藏险的各项责任外，还负责赔偿被保险货物在运输途中由于一般外来原因所造成的腐败或损失。

海洋运输冷藏货物保险的除外责任除包括上述海洋运输货物保险的除外，责任外还对下列损失不负赔偿责任：被保险货物在运输过程中的任何阶段因未存放在有冷藏设备的仓库或运输工具中或辅助运输工具没有隔湿设备所造成腐烂的损失，以及在保险责任开始时被保险货物因未保持良好状态，包括整理加工和包装及冷冻上的不妥引起的损失。

海洋运输冷藏货物保险的责任起讫和海洋运输货物三种基本险的责任起讫基本相同。但是，货物到达保险单所载的最后目的港，如在 30 天内卸离海轮，并将货物存入岸上冷藏仓库后，保险责任继续有效，但以货物全部卸离海轮时起算满 10 天为限。在上述期限内货物一经移出冷藏仓库，保险责任即行终止。如果货物离开海轮后不存入冷藏仓库，保险责任至卸离海轮时终止。

2. 海洋运输散装桐油保险

根据《海洋运输散装桐油保险条款》的规定，海洋运输散装桐油保险（Ocean Marine Insurance—Woodoil Bulk）是保险公司承保不论何种原因造成的被保险散装桐油玷污或变质的

○ 值得注意的是，若依据《中华人民共和国海商法》（1993 年 7 月 1 日施行）第 264 条规定，上述索赔时效是自保险事故发生之日开始算起。

损失。

海洋运输散装桐油保险的责任起讫也按"仓至仓"条款负责,但是,如果被保险散装桐油运抵目的港时不及时卸载,则自海轮抵达目的港时起满 15 天,保险责任即行终止。

3. 活牲畜、家禽运输保险

根据我国《活牲畜、家禽的海上、陆上、航空运输保险条款》的规定,活牲畜、家禽运输险(Livestock & Poultry Insurance)是保险公司对活牲畜、家禽在运输途中的死亡负责赔偿,但对下列原因造成的死亡不负赔偿责任:在保险责任开始前,被保险活牲畜、家禽因健康状况不好、怀仔、防疫注射或接种所致的死亡;因传染病、患病、经管理当局命令屠杀或因缺乏饲料而致的死亡;由于被禁止进口或出口或检验不符合所引起的死亡。

二、我国海洋运输货物保险的附加险

附加险是对基本险的补充和扩大。投保人只能在投保一种基本险的基础上才可加保一种或数种附加险。目前,《中国保险条款》中的附加险有一般附加险和特殊附加险两种。

(一)一般附加险

一般附加险(General Additional Risks)所承保的是由于一般外来风险所造成的全部或部分损失,其险别共有下列 11 种。

(1)碰损、破碎险(Clash and Breakage Risks)。承保被保险货物在运输过程中因震动、碰撞、受压所造成的破碎和碰撞损失。

(2)串味险(Taint of Odour Risks)。承保被保险的食用物品、中药材、化妆品原料等货物在运输过程中因受其他物品的影响而引起的串味损失。

(3)淡水雨淋险(Fresh Water and/or Rain Damage Risks)。承保被保险货物因直接遭受雨淋或淡水所造成的损失。

(4)偷窃、提货不着险(Theft, Pilferage and Non-Delivery Risks,T.P.N.D. Risks)。承保被保险货物因偷窃行为所致的损失和整件提货不着等的损失。

(5)短量险(Shortage Risks)。承保被保险货物在运输过程中因外包装破裂或散装货物发生数量散失和实际重量短缺的损失,但不包括正常的损耗。

(6)渗漏险(Leakage Risks)。承保被保险货物在运输过程中因容器损坏而引起的渗漏损失或用液体储藏的货物因液体的渗漏而引起的货物腐败等损失。

(7)混杂、玷污险(Intermixture and Contamination Risks)。承保被保险货物在运输过程中因混进杂质或被玷污所造成的损失。

(8)钩损险(Hook Damage Risks)。承保被保险货物在装卸过程中因遭受钩损而引起的损失,并对包装进行修补或调换所支付的费用负责赔偿。

(9)受潮受热险(Sweat and Heating Risks)。承保被保险货物在运输过程中因气温突变或由于船上通风设备失灵致使船舱内水汽凝结、发潮或发热所造成的损失。

(10)锈损险(Rust Risks)。对被保险的金属或金属制品等一类货物在运输过程中发生的锈损负责赔偿。

（11）包装破裂险（Breakage of Packing Risks）。承保被保险货物在运输途中因搬运或装卸不慎，致使包装破裂所造成的短少、玷污等损失。此外，为继续安全运输需要而产生的修补包装或调换包装所支付的费用也均由保险公司负责赔偿。

当投保险别为平安险或水渍险时，可加保上述 11 种一般附加险中的一种或数种险别。但如已投保了一切险，就不需要再加保一般附加险，因为保险公司对于承保一般附加险的责任已包含在一切险的责任范围内。

（二）特殊附加险

特殊附加险（Special Additional Risks）承保由于特殊外来风险所造成的全部或部分损失，共有下列 8 种。

（1）战争险（War Risks）。根据中国人民保险公司《海洋运输货物战争险条款》，海运战争险负责赔偿直接由战争、类似战争行为和敌对行为、武装冲突或海盗行为所致的损失，以及由此而引起的捕获、拘留、扣留、禁止、扣押所造成的损失；还负责赔偿各种常规武器（包括水雷、鱼雷、炸弹）所致的损失以及由于上述责任范围而引起的共同海损的牺牲、分摊和救助费用。但对使用原子或热核武器所造成的损失和费用不负赔偿责任。战争险的保险责任起讫是以水上危险（Waterborne）为限，即自货物在起运港被装上海轮或驳船时开始，直到目的港卸离海轮或驳船时为止；如不卸离海轮或驳船，则从海轮到达目的港的当天午夜起算满 15 天，保险责任自行终止；如在中途港转船，不论货物是否在当地卸货，保险责任以海轮到达该港或卸货地点的当天午夜起算满 15 天为止，再装上续运海轮时恢复有效。

（2）罢工险（Strike Risks）。罢工险对被保险货物由于罢工、工人被迫停工或参加工潮、暴动等人员的行动或任何人的恶意行为所造成的直接损失和上述行动或行为所引起的共同海损的牺牲、分摊和救助费用负责赔偿。但对在罢工期间由于劳动力短缺或不能使用劳动力所造成的被保险货物的损失，包括因罢工而引起的动力或燃料缺乏使冷藏机停止工作所致的冷藏货物的损失以及无劳动力搬运货物，使货物堆积在码头淋湿受损，罢工险不负赔偿责任。罢工险对保险责任起讫的规定与其他海运货物保险险别一样，采取"仓至仓"条款。按国际保险业惯例，已投保战争险后另加保罢工险，不另增收保险费。如仅要求加保罢工险，则按照战争险收费。

（3）交货不到险（Failure to Deliver Risks）。对不论由于任何原因，从被保险货物装上船舶时开始，不能在预定抵达目的地的日期起 6 个月内交货的，保险公司负责按全损赔偿。

（4）舱面险（on Deck Risks）。被保险货物存放舱面时，除按保险单所载条款负责赔偿外，保险公司还要对被抛弃或被风浪冲击落水的损失负责。

（5）进口关税险（Import Duty Risks）。当被保险货物遭受保险责任范围以内的损失而被保险人仍须按完好货物价值完税时，保险公司对损失部分货物的进口关税负责赔偿。

（6）拒收险（Rejection Risks）。保险公司对被保险货物在进口港被进口国的政府或有关当局拒绝进口或没收，按货物的保险价值负责赔偿。

（7）货物出口到中国香港（包括九龙）或中国澳门存仓火险责任扩展条款（Fire Risks Extension Clause，F.R.E.C.—for Storage of Cargo at Destination China HongKong, including Kowloon, or China Macao）。被保险货物运抵目的地中国香港（包括九龙在内）或澳门卸离运输工具后，如直接存放于保单载明的过户银行所指定的仓库，本保险对存仓火险的责任至银行收回押款解除货物的权益为止，或运输险责任终止时起满 30 天为止。

被保险人不论已投保何种基本险别，均可另行加保有关的特殊附加险别。

三、海洋运输货物保险条款实例

保险条款是国际货物买卖合同的重要条款之一，其内容因选用的贸易术语不同而不同。就常用的几种贸易术语而言，应考虑两种情况：① 如以 FOB、CFR 或 FCA、CPT 术语条件成交，保险条款可订为"保险由买方负责"（Insurance to be Covered by the Buyer），若买方委托卖方代办保险，则应明确规定保险金额、投保险别、适用何种保险惯例或规则，以及保险费由买方承担、保险费的支付时间和方法等。② 如以 CIF 或 CIP 术语条件成交，条款内容须明确规定由谁办理保险、投保险别、保险金额的确定方法以及适用何种保险惯例或规则，并注明该条款的生效日期等。保险条款的表述如下。

【例 10-1】

Insurance: To be covered by the Seller for 110% of CIF/CIP total invoice value against all risks and war risks, as per and subject to the relevant ocean marine cargo clauses of the China Insurance Clause dated ...

保险由卖方按 CIF/CIP 发票金额的 110% 投保一切险和战争险，以 × 年 × 月 × 日的中国保险条款（China Insurance Clause, C.I.C.）的有关海洋运输货物保险条款为准。

【例 10-2】

Insurance: To be covered by the Seller for 120% of total invoice value against W.P.A., including shortage in weight in excess of 1%, as per and subject to the relevant ocean marine cargo clauses of the China Insurance Clause dated ...

保险由卖方按发票金额的 120% 投保水渍险，加保短量险，重量短少有绝对免赔率 1%，按 × 年 × 月 × 日的中国保险条款（China Insurance Clause, C.I.C.）的有关海洋运输货物保险条款负责。

四、有关海运货物运输保险典型案例分析

（一）关于"一切险"条款中外来原因的理解及其纠纷

案例 10-1

某年 5 月 18 日，浙江大丰实业有限公司（原告）为其定购的一批胡桃木材向恒泰保险股份有限公司宁波分公司（被告）投保海上货物运输险，被告接受原告的投保，于当日向原告签发了保险公司的格式货物运输保险单。根据保险单的约定，保险金额为 60 万美元，承保条件为中国人民保险公司 1981 年 1 月 1 日的一切险条款。该批胡桃木材由"先锋"号货轮承运至中国宁波港，途中因遭遇恶劣天气致使部分货物落海。经中华人民共和国出入境检验检疫机构检验，实际交付的胡桃木材数量短少 2 986 根，经计算，原告遭受损失 8 万美元。原告根据保险单，要求被告支付保险赔偿金遭拒，故诉请法院判令被告向原告支付保险赔偿金 8 万美元以及利息，并承担案件受理费。

原告认为：货物损失是因为海上风险造成的，属于其投保的中国人民保险公司海洋运输货物"一切险"的承保范围，被告应该承担赔偿责任。被告则认为：原告运输货物，投保海洋运输货物一切险，短量险除外，且未投保舱面货物险。原告受损的货物为舱面货，受损原因是被风刮入大海，其损失不在保险责任范围之内。原审宁波海事法院认为，中国人民保险公司海洋运输货物保险一切险条款的责任范围，除包括平安险和水渍险的各项责任外，还负责被保险货物在运输途中由于外来原因所致的全部或部分损失。一切险中的"外来原因"属于非列明风险。虽然舱面货的承保需要加保特别附加险的舱面货物险，但是一切险的承保范围本身就包含舱面货物遇到的海上风险。故被告恒泰保险股份有限公司宁波分公司应当在一切险的保险责任范围内对所有货物承担保险责任。被告提出原告未购买舱面货物险，保险公司不对舱面货承担保险责任的主张，无法律依据，原审不予支持。综上所述，原告的舱面货被大风浪吹落入海造成的损失在被告的保险责任范围之内，被告恒泰保险股份有限公司宁波分公司依约应当承担给付保险金的责任。

被告恒泰保险股份有限公司宁波分公司不服提起上诉，浙江省高院请示国家最高院，最高院在复函中认为，依照本案"海洋运输货物保险条款"的规定，一切险除平安险和水渍险的各项责任外，还包括被保险货物在运输途中由于外来原因所致的全部或部分损失。保险条款中还列明了保险人不负赔偿责任的五项除外责任条款。因此，"一切险"的承保风险应当为非列明风险，如保险标的的损失是因运输途中的外部因素所致，且并无证据证明该损失属于保险条款规定的除外责任之列，则应当认定保险事故属于一切险的责任范围。浙江省高院遂维持原判，驳回上诉人的诉讼请求。

【分析】

该案例涉及对中国人民保险公司海洋运输货物一切险条款的承保范围中"外来原因"的理解。一切险承保的范围是所有外来风险造成的货物损害，"外来原因"未明确范围就说明"一切险"是开放式的承保范围，其理由具体如下：

（1）一切险的文字表明是"全部的、所有的风险"。但从文义解释上来说，外来原因就应当包括所有的非除外责任以外的风险。

（2）从保险人和被保险人之间实质公平的角度来说，作为财产险的一种，相比其他财产险如陆运险、火险等一般财产险，海上货物运输保险从最初就倾向于保护保险人的利益，早期海上货物运输中交通工具的不发达、科技的落后使得无论是被保险人还是保险人都非常难以控制发生的风险，保险人承担较大的风险，作为弱势主体，保险人只能通过各种责任减免来限制自己的风险。出于公平的考虑，对于当时的背景，双方也都能接受，但在今天，运输工具飞速发展，人们对海洋风险预测和防控的水平不断提升，一般能够较好地防范海上风险，如果仍然依照历史的做法，被保险人会成为弱势主体，基于保险公平的原则，更多地保护弱势的被保险人，这是全球海上货物运输保险的大趋势。这一取向具体放到"一切险是列明风险还是非列明风险"这个命题上予以考量的话，出于保护弱势的被保险人，一切险应当被认定为开放式风险。

（3）从法律解释的角度，由于我国《海商法》对此没有规定，根据《中华人民共和国保险法》第三十条的规定，对于保险合同的条款，"保险人与投保人、被保险人或者受益人对合同条款有争议的"……"人民法院或者仲裁机关应当作出有利于被保险人和受益人的解释"，保险人和被保险人就外来原因发生争议时，应当支持有利于原告的解释。

综上所述，对于外来原因的解释应当着重于保护被保险人，海洋货物运输保险一切险是开放式风险，其范围应包括非除外责任以外所有的风险。

（二）关于共同海损分摊费用追偿纠纷

案例 10-2

2000年2月21日，中国香港民安保险有限公司（原告）承保的货物装上"SEADIAMOND"货轮，由喀麦隆运往中国蛇口港。该货轮在中国张家港卸下另一票货物后，驶往蛇口港。2000年4月26日凌晨，统一和平海运有限公司（被告）所属"ORIENTHONESTY"货轮在中国长江口与"SEADIAMOND"货轮发生碰撞事故，致使"SEADIAMOND"货轮受损。4月30日，"SEADIAMOND"货轮卸下船上所有货物，进厂进行修理。经该货轮船东宣布共同海损，香港德理有限公司对此事故进行了共同海损理算，原告为此向香港德理有限公司出具了共同海损担保。经理算，确定货主应分摊共同海损的金额70 144美元。原告通过香港德理有限公司向"SEADIAMOND"货轮船东支付了上述分摊金。2000年3月25日，香港德理有限公司确认收到原告支付的共同海损分摊金额。2000年5月3日，指示收货人向原告出具了收据，并将追偿权益转让给了原告。

在法院另案审理的被告与"SEADIAMOND"货轮船东之间的船舶碰撞损害赔偿纠纷案中，法院已做出生效判决，判决被告在本次碰撞事故中应承担60%的责任。

上海海事法院认为，本案为共同海损分摊费用追偿纠纷。"SEADIAMOND"货轮在发生了碰撞事故，造成船舶受损以后，在就近港口上海港卸下全部货物进行船舶修理。根据理算报告记载，"SEADIAMOND"货轮发生碰撞以后，其左舷船壳板严重受损，船和货物处于危险之中，船舶驶入上海港是为了共同安全所必须。船舶在上海港进行修理是为了完成航程所必须。因此，"SEADIAMOND"货轮在上海港产生的费用符合共同海损特征。虽然共同海损调整的是本船船东与货主之间的分摊与追偿的关系，但该共同海损的发生是因船舶碰撞而引起，被分摊方是基于船舶碰撞损害赔偿的法律关系而向第三方进行追偿，原告所分摊的共同海损费用也属于在船舶碰撞事故中货物损失的范围。在已经确定被告应承担60%碰撞责任的情况下，被告理应赔偿原告由此而产生的共同海损分摊费用，但应以被告所承担的碰撞责任比例为限。上海海事法院依照《中华人民共和国海商法》第169条第二款和最高人民法院《关于审理船舶碰撞和触碰案件财产损害赔偿的规定》第4条第三款的规定，判决被告赔偿原告共同海损分摊费用42 086.40美元及利息。

被告不服一审判决，在上诉期内向上海市高级人民法院提起上诉。上海市高级人民法院经审理后认为，原判认定事实清楚，适用法律正确，应予维持。上诉人的上诉理由不能成立，法院不予支持。依照《中华人民共和国民事诉讼法》第153条第一款第（一）项、第158条的规定，判决驳回上诉人的上诉，维持原判。

【分析】

本案原告、被告虽均为境外当事人，但本案原告在已经分摊了共同海损费用的情况下，向过失方进行追偿，属侵权纠纷，应适用侵权行为地法律。被告船舶与他船碰撞发生在中国长江口，故上海海事法院适用中国法律作为处理本案的准据法正确。

共同海损调整的是本船船东与货主之间的分摊与追偿的关系，但在共同海损理算完毕后，当事人之间就过失问题提出的索赔并不属于共同海损的内容。因为上述就过失问题提出的索赔一般都是基于运输契约上的责任条款或者是基于船舶碰撞的侵权行为而提出的，受《中华人民共和国海商法》第四章海上货物运输合同和第八章船舶碰撞的条文约束。本案中的原告正是基于船舶碰撞中对方船舶的侵权行为而向被告提出的索赔。作为被分摊方的原告，其本身因共同海损而分摊的费用，是本船船东为了船货的共同安全而做出的共同海损牺牲或费用，根据我国《海商法》的规定，其本身是需要被分摊的，这部分费用对本船船东来讲，是可以免责的，也就是不能追偿的，除非能证明本船船东有不可免责的过失。那么，原告可否向船舶碰撞中的对方船舶追偿呢？最高人民法院《关于审理船舶碰撞和触碰案件财产损害赔偿的规定》第四条第三款规定，船上财产的损失赔偿包括合理的财产救助、打捞和清除费用以及共同海损分摊，可见，上述"规定"把共同海损分摊列入了财产损失的范围，原告基于船舶碰撞侵权的法律关系，向被告提出索赔完全合法。

第四节　我国陆空邮运输货物保险的险别与条款

一、我国陆上运输货物保险险别与条款

根据《陆上运输货物保险条款》的规定，陆上运输货物保险的基本险别分为陆运险与陆运一切险两种。适用于陆运冷藏货物的专门保险，即陆上运输冷藏货物险，其性质也属于基本险，此外还有特殊附加险——陆上运输货物战争险（火车）。

（一）陆运险与陆运一切险

陆运险（Overland Transportation Risks）的承保责任范围与海洋运输货物保险条款中的"水渍险"相似。保险公司负责赔偿被保险货物在运输途中遭受暴风、雷电、洪水、地震等自然灾害，或由于运输工具遭受碰撞、倾覆、出轨，或在驳运过程中因驳运工具遭受搁浅、触礁、沉没、碰撞，或由于遭受隧道坍塌、崖崩或失火、爆炸意外事故所造成的全部或部分损失。此外，被保险人对于遭受承保责任内危险的货物采取抢救、防止或减少货损的措施而支付的合理费用，保险公司也负责赔偿，但以不超过该批被救货物的保险金额为限。

陆运一切险（Overland Transportation All Risks）的承保责任范围与海上运输货物保险条款中的"一切险"相似。保险公司除承担上述陆运险的赔偿责任外，还负责赔偿被保险货物在运输途中由于一般外来原因所造成的全部或部分损失。

以上责任范围均适用于火车和汽车运输，并以此为限。

陆运险与陆运一切险的除外责任与海洋运输货物险的除外责任相同。

陆运险与陆运一切险的责任起讫也采用"仓至仓"责任条款。保险人负责自被保险货物运离保险单所载明的起运地仓库或储存处所开始运输时生效，包括正常运输过程中的陆上和与其有关的水上驳运在内，直至该项货物运达保险单所载明的目的地收货人的最后仓库或储存处所或被保险人用作分配、分派的其他储存处所为止。如未运抵上述仓库或储存处所，则

以被保险货物运抵最后卸载的车站起满 60 天为止。

陆运险与陆运一切险的索赔时效为：从被保险货物在最后目的地车站全部卸离车辆后起算，最多不超过两年。

（二）陆上运输冷藏货物险

陆上运输冷藏货物险（Overland Transportation Insurance—Frozen Products）是陆上运输货物保险中的一种专门保险。其主要责任范围是保险公司除负责赔偿陆运险所列举的各项损失外，还负责赔偿在运输途中由于冷藏机器或隔温设备的损坏或者车厢内贮存冰块的溶化所造成的被保险货物解冻溶化以致腐败的损失。但对由于战争、罢工或运输延迟而造成的被保险冷藏货物腐败的损失以及被保险冷藏货物在保险责任开始时未能保持良好状态所造成的损失不负责任。

陆上运输冷藏货物险的责任自被保险货物运离保险单所载明的起运地点的冷藏仓库装入运送工具开始运输时生效，包括正常的陆运和与其有关的水上驳运在内，直至货物到达保险单所载明的目的地收货人仓库为止。但是最长保险责任的有效期限以被保险货物到达目的地车站后 10 天为限。

陆上运输冷藏货物险的索赔时效为：从被保险货物在最后目的地全部卸离车辆后起计算，最多不超过两年。

（三）陆上运输货物战争险（火车）

陆上运输货物战争险（火车）（Overland Transportation Cargo War Risks—by Train）是陆上运输货物保险的特殊附加险，只有在投保了陆运险或陆运一切险的基础上经过投保人与保险公司协商方可加保。对于陆运战争险，国外私营保险公司大都不予承保。但为适应外贸业务需要，我国的保险公司一般均接受加保，但目前仅限于火车运输。

加保陆上运输货物战争险后，保险公司负责赔偿在火车运输途中直接由于战争、类似战争行为、武装冲突所致的损失以及由各种常规武器包括地雷、炸弹所致的损失。但是，由于敌对行为使用原子或热核武器所致的损失和费用，以及由于执政者、当权者或其他武装集团的扣押、拘留引起的承保运程中的丧失和挫折而造成的损失除外。

陆上运输货物战争险的责任起讫与海运战争险相似，以货物置于运输工具时为限，即自被保险货物装上保险单所载明的起运地的火车时开始，到保险单所载明的目的地卸离火车时为止。如果被保险货物不卸离火车，则以火车到达目的地的当日午夜起计算，满 48 小时为止；如在运输中途转车，不论货物在当地卸载与否，保险责任以火车到达该中途站的当日午夜起计算，满 10 天为止。如货物在此期限内重新装车续运，仍恢复有效。但需指出：如运输契约在保险单所载明的目的地以外的地点终止时，该地即视作本保险单所载明的目的地。在货物卸离该地火车时为止，如不卸离火车，则保险责任以火车到达该地当日午夜起计算，满 48 小时为止。

二、我国航空运输货物保险险别与条款

根据《航空运输货物保险条款》（Air Transportation Cargo Insurance Clauses）规定，航空

运输货物保险的基本险别分为航空运输险和航空运输一切险两种，此外还有航空运输货物战争险。

（一）航空运输险与航空运输一切险

航空运输险（Air Transportation Risks）的承保责任范围与海洋运输货物保险条款中的"水渍险"大致相同。保险公司负责赔偿被保险货物在运输途中遭受雷电、火灾、爆炸或由于飞机遭受恶劣气候或其他危难事故而被抛弃或由于飞机遭受碰撞、倾覆、坠落或失踪意外事故所造成的全部或部分损失。

航空运输一切险（Air Transportation All Risks）的承保责任范围除包括上述航空运输险的全部责任外，保险公司还负责赔偿被保险货物由于一般外来原因所造成的全部或部分损失。

航空运输险和航空运输一切险的除外责任与海洋运输货物险的除外责任基本相同。

航空运输货物险的两种基本险的保险责任也采用"仓至仓"条款，但与海洋运输险的"仓至仓"责任条款不同的是：如货物运达保险单所载明目的地而未运抵保险单所载明的收货人仓库或储存处所，则以被保险货物在最后卸载地卸离飞机后满 30 天保险责任即告终止。如在上述 30 天内被保险货物需转送到非保险单所载明的目的地时，则以该项货物开始转运时终止。

（二）航空运输货物战争险

航空运输货物战争险（Air Transportation Cargo War Risks）是航空运输货物险的一种附加险，只有在投保了航空运输险或航空运输一切险的基础上经过投保人与保险公司协商方可加保。

加保航空运输货物战争险后，保险公司负责赔偿在航空运输途中由于战争、类似战争行为和敌对行为、武装冲突以及各种常规武器和炸弹所造成的货物的损失，但不包括因使用原子或热核制造的武器所造成的损失。

航空运输货物战争险的保险责任是自被保险货物装上保险单所载明的启运地的飞机时开始，直到卸离保险单所载明的目的地的飞机时为止。如果被保险货物不卸离飞机，则以载货飞机到达目的地的当日午夜起计算，满 15 天为止。当被保险货物在中途转运时，保险责任以飞机到达转运地的当日午夜起算，满 15 天为止；待装上续运的飞机，保险责任再恢复有效。

三、我国邮政包裹运输货物保险的险别与条款

根据《邮包保险条款》（Parcel Post Insurance Clauses）的规定，邮包保险基本险别分为邮包险和邮包一切险两种，此外还有邮包战争险。

（一）邮包险和邮包一切险

保险公司对邮包险的承保责任范围是负责赔偿被保险邮包在运输途中由于恶劣气候等灾害或由于运输工具发生意外事故所造成的全部或部分损失；另外，还负责赔偿被保险人对遭受承保责任范围内危险的货物采取抢救、防止或减少货损的措施而支付的合理费用，但以不超过该批保险货物的保险金额为限。

邮包一切险（Parcel Post All Risks）的承保责任范围除包括上述邮包险的全部责任外，还负责被保险邮包在运输途中由于一般外来原因所致的全部或部分损失。

邮包险和邮包一切险的保险责任自被保险邮包离开保险单起运地点寄件人的处所运往邮局时开始生效，直至被保险邮包运达保险单所载明的目的地邮局，自邮局签发到货通知书当日午夜起算，满 15 天终止，但在此期限内邮包一经递交至收件人的处所时，保险责任即行终止。

（二）邮包战争险

邮包战争险（Parcel Post War Risks）是邮政包裹保险的一种附加险，只有在投保了邮包险或邮包一切险的基础上经过投保人与保险公司协商方可加保。

加保邮包战争险后，保险公司负责赔偿被保险邮包在运输过程中直接由于战争、类似战争行为和敌对行为、武装冲突或海盗行为以及各种常规武器包括水雷、鱼雷、炸弹所造成的损失。此外，保险公司还负责赔偿在遭受以上承保责任范围内危险引起的共同海损的牺牲、分摊和救助费用。但保险公司不负责因使用原子或热核制造的武器所造成的损失和费用的赔偿。

邮包战争险的保险责任是自被保险邮包经邮局收讫后自储存处所开始运送时生效，直至该项邮包运达保险单所载明的目的地邮局送交收件人为止。

必须指出的是，在附加险方面，除战争险外，海洋运输货物保险中的一般附加险和特殊附加险条款均可适用于陆、空、邮运输货物保险。

第五节　伦敦保险协会海运货物保险条款

长期以来，在世界保险业务中，英国伦敦保险业协会[一]制定的《协会货物条款》占有重要地位，对各国保险业影响很大。目前，国际上仍有许多国家和地区的保险公司在国际货物运输保险业务中直接运用或者在制定本国保险条款时参考或部分参考该条款。在我国按 CIF 或 CIP 条件成交的出口交易中，国外商人有时要求按照伦敦保险业《协会货物条款》投保，我国出口企业和保险公司一般均可接受。

一、协会货物保险条款的种类

（一）《协会货物条款》的由来与发展

《协会货物条款》最早制定于 1912 年，后因不能适应国际贸易的日益发展对保险的需要，伦敦保险业协会对此进行了修改，修订工作于 1982 年 1 月 1 日完成，并于 1983 年 4 月 1 日起正式实行。为了适应各国法律法规和全球经济政治形势发展的变化，联合货物保险委员会[二]

[一] 伦敦保险业协会（Institute of London Underwrites，ILU）成立于 1884 年，下设技术与条款委员会，专门协调处理保险条款的标准化工作；1998 年 12 月 31 日，伦敦保险业协会和伦敦保险与再保险市场协会合并，成立了伦敦国际保险人协会（International Underwriting Association of London，IUA），成为目前世界上最大的国际保险人组织。

[二] 联合货物保险委员会（Joint Cargo Committee）由劳合氏（The Lloyd's）市场和伦敦国际保险人协会市场上的保险人代表组成，还包括英国保险市场的保险人代表。

自 2006 年起在全球范围内进行调查研究和咨询，并在集中多方意见后于 2008 年 11 月 24 日公布了新版协会货物运输保险条款，新版条款的生效日期为 2009 年 1 月 1 日。新版的《协会货物条款》扩展了保险责任起讫期限，对保险公司引用免责条款做出了一些条件限制，对条款中容易产生争议的用词做出了更为明确的规定，同时条款中的文字结构也更为简洁、严密。

(二)《协会货物条款》的保险种类

2009 年版的伦敦保险业协会的海运货物保险条款主要险别仍为 6 种，它们是：① 协会货物（A）险条款（Institute Cargo Clauses A，ICC（A））；② 协会货物（B）险条款（Institute Cargo Clauses B，ICC（B））；③ 协会货物（C）险条款（Institute Cargo Clauses C，ICC（C））；④ 协会战争险条款（货物）(Institute War Clauses—Cargo)；⑤ 协会罢工险条款（货物）(Institute Strikes Clauses—Cargo)；⑥ 恶意损害险条款（Malicious Damage Clauses）。

在上述 6 种险别条款中，除恶意损害险外，其余 5 种险别均按条文的性质统一划分为 8 个部分：承保范围（Risks Covered）、除外责任（Exclusions）、保险期限（Duration）、索赔（Claims）、保险利益（Benefit of Insurance）、减少损失（Minimizing Losses）、防止延迟（Avoidance of Delay）和法律惯例（Law and Practice）。各个险别条款的结构统一，体系完整。因此，除 ICC（A）、ICC（B）、ICC（C）三种险别可以单独投保外，战争险和罢工险在需要时也可作为独立的险别进行投保。

二、《协会货物保险条款》主要险别的承保风险与除外责任

这里重点介绍协会 ICC（A）、ICC（B）、ICC（C）三种险别。ICC（A）、ICC（B）、ICC（C）三种险别的承保风险主要规定体现在各险别第一部分所列的风险条款（Risks Clause）、共同海损条款（General Average Clause）和船舶互有过失碰撞责任条款（Both to Blame Collision Clause）之中。三种险别的区别主要反映在风险条款中。

(一) ICC（A）

ICC（A）的承保责任范围较广，不便把全部承保的风险一一列出，因此对承保风险的规定采用"一切风险减除外责任"的方式，即除了在除外责任项下所列风险所致损失不予负责外，其他风险所致损失均予负责。2009 年版《协会货物条款》ICC（A）的除外责任与 1982 年版不同，除外责任条款不再列有副标题，而直接用除外条款表示，分为四类。

（1）一般的除外责任。这主要指被保险人故意的不法行为所造成的损失或费用；保险标的自然渗漏、重量或容量的内在缺陷或特征或自然磨损而造成的损失或费用；由于保险标的包装不固或包装不当或配载不当造成无法抵抗运输途中发生的通常事故而产生的损失或费用，但仅适用于包装或配载是由被保险人或其雇员完成且在保险单责任开始前完成（包装包括集装箱）；由延迟引起的损失或费用；因船舶所有人、经理人、承租人或经营人破产或经济困难造成的损失或费用，但仅适用于在保险标的装上船舶之时，被保险人知道或者被保险人在正常业务经营中应当知道此种破产或经济困难会导致该航程取消；因使用任何原子或核子裂变或聚变或其他类似反应或放射性物质的武器或设备直接或间接引起的损失或费用。

（2）不适航、不适货的除外责任。这主要是指被保险人在保险标的装船时已知船舶或驳

船的不适航以及船舶或驳船不适合安全运输保险标的所引起的损失或费用；集装箱或运输工具不适合安全运输保险标的仅适用于在保险合同生效前装货已经开始或被保险人或其雇员在货物装船时已经知道这一情况。

（3）关于战争的除外责任。这是指由于战争、内战、敌对行为等所造成的损失和费用；由于捕获、拘留、扣留等（海盗除外）所造成的损失；由于漂流水雷、鱼雷等所造成的损失和费用。

（4）关于罢工和恐怖主义的除外责任。这是指由于罢工者、被迫停工工人或参加工潮、暴动或民变人员所造成的损失或费用；由于罢工、被迫停工、工潮、暴动或民变所造成的损失或费用；由于恐怖主义行为，或与恐怖主义行为相联系，任何组织通过暴力直接实施旨在推翻或影响法律上承认的或非法律上承认的政府的行为所致的损失或费用；任何人出于政治、信仰或宗教目的实施的行为所致的损失或费用。

（二）ICC（B）

ICC（B）对承保风险的规定是采用"列明风险"的方式，即把所承包的风险一一列举，凡属承保责任范围内的损失，无论是全部损失还是部分损失，保险人按损失程度均负责赔偿。

ICC（B）承保的风险灭失或损害要合理归因于以下几种原因：① 火灾、爆炸；② 船舶或驳船触礁、搁浅、沉没或者倾覆；③ 陆上运输工具倾覆或出轨；④ 船舶、驳船或运输工具同水以外的任何外界物体碰撞；⑤ 在避难港卸货；⑥ 地震、火山爆发、雷电；⑦ 共同海损牺牲；⑧ 抛货；⑨ 浪击落海；⑩ 海水、湖水或河水进入船舶、驳船、运输工具、集装箱、大型海运箱或贮存处所；⑪ 货物在装卸时落海或跌落造成整件的全损。

ICC（B）的除外责任方面，除对海盗行为和恶意损害险的责任不负责外，其余均与ICC（A）的除外责任相同。

（三）ICC（C）

ICC（C）的风险责任规定和ICC（B）一样，采用"列明风险"的方式，可是仅对"重大意外事故"（Major Casualties）所致损失负责，对非重大意外事故和自然灾害所致损失均不负责。

ICC（C）的承保的风险灭失或损害要合理归因于：① 火灾、爆炸；② 船舶或驳船触礁、搁浅、沉没或倾覆；③ 陆上运输工具倾覆或出轨；④ 船舶、驳船或运输工具与水以外的任何外界物体碰撞；⑤ 在避难港卸货；⑥ 共同海损牺牲；⑦ 抛货。

ICC（C）的除外责任与ICC（B）完全相同。

恶意损害险是1982年版新增加的附加险别，承保被保险人以外的其他人（如船长、船员等）的故意破坏行动所致被保险货物的灭失或损坏。但恶意损害如果是出于政治动机的人的行为，不属于恶意损害险承保范围，而应属罢工险的承保范围。由于恶意损害险的承保责任范围已被列入ICC（A）的承保风险，所以，只有在投保ICC（B）和ICC（C）的情况下，才可以在需要时加保。

三、协会货物运输保险的保险期限

《协会货物条款》（2009年版）扩展了保险人的保险责任期限，即保险责任自保险标的进入仓库或储存处所（本保险合同载明的地点）时生效，包括正常运输过程，直至运到下列地点时终止：① 保险合同载明的目的地最后仓库或储存处所，从运输车辆或其他运输工具完成卸货；② 保险合同载明的目的地任何其他仓库或储存处所或在中途的由被保险人或者其雇员用作储存或分配分派货物任何其他仓库或储存处所；③ 被保险人或其雇员在正常运输过程之外选择任何运输车辆或其他运输工具或集装箱储存货物；④ 自保险标的在最后卸货港卸离海轮满 60 天为止。上述情况以先发生者为先。如果保险标的在最后卸货港卸离海轮后，需被转运至非保险单载明的其他目的地时，该保险在依然受上述有关终止规定所制约的同时，截止于该保险标的开始转运之时。在"保险利益"条款中，将被保险人扩展为包括根据保险合同提出索赔的人员或收货人。

本章小结

国际货物运输保险的发展离不开国际贸易和航运事业的发展，为了避免货物运输、装卸以及储存过程中各种不可预料的风险带来的损失，需要买方或卖方事先办理货物运输保险。订立保险合同时，应遵循保险的基本原则，明确被保险人或投保人与保险人或承保人之间的权利与义务；在确定保险险别时，应注意不同保险类别的承保范围和条款内容，根据货物实际情况选择合理的险别。此外，注意区分不同运输方式的货物保险承保责任。

复习思考题

1. 试简述保险的基本原则。
2. 我国海洋运输货物保险的基本险别有哪三种？三种基本险别的责任范围有何区别？
3. 我国海洋运输货物保险的附加险有哪些？在投保一切险时，是否包括上述所列举的附加险？为什么？
4. 海运战争险与基本险的责任起讫有何不同？
5. 保险条款中规定的三种基本险的除外责任一般有哪些？
6. 什么情况下构成推定全损？和实际全损有何区别？
7. 构成共同海损的条件有哪些？
8. 共同海损与单独海损的区别在哪里？
9. 我出口 CIF、CIP、FOB、FCA、CFR、CPT 合同中的保险条款应如何规定？
10. 现行伦敦保险业协会《货物保险条款》有哪些险别？这些险别能否单独投保？
11. ICC（A）、ICC（B）、ICC（C）三种险别的责任范围和除外责任有何区别？
12. 我出口 CIF 合同规定按发票金额 110% 投保一切险和战争险，如出口发票金额为 15 000 美元，一切险保险费率为 0.6%，战争险保险费率为 0.03%。试问：投保金额是多少？应付保险费是多少？
13. 一批出口货物 CFR 价为 250 000 美元，现客户要求改 CIF 价，且加二成投保海运一切险，我方同意照办，如保险费率为 0.6% 时，我方应向客户收取的保险费是多少？
14. 某货轮载货后，在航行途中不慎发生搁浅，事后反复强行起浮，但船上轮机受损且船底划破，致使海水渗入货仓造成船货部分损失。该货轮行驶至邻近的一港口船坞修理，暂时卸下大部分货物，前后花了 10 天时间，增加了各项费用，包括船员工资。当货轮修复后装上原货起航后不久，A 仓起火，船长下令对该仓灌水灭火。A 仓原载有文具用品、茶叶等，灭火后发现文具用品一部分被焚毁，另一部分文具用品和全部茶叶被水浸湿。试分析以上各种损失的性质，并指出在投保 C.I.C 何种险别的情况下，保险公司才负责赔偿？

15. 我国一批拖拉机出口至坦桑尼亚首都多多马市，投保的是 C.I.C 的平安险，途中遭遇飓风把货轮一边的 200 多台拖拉机卷入海中，此时船舶发生严重倾斜，船长为了船货的共同安全，下令把船另外一边拖拉机中的 100 多台也抛入海中。请问：保险公司对于货物损失应如何赔偿？

16. 某公司出口一批货物，已投保一切险和战争险，该船抵达目的港开始卸货不久，当地突然发生武装冲突，船上货物及部分已经卸到岸上的货物被炮弹击毁。请问：保险公司应该如何处理这一损失？

延伸阅读

海洋货物运输基本险项下保险责任起讫的理解

请扫二维码阅读

第四篇
PART 4

国际货款结算

第十一章　国际结算的票据
第十二章　汇付
第十三章　托收
第十四章　信用证
第十五章　不同结算方式的选用

第十一章
CHAPTER 11

国际结算的票据

学习目标

通过学习本章，要求掌握：
1. 汇票、本票以及支票的定义、主要项目内容以及种类。
2. 汇票使用的主要步骤。
3. 汇票、支票、本票三者的区别。

引导案例

甲为汇票的出票人，指定丙为受票人，乙为持票人。乙将该汇票背书转让给丁，丁在到期日前向受票人丙提示汇票并获承兑。但至汇票到期日，丙以甲所交货物质量有问题为由，拒绝向丁付款。

案例思考

1. 丙的拒付理由是否成立？
2. 丁此时有何权力？应如何行使？

第一节 汇 票

汇票（Bill of Exchange，简称 Draft 或 Bill）是票据的最主要代表，汇票能集中反映票据的性质、特征以及规律，体现票据所具有的信用、支付以及融资等经济功能，在我国的对外贸易货款结算中，汇票是使用最多的票据。

一、汇票的定义

我国《票据法》第 19 条对汇票下的定义是："汇票是出票人签发的，委托付款人在见票时或者在指定日期无条件支付确定的金额给收款人或者持票人的票据。"

各国广泛引用或参照的英国《票据法》对汇票所下的定义为：

A bill of exchange or draft is an unconditional order in writing prepared by one party (drawer) and addressed to another (drawee) directing the drawee to pay a specified sum of money to the order of a third person (the payee), or to the bearer, on demand or at a fixed and determinable future time.

由一人签发给另一人的无条件书面命令，要求受票人见票时或于未来某一规定的或可以确定的时间，将一定金额的款项支付给某一特定的人或其指定人或持票人。

二、汇票的内容

各国票据法对汇票内容的规定有所不同，一般认为应包含下列基本内容：① 应载明"汇票"的字样；② 表明无条件的支付命令；③ 确定的金额；④ 付款人的名称；⑤ 收款人的名称；⑥ 出票日期；⑦ 出票人签章。

在实际业务中，汇票通常还需列明付款日期，付款地点和出票地点等内容。对此，我国《票据法》第23条做了下述具体规定："汇票上记载付款日期、付款地、出票地等事项的，应当清楚、明确。汇票上未记载付款日期的，为见票即付。汇票上未记载付款地的，付款人的营业场所、住所或者经常居住地为付款地。汇票上未记载出票地的，出票人的营业场所、住所或者经常居住地为出票地。"

三、汇票的种类

按照不同的标准，汇票可以有不同的分类。

1. 按照出票人不同的分类

按照出票人的不同，汇票可分为银行汇票（Bankers Draft）以及商业汇票（Commercial Draft）。

（1）银行汇票是指出票人及付款人都是银行的汇票。在国际结算中，银行汇票一般由汇款人寄交国外的收款人，收款人凭以向指定的付款银行取款。同时，出票行必须将付款通知书寄给国外付款行，以便付款行在收款人持票取款时进行核对。银行汇票一般为光票，不随附货运单据。

（2）商业汇票的出票人是工商企业或个人，付款人可以是工商企业或个人，也可以是银行。在国际结算中，商业汇票的使用较多，通常是出口人开立，在向国外进口人或银行收取货款时使用。

2. 按照付款时间不同的分类

按照付款时间的不同，汇票可分为即期汇票（Sight Draft；Demand Draft）及远期汇票（Time Draft；Usance Draft）。

（1）即期汇票。它是指在提示或见票时立即付款的汇票，最主要的付款时间表达方式为见票即付。

（2）远期汇票。它是指在一定期限或特定日期付款的汇票。在实际业务中，远期汇票付款日期的记载方法主要有：① 规定特定的付款日期（At A Fix Day），即定日付款；② 见票后若干天（At ... Days after Sight），如见票后 30 天、45 天、60 天、90 天等；③ 出票日后若干天（At ... Days after Date of Draft）；④ 提单日期后若干天（At ... Days after Date of Transport Document），其中使用较多的为"提单日期后若干天"。

3. 按照承兑人不同的分类

按照承兑人的不同，汇票又可分为商业承兑汇票（Commercial Acceptance Draft）及银行承兑汇票（Bankers Acceptance Draft）。

（1）商业承兑汇票是指由工商企业或个人承兑的远期商业汇票，其出票人也是工商企业或个人，是建立在商业信用的基础之上的。

（2）银行承兑汇票是指由银行承兑的远期商业汇票。银行承兑汇票通常先由出口人签发，银行对汇票承兑后即成为该汇票的主债务人，而出票人则成为从债务人或称次债务人。银行承兑汇票的特点是：信用好、承兑性强、灵活性高、有效节约资金成本。

4. 按照是否有货运单据跟随的分类

按照使用时是否有货运单据跟随，汇票可分为光票（Clean Draft）及跟单汇票（Documentary Draft）。

（1）光票又称净票或白票，是指不附带货运单据的汇票。根据使用场合不同，光票的出票人既可以是工商企业或个人，也可以是银行。付款人同样也可以是工商企业、个人或银行。光票的流通全靠出票人、付款人或出让人（背书人）的信用。在国际结算中，除少量用于货款结算外，一般仅限于贸易从属费用、货款尾数、佣金等的托收或支付时使用。除贸易领域以外，光票还用于赠予、接济、留学支出等方面。

（2）跟单汇票又称信用汇票、押汇汇票，是指需要附随提单、仓单、保险单、装箱单、商业发票等单据才能进行付款的汇票，商业汇票多为跟单汇票，在国际贸易中使用频率较高。一份汇票通常同时具备几种属性，例如一份商业汇票，可以同时是即期的跟单汇票或远期的银行承兑跟单汇票或远期的商业承兑跟单汇票。

四、汇票的使用

在实务中，即期汇票与远期汇票的使用步骤有所不同，即期汇票只需经过出票、提示以及付款的程序，而远期汇票还需经过承兑手续。如需流通转让，需要经过背书；若遇拒付，还需做拒绝证书以行使法定的追索权。

（一）出票

根据我国《票据法》第 20 条的相关定义，出票（Issue）是指出票人签发票据并将其交付给收款人的票据行为。出票的英文为 Issue，Issue 具体可以分解为：Draw，即写汇票或填汇票；Sign，即出票人在汇票上签字；Deliver，即出票人将汇票交付给收款人。出票是一切票据行为的出发点及基础。

汇票上对收款人的填写方法主要有三种。

1. 限制性抬头

这种抬头的汇票只限于付款给指定的收款人。例如,"Pay××Co,Only"或"Pay×× Co.,Not Negotiable"。这种汇票只限定××公司收取货款,不能转让。这种抬头表明汇票金额只能付给特定的抬头人,但该特定的抬头人不能再将汇票下的收款权利转让给他人。尽管这种汇票在各种汇票中最具有安全性,但因其流通性差而在贸易中使用较少。

2. 指示性抬头

它是指汇票收款人名称为某人或其指定的人。例如,"Pay to John Smith Only"或"Pay to John Smith Not Transferable"。这种规定方法实际上表明,汇票金额只能付给特定的抬头人,但该特定的抬头人不能将汇票下的收款权利转让给他人。尽管这种汇票在各种汇票中最具有安全性,但因其流通性差而在贸易中使用较少。我国《票据法》规定,出票人在汇票上记载"不得转让"字样的,汇票不得转让,即上述限制性抬头的写法。限制性抬头的汇票不可流通转让。

3. 持票人或来人抬头

它是指票据上规定以持票人为收款人的表示。例如,"Pay Bearer"(付给来人)。这种汇票不经过背书就可以转让。我国《票据法》规定,凡签发持票人或来人抬头的汇票无效。

(二)提示

提示是指收款人或持票人将汇票提交给付款人,要求他付款或承兑的行为。付款人看到汇票叫见票。

提示又具体可以分为以下两类。

1. 提示承兑

提示承兑(Presentation for Acceptance)是指持票人向付款人出示汇票,并要求付款人承诺付款的行为。提示承兑中出示的汇票包括即期汇票或已经到期的远期汇票。完整的提示承兑一般需要两次,第一次叫"承兑提示",在持票人提示时付款人需要在汇票上签字盖章;第二次叫"付款提示",在付款期限到期后,持票人提示付款人立即支付款项。

2. 提示付款

提示付款(Presentation for Payment)是指持票人向付款人出示汇票并要求他立即付款的行为。

我国《票据法》第53条规定,持票人应当在下列期限内提示付款:其一,见票即付的汇票,自出票日起1个月内向付款人提示付款。其二,定日付款、出票后定期付款或者见票后定期付款的汇票,自到期日起10日内向承兑人提示付款。

(三)承兑

承兑(Acceptance)是指持票人在汇票到期之前,要求付款人在远期汇票上签字盖章,承诺到期付款的书面行为。在付款人承兑前汇票的主债务人员是出票人,承兑后承兑人则成为主债务人,出票人及其他背书人则成为从债务人。我国《票据法》第42条规定未写明承兑日期的以付款人自收到提示承兑的汇票之日起的第 3 天为承兑日期。

(四) 付款

付款 (Payment) 是指付款人向持票人支付票据金额的全部或一部分以消除票据关系的行为。付款人付款后票据的法律关系就因此消除，付款是票据关系的最后环节。付款有即期及远期两种。即期付款就是"见票即付"，远期付款就是指按照汇票上规定的将来某一时间或某一时段付款。

(五) 背书

背书 (Endorsement) 是指出票人或善意持票人 (Bona Fide Holder) 将票据权利转让给他人或者将一定的票据权利授予他人行使，而在票据背面或者粘单上记载有关事项并签章的行为。一张票据可以多次背书、多次转让。

(六) 贴现

贴现 (Discount) 是指银行或金融公司对未到期的远期汇票或其他有价证券在扣除一定的到期利息和手续费以后，将该有价证券购买过来的行为。一般而言，票据贴现可以分为三种，分别是贴现、转贴现以及再贴现。

(七) 拒付

拒付 (Dishonor) 也叫"退票"，是指付款人对远期汇票拒绝承兑 (Dishonor by Non-acceptance)，或对即期汇票拒绝付款的行为 (Dishonor by Non-payment)。拒付主要包括以下几种情形：

(1) 付款人拒绝支付即期汇票或已经到期的远期汇票；
(2) 付款人拒绝承兑远期汇票；
(3) 付款人在提示时不露面；
(4) 付款人死亡或破产。

(八) 追索权

追索权 (Right of Recourse) 是指汇票到期被拒绝付款或其他法定原因出现时，持票人获得请求其前手偿还汇票金额及有关损失和费用的权利。简言之，追索权就是在票据权利人的付款请求权得不到满足时，法律赋予持票人对票据债务人进行追偿的权利。持票人是票据上的唯一债权人，他可向对汇票负责任的任何当事人取得偿付，被迫付款的背书人可向承兑人或出票人或其前手背书人取得偿付。追索的金额一般包括汇票金额、利息、做成退票通知、拒付证书以及其他必要的费用。行使追索权必须满足以下三个条件：

(1) 必须在法定的期限内提示。如英国《票据法》规定，"合理的时间内向付款人提示汇票，未经提示，则持票人不能对其前手追索"。

(2) 必须在法定的期限内通知。如英国《票据法》规定，"退票后的次日，将退票事实通知前手，后者再通知其前手，直到出票人"。

(3) 若遭到退票的是外国汇票，必须在法定期限内由持票人请公证人做成拒绝证书

(Protest)。如英国《票据法》规定,"持票人要在退票后的一个营业日请公证人做成拒绝证书"。

关于追索权的时效,英国《票据法》规定,保留追索权的期限为6年。《日内瓦统一票据法》规定,持票人对前一背书人或出票人行使追索权的期限为1年,背书人对其前手背书人行使追索权的期限为6个月。

第二节 本 票

一、本票的定义

本票(Promissory Note)是一项书面的、无条件的支付承诺。由一人做成并交付给另一人,经制票人签名承诺即期或定期或在可以确定的将来时间,支付一定数目的金额给一个特定的人或其指定的人或来人。

二、本票的内容

按照我国《票据法》第75条规定,本票必须记载下列事项:① 表明"本票"的字样;② 无条件支付的承诺;③ 确定的金额;④ 收款人名称;⑤ 出票日期;⑥ 出票人签章。本票上未记载规定事项之一的,本票无效。该法又规定:本票上未记载付款地的,出票人的营业场所为付款地;未记载出票地的,出票人的营业场所为出票地。

三、本票的种类

(1)根据签发人的不同,本票可分为商业本票(又叫"一般本票")和银行本票。银行本票是银行签发的,承诺自己在见票时无条件支付确定的金额给收款人或持票人的票据。单位及个人在同一票据交换区域需要支付各种款项,均可以使用银行本票。银行本票可以用于转账,注明"现金"字样的银行本票可以用于支取现金。我国《票据法》第78条规定,银行本票的提示付款期限自出票日起最长不得超过2个月。

(2)根据付款时间的不同,本票可分为即期本票和远期本票。所谓即期本票,是指见票即付的本票,持票人自出票日起可以随时请求出票人付款,包括写明"见票即付"的本票、到期日与发票日相同的本票以及未记载到期日的本票等。所谓远期本票,是指其持票人只能在票据到期日才能请求出票人付款的本票。

(3)根据有无收款人的记载,本票可分为记名本票和不记名本票。记名本票是指本票的票面注明收款人姓名的一种本票。我国《票据法》第75条规定,本票必须记载收款人名称,否则,本票无效。不记名本票指的是在票面上并不记载权利人(收款人)的名称,而只是写明以"来人"为收款人的本票。由于这种本票是把票据权利授给来人的,所以要求持票人必须妥善保管,以免遗失,一旦遗失,其损失就要由持票人自己承担了。因为这种本票发生遗失后不易防范,无论是谁来向出票人做付款提示,只要符合票式要求,出票人都无权拒绝。

（4）根据其金额记载方式的不同，本票可分为银行定额本票及银行不定额本票。所谓银行定额本票指凭证上预先印有固定面额的银行本票，而不定额银行本票是银行本票中按票面金额划分的一种票据，其是由银行签发的，承诺自己在见票时无条件支付确定金额给付款人或者持票人。按支付方式不同分为转账不定额银行本票和现金不定额银行本票。

（5）根据支付方式的不同，本票可分为现金本票和转账本票。现金本票是指在票面上注明"现金"字样，可以通过向银行支取现金的方式来进行支付结算的本票。转账本票是指通过银行账户转移资金的方式来进行支付结算的本票。

四、本票与汇票的区别

本票与汇票除上述定义上的不同外，主要有以下区别。

（1）基本当事人不同。汇票是委托式票据，汇票有三个基本当事人，即出票人、付款人以及收款人；而本票是承诺式票据，本票的基本当事人只有出票人及收款人两个，因为本票的出票人就是付款人。

（2）所需份数不同。汇票一般能够开成一式多份；而本票只能一式一份。

（3）承兑等项目不同。本票不需要：① 提示要求承兑；② 承兑；③ 参加承兑；④ 发出一套。汇票必须要有①～④项。因为本票没有承兑这一项目，所以英国《票据法》主张远期本票只有"after date"，没有"after sight"。但《日内瓦统一票据法》认为可有"after sight"本票，持票人须向制票人提示并请他"签见"（Visa），从签见日期起算确定到期日。如制票人拒绝签见，则从提示日起算。远期汇票都要经付款人承兑。规定有具体付款日期的汇票，经承兑后，就确定了付款人的付款责任；见票后定期付款的汇票，只有在承兑后才能确定付款到期日。而本票的出票人就是付款人，远期本票由他本人签发，就等于本人已承诺在本票到期日付款，因此无须承兑。

（4）主债务人。本票的主债务人是制票人，汇票的主债务人承兑前是出票人，承兑后是承兑人。

第三节 支　　票

一、支票的定义

支票（Check/Cheque）是指银行存款客户向银行签发的，授权该银行即期支付一定数额的货币给一个特定的人或其指定的人或来人的无条件书面支付命令。我们可以把支票看成汇票的特例。

二、支票的必要项目

《日内瓦统一票据法》规定，支票要求具备以下的必要项目：① 写明其为"支票字样"；② 无条件的支付命令；③ 付款银行的名称及地点；④ 出票人的名称及签字；⑤ 出票日期及地点；⑥ 写明即期字样，如未写明即期，乃视为见票即付；⑦ 一定的金额；⑧ 收款人或其指定人的名称。

三、支票的种类

按照不同的标准，支票可以分为不同的类型：

（1）记名支票（Cheque Payable to Order）是指在支票的收款人一栏写明具体收款人姓名，如"限付某甲"（Pay A Only）或"指定人"（Pay A Order），取款时须由收款人签章方可支取。

（2）不记名支票（Cheque Payable to Bearer）又称空白支票，是指支票上不记载收款人姓名，只写"付来人"（Pay Bearer）。这种支票无须背书即可转让，取款时也无须在背面签字。

（3）划线支票（Crossed Cheque）是在支票正面划两道平行线的支票。划线支票只能委托银行转账收款，而不允许提取现款，其目的在于保障出票人和持票人的资金安全，一旦划线支票遗失或被盗窃，即使被人冒领，也只能将票款收在银行账上，所以有可能通过转账银行代收票款的线索追回票款。

（4）保付支票（Certified Cheque）是指经付款人保付后由保付人负绝对付款责任的支票。保付是由受款人或持票人要求银行，由付款银行在支票上加盖"保付"戳记，以表明在支票提示时一定付款的行为。支票一经保付，付款责任即由银行承担。发票人、背书人都可免予追索。付款银行对支票保付后，即将票款从出票人账户转入一个专户，以备付款。支票保付后，付款银行就成为主债务人。另外，持票人可以不受付款提示期的限制。倘若持票人遗失保付支票，一般不能做出止付通知。

（5）现金支票（Cash Cheque）是专门制作的用于支取现金的一种支票。当客户需要使用现金时，随时签发现金支票，向开户银行提取现金，银行在见票时无条件支付给收款人确定金额的现金的票据。现金支票不可用于转账。

（6）银行支票（Banker's Cheque）是由银行签发，并由银行付款的支票，也是银行即期汇票。银行代顾客办理票汇汇款时，可以开立银行支票。

（7）旅行支票（Travelers's Cheque）是银行或旅行社为旅游者发行的一种固定金额的支付工具，是旅游者从出票机构用现金购买的一种支付手段。旅行支票与一般银行汇票、支票的不同之处在于旅行支票没有指定的付款地点和银行，一般也不受日期限制，能在全世界通用，客户可以随时在国外的各大银行、国际酒店、餐厅及其他消费场所兑换现金或直接使用，是国际旅行都常用的支付凭证之一。

四、支票与汇票的区别

支票与汇票的区别主要表现在以下几个方面。

（1）支票是授权书，它授权付款行借记其客户的账户；汇票是委托书，委托付款人在见票时，或者在指定日期无条件支付确定的金额给收款人或者持票人的票据。

（2）支票是支付工具，只有即期付款，没有承兑，也没有到期日的记载；汇票是支付及信用工具，有即期、远期之分。

（3）支票的主债务人是出票人，远期汇票的主债务人是承兑人。

（4）支票可以保付，汇票没有保付但能请求第三者加以保证。

（5）支票可以划线，除银行即期汇票和类似支票的票据以外，一般汇票不能划线。

（6）划线支票和划线银行即期汇票的付款行要对真正的所有人负责付款，即期汇票或未划线支票的付款行要对持票人负责付款。

（7）支票可以止付，在承兑后汇票的付款是不可撤销的。

（8）支票只能开出一张，汇票可以开出一套。

◆ 本章小结

　　本章介绍了汇票、本票以及支票的定义、主要内容以及种类；不同票据法对这三类支付工具有不同侧面的介绍，在这个基础上，本章对汇票的票据动作及法律效果做出了详细的说明，最后比较了汇票与本票的区别以及支票与汇票的区别。

◆ 复习思考题

1. 什么是汇票、银行汇票、商业汇票？
2. 什么是本票？本票有哪些种类？
3. 什么是支票？支票有哪些种类？
4. 光票与跟单汇票的区别是什么？
5. 商业汇票与银行汇票的区别是什么？
6. 汇票与本票的区别是什么？
7. 支票与汇票的区别是什么？
8. 远期汇票的支付时间有哪几种规定方法？

◆ 延伸阅读

我国《票据法》修改的相关问题研究

请扫二维码阅读

第十二章
CHAPTER 12

汇　付

❖ 学习目标

通过学习本章，要求掌握：
1. 汇款的定义及其当事人。
2. 汇付的种类及各自的业务流程。
3. 汇付方式的正确选择。

📖 引导案例

中国某外贸公司 B 和伊朗客人签署了摩托车配件出口合同，合同金额为 9 万美元，约定伊朗客人以电汇方式预付 30% 的货款，货物到达目的港后，凭正本 B/L 传真件 T/T 付清剩余货款。B 公司按合同规定在 4 月之前将货物运送到伊朗阿巴斯港，并将货物提单以扫描传真形式发送给伊朗客人，但对方始终没有支付余下的货款。B 公司多次联系伊朗客人未果，货物长期放置伊朗阿巴斯港。B 公司了解到根据伊朗货物运送到伊朗港口后，申报时间只有 4 个月，若进口商在限定的时期内没有提走货物，则海关可将其拍卖。该货物的商标是伊朗客人的自有品牌，加之摩托车配件具有特殊性，产品商标不得任意拆卸，当地其他进口商不可能使用。B 公司在调查后了解到该伊朗客人的资信较差，不积极提货很可能是为了 4 个月后能以很低的价格拍卖获得此批货物。经慎重考虑，B 公司于 6 月向伊朗相关部门办理了货物退运手续，货物随后运回中国。之后，B 公司依据国际司法程序将对方告上法庭，寻求损失的补偿。

📈 案例思考

怎样规避类似的汇付风险？

第一节 汇付的定义及其当事人

一、汇付的定义

汇付（Remittance）又称汇款，是汇款人主动将款项交给本国银行，委托该银行通过某种结算工具，转托国外银行将汇款付给国外收款人的一种付款方式。汇付具有手续简便、费用低廉等特点，为国际结算的主要方式之一，是产生最早的结算方式，也是其他各种结算方式的基础。

由于在汇付方式下，结算工具（委托通知或汇票）的传送方向与资金的流动方向相同，因此称为顺汇。

二、汇付的当事人

（1）汇款人、债务人、付款人（Remitter）——委托汇出行将款项汇交收款人的当事人，通常是国际贸易中的买方。

（2）汇出行（Remitting Bank）——受汇款人委托将资金汇出的银行，通常是进口地银行。

（3）汇入行、解付行（Paying Bank）——受汇出行委托并解付一定金额给收款人的银行，通常是出口地银行且多为汇出行的国外分行或代理行。

（4）收款人、债权人、受益人（Payee）——接到汇入行通知后收取汇款金额的当事人，通常是国际贸易中的卖方。

第二节 汇付的种类及办理手续

一、传统银行汇付

汇付人在汇款时，可采取三种不同的方法：电汇、信汇、票汇，主要是根据收款人对款项是否急需或汇款人所在国的情况以及金额的大小而定，目前常用的是电汇及票汇。

1. 电汇

电汇（Telegraphic Transfer，T/T）是汇出行应汇款人的要求，用电报、电传或 SWIFT 委托付款行向收款人付款的方式。

电报（Telegraph）是用电信信号传递文字、图表、相片、文件等信息的一种通信方式，一般以字数计价。

电传（Teletypewriter Exchange）也称用户电报，是发报银行利用装设在本单位的专用电传机与本地或国内外用户通信的一种电报通信方式。

SWFIT 即环球同业银行金融电讯协会（Society for Worldwide Interbank Financial Telecommunication），成立于 1973 年，是国际银行业协作组织，提供安全报文服务与接口软件，促进金融交易处理自动化。目前用户超过 10 000 家金融机构，遍布全球 200 多个国家。SWIFT 网络已经成为国际结算、收付清算、外汇资金买卖、国际汇兑等各种业务系统的通信主渠道。凡该协会的成员银行都有自己特定的 SWIFT 代码，即 SWIFT Code，便于信息传递和资金划拨。SWIFT 银行识别代码由以下几部分构成：银行代码（Bank Code），由四位易于识别的银行名字的首位缩写字母构成;国家代码(Country Code),根据国际标准化组织的规定由两位字母构成;地区代码(Location Code),由两位数字或字母构成,标明城市;分行代码(Branch Code),由三位数字或字母构成,标明分支机构。

2. 信汇

信汇(Mail Transfer,M/T)是汇出行应汇款人的要求,用航邮信函通知汇入行向收款人付款的方式。

电汇和信汇业务的流程如图12-1所示。

3. 票汇

以银行的即期汇票作为汇款工具就是票汇(Demand Draft,D/D)。它是汇出行应汇款人的要求开立以其在付款地的联行或代理行为付款人的即期汇票交给汇款人,由汇款人自寄或自带到付款地去凭票付款。

票汇除使用银行汇票外,近年来使用如本票、支票等的其他票据日益增多。需要注意的是,开具支票的时间到真正转账支付的最后期限之间有一段时间,不到最后的付款期限,收款人没有办法知道该笔资金能否被接收到。有些不法分子在得到货物以后却告知其银行资金不足,使收款人受到欺诈而蒙受损失。

票汇业务的流程如图12-2所示。

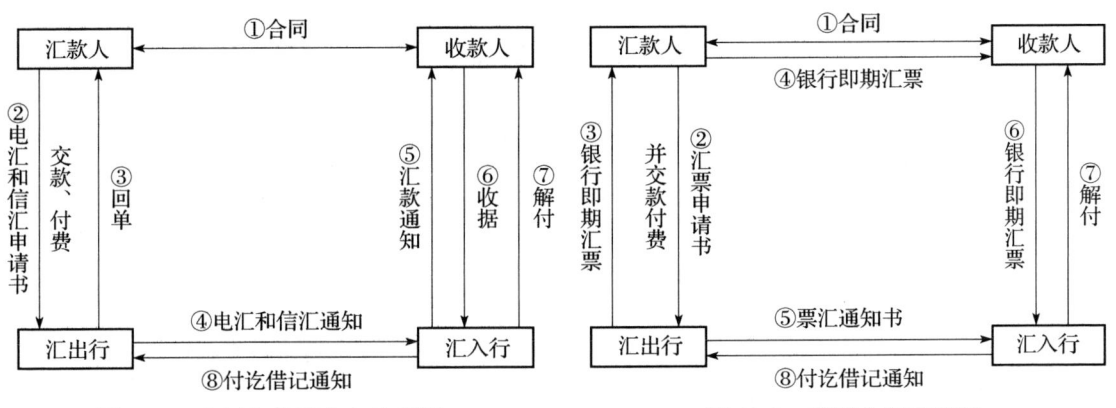

图12-1 电汇和信汇业务流程图　　　　图12-2 票汇业务流程图

4. 三类汇付方式的比较

电汇、信汇、票汇三种方式的比较如下。

(1)从支付工具来看,电汇使用的方式是电报、电传或SWIFT,用密押证实。信汇使用的方式是信汇委托书或是支付委托书,用签字证实。票汇使用的银行即期汇票,用签字证实。

(2)从汇款人的成本费用来看,电汇的收费较高,信汇与票汇较低。

(3)从安全方面来看,电汇比较安全,而且在短时间内能够收到汇款。信汇没有电汇安全。票汇虽然有灵活性的优点,但是容易丢失或者损坏,如果遗失,挂失或者止付程序都比较烦琐,容易陷入汇票纠纷。

(4)从汇款速度来看,电汇是一种最快捷的方式,也是目前使用最广泛的方式。信汇方式由于资金在途时间较长,大额资金的利息损失较为明显,目前很少使用。票汇是由汇款人邮寄给收款人或者自己携带至付款行所在地要求提示付款，比较灵活简便，其使用量介于二者之间。

中国银行汇入汇款（Inward Remittance）的业务流程（实线为电汇和信汇，虚线为票汇）如图 12-3 所示。

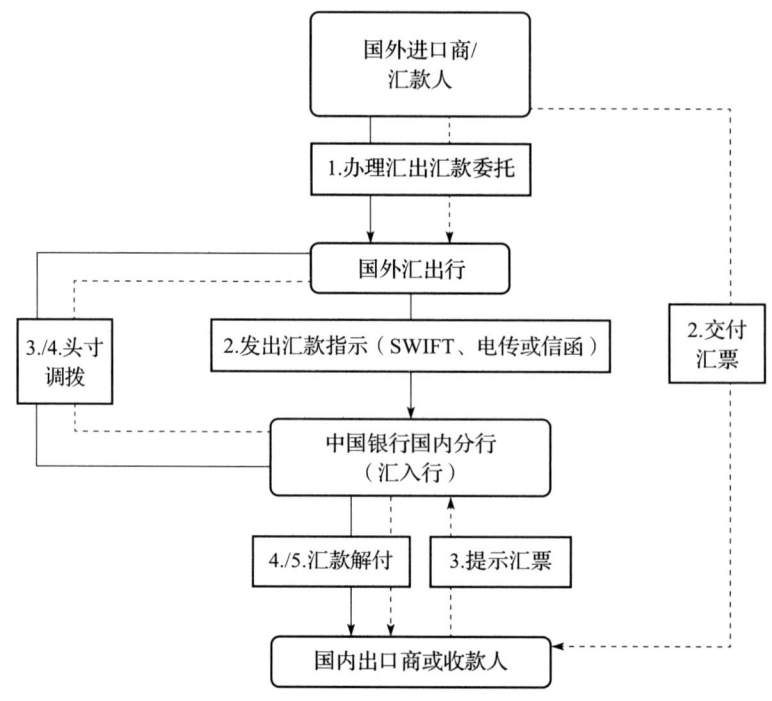

图 12-3　中国银行办理的汇入汇付业务

资料来源：中国银行网站。

汇出汇款（Outward Remittance）办理流程（电汇和信汇以实线表示，票汇以虚线表示）如图 12-4 所示。

二、专业国际汇款公司汇付

西联汇款（Western Union）是目前全球最大的国际汇款公司，也是最早进入国内的国际公司。在全球共有 500 000 多个合作网点，遍布 200 多个国家和地区，在中国的合作网点超过 21 000 个，目前已与中国邮政储蓄银行、中国农业银行、中国光大银行合作，可以在指定营业网点开展美元、欧元的国际汇款业务。

速汇金（Money Gram）则是全球第二大国际汇款服务公司，速汇金业务是

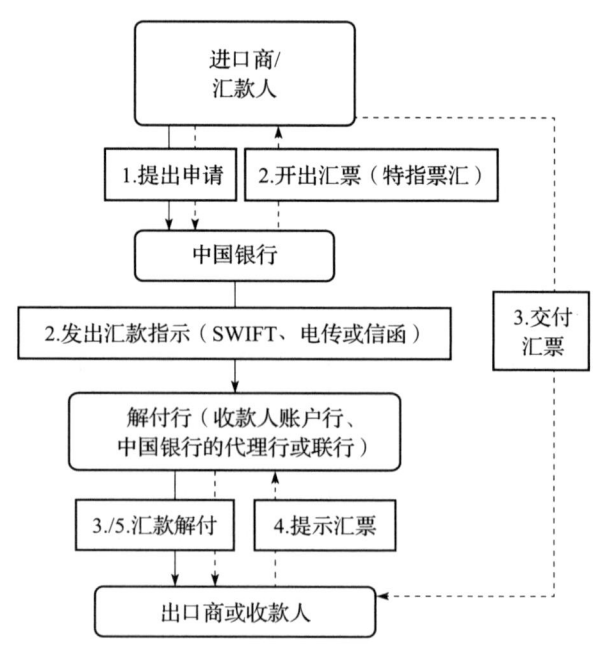

图 12-4　中国银行办理的汇出汇付业务

资料来源：中国银行网站。

一种个人间的环球快速汇款业务,可在十余分钟内完成由汇款人到收款人的汇款过程,具有快捷便利的特点。速汇金在国内的合作伙伴包括中国银行、中国工商银行、交通银行、中信银行。

与普通国际汇付相比,西联汇款、速汇金国际汇款有比较明显的优点。首先它们不需开立银行账户,取款凭身份证和汇款密码;另外在手续费方面,西联汇款、速汇金国际汇款的费用也比较低。但是西联汇款、速汇金目前仅用于个人间的国际汇款。

三、国际支付平台

PayPal 是美国 eBay 公司的全资子公司,它是一个总部在美国加利福尼亚州的因特网服务商,允许在使用电子邮件来标识身份的用户之间转移资金,避免了传统的邮寄支票或者汇款的方法。PayPal 是在线付款解决方案的全球领导者,在全世界有超过 1 亿个注册账户。它可以在 100 多个市场以 6 种货币使用,是跨国交易中非常有效的付款方式。买家和卖家(个人或企业)只需一个电子邮件地址就可以在 PayPal 开通账户了,可以非常方便地完成网上收付款,收付款方式与支付宝相同。PayPal 也和一些电子商务网站合作,成为它们的货款支付方式之一,但是需要收取一定数额的手续费。

国内独立的第三方支付平台,如支付宝等,也在纷纷加快国际化步伐,有望在国际支付平台中占据更多的市场份额。

第三节 汇付的性质及应用

一、汇付的性质

汇付是国际结算的当事人通过两地银行,结清双方债权债务关系的一种方式,两地银行在汇款业务中只起到媒介作用,属于代理性质。

汇付是商业信用而不是银行信用。银行并不介入进出口双方的买卖合同,对合同规定的交易双方的责任、义务的履行不提供任何担保,也不代办货运单据的移交,而由出口方自行转交给进口方,交易取决于一方对另一方的信用,因而买卖双方必有一方承担着较大的风险。卖方等债权人是否能得到款项,取决于买方等债务人的信誉及履约能力,因而属于商业信用。

二、汇付的应用

鉴于实践中用 T/T 方式居多,根据货款的前后不同有预付的前 T/T 和赊账的后 T/T 之分。

1. 预付货款

预付货款(Payment in Advance)是先款后货,进口商将货款先行支付给出口商,出口商收到货款后再发货。这是一种对出口商非常有利、对进口商很不利的结算方式。目前全额预付在实践中非常少见,因出口商在货物出口前就得到了货款,无须自己垫付,等于利用了他人的款项，有利于资金的周转。而进口商未收到货物却先行垫款，积压了资金，一旦出口商不发货或货物的品质有问题，就将遭受损失。因此，这种方式只适用于双方关系密切或货物畅销、货源有限的情况。

预付也用在进口商向出口商支付定金方面，出口商在出口大宗商品或成套设备时，根据惯例，往往要求进口商预付货款的一定比例作为定金，出口商在收到定金后才安排出口或制造、购买出口设备。

进口商采用预付时，为保障自身资金的安全，常提出一些条件，如进口商要求出口商的银行加担保或在签合同时，商定出口商在价格上给予一定的优惠或折扣。

常见的预付时间是在签订合同时及装运前。

2. 赊账

赊账（Open Account）是先货后款，出口商先发货，进口商在货到后再付款的结算方式。显然，这种方式对进口商有利，对出口商非常不利。

货到付款有售定和寄售两种：

（1）售定。货价已定，双方签订合同后，出口方先出运货物，进口方接到货物后，在一定期限内以汇款方式进行付款，即付款时间也是确定的。

（2）寄售。出口商出运货物后，委托进口商代卖，进口商出卖后，扣除佣金，把款汇给出口商。由于价格的涨落、盈亏等风险，都由卖方负担，所以这种方式对出口商更加不利。若产品属于新产品，初次打入进口地，为开拓市场，采用这种方式较为适宜。有时，少量的剩余货物或滞销产品，也以寄售方式进行。

3. 货、款基本同时的支付

交单付现（Cash Against Documents，CAD），即买方付款后，卖方交单，买方付款是卖方交单的前提条件。卖方即出口商将货物交付船公司装运后取得提单，将提单扫描给买方，买方依约汇款，卖方收到货款后申放提单或再将提单寄给买方。CAD方式下货和款的转移时间非常接近，买卖双方基本不占用对方信用。

凭单付汇（Remittance Against Documents）是出口商须凭进口商规定的条件收取款项的一种支付方式。进口商通过汇出行将款项汇给出口商所在地银行并指示该行须凭出口商提供的某些商业单据或装运证明才付款给出口商。汇入行根据汇出行的指示向出口商发出汇款通知书（即凭单付汇通知书），作为付款的证明。这种支付方式，进口商须十足付款，因此只适用于现货交易及空运交易，进口商可迅速收取货物，易于资金周转。与一般汇款不同，它是有条件的汇款，它对进口商多了一层保证，可以防止出口商支取汇款后不及时发货，而对出口方来说，只要及时发货，提供规定的单据，即可立即支取全部货款。在使用这种交付方式时应注意：① 汇款是可撤销的，汇款人（进口商）在汇款尚未被支取前，可随时通知汇款银行将汇款退回，因此，出口商应在收到银行汇款通知后，尽快发货、交单、收汇；② 出口商向银行提供凭以证明汇款通知上所规定的货物已装运的单据，一般只需商业发票及运输单据即可，其他单据则视进口商需要或不同进口国所在地区而定。

4. 汇付方式的组合运用

以上汇付方式可以单独使用，如全额后T/T 30天或全额CAD，也可以组合运用，如货款的 30% 采用预付即前 T/T，70% 使用后 T/T 60 天或 CAD。通常而言，出口商如果能收取一定金额的定金是比较安全的，定金一般是通过 T/T 方式支付。

第四节 汇付的风险及防范

一、汇付的风险

汇付以其低廉的费用成为当今国际贸易使用最广泛的结算方式，但其风险也是不言而喻的，尤其是预付及赊账场景。

预付对出口商非常有利，进口商则需要面临货款支付以后收不到货或者货物与合同不符的风险。赊账正好相反，对进口商非常有利，出口商会面临货物出口后收不到货款或者进口商拖欠、克扣货款的风险。出口企业以电汇方式收取货款容易遭遇以下风险：

（1）外国进口商先订几笔小单并正常付款，在得到中国出口企业的信任后再下一笔大单，然后以资金短缺、交货期紧为由，要求货到付款，货到提货后就无法联系。

（2）货物到港后，外国进口商以质量有问题、规格不符等为由，拒绝向中国出口企业付款并借机压价，甚至提出先销售后付款。

（3）进口商利用本国海关的相关规定，既不办理通关也不付款，更不同意出口商退货或转卖，导致货物长期滞港，最后以货物为筹码威胁中国出口企业降价。

（4）进口商与本国海运公司或货代公司勾结促使无单放货。

二、汇付风险的防范

汇付的风险防范分为企业内部控制和借用外部工具两类，一般可以从出口商及进口商两个角度讨论汇付风险的防范。

1. 出口商汇付风险的防范

（1）签约前做好买方资信调查。

汇付的风险主要属于商业信誉风险，因此签约前应尽量了解买方的履约能力、资信等级，甚至是买方国家的经济状况或外汇政策。国内出口商可以通过中国信保、驻外使领馆及往来银行对国外公司的资信情况等进行调查，并参考调查结果决定是否与其开展贸易。对资信欠佳的客户，要谨慎采用后 T/T 方式，如一定要用，必须通过出口信用保险等方式控制风险。

（2）尽量争取高比例的预付款。

出口方应在综合考虑生产成本、转卖难易度、仓储成本、进口商资信等各种因素的基础上，尽可能争取高比例的预付款。此外，建议在合同中明确约定，如买方在规定时间内不发出货通知或不支付余款，预付款将作为违约金不予退回。

（3）合同明确约定交货时间，妥善保管提单以控制货权。

实际上，任何货物销售合同均应对交货时间予以明确约定。约定交货时间，对判定买方行为是否构成根本违约非常重要。明确约定交货时间便于判定买方迟延提货是否构成根本违约，使卖方可以合理安排解除合同、转卖货物等事项以降低损失。卖方对提单等货运单据一定要妥善保管。

(4) 投保出口信用保险。

出口信用保险是国家为了推动本国的出口贸易，保障出口企业的收汇安全而制定的一项由国家财政提供保险准备金的非盈利性的政策性保险业务。

出口信用保险诞生于 19 世纪末的欧洲，最早在英国和德国等地萌芽。中国于 1988 年设立信用保险制度，2001 年中国加入 WTO，国务院批准成立专门的国家信用保险机构——中国出口信用保险公司（中国信保），目前已形成覆盖全国的服务网络。

出口信用保险承保的对象是出口企业的应收账款，承保的风险主要是来自进口国家或地区的政治风险和买家的商业风险。政治风险是指被保险人在对外投资和贸易过程中，因保单约定的、债务人所在国（地区）或贷款须经过的第三国（地区）或投资目的地的政府行为和订约双方不能控制的事件，使债权人或权益人可能遭受损失的风险，包括禁止或限制汇兑、进口管制、没收、征用、国有化、撤销进口许可证、颁发延期付款令、战争、暴乱或革命等。商业风险指：买方破产或无力偿付债务；买方拖欠货款；买方拒绝接收货物；开证行破产、停业或被接管；单证相符、单单相符时开证行拖欠或在远期信用项下拒绝承兑。以上这些风险无法预计，难以计算发生的概率，因此也是商业保险无法承受的。

出口商投保出口信用保险后，出口贸易收汇有安全保障，出口商可以放心地采用更灵活的结算方式，开拓新市场，扩大业务量；可以获得出口信贷融资，得到更多的买家信息，获得买方资信调查和其他相关服务；有助于企业自身信用评级和信用管理水平的提高。

短期出口信用保险的业务流程如下：

1）申请投保。出口企业填写投保单，把包含投保范围、出口情况、适保范围内的买方清单及其他信息填写清楚后，企业法人签章，向保险公司申请投保出口信用保险。

2）申请限额。在接到保险公司承保并签发的保险单后，应尽早向保险公司书面申请进口商的信用限额，把买家的情况、双方贸易条件以及出口企业所需的限额如实地填写清楚。

3）申报出口。保险公司根据已掌握的买家信用资料或对新买家进行资信调查，批复限额。每批出货后，把出口的情况如实清楚填写，供保险公司计收保险费。

4）缴纳保险费。如果未在规定期限内交付保险费，保险公司对申报的有关出口，不负赔偿责任。

5）填报可能损失通知书。出货后，买方已破产或无力偿付债务、买方已提出但拒绝收货及付款、买方逾期 3 个月未付或未付清货款或者发生保险公司承保的政治风险项下的事件，应向保险公司填报《短期出口信用保险可能损失通知书》。

6）索赔损失。出口商收不到货款且追讨无效，保险条款规定的赔偿等待期届满时，应尽快以书面形式向保险公司提出索赔，同时，齐全、真实地提供所需单证。保险公司对保险责任范围内的损失，分别按保单明细表所列的商业信用保险和政治风险所致损失的赔偿百分比进行赔偿，由政治风险和商业保险造成损失的最高赔偿比例为 90%，但赔偿以不超过保险公司批准买方信用限额或被保险人自行掌握信用限额的上述百分比为限。

(5) 加入国际保理。

保付代理（Factoring）业务是在以赊销为支付方式的贸易中，由保理商（Factor）向出口商提供的一种集融资、结算、财务管理、信用担保为一体的综合性的贸易支付方式，简称保理业务。

国际保理业务涉及的基本当事人有出口商、出口保理商、进口保理商和进口商。下面以一笔出口保理为例，介绍其业务流程。

出口商为国内某纺织品公司，欲向英国某进口商出口真丝服装，且欲采用赊销（O/A）的付款方式。

进出口双方在交易磋商过程中，该纺织品公司首先找到国内某保理商（作为出口保理商），向其提出出口保理的业务申请，填写《出口保理业务申请书》（又称《信用额度申请书》），用于为进口商申请信用额度。申请书一般包括如下内容：出口商业务情况；交易背景资料；申请的额度情况，包括币种、金额及类型等。

国内保理商于当日选择英国一家进口保理商，通过由国际保理商联合会（FCI）开发的保理电子数据交换系统 EDIFACTORING 将有关情况通知进口保理商，请其对进口商进行信用评估。通常出口保理商选择已与其签订过《代理保理协议》、参加 FCI 组织且在进口商所在地的保理商作为进口保理商。

进口保理商根据所提供的情况，运用各种信息来源对进口商的资信以及此种真丝服装的市场行情进行调查。若进口商资信状况良好且进口商品具有不错的市场，则进口保理商将为进口商初步核准一定信用额度，并于14个工作日内将有关条件及报价通知我国保理商。国内保理商将被核准的进口商的信用额度以及自己的报价通知纺织品公司。

纺织品公司接受国内保理商的报价，与其签订《出口保理协议》，并与进口商正式达成交易合同，合同金额为50万美元（应低于进口商的信用额度），付款方式为O/A，期限为发票日后60天。与纺织品公司签署《出口保理协议》后，出口保理商向进口保理商正式申请信用额度。进口保理商于第3个工作日回复出口保理商，通知其信用额度批准额、有效期等。

纺织品公司按合同发货后，将正本发票、提单、原产地证书、质检证书等单据寄送进口商，将发票副本及有关单据副本（根据进口保理商要求）交国内出口保理商。同时，纺织品公司还向国内保理商提交《债权转让通知书》和《出口保理融资申请书》，前者将发运货物的应收账款转让给国内保理商，后者用于向国内保理商申请资金融通。国内保理商按照《出口保理协议》向其提供相当于发票金额80%（即40万美元）的融资。

出口保理商在收到副本发票及单据（若有）当天将发票及单据（若有）的详细内容通知进口保理商，进口保理商于发票到期日前若干天开始向进口商催收。

发票到期后，进口商向进口保理商付款，进口保理商将款项付于我国保理商，我国保理商扣除融资本息及有关保理费用，再将余额付给纺织品公司。保理费用包括进口商的资信评估方面的花费及账务处理费用等，费率取决于产品种类、进口国别、金额及信誉、汇价风险大小等，一般不超过发票金额的2.5%。利息，即保理商从预支贷款到货款收回这段时间的利息。利率参照市场利率而定，出口商可将这笔费用打入货价，或经协商由双方共同承担。

2. 进口商汇付风险的防范

（1）做好卖方资信调查。

签约前尽量了解卖方的履约能力、资信等级，只有对资信很好的供应商，才能使用全额预付方式。

（2）要求出口商提供不可撤销银行保函作为履约担保。

进口商可通过要求出口商提供不可撤销银行保函作为履约担保以控制风险。保函金额通常与预付款金额相当，若在规定时间内卖方未发货，担保行即应支付担保金。

第五节　汇付条款实例及典型案例分析

一、汇付条款实例

在汇付条款中，应明确规定汇款的时间、具体的汇款方式和汇款金额等内容。例如：

The buyer shall pay 100% of the sales proceeds in advance by Demand Draft to reach the seller not later than Feb.1.

买方应不迟于 2 月 1 日将 100% 的货款用票汇预付并抵达卖方。

The buyer shall pay 100% of the sales proceeds to the seller in advance by T/T not later than Feb.14.

买方应不迟于 2 月 14 日把全部货款用电汇方式预付给卖方。

The buyer shall pay 100% of the sales proceeds to the seller by T/T within 30 days after the arrival of the goods.

买方应在货物到达目的地之后的 30 天之内把全部货款电汇给卖方。

The buyer shall pay 100% of the sales proceeds to the seller by T/T against the fax of B/L.

买方应在收到卖方的海运提单传真件后，把全部货款电汇给卖方。

The buyer shall pay 30% of the sales proceeds to the seller in advance by T/T before Jan.1 pay the balance by T/T against the fax of B/L.

买方应在 6 月 1 日之前把 30% 货款用电汇方式预付给卖方，余款在收到卖方的海运提单传真件后用电汇方式支付。

二、关于汇付的典型案例分析

有关汇付的典型案例主要围绕以前 T/T 预付定金方式下尾款收款风险的处置以及出口商使用第三方跨境电汇平台收款的风险进行分析。

1. 前 T/T 预付定金方式下尾款的收款风险及处置

▶ **案例 12-1**

3 月，中国 A 外贸公司与南美客户签订了 5 万美元出口灯具合同，支付条件为收到 30%

定金后开始生产，货物到港后进口商支付余额。4月，A公司收到30%定金后即安排生产、发货，但货物到港后，客人一直没有支付余款，提单也一直没有交给进口商。通过多次的函电及电话接触，A公司业务员了解到客户当时资金有困难。进口商是A公司多年来比较稳定的客户，同时，出口公司所供的灯具在南美市场销量还是不错的，进口商没有提单提货，货物滞留在港口，每天会产生昂贵的滞港费等费用，本着"最小限度减少损失、最大程度解决问题"的原则，A公司业务员同意在客户的能力范围内，先支付剩余货款70%的50%（即全部订单的约35%货款）后提货，剩余的35%货款根据客户资金情况可以分几次付清。当前一批货款到账后，A公司业务员再催客户支付剩余部分。这样经过先后几次支付，A公司最后在货物到港2个月后收回了全部余款。

资料来源：陈晓梅. 从两则案例探讨出口企业电汇收余款的风险及其防范[J]. 对外经贸实务，2013（7）.

【分析】

对出口商而言，到港后支付余款的风险很大，包括资金占用的风险、货物损失的风险和承担额外费用的风险。本案例中进口商就出现了资金不足的问题，导致风险的发生。好在出口商采用后T/T的事前有所准备：进口商是A公司多年来比较稳定的客户，出口的灯具在南美市场销量较好；本案例中出口企业采取了化整为零的做法，同意客人将余款分几次支付，最终收回了剩余的货款。该案例中，当出口企业收回大部分货款时，出口成本已经收回，进口商也基本解决了流动资金缺口，因此最后几次支付都进行得比较顺利。同时，该进口商也清楚出口企业在他困难时帮他了一把，双方此后的合作一直比较顺利。

2. 出口商使用第三方跨境电汇平台的收汇风险

案例12-2

义乌服装出口商A公司以CIF价格向尼日利亚进口商B公司出口服装2万美元，采用"装运前电汇25%+装运后见提单传真件后电汇75%"的方式支付货款，并使用西联汇款平台电汇，电放提单交货。尼日利亚B公司使用西联汇款支付5 000美元后，义乌A公司按照合同约定按期发货，并及时传真B/L复印件给尼日利亚B公司。尼日利亚B公司告知义乌A公司，因尼日利亚外汇管制较严，每次汇款上限是5 000美元，余款15 000美元将分三次电汇。义乌A公司查询义乌建行西联汇款代办处后得知尾款首批5 000美元已经汇到后，同时授权承运人可电放货物；尼日利亚B公司立刻凭提单传真件提取了全部货物。数日后，义乌A公司拟到义乌建行西联汇款代办处一次性提取尾款15 000美元时，被告知已按尼日利亚B公司要求退汇了，义乌A公司损失了75%的货款。

资料来源：孟亮. 出口商在采用电汇结算方式下的风险及防控措施分析[J]. 对外经贸实务，2016（7）.

【分析】

利用第三方跨境电汇平台办理电汇货款的外贸交易往往是贸易额较少的出口货物，一旦进口商违约拒绝付款，出口商依照进出口合同维权的金钱和人力成本经常超过贸易额本身，迫使出口商被迫放弃海外维权行为。第三方跨境电汇平台办理汇款到账速度快，但如果收款人不及时将款项提走，则汇款人可以随时申请退汇，并且退汇时不需要征得收款人的同意。

本案例中义乌 A 公司从西联汇款代办处查询货款汇到，未及时提款，给尼日利亚 B 公司骗取货物提供了方便。装运后见提单传真件 T/T 的支付方式本身就给出口商利用货权约束进口商付款带来较大的风险，而电放提单提货方式使得进口商仅凭 B/L 传真件就可从承运人处提货，也给进口商先行提货创造了条件。

3. 出口商利用出口信用保险控制汇付风险

案例 12-3

2021 年，全球步入了后疫情时期，尽管全球疫情有所好转，部分国家和地区却依然面临着疫情反复、经济疲软的严峻考验。本案例中的出口企业 A 公司的主营业务为器械设备的制造、出口，主要面向南美地区。涉案的阿根廷买方虽然已按照合同要求支付了定金，但仍有大额债务拖欠。A 公司的多次催讨，换来的不过是阿根廷买方以疫情导致财务困难为由的一次次拖延。买方甚至变本加厉，干脆"玩失踪"，让 A 公司发出的邮件石沉大海。在僵持了数月毫无进展的情况下，A 公司于 2021 年年初向中国信保上海分公司报案。

本案的追讨难点在于合同账期长达一年，货物于 2019 年年底出运，应收汇日为 2020 年年底，跨度之久，不论是疫情初期出口企业的停工阶段、中期疫情加剧蔓延至海外买方的阶段，还是后续疫情对买方财务造成的连带损失，都对案件可追性造成了负面影响。

资料来源：中国出口信用保险公司网站，https://www.sinosure.com.cn/xwzx/xbsa/2021/08/209164.shtml。

【分析】

接到报案后，中国信保的追偿人员首先分析评估了阿根廷整体经济形势。官方数据显示阿根廷的经济已连续三年衰退，年度通胀率为 40.7%，未来 12 个月的预期更是高达 51.2%。其次，阿根廷货币比索已在官方市场和非官方市场分别贬值了 20% 和近 45%，两者汇率之差已升至 70% 以上。对此，阿根廷中央银行收紧了外汇管控政策，出台了反商业政策，但见效甚微。另外，阿根廷的法律环境整体不够成熟、司法系统不够完善以及执法效率不够高效。结合上述种种，中国信保的追偿人员最终将本案委托给了一家位于阿根廷当地的渠道，希望凭借渠道的经验以及在当地的地理优势，让本案"起死回生"。

渠道的法律团队分析后认为，本案最合适的追偿方案是申请调解程序，即要求债务人签署标注了日期且具有法律执行效力的协议文件，并授权银行付款以确保债权人权益。在渠道发函、实地调查等方式的强势介入下，阿根廷买方开始浮出水面，但是给出的拖欠理由依旧是换汤不换药。经过渠道的不懈努力，买方从杳无音讯到逐渐现身，随后开始表达出分期 6 个月还款的意愿，到最后承诺签署协议文件并承诺于月底还款，从"毫不配合"到"积极配合"的态度转变，渠道只用了短短一周时间。最终 A 公司成功在当月月底前收回所有剩余债务，实现了委托金额全额追回的赔前减损。

全额追回这一成果大大地超出了 A 公司的预料，A 公司本以为买方在失踪数月之后能够再次出现就已是希望渺茫。中国信保的介入不仅给一宗本来几乎毫无可追性的案子带来追偿希望，还一举追回了全额债务，让 A 公司解决了后顾之忧。这一系列操作，从开始到结束只用了短短的 20 天。

本章小结

汇付是汇款人主动将款项交给本国银行，委托该银行通过某种结算工具，转托国外银行将汇款付给国外收款人的一种付款方式。汇付属于商业信用，传统银行汇付方式主要包括电汇、信汇、票汇，专业国际汇款公司汇付和国际支付平台也逐渐成熟。汇付方式在国际贸易中有不同的应用方法，买卖双方承担的风险是不同的，企业可以在内部控制与外部工具中选择风险防范方式。

复习思考题

1. 什么是汇付结算方式？有哪些当事人？
2. 简述汇付结算方式的特点。
3. 电汇、信汇及票汇有什么区别？
4. 顺汇与逆汇有什么不同？
5. 汇付中进口商付款时间有哪些选择？分别称为什么？
6. 跨境电子商务交易款项怎样支付？
7. 我国出口企业A与另一国的进口企业B之间签订了一份进出口贸易合同，合同中规定支付条款为装运月前15天电汇付款。但在后来的履约过程中，B方延至装运月中才从邮局寄来银行汇票一张，并声称货款已汇出。为保证按期交货，我国出口企业于收到汇票次日即将货物托运，同时委托C银行代收票据；1个月后，接到C银行通知，因该汇票系伪造，已被退票。此时，货物已抵达目的港，并已被进口方凭出口企业自行寄去的单据提走。事后我国出口企业A进行了追偿，但进口方B早已人去楼空，我方承受了较大的损失。请问案例中A企业的失误有哪些？

延伸阅读

谨防外贸汇款骗局

请扫二维码阅读

第十三章
CHAPTER 13

托　　收

学习目标

通过学习本章，要求掌握：
1. 托收的概念和性质。
2. 托收的当事人和各自的责任与义务。
3. 托收方式种类及业务流程。
4. 托收方式在国际贸易中的实际应用。

引导案例

深圳 A 公司与新加坡 B 公司签订了一份进口胶合板的合同，合同总金额为 700 万美元，支付方式为 D/P，允许分批装运。按照 D/P 方式，第一批价值为 60 万美元的胶合板准时到货，经检验后认为质量良好，A 公司甚为满意。当第二批胶合板交货期要到时，B 公司建议 A 公司开立见票后一年付款的 700 万美元的汇票，请中国建设银行深圳分行承兑。承兑后，B 公司保证在一年内将 700 万美元的胶合板都交付 A 公司，A 公司一年后付款。A 公司认为这样能够不占用资金做无本买卖，就欣然接受了 B 公司的提议，但 B 公司将这张承兑了的远期汇票在新加坡的美国银行贴现 600 万美元，美国银行向 B 公司支付 600 万美元的现金后成了这张远期汇票的受让人。B 公司拿到这笔 600 万美元的现金后就消失得无影无踪了。一年后，新加坡的美国银行持这张承兑了的远期汇票请中国建设银行深圳分行付款，理由是其为善意的付了对价的受让人。由于本案金额巨大，中国建设银行深圳分行报请国务院批准，最终以中国建设银行深圳分行支付美国银行 600 万美元而结案。

资料来源：https://wenku.baidu.com/view/b8b88ae20a4c2e3f5727a5e9856a561253d3212a.html。

案例思考

我们应从此案中吸取什么教训？

第一节　托收的定义及其当事人

在我国目前的对外贸易实践中，托收是国际货款的重要收付方式之一。

一、托收的定义

按照《托收统一规则》（国际商会第 522 号出版物，URC 522）的规定，托收是指由接到委托指示的银行处理金融单据或商业单据以便取得承兑或付款，或凭承兑或付款交出商业单据，或凭其他条件交出单据。简言之，托收是出口商开立汇票并将其交给当地银行，委托银行向进口商收取货款的结算方式。

在采用托收结算时，托收方式中使用的商业单据一般是指运输单据、保险单据、商业发票、检验证书、装箱单、产地证书等。在托收结算过程中，由于资金的传递方向与票据的传递方向相反，因此属于逆汇。

二、托收的当事人

托收方式涉及 4 个基本当事人：委托人、托收行、代收行和付款人，还有可能涉及 2 个非基本当事人：提示行、委托代理人。

（一）基本当事人

1. 委托人

委托人（Principal）是指签发汇票委托银行向付款人进行收款的人。委托人一般是债权人或出口商，是汇票的出票人。

2. 托收行

托收行（Remitting Bank）又称委托行，它一方面接受委托人的委托代收款项，另一方面又委托国外联行或代理行向债务人收款。托收行一般是出口商的开户银行。

3. 代收行

代收行（Collecting Bank）又称受托行，是指接受委托行委托向付款人提示汇票要求付款或承兑的银行。代收行一般是委托行在进口商所在地的分行或代理行。

4. 付款人

付款人（Drawee）是代收行收款的对象，是指被代收行提示（跟单）汇票要求付款或承兑的人，一般为进口商。

（二）非基本当事人

在托收业务中，有时还存在另外 2 个非基本当事人（并非每笔托收业务都存在）。

1. 提示行

提示行（Presenting Bank）是指向付款人提示单据要求付款人付款的银行，一般情况下代收行与提示行是同一家银行。若代收行与付款人无账户关系或者两者不在同一城市，代收行必须转托另一家银行提示单据。

2. 委托代理人

需要时的代理（Representative in Case of Need）是指当付款人拒绝付款或拒绝承兑或承兑后拒绝付款时，委托人还可能需在付款地指定一个代理，以代表自己在目的港办理货物的存仓、保险、转售、运回、改变交单条件等事宜。委托人在设定委托代理人时应事先在托收申请书中就加以指定，并且明确规定委托代理人的权限范围，否则代收行可以不接受委托代理人的任何指示。

（三）托收当事人之间的关系

托收当事人之间的关系表现在以下几个方面：
（1）委托人与付款人是买卖关系、债权债务关系。
（2）委托人与托收行是委托代理关系，委托人往往在托收行开设账户，是托收行的储户。
（3）托收行与代收行也是委托代理关系，它们之间常有代理合同，规定双方代办的范围及偿付办法等一般条款。
（4）代收行与付款人是开户行与开户客户的关系。

（四）银行的免责条款

ICC 的出版物《托收统一规则》（URC 522）中的第 11 ～ 14 条对托收方式中的托收行与代收行制定了相应的免责条款，有如下规定：
（1）银行对任何单据的形式、完整性、准确性、真实性及法律效力以及单据上规定的或附加的特殊条件，不承担义务或责任。
（2）银行对任何单据代表的货物的描述、数量、重量、质量、状况、包装、价值或存在，对发货人、承运人、运输行、收货人或保险人的诚信、行为、疏忽、偿付能力、执行能力或信誉等，均不承担义务或责任，即银行对货物不负责，对付款人的拒付不负责。
（3）银行对任何电文、信件或单据在寄送途中的延误或丢失所引起的后果，或由于任何电信工具在传递中的延误、残缺或其他错误，或由于专门术语在翻译或解释上的错误，不承担义务及责任。
（4）银行对收到的意思不明的指示，因需澄清所引起的延误，不承担义务或责任。
（5）银行对不可抗力致使营业中断所造成的后果，不承担义务或责任。

第二节　托收的类别及业务流程

按照是否附带商业单据，托收可以分为光票托收和跟单托收。

一、光票托收

光票托收（Clean Collection）是指凭不附带商业单据的金融单据开展的托收。光票托收又称为金融单据托收或非货运单据托收。由于没有代表物权凭证的运输单据,因此光票托收不涉及货权的转移以及货物的处理,银行根据票据的付款条件收款,业务处理比较简单。

对出口商而言光票托收风险较大,所以使用的范围较小,主要用于国际贸易中的小额贸易、部分预付货款、尾款、分期支付货款以及贸易从属费用的收取、非贸易结算及私人托收业务。

二、跟单托收

跟单托收(Documentary Collection)是指凭附有包括货运单据在内的商业单据开展的托收,可以附带也可以不带金融单据,是托收的常用方式。跟单托收的基本做法为:出口商根据买卖合同先行发运货物,然后开立(或不开立)汇票,连同有关货运单据委托出口地银行向进口商收取货款。跟单托收的业务流程大致如图 13-1 所示。

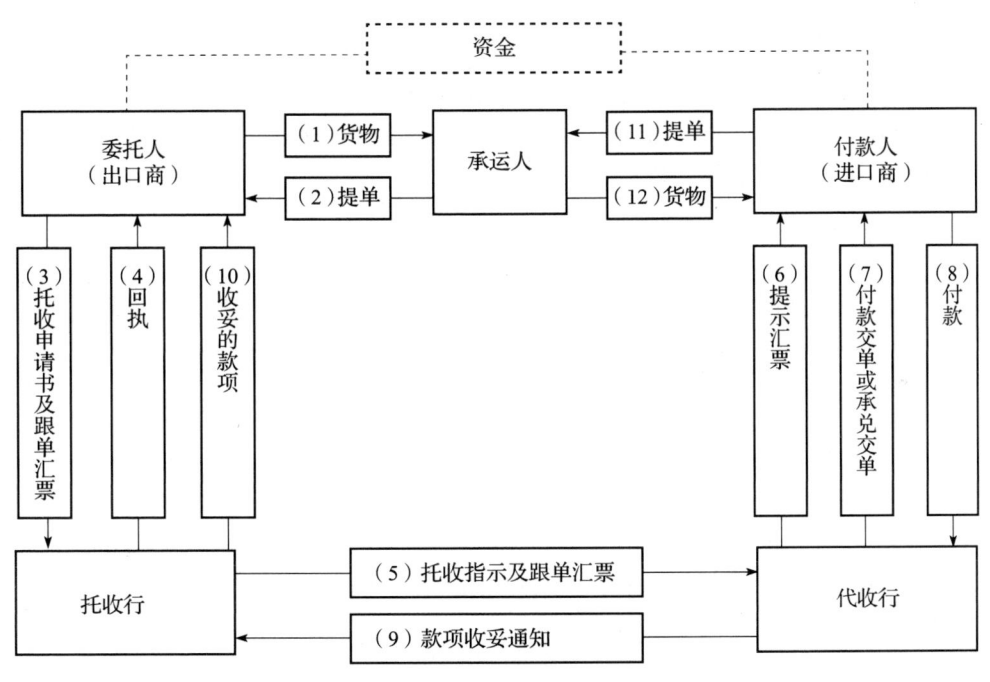

图 13-1 跟单托收的业务流程

根据向进口商交单条件的不同,跟单托收分为付款交单及承兑交单两种。

(一)付款交单

付款交单(Documents against Payment,D/P)是指代收行在付款人付款后再向其交付货运单据,即交单以付款为前提条件。按付款时间的不同,付款交单分为两种情形:即期付款交单和远期付款交单。

1. 即期付款交单

采用即期付款交单(D/P at Sight)时,当代收行收到所有单据后,应立即向付款人提示,付款人见票后须马上付款，付清后方能赎单。即期付款交单的业务程序如图 13-2 所示。

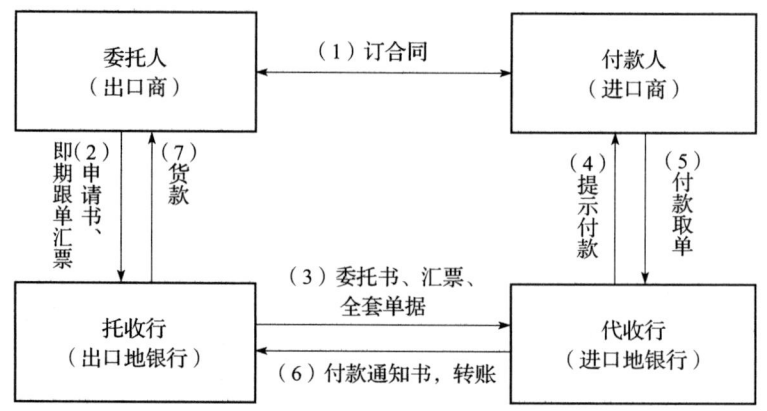

图 13-2　即期付款交单的业务程序

2. 远期付款交单

采用远期付款交单（D/P after Sight or D/P after Date）时，卖方须开具远期汇票，代收行收到汇票和货运单据后向付款人提示，付款人审核无误签字承兑，汇票到期时再付款赎单。远期付款交单的业务程序如图 13-3 所示。

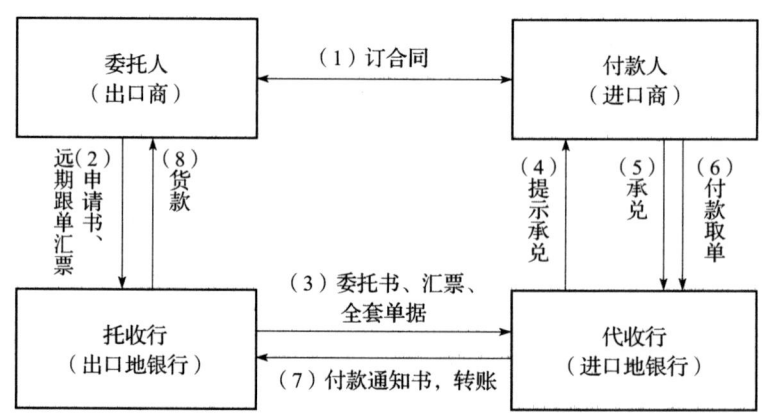

图 13-3　远期付款交单的业务程序

由于付款后才交出货运单据，若汇票遭拒付，出口方对货物仍有所有权，所以风险相对较小。在付款交单中值得注意的两个问题为：一是对"见票"的理解。部分国外商人认为托收是出口商给予进口商的一种商业信用，目的在于使进口商不必长时期地垫付资金，因此不论即期和远期，见票应在货到以后，即货到见票。这种解释对出口商是非常不利的，也缺少理论上的根据。但有些国家强调要按它们的当地要求，货物到达目的地后再见票，银行在货到以前不能向付款人提示，以拖延付款时间。这个"习惯"甚至成为合同中的一个条款。如果经了解进口地确有货到见票的习惯，倒不如把途中的运输时间匡算在内，改为出票后若干天付款。二是远期付款交单问题。远期付款交单是先承兑后付款，其目的是给付款人准备资金的时间。欧洲大陆国家的不少银行至今仍声称不做远期付款交单，有的则按即期处理；而拉美国家的银行，则把远期付款交单按承兑交单处理。

国际商会在《托收统一规则》中也规定当托收为付款交单时，不应含远期付款的汇票。这样就可避免远期付款交单时，受票人在货物抵港后无法提货而不得不支付保险费、仓储费，而用提货担保又会使代收行承担付款人不付款赎单、货物又被提走的风险。

（二）承兑交单

承兑交单（Documents against Acceptance，D/A）是指代收行在付款人承兑远期汇票以后，就向付款人交付货运单据而不需同时付清票款，只有在汇票到期时付款人才履行付款义务的一种方式。付款交单的业务程序如图13-4所示。

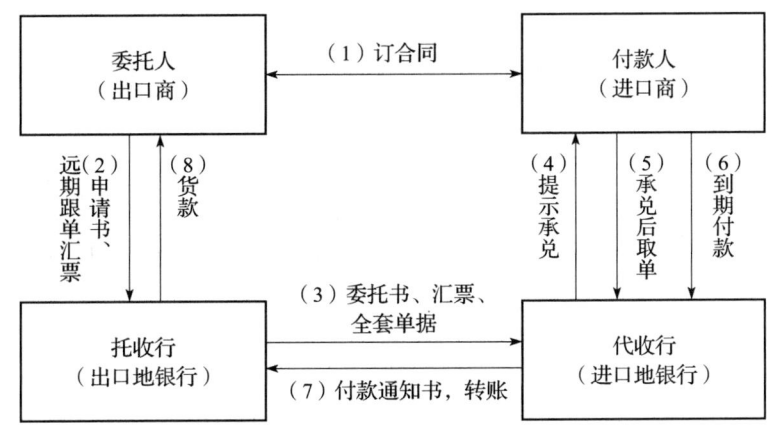

图 13-4　承兑交单的业务程序

在承兑交单下使用的是远期汇票，付款期限通常为30~180天。这种方式对买方是十分有利的，因为他只需承兑就能凭货权凭证去提货，而不必先行垫款或筹资，如期限在180天以上即可做无本生意，在货物销售后再以货款来清偿票款。但卖方的风险相对大很多，买方提货后若拒付，则卖方将面临钱货两空的风险，因此对资信不好或不甚了解的买方，卖方一般不宜采用此方式。

第三节　托收在国际贸易中的应用

一、进出口商使用跟单托收的好处

1. 进口商使用跟单托收的好处

（1）在远期承兑交单方式下，进口商能在付款前提取并检查货物是否符合要求。

（2）较使用信用证方式费用便宜，不必预付银行的保证金。

（3）有资金融通的便利。在货到单未到时，可凭担保即信托收据提货，以销货款偿还票款，不积压资金。信托收据（Trust Receipt）就是进口商借单时提供一种书面信用担保文件，用来表示愿意以代收行的受托人身份代为提货、报关、存仓、保险、出售并承认货物所有权仍属于银行。如果代收行借出单据后，汇票到期不能收回货款，则代收行应对委托人负全部责任。但如果出口商指示代收行借单，就是由出口商主动授权银行凭信托收据借给进口商，即采用所谓远期付款交单凭信托收据借单（D/P·T/R）方式，即认可进口商在承兑汇票后可以凭信托收据先行借单提货，日后如果进口商在汇票到期后拒付则与银行无关，应由出口商自己承担风险。这种做法的性质与承兑交单相差无几，因此出口商使用时必须特别慎重。

2. 出口商使用跟单托收的好处

（1）若在付款以后交付货权凭证，出口商的权益较后 T/T 有保障。
（2）托收结算方式的费用较信用证便宜。
（3）声誉良好的代收行能发挥催收作用。
（4）在一定的情况下代收行能协助处理出口货物。
（5）资金融通的便利。托收方式下出口商获得资金融通便利的途径主要在于：① 托收出口押汇。托收行在寄单的同时买下出口商向国外的进口商开立的汇票，从而向出口商提供周转资金，这种行为称为押汇。由于对象是出口商，所以一般称为出口押汇。② 垫款。类同于押汇，在追索权、利率及融资期限方面与押汇相差无几。只不过垫款不是贷出汇票的全部金额，而只是其中的一部分，其余的资金由出口商自己设法筹集解决，而且银行并不成为汇款的当事人，不是汇票的正式持票人。

二、托收统一规则

国际商会曾于 1958 年出台《商业单据托收统一规则》，1978 年对该规则进行了修订，改名为《托收统一规则》（The Uniform Rules for Collection，ICC Publication No.322）；1995 年再次修订，称为《托收统一规则》（国际商会第 522 号出版物，URC 522），1996 年 1 月 1 日实施。

《托收统一规则》（URC 522）分为 7 部分，共 26 条具体规则，主要内容列举如下。

（1）凡在托收指示书中注明受 URC 522 解释的托收业务，除非另有明文规定或与一国、一州或地方不得违反的法律、法规相抵触，规则对有关当事人均具有约束力。

（2）银行应以善意及合理的谨慎从事，严格遵循托收指示书及 URC 522。如银行决定不受理所收到的托收或其相关指示，必须用电信或不可能用电信方式时用其他最快捷的方式通知发出托收指示书的一方。

（3）银行必须确定所收到的单据与托收指示书所列的完全一致，对于单据缺少或发现与托收指示书中所列的单据不一致时，必须毫不迟延地用电信或其他快捷方式通知发出托收指示书的一方。

（4）除非事先征得银行同意，货物不应直接交运银行，也不应以银行或其指定人为收货人。

（5）托收不应含有凭付款交单商业票据指示的远期汇票。如果托收含有远期付款的汇票，该托收指示书中应注明商业单据是凭承兑交付（D/A）还是凭付款交付（D/P）。如无此注明，商业单据仅能凭付款交付，代收行对因迟交单据而产生的任何后果不负责任。

（6）如委托人指定一名代表作为需要时的代理，则应在托收指示书中明确且完整地注明该代理人的权限。如无此注明，银行将不接受代理人的任何指示。

（7）托收如被拒绝付款或拒绝承兑，提示行必须毫不迟延地向发出托收指示书的银行送交拒绝付款或拒绝承兑的通知。委托行收到此项通知时，必须对单据进行处理并给以相应的指示。提示行如在发出上项通知后 60 天以内仍未收到此项指示时，可将单据退回，发出托收指示书银行不负任何责任。

第四节　托收的风险及防范

一、托收的风险

托收属于商业信用，进出口商都会面临一定的风险。

1. 出口商面临的托收风险

托收项下出口商面临的主要风险为进口商在倒闭、行市下跌时就有可能拒付或借口货物规格不符、包装不良等要求降价。有时，进口商没有得到当局的进口许可，货物运抵后不能进关。若买方不赎单提货，出口商就要承担滞期费、仓储费，有时货物还要被迫运返出口地，增加了运费、保险费以及代理费。

2. 进口商面临的托收风险

付款交单的托收是在提示时付款，因而付款可能在货物到达前，可能到达的货物与订购的不一样。

二、托收风险的防范

1. 出口商的风险防范

（1）事前调查进口方资信。如出口商在对进口商的资信不太了解的情况下就盲目签约，当进口商以种种原因无理拖延付款甚至发生倒闭时，出口商就会蒙受损失。

（2）注意贸易术语及运输单据的选择。出口商在采用托收结算方式时，不能选择 EXW，审慎选择 F 组贸易术语。运输单据分物权凭证和非物权凭证两种，前者包括海运提单和多式运输单据，后者包括铁路运单、航空运单等。托收与信用证一样，通常银行都需要凭物权凭证才能向进口商收款，因此如果采用铁路或航空运输，不适合采用托收。

（3）注意选择代收行。在实际业务中通常选择资信良好、操作规范、实力雄厚的国外大银行。对国外公司提供的代收行，出口商可以通过 SWIFT 网站查证代收行的信息。

（4）注意了解进口国家的有关规定。充分了解进口国家的贸易法令、外汇管制等规则，否则收汇将无法保障。

（5）注意远期付款方式的使用。远期付款交单的托收方式在国际上尚无明确规定，因此，各国的处理方式很不相同，有的按承兑交单处理，有的按即期交单处理，有的不接受远期付款交单。出口商应对远期付款交单的期限加以控制，一般不超过从出口地到进口地的运输时间。

（6）找到可靠的代理人。在托收业务中如发生拒付，出口商可指定一个代理人在货物目的港办理存仓、保险转售或运回等事宜。该代理人可以是与出口商关系较好的客户，也可以是代收行,但代理人的名称及权限须在托收委托书中列明才有效。

2. 进口商的风险防范

(1) 事前调查进口商资信。以资信调查结果决定合同金额,控制损失规模。

(2) 在要求出口商提交的单据中增加第三方的检验报告。如 SGS(瑞士通标标准技术服务公司)、ITS(英国天祥集团)、BV(法国必维国际检验集团)、TUV(德国莱茵集团)等知名第三方检验机构出具的可信度高的检验报告,基本可以保证进口货物的品质。

第五节 托收条款实例及典型案例分析

一、托收条款实例

在托收条款中,应明确规定托收的种类、付款的时间和金额等内容,例如:

Upon first presentation the Buyers shall pay against documentary draft drawn by the Sellers at sight. The shipping documents are to be delivered against payment only.

买方凭卖方开具的即期跟单汇票,于见票时立即付款,付款后交单。

The Buyers shall pay against documentary draft drawn by the Sellers at ××days' sight, the shipping documents are to be delivered against payment only.

买方凭卖方开具的跟单汇票,于见票后 ×× 天付款,付款后交单。

The Buyers shall pay against documentary draft drawn by Sellers at ××days after date of B/L. The shipping documents are to be delivered against payment only.

买方应凭卖方开具的跟单汇票,于提单日后 ×× 天付款,付款后交单。

The Buyers shall pay against documentary draft drawn by the Sellers at ××days after date of draft. The shipping documents are to be delivered against payment only.

买方应凭卖方开具的跟单汇票,于汇票出票日后 ×× 天付款,付款后交单。

对于买卖双方经过长期交往,就跟单托收已确立习惯做法的交易,买卖合同采用托收方式的支付条款,也可适当从略,使合同文字简化。例如,即期付款交单方式的支付条款简写成"D/P 即期"(D/P at Sight);远期付款交单简写成"D/P 见票后 ×× 天"(D/P at ×× Day's Sight 或 D/P at ×× Days after Sight)或"D/P ×× 天"(D/P ×× Days);承兑交单简写为"D/A 见票后 ×× 天"(D/A at ×× Days' Sight 或 D/A at ×× Days after Sight)。

二、关于托收的典型案例分析

在实际业务中,有关托收的典型案例主要围绕远期付款交单借单的风险、远期付款交单与承兑交单的区别以及托收单据丢失的责任等方面。

(一) 关于远期付款交单借单风险的争议

案例 13-1

天津 M 出口公司出售一批货物给香港 G 公司，价格条件为 CIF 香港，付款条件为 D/P 见票 30 天付款，M 出口公司同意 G 公司指定香港汇丰银行为代收行，M 出口公司在合同规定的装船期限内将货装船，取得清洁提单，随即出具汇票，连同提单和商业发票等委托中国银行通过香港汇丰银行向 G 公司收取货款。五天后，所装货物安全抵达香港，因当时该商品的行市看好，G 公司凭信托收据向汇丰银行借取提单，提取货物并将部分货物出售。不料，因到货过于集中，货物价格迅速下跌，G 公司以缺少保险单为由，在汇票到期时拒绝付款。

【分析】

M 公司应通过中国银行要求香港汇丰银行付款。因为香港汇丰银行在未经委托授权的情况下，自行允许 G 公司凭信托收据先行提货，违反了远期付款交单的委托要求。这种不能收回货款的责任，应由借单的代收行（汇丰银行）负责。

(二) 关于远期付款交单能否等同承兑交单的争议

案例 13-2

我国甲公司同南美客商乙公司签订合同，由甲公司向乙公司出口货物一批，双方商定采用跟单托收结算方式。我方的托收行是 A 银行，南美代收行是 B 银行，具体付款方式是 D/P 90 天。但是到了规定的付款日，对方毫无付款的动静。甚至全部单据已在乙公司承兑汇票后，由当地代收行 B 银行放单给乙公司。于是甲公司在 A 银行的配合下，聘请当地律师对代收行 B 银行将 D/P 远期作为 D/A 方式承兑放单的行为向法院提出起诉。当地法院以惯例为依据，主动请求我方撤诉，并改为调解方式解决该案。经过双方多次谈判，该案终以双方互相让步而得以解决。

【分析】

URC 522 首先不主张使用 D/P 远期付款方式，但是没有把 D/P 远期从 URC 522 中绝对排除。倘若使用该方式，根据 URC 522，B 银行必须在乙公司 90 天付款后，才能将全套单据交付给乙公司。故 B 银行在乙公司承兑汇票后即行放单的做法是违背 URC 522 的。

但从南美的习惯做法看，南美客商认为货到南美后，若按 D/P 远期的做法，进口商既不能提货，又要承担因货压港而产生的滞迟费。若进口商想避免此种情况的发生，则必须提早付款，从而提早提货，那么 D/P 远期还有什么意义？所以在南美，许多国家将 D/P 远期视作 D/A 对待。

在处理跟单托收业务时，原则上应严格遵守 URC 522。托收行在其托收指示中应明确表明按照 URC 522 办理，这样若遇有当地习惯做法与 URC 522 有抵触时，可按照 URC 522 办理。当然在具体操作时，也应尊重当地的习惯做法。对于货运南美地区的托收业务，可采用 D/P 即期或 D/A 的付款方式，避免使用 D/P 远期付款方式，以免引起不必要的纠纷。

（三）关于托收单据丢失的责任争议

案例 13-3

中国 A 公司于某年 4 月 11 日出口欧盟 B 国一批货物，付款方式为 D/P AT SIGHT。A 公司于 4 月 17 日填写了托收委托书并交单至我国 Z 银行，Z 银行于 4 月 19 日通过 DHL 邮寄到 B 国 W 银行托收。5 月 18 日，A 公司业务员突然收到外商邮件，说货物已经到达了港口，询问单据是否已邮寄，代收行用的哪一家。W 银行所在地的 DHL 提供了已经签收的底联，其上可以清楚看到签收日期和 W 银行印章，但 W 银行坚称"我行查无此单"。外商却于 6 月 2 日告诉 A 公司业务员，B 国市场行情下跌，必须立即补办提单等单据，尽快提货，否则还会增加各种占港费等，后果将很严重。重压之下，A 公司于 6 月 4 日电汇 400 元到相关机构挂失 FORMA 证书，同时派人到商检局开始补办植物检疫证等多种证书。困难的是补提单，船公司要求 A 公司存入大额保证金到指定账户（大约是出口发票额的 2 倍），存期 12 个月，然后才能签发新的提单。6 月 9 日，代收行突然发送电报称"丢失单据已经找到，将正常托收"。然而这个事件让 A 公司乱成一团，花费及损失已经超过本次出口的利润。

【分析】

《托收统一规则》第 4 条明确规定："与托收有关的银行，对由于任何通知、信件或单据在寄送途中发生延误及失落所造成的一切后果，或对电报、电传、电子传送系统在传送中发生延误、残缺及其他错误，或对专门性术语在翻译上及解释上的错误，概不承担义务或责任。"由此可以断定托收行已经善意地履行了义务。那么代收行呢？《托收统一规则》第 1 条即提出"银行应以善意和合理的谨慎行事"。签收的单据找不到了，又无《托收统一规则》第 5 条所规定的不可抗力来解脱责任，代收行明显没有尽到谨慎义务，应该承担单据丢失的责任。

从出口商的角度看，首先要有风险意识，大额交易时一定要考虑客户的资信；其次慎重选择银行，很多 D/P 业务风险的发生与代收行操作不规范或主观恶意有密切关系，因此要尽可能选择那些历史较悠久、熟知国际惯例，同时又信誉卓著的国际大银行作为代收行；再次要精心设计交单时间及航程时间的间隔，一般是船到目的地前一周左右保证单据邮寄到代收行；最后规范填写 D/P 托收申请书，对每一个条款要理解准确、深刻，填写要细心、全面、严密、完整，其中的关键点是代收行的详细资料（名称、地址、SWIFT 代码、电话及传真等）。

本章小结

托收是指由接到委托指示的银行处理金融单据和（或）商业单据以便取得承兑或付款，或凭承兑或付款交出商业单据，或凭其他条件交出单据。托收可以分为光票托收及跟单托收，最常使用的跟单托收又包括付款交单及承兑交单。托收作为国际结算中比较常见的付款方式，虽然是通过银行收款，但银行通常按《托收统一规则》操作，并不保证收回款项，因此托收仍然是商业信用，出口人需承担较大风险。

复习思考题

1. 什么是托收？跟单托收有几种交单条件？对出口商及进口商最有利的交单条件各是什么？
2. 选择国际结算方式应考虑哪些因素？
3. 什么是跟单托收？有哪些当事人？其基本当事人的责任各是什么？
4. 分析进出口商使用跟单托收的有利之处。
5. 为什么在出口业务中不宜轻易按远期 D/P 方式成交？
6. 简述押汇与贴现的区别。
7. 香港某公司委托当地 A 银行通过内地 B 银行向某进出口公司托收货款。B 银行收到单据后向某进出口公司（付款人）提示，要求其按托收金额 205 020.00 美元付款。同年 12 月，付款人通知 B 银行，该公司已将 165 020.00 美元直接汇给出票人，授权 B 银行将剩余的货款 40 000.00 美元通过 A 银行付给出票人。付款人在支付了余款后，B 银行遂将单据交给了付款人。次年 5 月，香港某公司（出票人）致函 B 银行称，这种做法严重伤害了该公司的正当权益，违背了国际惯例及 URC 522。请问代收行的做法是否正确？

延伸阅读

更好地利用国际规则维护贸易结算秩序

请扫二维码阅读

第十四章
CHAPTER 14

信用证

学习目标

通过学习本章，要求掌握：
1. 信用证的定义及分类。
2. 信用证结算业务中的当事人及业务流程。
3. 各种信用证的种类及应用。
4.《跟单信用证统一惯例》对制作单据的要求。

引导案例

出口商 A 向进口商 B 出口一批货物，分两批交付，分别开立两份信用证，其中合同中的检验条款规定如下：进口商 B 有权在货到目的港后对货物进行复验，如所交货物与合同规定不符，买方可凭商检机构出具的检验证书向出口商 A 索赔。这笔交易开始时非常顺利，进口商 B 向开证行 C 为第一批货物申请开证，出口商发货。在第一批货物到达目的港之前，进口商 B 又根据合同的规定开立第二份信用证。但是当第一批货物到港后，进口商 B 发现此批货物与合同严重不符，随即要求开证行拒付第二张信用证项下的款项，但是遭到了开证行的拒绝。开证行在审核议付行提交的单据认为与信用证规定无误后，将款项支付给议付行。当开证行向进口商 B 提示付款时，遭到拒绝。

资料来源：潘天芹，杨加琤，潘冬青. 新编国际结算教程［M］. 杭州：浙江大学出版社，2010.

案例思考

进口商 B 有无理由拒付？为什么？

第一节　信用证概述

信用证是 19 世纪发生的一次支付方式上的革命，是银行信用介入国际货物买卖价款结算的产物,是以银行信用作为付款保证,解决双方互不信任的矛盾。目前,信用证已成为国际贸易结算中被广泛使用的一种重要的结算方式。

一、信用证的定义

信用证（Letter of Credit，L/C）又称信用状,是开证人以自身名义开立的一种信用文件,就广义而言,它是指由银行或其他人应客户请求做出的一项书面保证（Written Engagement）,按此保证,出证人（Issuer）承诺在符合信用证所规定的条件下,兑付汇票或偿付其他付款要求（Other Demands for Payment）。在国际贸易中,信用证通常是开证行根据进口人的请求和指示,授权出口人凭所提交的符合信用证规定的单据开立以该行或其指定的银行为付款人的不超过规定金额的汇票,向其或其指定的银行收款,并保证向出口人或其指定人进行付款,或承兑并支付出口人开立的汇票。

《跟单信用证统一惯例》（国际商会第 600 号出版物，UCP 600）对信用证做了以下定义:"信用证是指按任何安排,不论其如何命名或描述,该安排是不可撤销的,从而构成开证行承付相符交单的确定承诺。"

二、信用证的特点

信用证的特点主要体现在以下几个方面。

（1）信用证是一项独立的自足文件（Self-sufficient Instrument）。

信用证是开证行与信用证受益人之间的一项契约,该契约虽然是以贸易合同为依据开立的,但是一经开立就不再受贸易合同的约束。出口方只要提交符合信用证条款规定的单据,就能确保安全、快速地收汇。

在信用证与国际货物买卖合同不符的情况下,卖方无论是按合同履行还是按信用证履行都会引起纠纷。因此,卖方在收到买方开来的信用证发现与合同规定不符时,就应及时要求对方修改信用证。

（2）开证行承担第一性的付款责任（Primary Liabilities for Payment）。

信用证是开证行以自己的信用做出的付款保证,一旦受益人满足了信用证规定的付款条件,就可以直接向开证行要求付款而无须向开证申请人要求付款。开证行负有第一性的付款责任,其对受益人负有不可推卸的、独立的付款责任。即使在开证后进口人失去偿付能力,只要出口人提交的单据构成相符交单,开证行就要负责付款,付款后若发现有误,也不能向受益人和索偿行进行追索。

（3）信用证结算是一种纯粹的单据业务（Pure Documentary Transaction）。

信用证业务是一种单据买卖,开证行付款的基础是受益人提交的单据满足信用证条款,同时各类单据之间相互一致。只要出口方提交符合信用证条款的单据,开证行就应承担付款责任,进口人也应接受单据并向开证行付款赎单。而且,银行只要求受益人所提交的单据表面上与信用证条款相符即可,"表面上"（On Face）一词的含义是指要求单据同信用证对单据的叙述相符。

三、信用证业务中的契约关系

首先，开证申请人（进口商）和信用证受益人（出口商）之间存在一份贸易合同，这份贸易合同以采用信用证结算方式进行支付为基础。

其次，开证申请人和开证行之间存在一份开证申请书，这份开证申请书保证了信用证项下凭单支付的款项将由开证申请人偿还。

最后，开证行与信用证受益人之间存在信用证。信用证保证了信用证受益人在提交规定的单据、单证相符的条件下，可以得到开证行确定的支付。

四、信用证的作用

1. 对进口商来说

信用证结算方式不仅可以保证进口商在支付货款时取得代表货物所有权的单据，而且还可以通过信用证的条款控制出口商按质、按量、按时地交货。在向开证行申请开立信用证时，无须向银行缴纳全部开证金额，只需支付部分押金，等收到单据后才向开证行赎单付清差额。如果开立的是远期信用证，进口商还可以用信托收据向开证行借出单据先行提货出售，等信用证到期再向开证行付款。

2. 对出口商来说

信用证结算方式可以保证出口商在履约交货后，只要提交符合信用证条款规定的单据就能收到货款。出口商可以在装船前凭信用证向出口地银行申请打包放款，进行装船前的融资；也可以在货物装运后，凭信用证所需单据向出口地银行申请做出口押汇取得全部货款。

3. 对银行来说

开证行只承担保证付款责任，它贷出的只是信用而不是资金，偿付时已掌握代表货物的单据，加上开证人缴纳的押金，故并无多大风险，即使尚有不足，仍可向进口商追偿。至于出口地的议付行，议付出口商提交的汇票或单据有开证行担保，只要出口商所交汇票、单据符合信用证条款规定，就可以对出口商进行垫款、做出口押汇，还可从中获得利息和手续费等收入。此外，通过信用证业务，可带动其他客户往来、保险、仓储等业务，为银行增加收益。

第二节 信用证业务的当事人、主要内容及业务流程

一、信用证的当事人

一般来说，一笔信用证业务包含三个基本的当事人，即开证申请人、开证行及受益人。其他的当事人还涉及通知行、议付行、保兑行、付款行、偿付行、转让行以及第二受益人等。

1. 开证申请人

开证申请人（Applicant）又称开证人（Opener），是指向银行提出申请开立信用证的人，

一般为进口商，即买卖合同的买方。

2. 开证行

开证行（Opening Bank / Issuing Bank）是指按开证申请人的请求开立信用证的银行，一般是进口地的银行。信用证一经开出，开证行即按信用证规定的条款承担付款的责任。

3. 受益人

受益人（Beneficiary）是指信用证上所指定的有权使用该信用证的人，一般为出口商，也就是买卖合同的卖方。受益人有按信用证规定签发汇票向所指定的付款银行索取价款的权利，也在法律上以汇票出票人的身份对其后的持票人负有担保该汇票必获承兑及付款的责任。

4. 通知行

通知行（Advising Bank / Notifying Bank）是指按开证行的请求，通知信用证的银行。通知行一般是出口商所在地的银行，而且通常是开证行的代理行（Correspondent Bank）。

5. 议付行

议付行（Negotiating Bank）又称押汇银行、购票银行或贴现银行，是指根据开证行的授权，买入或贴现受益人开立及提交的符合信用证规定的汇票及/或单据的银行。

6. 保兑行

保兑行（Confirming Bank）是指应开证行请求或授权对信用证加具保兑的银行，它具有与开证行相同的责任及地位。在实际业务中，保兑行通常由通知行兼任，但也可由其他银行加具保兑。

7. 付款行

付款行（Paying Bank）是开证行授权进行信用证项下付款或承兑并支付受益人出具的汇票的银行。付款行通常是汇票的受票人，也称受票行（Drawee Bank）。开证行一般兼为付款行，但付款行也可以是保兑行、出口地银行或者第三国银行。

8. 偿付行

信用证的偿付行（Reimbursing Bank）又称信用证清算银行（Clearing Bank），是指受开证行的指示或授权，对有关代付行或议付行的索偿予以照付的银行。

9. 转让行

转让行（Transferring Bank）是应受益人（在转让信用证时又称第一受益人）的委托，将可转让信用证转让给信用证的受让人（即第二受益人）的银行。转让行可以是议付行、付款行或保兑行，抑或开证行特别授权的银行，也可以是开证行自己。

10. 第二受益人

第二受益人（Second Beneficiary）是接受转让的可转让信用证的受益人，又称信用证的受让人或被转让人（Transferee），一般为提供货物的直接生产者或供应商。第二受益人受让信用证后，不能再将可转让信用证转让给其他人使用，但允许转回给信用证的第一受益人，即信用证的原受益人。

二、信用证的主要内容

信用证的主要内容通常包括以下几个方面。

1. 关于信用证本身的项目

（1）信用证的种类。

（2）信用证的号码及开证日期。

（3）当事人的名称及地址，包括开证行、开证申请人及受益人的名称及地址。此外，有的信用证还有指定的付款行、承兑行、议付行等。

（4）信用证的金额。

（5）到期时间及地点。信用证有效期是银行承担付款责任的期限，凡超过规定有效期的交单，开证行可以以信用证过期为理由而解除其付款的责任。信用证的到期地点在出口国，对出口商较为有利。

2. 对单据的要求

（1）汇票。即期信用证、延期信用证和议付信用证可以用汇票，也可以不用汇票，承兑信用证必须附汇票。汇票主要包括汇票的种类、出票人、受票人、付款期限、出票条款及出票日期等。

（2）发票。发票主要指发票的种类、份数，是否要求受益人签字，对发票的抬头和描述是否有特殊要求等。

（3）运输单据。信用证项下常见的运输单据有海洋运输提单、海运单、航空运单以及铁路运单等。最常用的是海运提单，一般要对提单的份数、种类以及是否要求受益人背书等事项做出要求和说明。

（4）装箱单等类似的装箱单据。在信用证的单据条款中，通常对装箱单的份数、是否需要受益人签字盖章、是否需要背书、是否有其他要求做出说明。

（5）保险单。通常对保险单的份数、保险单的种类、保险单是否需要背书、保险类别及保险金额等做出说明。

（6）其他单据。除以上基本的商业单据外，信用证还对其他单据有所要求。最常见的有产地证书、装船通知、寄单证明、商检证明、受益人证明等。

3. 关于商品的描述

商品的描述一般包括商品的品名、规格、数量、包装、唛头等。商品的描述应当简洁明确，一般会要求出现在商业发票、装箱单及货运单据上。

4. 关于运输的项目

运输的项目一般会规定装运港、目的港或者转运港、是否允许转运及分批、最迟装运日期及运输方式等。

5. 其他事项

其他事项一般包括如下内容：

（1）开证行对议付行、通知行、付款行的指示条款。

（2）开证行保证条款。每一个信用证必须有此条款，表明开证行对其付款责任的书面承诺，一般的保证文句是以"We hereby engage/undertaking ..."之类的句式。

（3）开证行名称及代表签名。主要包括电开本信用证的密押、信开本信用证的印鉴等。

（4）其他特别条件。主要用以说明一些特别要求，如限制由某银行议付，限制由某国籍船只装运，装运船只不允许在某港口停靠或不允许采取某航线，发票须加注信用证号码，受益人必须缴纳一定的履约保证金后信用证方可生效等。

（5）信用证费用的承担。主要对于开证费、改证费、撤证费、通知费、转递费、邮递费、电报费、审单费、议付费、承兑费、保兑费、偿付费、付款手续费、转证费、不符点费等费用，明确由开证申请人还是受益人承担。

（6）适用《跟单信用证统一惯例》规定的声明。如写明 subject to UCP 600，一般的文句为：

This L/C was issued subject to Uniform Customs and Practice for Documentary Credits 2007 reversion ICC publication No. 600.

本信用证根据国际商会《跟单信用证统一惯例》2007 年第 600 号出版物开立。

三、信用证的业务流程

信用证的基本流程大体分为申请、开证、通知、议付、索偿、偿付、赎单等环节。现以最为常见的即期跟单议付信用证为例，简要说明其收付程序以及各环节的具体内容。

图 14-1 是即期跟单信用证收付程序示意图。

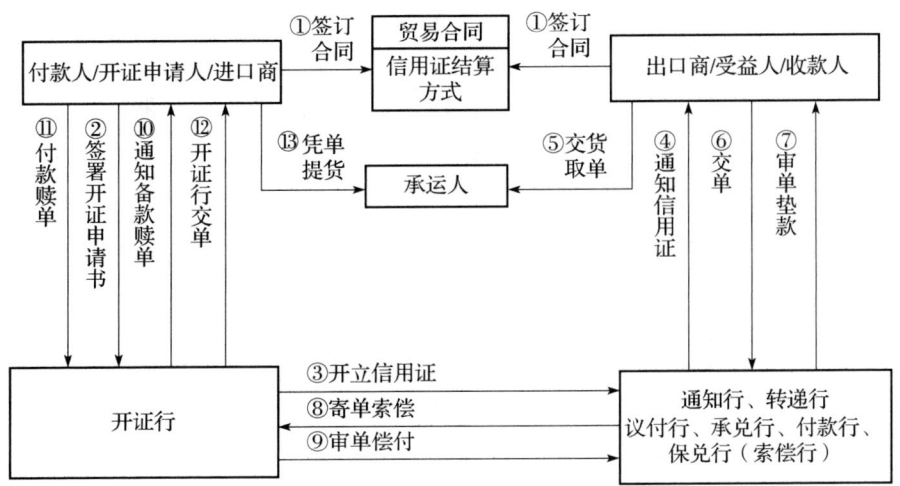

图 14-1 即期跟单信用证收付程序示意图

（1）进出口商签订国际贸易合同。进口商和出口商签订贸易合同，在合同中约定采用信用证方式结算有关款项。

（2）开证申请人申请开立信用证。开证申请书是约束申请人与开证行之间权利及义务关系的契约性文件，是开证行开立信用证的依据，在信用证业务流程中起关键作用，直接关系到整个信用证业务流程能否顺利运作。

（3）开证行开立信用证。开证行在严格审核开证申请人的开证资格后，根据开证申请书开立以出口商为受益人的信用证，并将其发至通知行，请其通知受益人。

（4）通知行向受益人通知信用证。通知行一般是出口商所在地的银行，而且通常是开证行的代理行。

（5）受益人审证、发货、制单。出口商接受信用证后，将货物交与承运人，取得货运单据、保险单据等相关单据。最后，出口商根据信用证要求缮制发票、装箱单、产地证明以及装船通知等单据。

（6）受益人交单。出口商备齐信用证规定的单据后，根据所开信用证的支付方式向有关银行提示信用证，请求议付（议付行）、承兑（承兑行）或付款（付款行、保兑行）。

（7）出口地银行审单付款。有关银行审单无误后，垫付（议付行）或支付（付款行或保兑行）货款给出口商。若是承兑信用证，则承兑行审单后先对远期汇票进行承兑，于汇票到期日再垫付货款给出口商。

（8）付款行或垫付行寄单索偿。有关银行凭单据向受益人垫付款项后，将单据和汇票寄开证行索偿。若信用证指定有偿付行，则索偿行在向开证行寄单的同时，凭索偿书直接向偿付行索偿。

（9）开证行审单付款。开证行收到索偿行寄来的单据后，应立即审核单据表面是否符合信用证条款要求，并从收到单据的翌日起五个工作日内给予付款或提出拒付。但如果开证行发现实质性的不符点，开证行可以拒收单据，也可以自行决定征求开证申请人的意见，但必须在五日内做出决定。

（10）开证行通知开证申请人备款赎单。

（11）开证申请人付款赎单。开证申请人收到开证行的赎单通知后，必须立即到开证行付款赎单，但其在付款前有权审查单据。申请人审查无误接受单据后，就必须在合理的时间内无条件地付清信用证下的应付款项。

（12）开证行交单。开证行收款后，将信用证下的单据交给开证申请人，开证行与申请人之间的契约关系就此结束，不再受开证申请书的约束。

（13）开证申请人凭单提货。开证申请人付款赎单后，就可以凭单据向承运人提货。如果申请人发现所收到的货物与合同不符，有权根据贸易合同向出口商追索，但无权根据信用证向开证行索赔。

第三节　信用证的类型

一、信开本信用证、电开本信用证及 SWIFT 信用证

根据开立格式及传递方式信用证可以分为三类。

1. 信开本信用证

信开本信用证（To Open by Airmail），是指以信函（Letter）形式开立的信用证，其记载的内容比较全面。开证行一般都有印好的信函格式的信用证，开立时填入具体内容即可。

2. 电开本信用证

电开本信用证（To Open by Cable），是指银行以加注密押的电报、电传或 SWIFT 等电信方式将信用证的内容传达给通知行的信用证形式。电开本信用证又可分为简电本和全电本。

（1）简电本。简电本（Brief Cable）是指仅记载信用证金额、有效期等主要内容的电开本信用证。信用证的详细条款将通过证实书由航空邮寄送达通知行。简电本在法律上是无效的，不能作为交单议付的依据。因此，在开立简电本时，一般要在电文中注明"随寄证实书"字样，并随即将信开本形式的证实书邮寄给通知行。证实书是信用证的有效文本，可以作为交单议付的依据。

（2）全电本。全电本（Full Cable）是开证行以电文形式开出的内容完整的信用证，可以作为交单议付的依据。如果电文中注明"随寄证实书"，则应以邮寄的证实书作为有效文本及交单议付的依据。为了节省时间与费用，这种信用证的使用越来越普遍。

3. SWIFT 信用证

SWIFT 系统设计的信用证格式代号为 MT 700、MT 701。与信开本信用证相比，SWIFT 信用证将保证条款省略掉，但其必须加注密押，除在信用证中特别注明外，SWIFT 信用证一律受 UCP 600 的约束。

目前，信用证基本上都是通过 SWIFT 系统开立并传递的。

二、跟单信用证与光票信用证

根据付款凭证的不同，信用证可分为跟单信用证和光票信用证两种。

1. 跟单信用证

跟单信用证（Documentary Credit）是指凭跟单汇票或仅凭单据付款、承兑或议付的信用证。这里的"单据"是指代表货物所有权或证明货物业已装运的货运单据，即运输单据以及商业发票、保险单据、商检证书、产地证书、包装单据等。

2. 光票信用证

光票信用证（Clean Credit）是指开证行仅凭受益人开具的汇票或简单收据而无须附带货运单据付款的信用证。光票信用证应用较少，主要用来结算从属费用，也可以起到预先支付货款的作用，如预支信用证。

三、保兑信用证与不保兑信用证

按其是否有另一家银行保证兑付，信用证可分为保兑信用证与非保兑信用证两种。

1. 保兑信用证

保兑信用证（Confirmed L/C）是指应开证行请求，保兑行对开证行所开信用证加以保证兑付的信用证。保兑行的付款责任如同开证行，是终局性付款。这种信用证有开证行与保兑行两家银行对受益人负责。

2. 非保兑信用证

非保兑信用证（Unconfirmed L/C）是指未经除开证行以外的其他银行保兑的信用证。

四、即期付款信用证、延期付款信用证、承兑信用证与议付信用证

按兑付方式的不同，信用证又可分为即期付款信用证、延期付款信用证、承兑信用证和议付信用证四种。

1. 即期付款信用证

即期付款信用证（Sight Payment L/C）是指规定受益人开立即期汇票随附单据或不需要汇票仅凭单据向指定银行提示请求付款的信用证。开证行或指定付款行承担即期付款的责任。

2. 延期付款信用证

延期付款信用证（Deferred Payment L/C）又称迟期付款信用证或称无承兑远期信用证，是指仅凭受益人提交的单据，经审核单证相符确定银行承担延期付款责任起至付款到期日付款的信用证。确定付款到期日的方法有三个：① 交单日后若干天；② 运输单据显示的装运日期后若干天；③ 固定的将来某一日期。这种信用证的受益人不开具汇票，无须开证行承兑汇票，也不能贴现。

3. 承兑信用证

承兑信用证（Acceptance L/C）是指信用证指定的付款行在收到符合信用证规定的远期汇票及单据时，先在汇票上履行承兑手续，待汇票到期日再行付款的信用证。根据远期汇票所发生的利息由谁支付，远期付款信用证可以分为卖方远期信用证及买方远期信用证。

（1）卖方远期信用证（Seller's Usance Credit），也称真远期信用证。买卖双方以远期交易价成交，远期付款的利息一般已计入货价中，出口商（卖方）若需将远期汇票贴现取得现款，贴现利息由其自己承担。在此类信用证中一般无有关利息的特殊条款。

（2）买方远期信用证（Buyer's Usance Credit），又称假远期信用证。买方承担远期汇票贴现利息的信用证。特点是在信用证上附有远期汇票贴现利息由买方承担的特殊条款。买卖双方一般以即期交易价成交，远期付款所引起的利息应由买方承担。出口商在交单及提示汇票后就能即期取得汇票的全部金额。进口商使用假远期信用证，通常是因为可以通过贴现市场解决资金周转不足的困难。

4. 议付信用证

议付信用证（Negotiation L/C）是指开证行邀请其他银行买入汇票或单据的信用证。在单据符合信用证条款的条件下，议付行扣去利息及手续费后将票款付给受益人并向开证行交单

索汇。若开证行因单证不符而拒付，议付行可以向受益人行使追索权。议付与付款的主要区别是议付行在议付后如因故不能向开证行收回款项时，可向受益人追索，而指定的付款行一经付款，即无权向受益人追索。

议付信用证按是否限定议付，又可分为公开议付信用证和限制议付信用证两种。前者是指任何银行均可办理议付，后者则是指仅被指定的银行可以办理议付。

五、可转让信用证与不可转让信用证

按受益人是否有权将信用证全部或部分转让给其他人使用，信用证可分为可转让信用证及不可转让信用证两种。

1. 可转让信用证

可转让信用证（Transferable L/C）是指信用证特别规定是可转让的。可转让信用证可接受受益人（第一受益人）的请求，使其全部或部分供另一受益人（第二受益人）兑付。

可转让信用证只能转让一次。如信用证允许分批装运或支款，在累计不超过信用证金额的前提下，可以分成几个部分分别转让，即可同时转让给几个第二受益人，各项转让金额的总和将视为信用证的一次转让。

信用证只能按原证规定条款办理转让，但信用证的金额及单价、到期日、运输单据出单日期、装运期限、保险比例等项不可以做相应的变动。第一受益人的名称可替代申请人的名称，但若原信用证特别要求在除发票外的其他单据上注明申请人的名称，该项要求必须予以满足。进口商开立可转让信用证，意味着他同意出口商将交货、交单义务由出口商指定的其他人来履行，但并不等于买卖合同也已被转让。所以，如果发生第二受益人不能交货或交货不符合合同规定，单据不符合买卖合同的要求时，原出口商仍要承担买卖合同规定的卖方责任。

对进口商来说，使用可转让信用证要冒一定的风险。因为进口商对受让人的资信及经营能力并不了解，对受让人提供的货物能否符合买卖合同要求也无法把握。所以，除非有特殊需要并有第一受益人的可靠保证，进口商一般不会同意开立可转让信用证。

2. 不可转让信用证

凡在信用证上没有注明"可转让"字样的信用证，均为不可转让信用证（Untransferable L/C）。不可转让信用证只限受益人本人使用。

六、背对背信用证

背对背信用证（Back-to-Back L/C）也称对背信用证、转开信用证、从属信用证，是指原证受益人要求原证的通知行或其他银行以原证为基础另行开立的一张内容相似的新信用证。背对背信用证通常是由中间商为转售他人货物或两国不能直接开展交易需通过第三国商人进行贸易而开立的。背对背信用证的受益人可以是国外的也可以是国内的，其装运期、到期日可较原证规定提前，金额及单价等可较原证规定减少，但货物的质量、数量必须与原证一致。

背对背信用证与可转让信用证的区别主要体现在以下几个方面：

（1）背对背信用证主要由受益人申请开立而并非由原始信用证的申请人及开证行申请，申请人及开证行与背对背信用证无关。可转让信用证一般由开证申请人申请开立，开证行同意开立。

（2）背对背信用证的原证及新证是同时存在的，而可转让信用证的全部或部分权利转让出去后原始信用证就失去了那部分金额的存在。

（3）背对背信用证的第二受益人得不到原始信用证开证行的付款保证，而可转让信用证的第二受益人可以得到开证行的付款保证。

（4）开立背对背信用证的银行就是该证的开证行。可转让信用证是开证行按照第一受益人的指示开立的，条款变更后通知第二受益人，该开证行地位不变。

七、循环信用证

循环信用证（Revolving L/C）是指受益人使用规定金额后，在一定时间内能够重新恢复信用证原金额并再度使用，直至达到该证规定次数或累计总金额用完为止的信用证。循环信用证一般适用于大宗货物的定期分批均衡供应、分批支款的长期合同等。对进口商来说，采用循环信用证可节省逐笔开证的手续及费用，减少押金，有利于资金周转；对出口商来说，采用循环信用证可减少逐批催证及审证的手续，又可获得全部货款的收汇保障。

按照循环的方式，循环信用证通常可以分为以下三种：

（1）自动循环信用证（Automatic Revolving L/C），即受益人装运货物议付后，无须等待开证行通知，在规定时期内即可自动恢复到原金额并再次使用的信用证。

（2）半自动循环信用证（Semi-Automatic Revolving L/C），即受益人装货议付后，开证行在若干天内未提出不能恢复原金额的通知，即自动恢复到原金额的信用证。

（3）非自动循环信用证（Non-Automatic Revolving L/C），即受益人每次装货议付后，需经开证行通知后才能恢复原金额再次使用的信用证。

此外，循环信用证还有可累积使用循环信用证（Cumulative Revolving L/C）和不可累积使用循环信用证（Non-cumulative Revolving L/C）两种做法。前者指允许受益人将前次没有用或没有用完的信用证额度累积递延到下一批次的出口使用，后者是指前次出口没有用或没有用完的额度不能累积递延到下一次使用。

八、对开信用证

对开信用证（Reciprocal L/C）是易货交易或来料加工来件装配业务中较多采用的一种信用证，采用相互开立信用证的办法，把进口与出口联结起来。其特点是：第一张信用证的受益人与开证申请人分别是第二张回头信用证的开证人与受益人。两证可以同时生效，也可以先后生效。两证金额可以相等，也可以不等。

九、预支信用证

预支信用证（Anticipatory L/C）是指允许受益人在装运货物前预支货款的信用证，有全部预支及部分预支两种。部分预支信用证上可预支的部分，多为包括在信用证总额之内的买方付给卖方的定金。如果开证人在开立大额预支信用证时担心受益人预支后不履行供货义务，可在预支条款中加列受益人须提供银行保函或备用信用证，以确保受益人不履约时退还已预支的款项。为引人注目，这种预支货款的条款，在以往曾常用红字打出，因此俗称"红条款信用证"（Red Clause L/C）。

第四节 《跟单信用证统一惯例》与电子信用证

一、《跟单信用证统一惯例》

国际商会为了减少因解释或操作不同而引起的争端，于 1929 年制定了《商业跟单信用证统一规则》（Uniform Regulations for Commercial Documentary Credits），对跟单信用证的定义、有关名词术语以及信用证业务的各方权利及义务做了统一的解释，并建议各国银行采用。但由于这个"规则"仅反映了个别国家银行的观点，因此只被极少数国家的银行采用。为此，国际商会于 1931 年组织专门小组着手进行修改，于 1933 年作为第 82 号出版物颁布了第一个跟单信用证的惯例，定名为《商业跟单信用证统一惯例》（Uniform Customs and Practice for Commercial Documentary Credits）；其后，在 1962 年颁布的第 2 次修订中改称为《跟单信用证统一惯例》（Uniform Customs and Practice for Documentary Credits，简称 UCP），又先后于 1974 年、1983 年、1993 年修改，最新版本为 2006 年 11 月颁布的《跟单信用证统一惯例》，即国际商会第 600 号出版物，并于 2007 年 7 月 1 日起实施。新版本的英文全称为 Uniform Customs and Practice for Documentary Credits（2007 Revision）ICC Publication No.600（简称 UCP 600）。

由于《跟单信用证统一惯例》能够协调及解决有关当事人之间的矛盾，有利于国际贸易的发展，至今已为世界上绝大多数国家与地区的银行所采用，并已成为国际上处理信用证业务的惯例。更为重要的是，目前各国法院几乎都把《跟单信用证统一惯例》作为裁决跨国信用证纠纷的"法律准则"。

二、电子信用证

电子信用证是集电子开证、电子通知、电子交单、电子审单、电子支付全过程的电子化运作，是信用证运作全过程的电子化。要完成这种完全意义上的电子信用证的成功运作，需要银行、国际贸易交易双方等各方系统的全方位电子化协同运作。

电子信用证的成功运作有赖于电子商务基本原则的指导以及与其他相关系统如货物运输、货物检验检疫、海关通关等系统的协调。《国际电子商务法》关于电子合同的有效性、电子记录的证据力、电子签名与手工签字的等同效力等基础性原则的规定，既是电子信用证运作的基础，也是制定电子信用证规则的指导原则。

在操作层面，电子信用证业务中当事人的主要权利与义务表现为：电子信用证业务中的受益人必须履行电子交单义务，银行必须履行电子审单义务。《跟单信用证统一惯例关于电子交单的补充规则》(Supplement to the Uniform Customs and Practice for Documentary Credits for Electronic Presentation)即 eUCP 是应用电子信用证的主要依据。

(一) 交单

1. 交单的方式及地点

eUCP1.1 的相关条款对交单的方式及相关要求做出了规定,认为电子记录可以单独提交或与单据混合提交,如果 eUCP 信用证允许受益人在提交纸制单据或电子记录两者之间进行选择,而其选择了只提交纸制单据,则仅适用 UCP。① 电子记录可以分别提交并且不需要在同一时间提交。② 如果 eUCP 信用证允许提交一份或多份电子记录,受益人有责任向接受交单的银行提供表明交单结束的通知。该结束通知可以电子记录或纸制单据方式做出,且必须注明其所关联的 eUCP 信用证。如果未收到受益人的通知,将被认为未曾交单。③ 在 eUCP 信用证下提交的每份电子记录以及提交的纸制单据,必须注明据以交单的 eUCP 信用证。未有如此注明的交单可被视为未曾收到。

eUCP 对交单的地点做出了规定:提交电子记录者必须注明提交电子记录的地点,同时允许提交电子记录及纸制单据者,还必须注明提交纸制单据的地点。电子记录的交单地点意指电子地址,是指互联网上的 IP 地址,同时也应该包括 E-mail 地址。

2. 单据的正本与副本

电子记录方式下对正本与副本的要求截然不同于纸制单据下的正本与副本。eUCP 规定,仅提交一条电子记录应视为已满足了电子信用证对两份或多份正本或副本电子记录的要求。

3. 出单日期

出单日期是判定受益人是否按期交单的重要依据。eUCP 规定,除非电子记录中包含具体的出单日期,否则可视出单人发送电子记录的日期为电子记录的出单日期。如果没有明显的其他日期,收到日期将被视为发出日期。

(二) 审单

1. 审单的基本标准

eUCP 单证相符、单单相符的审单原则没有变更,但被赋予了新的内涵。一份电子单据与信用证相符将被视为与同一交易其他合格电子单据相一致。eUCP 规定:① 如果所提交的电子记录包含一个通向外部系统的超级链接或表明电子记录可以参照某一外部系统审核,那么审核电子记录的银行必须用所指定的方式进行审核。若该指定的外部系统无法读取所要求的电子记录,则构成一个不符点。② 若被指定银行按照指示传送电子记录,则表明该银行已审核了电子记录的表面真实性。③ 开证行或保兑行没有能力审核 eUCP 信用证所要求格式的电子记录或者在没有格式要求时所提交的电子记录的格式都不构成拒绝理由。在电子信用证下,由于审单是自动化处理,将严格遵照"单证相符、单单一致"的原则,但在传统审单方式下不足以造成拒付的极其微小的不符点也可能在电子信用证下造成拒付,这无疑将影响国际贸易的顺利进行。为此,使用电子信用证时应鼓励单据及信用证条件的高度简单化,以防止因单证不符而拒付的情况经常发生。

2. 审单期限

eUCP 没有对电子交单下的银行审单期限做新的规定，而是援用 UCP 600 中"最多为收单翌日起第 5 个工作日"。

3. 对于额外单据及信用证中非单据性条款的处理

eUCP 对此没有做新的规定，可以直接适用 UCP 600 中银行对额外单据和非单据性条款可以置之不理的规定。

4. 发出拒付通知后单据的处理

eUCP 中规定，如果开证行、保兑行或作为其代理的被指定银行对包含电子记录的单据发出了拒付通知，在发生拒付通知后 30 天内未收到被通知方关于电子记录的处理指示，银行应退还交单人以前尚未退还的任何纸制单据，但可以其认为合适的任何方式处理电子记录而不承担任何责任。

5. 单据真实性问题

eUCP 对银行在电子交单下做了补充性的额外免责规定。eUCP 规定，银行在审核电子记录表面一致性时，对于发送者的身份、信息来源不承担责任并且除了使用商业上可接受的用于接收、核实以及识别电子记录的数据过程外，银行对电子记录是否完整也不承担责任。

6. 交单后电子记录损坏的处理

在电子记录的损害方面，eUCP 增加了一个特殊的条款以处理银行收到电子交单后，由于技术原因（比如病毒）而无法打开电子单据的情况。eUCP 规定如果开证行或指定银行所收到的电子记录存在损害的数据，该银行可通知交单者并要求重新交单。如果该电子记录未能在 30 天内重新提交，银行可视该电子记录没有提交并且任何期限不得延展。

eUCP 只是现行 UCP 600 与电子单据处理模式之间的一座桥梁，是对 UCP 600 的补充并与 UCP 同时使用，而不是取代 UCP 600。

第五节　银行保函与备用信用证

银行保函与备用信用证都是银行开立的保证文件，属于银行信用，通常在期限较长、交易条件比较复杂的场合使用，除适用于货物买卖外，还可用于融资、工程承包等领域。

一、银行保函

银行保函（Banker's Letter of Guarantee，L/G）又称银行保证书，是银行向受益人开立的保证文件，由银行作为担保人，以第三者的身份保证委托人如未对受益人履行某项义务时，由担保银行承担保证书中所规定的付款责任。

（一）银行保函的特点

（1）保函是根据商务合同开出的，但是它并不依附于商务合同，具有独立的法律效力。当受益人在保函项下合理索赔时，担保行就必须承担付款责任，而不论委托人是否同意付款，也不管合同履行的实际事实,即保函是独立的承诺并且基本上是单证化的交易业务。

(2)银行信用作为保证,易于为合同双方接受。

(3)银行保函在委托人违约的情况下才使用。如果有关各方严格按照合同规定履行义务,银行保函就不必使用,这也是银行保函与信用证的主要差异。

(二)银行保函的基本内容

银行保函一般包括以下各项:

(1)基本栏目,包括保证书的编号开立日期,各当事人的名称、地址、所在国家或地区,有关工程项目或其他标的物的名称,有关合同或标书的编号及签约或签发日期,等等。

(2)责任条款,即开立保证书的银行在保证书中承诺的责任条款,这是银行保函最主要的内容。

(3)保证金额,即出具保证书的银行所承担责任的最高金额,可以是一个具体金额,也可以是有关合同金额的某个百分比。

(4)有效期,即最迟的索赔期限或称到期日(Expiry Date),它既可以是一个具体的日期,也可以是在有关某一行为或某一事件发生后的一个时期,例如在交货后 3 个月或 6 个月、工程结束后 30 天等。

(5)索偿条件,即规定受益人在什么情况下能够向保证人提出索赔。

(三)银行保函的当事人

银行保函的基本当事人有:

(1)委托人(Principal)。委托人即申请人,是与受益人订立合同的对方执行人及债务人,如在投标保证业务项下的投标人、出口保证业务中的货物出口商、进口保证业务中的货物进口商等。

(2)担保行(Guarantor)。担保行又称保证人,即开立保证书的银行或其他金融机构。担保行根据委托人的申请,并在由委托人提供一定担保的条件下向受益人开立保证书,担保行在保证书规定的付款条件满足时即向受益人付款。

(3)受益人(Beneficiary),受益人也就是与委托人订立合同的债权人,当委托人未履行合同时可通过保证书取得款项的人。

银行保函除了以上三个基本当事人以外,有时还可能有转递行、保兑行以及转开行等当事人。转递行是根据保证银行的请求将保证书转递给受益人的银行,转递行如同信用证业务中的通知行,只负责鉴别保证书表面的真实性,不负其他经济责任。保兑行是在保证书上加具保兑的银行。保兑行只有在保证人不按保证书规定履行赔付义务时,才向受益人赔付,使受益人得到双重担保。转开行是接受保证银行的请求,向受益人开出保证书的银行。

(四)银行保函的种类

根据不同的用途,银行保函可分为投标保证书与履约保证书。

(1)投标保证书(Tender Guarantee)是银行或其他金融机构应投标人(委托人)的申请向招标人(受益人)开立的保证书,保证投标人在开标前不中途撤销投标或片面修改投标条件,中标后不拒绝签约,不拒绝交付履约保证金,否则银行要赔偿招标人的相应损失。

投标保证书的金额一般为投标报价的 1%～5%（具体比例视招标文件规定而定），有效期一般至开标日为止。如投标人中标，则自动延长至投标人与招标人正式签订项目合同并递交履约保证书为止。

（2）履约保证书（Performance Guarantee）是银行应申请人的请求，向受益人开立的保证申请人履行某项合同项下义务的书面保证文件。在保证书有效期内如发生申请人违反合同的情况，银行将根据受益人的要求向受益人赔偿保证书中所规定的金额。

用于国际货物买卖中的履约保证书，又可分为进口保证书和出口保证书两种。

1）进口保证书（Import Letter of Guarantee）是指银行（保证人）应进口商（委托人）的申请，开给出口商（受益人）的信用文件，保证在出口商按买卖合同交货后进口商一定如期付款，否则由保证银行负责偿付一定的金额。

2）出口保证书（Export Letter of Guarantee）是指银行应出口商的申请开给进口商的保证文件，规定如出口商未能交货，银行负责赔偿进口商一定金额。有的保证书规定如出口方未能按买卖合同交付货物时，保证银行在收到通知后一定期限内，无条件地将进口方已经支付给出口方的定金或预付款退还给进口方并加付相应日期的利息。这种保证书又可称作还款保证书（Re-payment Guarantee）。

除此以外，在实际业务中，还有一些其他用途的保证书，例如，货物先于提单到达，为便于办理进口报关手续，及时提货，进口商可向当地银行提出申请，要求开出以船公司为受益人的提货保证书（Letter of Indemnity），向船公司通融"借货"，待提单到达后再换回保证书，即所谓"担保提货"（Delivery of Cargo under Letter of Guarantee）。

（五）银行保函与信用证的异同

银行保函与信用证同属银行信用，但两者有很大区别，主要表现在以下两个方面：

（1）保证人的付款责任。信用证的开证行承担的是第一性的付款责任，开证行负有首要付款责任，受益人或其指定人要求付款时应该向开证行或其指定银行交单；而在银行保函中只有在委托人不付款或不履行合同义务时，受益人才可凭保证书向保证银行要求付款。所以，银行保函保证银行的付款责任是第二性的。

（2）与合同的关系。信用证只凭符合信用证条款规定的单据而与凭以订立的合同无关。而在银行保函中银行会被牵扯到合同中，银行大多须经调查证实确是委托人违反合同而又不予赔偿时才进行偿付。

国际商会曾于 1978 年 6 月颁布了《合同保函统一规则》（Uniform Rules for Contract Guarantees），即国际商会第 325 号出版物（简称 URCG 325）。鉴于见索即付保证书的使用日益增多，国际商会于 1992 年 4 月专门制定并颁布了《见索即付保函统一规则》（Uniform Rules for Demand Guarantees），即国际商会第 458 号出版物（简称 URDG 458）。2009 年国际商会又对其进行了修订，成为国际商会第 758 号出版物（简称 URDG 758），并力图在世界范围内大力推广。

二、备用信用证

备用信用证最早产生于 19 世纪中叶的美国，当时美国的联邦法律禁止美国银行为其客户提供担保或保证书。但银行为了满足客户的要求，变相做担保业务，于是创立了这种实际上属于保函性质的支付承诺。

如今，备用信用证已发展成为一种全面的金融工具，其应用范围比一般的银行保函更为广泛，可用于支持委托人的融资及非融资性契约责任，并提高这种资金保证的信用等级。

（一）备用信用证的含义

备用信用证（Standby L/C），又称担保信用证，是指银行根据商业合约一方当事人所出具的，目的在于保证申请人未履行某种合同义务时凭受益人所提交的单据或文件向受益人支付一定金额的书面付款保证承诺。备用信用证是开证行对受益人承担一项独立的、第一性义务的凭证。如果开证申请人按期履行与受益人之间的合同义务，受益人就无须要求开证行在备用信用证项下支付任何款项。

（二）备用信用证的用途及内容

备用信用证的用途与银行保函几乎相同，既可应用于成套设备、大型机械、运输工具的分期付款、延期付款，又可应用于国际投标保证、加工装配、补偿贸易、技术贸易的履约保证。总之，在一笔国际经济往来业务中，只要双方当事人中的一方对另一方承担义务，而另一方认为对方履行义务的承诺不一定能实现时，就可要求对方通过银行开立以本人为受益人的备用信用证以做出支付承诺。所以，备用信用证是具有信用证形式及内容的银行保函。当开证人未能按时履行投标诺言、履行合同义务、交付货物、偿付货款或贷款，受益人即可凭备用信用证出具汇票及关于开证申请人违约或未履行承诺的声明书，向开证行索偿。银行在收到汇票及信用证规定的凭证时承担付款责任。例如：

We hereby authorize you to draw a draft on us up to an aggregate amount of... Accompanied by Your signed statement stating that ...（exporter）failed to timely delivery of the relative goods under your order No. ... And that failure to deliver was not the result of fire, strikes, civil commotion, government action, or other occurrences of force majeure and further stating that the amount drawn represents the portion of proceeds of the undelivered goods. Drafts must be drawn and presented to us at our office not later than January 31, 20 ... All drafts drawn under the credit must bear its date and number. We hereby agree with you that all drafts drawn under and, compliance with the terms of this credit will be duly honored upon presentation on us. This credit is subject to the Uniform Customs and Practice for Documentary Credits（2007 revision）International Chamber of Commerce Publication No. 600.

兹授权你公司以我行为付款人开具汇票，总金额不超过××美元，附具经你公司签署的声明书，声明××公司（出口公司）未按时交付你公司第××号订单下的有关货物，且未交付货物并非由火灾、罢工、民变、政府干预或其他不可抗力事故造成的，并声明汇票金额是代表该未交付货物部分的货款。汇票必须不迟于20××年1月31日开具并向我行营业所提示。凡按本证开具的汇票必须载明信用证开立日期及号码。我行同意对你公司按本证开立并按所列条款向我行提示的汇票予以承付。本证根据国际商会第600号出版物《跟单信用证统一惯例》（2007年修订本）办理。

（三）备用信用证适用的国际惯例

从 1983 年修订的《跟单信用证统一惯例》（UCP 400）起，国际商会就明确规定备用信用证列入该惯例的范围。1999 年起，当事人选择适用《国际备用证惯例 1998》（The International Standby Practices 1998，简称 ISP 98）的日益增多。ISP 98 最初是由美国的国际银行法律与惯例学会（The Institute of International Banking Law and Practice, Inc.）起草，国际商会的银行技术与实务委员会于 1998 年 4 月 6 日批准，1999 年 1 月 1 日起生效，并被定为国际商会第 590 号出版物在全世界推广。ISP 98 的颁布与实施减少及避免了备用信用证业务中可能产生的纠纷及争议，推动了备用信用证的广泛应用。

（四）备用信用证与跟单信用证的异同

国际商会《跟单信用证统一惯例》包含了备用信用证，备用信用证与跟单信用证有许多相同点。

（1）备用信用证与跟单信用证虽然都是在买卖合同基础上开立的，但一旦开立即与合同无关，成为开证行对受益人的一项独立的义务（Independent Obligation）。

（2）备用信用证与跟单信用证的开证行所承担的付款义务均是第一性的（Primary）。

（3）开证行及其指定的银行均凭符合信用证规定的凭证（单据）付款。

备用信用证与跟单信用证也有许多不同，主要表现在：

（1）跟单信用证是对受益人按约履行合同义务的支付，而备用信用证适用于当开证申请人未能履约时，向受益人付款、退款或赔款。

（2）跟单信用证主要用于国际货物买卖，而备用信用证适用范围较为广泛。

（3）跟单信用证一般凭商业发票、运输单据等商业票据付款，而备用信用证通常凭受益人签发的申请人违约声明付款。

（4）跟单信用证开证行承担的风险较小，因为有押金或货运单据作抵押，而备用信用证的开证行承担的风险较大，因为直接与开证申请人的信用与履约能力有关。

第六节　信用证的风险及防范

一、信用证业务的风险

1. 进口商面临的局限性及风险

（1）与其他结算方式相比，信用证的手续最繁杂，费用最高，通常只在买卖双方不够信任或金额很大时使用。

（2）开立信用证要占用银行的信用额度。

（3）存在出口商伪造、变造单据骗取货款的可能。由于信用证方式是"纯单据业务"，受益人如果变造单据使之与信用证条款相符，甚至制作假单据，也可以从银行取得货款。

（4）实际货物交付与合同不符。进口商收到的货物可能迟装、短装或者质量低劣，致使无法按照预期出售货物而蒙受损失。

2. 出口商面临的局限性及风险

（1）与其他结算方式相比，信用证的手续最繁杂，费用最高，通常只在买卖双方不够信任或金额很大时使用。

（2）进口商不按期开证或不开证，伪造信用证。

（3）开证行的信用风险。开证行信用较差会影响收汇，开证行能否付款还会遇到进口国的国家或政府管制的风险。

（4）进口商的"软条款"陷阱。所谓软条款是指开证申请人在申请开立信用证时，故意设置若干隐蔽性的陷阱条款，使受益人处于完全被动的境地，而开证申请人或开证行则可以随时以单据不符为由，解除信用证项下的付款责任。

二、信用证风险的防范

1. 开证申请人的风险防范

（1）做好事前的资信调查。对进口商来说，贸易伙伴的资信可靠，是防止信用证欺诈的关键。进口商可以通过出口商所在国的资信评估机构、商业行业协会等组织机构对出口方的资信进行调查并建立完备的供方档案。

（2）选择适当的贸易术语如 FOB 术语，力争取得对船公司、银行及保险公司的选择权。

（3）合理订立合同及信用证条款。进口商应当根据合同的具体要求对提单、保险单、商业发票、质检证书等提出明确而具体的要求。

（4）严格仔细地审单。严格审查单据对于进口商来说尤为重要，在发现单证不符合时可以拒付，对可疑单据要及时核实。

（5）援引"信用证欺诈例外"原则应对信用证欺诈。在认定存在信用证欺诈的情况下，各国立法会规定允许开证申请人或开证行以基础交易欺诈为由，通过司法机关排除信用证独立原则的适用，对信用证进行止付。

2. 受益人的风险防范

（1）做好事前的资信调查。根据公司规模、资金状况、资信情况、公司信誉等慎重选择进口伙伴。

（2）合理订立信用证条款。出口方应预先在买卖合同中对信用证的内容做出明确规定，以免进口方不依照合同开证。

（3）严格审核信用证。审核信用证的内容是否与合同一致，是否有"软条款"等，在开证行资信不佳时还可以要求对方对信用证加具保兑。

（4）认真制作单据并严格审核，及时向银行交单。对信用证所要求的一系列单据应当认真制作，保证单证之间以及单单之间的严格相符，按时向银行交单。

（5）正确对待拒付。如果发现拒付理由不够充分，可以据理力争。

第七节 关于信用证支付的典型案例分析

关于信用证支付的典型案例主要围绕交货与合同不符开证行能否拒付、保兑行的责任、有关信用证"软条款"的争议。

一、关于对交货与合同不符时开证行能否拒付的争议

案例 14-1

中国 A 公司向外国 B 公司进口一批产品，货物分两批装运，支付方式为不可撤销议付信用证，每批分别由中国某银行 C 开立一份信用证。第一批货物装运后，卖方在有效期内向银行交单议付，议付行审单后，未发现不符点，即向该商议付货款，随后 C 银行对议付行做了偿付。A 公司在收到第一批货物后，发现货物品质不符合合同规定，进而要求 C 银行对第二份信用证项下的单据拒绝付款，但遭到 C 银行的拒绝。试问：C 银行这样做是否有理？为什么？

资料来源：https://wenku.baidu.com/view/088e3083ff0a79563c1ec5da50e2524de518d0d7.html。

【分析】

信用证是一种银行开立的有条件的承诺付款的书面文件。对出口商来说，只要按信用证规定条件提交了单据，在单单一致、单证一致的情况下，即可从银行得到付款；对进口商来说，只要在申请开证时，保证收到符合信用证规定的单据即进行付款以取得代表货物所有权的单据。因此，银行开立信用证实际是进行单据的买卖。此外，开证行与受益人之间的关系属于一种对双方都有约束力的合同关系。这种合同关系约束开证行应在对单据做出合理审查之后，按规定向受益人付款，而不受买卖双方买卖合同以及其他合同的影响。因此，在本案中，C 银行这样做是合理的。

二、关于对保兑行责任的争议

案例 14-2

I 银行开立一张以 M 为受益人的不可撤销信用证，并且要求通知行 A 加保。A 银行对信用证加保兑后通知了 M，在信用证到期日两天之前，M 将全套单据交 A 银行议付。A 银行发现全套单据有两处不符：其一是提单抬头做成了托运人抬头并空白背书，而信用证的要求是提单做成买方抬头；其二是信用证超支 10 000.00 美元，考虑到信用证即将到期，A 银行立即将此情况通知 M，M 要求 A 银行立即电传开证行 I 银行要求其授权付款。开证行在接到 A 银行的电文后与其开证申请人协商，在后者的同意下，I 银行授权 A 银行议付提示的单据。

在 I 银行电告 A 银行对不符单据付款后，I 银行国内的政局开始动荡，导致 I 银行营业中断。A 银行通知 M：尽管它已收到 I 银行同意对不符单据付款的指示，但 A 银行不准备照办，因为 I 银行的资金账户已被冻结。如果 A 银行对 M 付款，它将无处取得偿付。

受益人认为 A 银行已对该证进行了保兑，根据 UCP 600，在未征得受益人同意的情况下，该银行不得撤销保兑，故 A 银行必须付款。而 A 银行则认为：保兑只是在提交单单、单证严格一致的情况下有效。鉴于受益人提供的单据已有两处不符，故该保兑已自动终止。受益人认为 A 银行既然已无条件同意与 I 银行联系，要求后者授权对提示的不符单据付款，这一行

为已构成 A 银行同意付款的承诺，因此受益人要求 A 银行支付信用证的全部款项外加 I 银行同意付款之日起至 A 银行实际付款之日间的利息以及处理这一事件过程中的一些费用支出。由此，受益人与保兑行发生了争议。

资料来源：https://max.book118.com/html/2017/0414/100347638.shtm.

【分析】

此案涉及的是保兑行的保兑责任问题。UCP 600 第 8 条规定：另一家银行（保兑行）经开证行授权或应其请求对不可撤销信用证加以保兑，即构成开证行以外的保兑行的确定责任，但以向保兑行或被指定的银行提交规定的单据并符合信用证条款为条件。第 10 条 b 款：开证行自发出修改书之日起，即对该修改书负有不可撤销的义务。保兑行可将其保兑扩大至修改书，并自通知该修改书之日起负有不可撤销的义务。但是保兑行可以选择不扩大其保兑而将修改书通知受益人，如果保兑行这样做，它必须不延误地将此情况通知开证行及受益人。

第 8 条论述了保兑行的责任，保兑行不是以开证行的代理身份，而是以独立的"本人"身份，对受益人独立负责，并对受益人负首先付款责任，受益人不必先向开证行要求付款，碰壁后再找保兑行。保兑行有必须议付或代付之责，在已经议付和代付后，不论开证行倒闭还是无理拒付，都不能向受益人追索，它的责任同开证行的责任相同。保兑行对信用证加保兑后，它担负的责任相当于其本身开证，不论开证行发生什么变化，它不能片面撤销其保兑。

此案中 A 银行作为保兑行即负担起与 I 银行的同等责任。但 A 银行的保兑责任仅限于 M 提供符合信用证要求的单据，鉴于 M 提供的单据不符合信用证要求，可以认为 A 银行的保兑责任就此终止。但是 A 银行无条件地同意请求 I 银行授权对不符单据议付，这事实上等于是 A 银行请求 I 银行修改信用证，而 I 银行同意授权付款则意味着该修改成立，那么 A 银行自然而然地将其保兑之责扩展到了修改。所以 A 银行应该对受益人 M 付款。

三、关于信用证"软条款"的争议

案例 14-3

某市中国银行分行收到新加坡某银行电开本信用证一份，金额为 100 万美元，购花岗岩石块，目的港为巴基斯坦卡拉奇，证中有下述条款：

（1）检验证书于货物装运前开立并由开证申请人授权的签字人签字，该签字必须由开证行检验。

（2）货物只能待收到开证人指定船名的装运通知后装运，而该装运通知将由开证行以修改方式发出。

该信用证可不可以接受？

资料来源：https://www.lawtime.cn/info/baoguanshangjian/baoguandanzheng/2011113014164.html.

【分析】

此为"软条款"信用证，不可以接受。所谓"软条款"是指可能导致开证行解除不可撤销信用证项下付款责任的条款，最典型及最多的形式是该信用证所规定的某些单据被开证申请人所控制。从上述信用证条款中可以看出，由开证申请人验货并出具检验证书及开证申请人指定装船条款，实际上是开证申请人控制了整笔交易，受益人（中国出口公司）处于受制于人的地位，信用证项下开证行的付款承诺是毫不确定的。

四、关于对信用证修改的争议

案例 14-4

上海 A 公司以信用证方式出口一批产品至朝鲜，朝鲜客商要求朝鲜外贸银行开出不可撤销信用证一份，受益人为上海大众食品公司，开证申请人为朝鲜客商，开证行为朝鲜外贸银行，议付行则为上海大同银行。信用证的有效期为 5 月 30 日，货物的装运期为 5 月 15 日。4 月，朝鲜客商通过朝鲜外贸银行发来修改电一份，要求货物分两批分别于 5 月 15 日、30 日出运，信用证的有效期展延至 6 月 15 日。上海大同银行在第一时间将信用证修改通知了受益人。5 月 30 日，上海 A 食品公司将全部产品一次装船出运，在备齐了所有信用证所要求的单据后，于 6 月 3 日向上海大同银行要求议付。上海大同银行审单后拒绝对其付款。

资料来源：https://wenku.baidu.com/view/cf142559ae45b307e87101f69e3143323968f5a4.html.

【分析】

这是一起典型的信用证修改案例。在不可撤销信用证情况下，任何一方对信用证的修改，都必须经过各当事人的同意，特别是受益人的同意，方能生效。本例中信用证的修改通知了受益人，而受益人没有明确表明接受或拒绝，在此情况下，若受益人按旧证内容办理，视为其拒绝了修改，若按新证内容办理，视为其接受了修改。案例中该信用证的修改项目有三项：分批装运、装运期、有效期。受益人如果接受信用证的修改，就必须全盘接受，而不能部分接受、部分拒绝。因此，A 公司接受延展装运期和有效期而拒绝分批装运的做法不符合规定，议付行的拒付完全正确。

本章小结

信用证具有自足文件、开证行第一性付款责任、纯单据业务等特点。根据不同的标准，信用证可分为不同的类型，涉及的当事人、主要内容及业务流程也不同。在互联网应用普及的背景下，电子信用证的使用越来越广泛。银行保函与备用信用证在实践中可以单独或配合其他结算方式使用。

复习思考题

1. 什么是信用证？试简述其一般的收付程序。
2. 试简述信用证的主要内容。
3. 试简述信用证各当事人之间的法律关系。

4. 试简述信用证结算方式的主要特点。
5. 简述可转让信用证与背对背信用证的异同。
6. 银行保函与跟单信用证有何区别？
7. 我国出口企业收到国外开来的不可撤销的跟单信用证一份，由设在我国境内的某外资银行通知并加具保兑。我国出口企业在货物装运后，正拟将有关单据交银行议付时，接到外资银行通知，要求出口商改为托收方式出口。试分析外资银行的做法是否正确。

◆ 延伸阅读

迎接全电子单据时代的到来

请扫二维码阅读

第十五章
CHAPTER 15

不同结算方式的选用

💎 学习目标

通过学习本章，要求掌握：
1. 选择结算方式应注意的问题。
2. 不同结算方式的组合使用。
3. 分期付款与延期付款。

📖 引导案例

我国内地某外贸公司与我国香港某商以即期信用证方式付款首次达成一宗交易，对方希望将货物转售给加拿大客商，合同规定由出口方直接将货物装运至加拿大。出口方在约定装运期前4天才收到港商开来的信用证且信用证条款多处与合同不符。在出口方坚持不修改信用证不能装船的情况下，港商提出使用电汇方式把货款汇过来。出口方第二天收到了对方发来的汇款凭证传真件，经银行审核签证无误。出口公司认为货款既已汇出，于是及时发运了货物并向港商发了装船电文，但在发货后一个月仍未见款项汇到，经查询才知，港商不过是在银行买了一张有银行签字的汇票传真给出口方，但在收到发货电文之后，港商把本应寄给外贸公司的汇票退回给了银行，撤销了这笔汇款。港商的欺诈行为致使内地出口方损失惨重。

资料来源：https://wenku.baidu.com/view/95ed63b4a78da0116c175f0e7cd184254a351b60.html.

📝 案例思考

出口方应吸取什么教训？

第一节　选择结算方式应注意的问题

一、结算方式与交易对象资信的匹配

要在出口业务中做到安全收汇，在进口业务中做到安全用汇、安全收到符合合

同的货物，就必须事先做好对交易对象的信用调查。在买卖双方资信较好的前提下，大多采用汇付；对于资信等级不够或者尚未有充分了解的客户，应选择托收等风险较小的方式；在大额贸易或双方不互信时选用信用证。

二、市场定位及经营意图

在货物畅销时，卖方不仅可以提高售价而且还可选择对自己最有利的结算方式，如由买方先付款。而在货物滞销时或对于竞争激烈的商品，不仅要降低价格，而且在结算方式上也需做必要让步，如先行交货再由买方付款。

三、贸易术语

在使用 CIF、CFR、CIP、CPT 等属于象征性交货或称推定交货术语的交易中，卖方交货与买方收货不在同时发生，在买方信用较好时也可采用付款交单的托收方式。但在使用 DAT、DDP 等属于实际交货方式术语的交易中，由于是卖方或通过承运人直接向买方交货，卖方无法掌握单据控制物权，因此一般不能使用托收。而 EXW 贸易术语下，卖方无法获得任何货运单据，不适合使用托收或信用证结算。以 FOB、FCA 条件达成的买卖合同，虽然在理论上也可凭运输单据控制货物，但这种合同的运输由买方安排，卖方或接受委托的银行很难控制货物，所以也不宜采用托收方式。

四、运输方式

如若货物通过海上运输或多式联合运输，出口商装运货物后得到的运输单据一般为可转让的海运提单或可转让的多式联运单据。因为这些单据都是货物所有权凭证，在货物交付给进口商前，出口商尚能控制物权，所以能采用信用证及托收方式结算货款。如若货物通过航空、铁路或邮政运输，出口商得到的运输单据为航空运单、铁路运单或邮包收据，这些都不是货物所有权凭证，在这些情况下，都不适宜采用托收。

第二节　不同结算方式的组合使用

在国际贸易中，一笔交易可以只选择一种结算方式，也可以选择两种或两种以上的结算方式结合起来使用。

一、信用证与汇付相结合

信用证与汇付相结合是指部分货款采用信用证、余额货款采用汇付，或者用汇付的前 T/T 支付定金，余款信用证结算。例如，在买卖矿砂、煤炭、粮食等散装货物时，买卖合同规定 90% 货款以信用证方式付款，其余 10% 待货物运抵目的港，按实到数量确定余款后以后 T/T 方式支付。又如，对于进口商预付定金，通常在 10%～30%，会规定预付定金部分以汇付前 T/T 方式支付，其余货款以信用证方式结算。

二、汇付与跟单托收相结合

汇付与跟单托收相结合主要指采用跟单托收并由进口商以前 T/T 方式预付部分货款或一定比率的押金作为保证。出口商收到预付款或押金后发运货物，并从货款中扣除已收款项，将余额部分委托银行采用付款交单方式。如托收金额被拒付，出口商可将货物运回，并从已收款项中扣除来往运费、保险费、利息及合理的损失费用。类似条款例如：

Shipment to be made subject to an advance payment or down payment amounting××to be remitted by T/T in favour of seller and the remaining part on collection basis, documents will be released against payment at sight.

装运货物以电汇向卖方提交预付款××为前提，其余部分采用托收凭即期付款交单。

三、信用证与托收相结合

这种方法是指不可撤销信用证与跟单托收两种方式的结合使用。在实际运用时，托收必须是付款交单方式，出口商要签发两张汇票，一张用于信用证项下部分的货款凭光票支付；另一张须随附全部规定的单据，按跟单托收处理。这种做法对进口商来说，可减少开证金额，少付开证押金，少垫资金。对出口商来说，虽然托收部分有一定风险，但有部分信用证的保证，等于预收押金，且货运单据跟随托收汇票项下，开证行须待进口商付清全部货款后才能放单，出口商的收汇安全较有保障。类似的条款例如：

××% of the invoice value is available against clean draft at sight under the credit while the balance be held against D/P at sight. The full set of the shipping documents of 100% invoice value shall accompany the collection item and shall only be released after full payment of the invoice value. If the importer fails to pay full invoice value, the shipping documents shall be held by the issuing Bank at the exporter's disposal.

××%发票金额凭即期光票支付，其余××%即期付款交单。100%发票金额的全套货运单据随附于托收项下，于申请人付清发票全部金额后交单。若进口商不付清全部金额，货运单据由开证行掌握，凭出口商指示处理。

第三节 分期付款与延期付款

大型机械、成套设备、飞机与轮船等交通工具的国际贸易具有货物金额大、制造生产周期长、检验手段复杂、交货条件严格以及产品质量保证期限长等特点，常采用分期付款或延期付款的支付方式。

一、分期付款

分期付款（Payment by Instalments）是指买方预交部分定金，其余货款根据所订购商品的制造进度或交货进度分若干期支付，在货物交付完毕时付清或基本付清，每次交付货款的日期和金额均事先在契约中写明。在分期付款的交易中买方付清货款时，货物的所有权即由卖方转移给买方。

按分期付款条件成交，在买方付出定金之前，卖方通常应向买方提供出口许可证副本及银行开具的保证书或备用信用证，若卖方不履约，由银行保证负责退还定金、已付款项加上自付款日起至退款日止的利息。

二、延期付款

延期付款（Deferred Payment）是指买方在预付一部分定金后，大部分货款是在交货后一段相当长的时间内分期摊付。所以，延期付款实际上是卖方向买方提供了商业信贷，带有赊销赊购的性质，涉及利息问题，需在买卖合同中规定利率条款。凡金额较大、付款期限较长的资本货物交易往往需与政府提供的出口信贷结合起来进行。

三、分期付款与延期付款的区别

分期付款与延期付款虽然都是在规定的期限内分期付清货款，但两者有不少区别，主要表现为以下两方面。

（1）分期付款是付现交易，在卖方完成交货义务时，买方已付清或基本付清货款；而在延期付款情况下，大部分或全部货款是在交货之后较长的期限内分期摊付，是卖方给买方的信贷赊销。买方需要承担延期付款的利息。

（2）在分期付款情况下，买方在付清最后一期货款后，才取得货物的所有权。延期付款的交易流程是买方先取得货物所有权再付款，若买方后期不履行付款义务，卖方只能依法要求偿付货款而不能恢复货物的所有权。

第四节　关于结算方式选择的典型案例分析

本节所列的相关案例主要围绕 T/T 方式下进口商拒付的风险以及付款交单改为承兑交单的教训。

一、关于对 T/T 方式下进口商拒付的风险

▶ 案例 15-1

中国出口商 A 公司以 FOB 价格术语向印度 B 公司出口五金工具 6 万美元，采用装运后见 B/L 传真件 T/T 方式支付货款。印度进口商 B 公司指定由印度承运人 C 公司负责运送货物，A 公司按照合同约定按期发货，并及时传真 B/L 复印件给印度 B 公司。但印度 B 公司资金周转困难，一直拖延电汇货款，并要求 A 公司给予降价渡过难关，双方往来函电沟通数次无果。A 公司联系承运人 C 公司要求退运货物遭拒。根据印度法律，如果货物到港后进口商不付款提货，货物最多可以在海关仓库存管 30 天，若 30 天后进口商未清关提货且也未向海

关提出延期清关申请的话，海关有权拍卖货物并且如果出口商想退运货物，必须出具进口商签署的无异议证明信等文件原件。A 公司考虑到退运难、滞港费增长等情况最终同意印度 B 公司的降价要求才得到电汇付款。

资料来源：孟亮. 出口商在采用电汇结算方式下的风险及防控措施分析［J］. 对外经贸实务，2016（7）.

【分析】

采用后 T/T 方式收汇是风险最大的结算方式之一，即使采用装运后以 B/L 传真件方式控制货权，若买方恶意拒付再加上进口国海关的特殊规定，出口商也会面临钱货两空的局面。

二、关于对付款交单改为承兑交单的教训

案例 15-2

3 月 11 日，我国甲公司与印度尼西亚乙公司签订一笔 2 万美元的出口合同，约定以 D/P at Sight 为付款方式。在货物装船起运后，乙公司又要求国内出口商将提单上的托运人和收货人均注明为乙公司，并将海运提单副本寄给他。货到目的港后，乙公司便以暂时货款不够等原因不付款赎单，要求出口商将付款方式改为 D/A，并允许他先提取货物，否则就拒收货物。由于提单的收货人已记名为乙公司，使国内出口商无法将货物再转卖给其他客户，因此只能答应其要求。然后乙公司以货物是自己的为由，以保函及营业执照复印件为依据向船公司凭副本海运提单办理提货手续。货物被提走转卖后，乙公司不但不按期向银行付款而且再也无法联系，使甲公司遭遇货款两空的局面。

资料来源：梁迪. 趋利避害慎用托收［J］. 进出口经理人，2008（5）.

【分析】

在本案例中，乙公司利用甲公司对海运提单及托收付款方式不甚了解的弱点，引诱甲公司进入其预先编织好的圈套，使甲公司失去了对货物的控制权，从而达到其非法占有甲公司货物的目的。在本案例中，印度尼西亚乙公司要求托运人和收货人均注明为乙公司，这就使得该提单只能由该乙公司提货，不能用背书的方式转让给第三者，不能流通。该批货物即使有别的客户要也提不了货。而把托运人也写成乙公司，则连要求船公司把货物退运给甲公司都不可能了。出口公司应该明白提单上的托运人必须为国内出口商或其贸易代理，而不能是任何第三方，更不能是货物的进口商。

本章小结

买卖双方要根据自身面临的情况如交易对象的资信、市场定位、经营意图、合同使用的贸易术语等在汇付、托收及信用证中选择合适的结算方式或将不同结算方式进行组合使用。大型机械、成套设备、飞机与轮船等交通工具的交易具有货物金额大、制造生产周期长、检验手段复杂、交货条件严格以及产品质量保证期限长等特点，常采用分期付款或延期付款的支付方式。

复习思考题

1. 举例说明各种国际结算方式的结合使用。
2. 分期付款与延期付款有什么区别?
3. 信用证要求空运货物给开证申请人。一家银行议付了汇票,但是当单据寄往开证行后,经其审核,认为单证不符,开证行拒付。这时申请人已经提走了货物,将未付款的单据留在了开证行。试分析受益人在此案中应该接受的教训。

延伸阅读

从一则案例分析对南美国家采用 D/P 托收的风险

请扫二维码阅读

第五篇
PART 5

商品检验及争议处理

第十六章　进出口商品检验检疫
第十七章　索赔
第十八章　不可抗力
第十九章　仲裁

第十六章
CHAPTER 16

进出口商品检验检疫

学习目标

通过学习本章,要求掌握:
1. 进出口商品检验检疫的概念、产生及发展。
2. 出入境检验检疫工作的作用与法律地位。
3. 进出口检验检疫的一般程序。

引导案例

我国某进出口公司于 2009 年 11 月 9 日与澳大利亚某公司签订了一份由我方公司出口化工产品的合同。合同规定的品质规格是,TiO_2 含量最低为 98%,重量为 17.59 M/T,价格为 CIF 悉尼每公吨 1 130 美元,总价款为 19 775 美元,信用证方式付款,装运期为 2009 年 12 月 31 日之前,检验条款规定:"商品的品质、数量、重量以中国进出口商品检验局检验证书为最后依据。"我方收到信用证后,按照要求出运货物并提交了单据,其中商检证由我省某进出口商品检验局出具,检验结果为 TiO_2 含量为 98.53%,其他各项也符合规定。

2010 年 3 月,澳方公司来电反映我方所交货物质量有问题,并提出索赔,5 月 2 日,澳方公司再次提出索赔,并将澳大利亚商检 SGS 出具的部分抽样与化验报告副本传真给我方。SGS 检验报告称根据抽样调查,货物颜色有点发黄,有可见的杂质,TiO_2 的含量是 92.95%。

2010 年 6 月,我方公司对澳方公司的索赔做了答复,指出货物完全符合合同规定,我方有合同规定的商检机构出具的商检证书。但澳方认为,我方货物未达到合同规定的标准,理由是:

(1) 经用户和 SGS 化验,证明货物与合同规定"完全不符"。

(2) 出口商出具的检验证书不是合同规定的商检机构出具的,并且检验结果与实际所交货物不符。

后来经我国驻悉尼领事馆商务室及贸促会驻澳代表处从中协调，由我方公司向澳方赔偿一部分损失后结案。

资料来源：周敏倩，竺杏月. 国际贸易实务与案例［M］. 南京：东南大学出版社，2013.

案例思考

在该案例中，我方应吸取哪些教训？

第一节　进出口商品检验检疫的概念、产生与发展

一、进出口商品检验检疫的概念

进出口商品检验检疫是指在国际贸易活动中对买卖双方成交的商品由商品检验检疫机构对商品的安全、卫生、环境保护等要求和品质、数量、重量等项目进行检验，并对涉及人的传染病、动物的传染病、寄生虫病和植物的危险性病虫、杂草以及其他有害生物等进行检疫的工作，在国际贸易活动中通常称为商检工作。

商检工作是使国际贸易活动顺利进行的一个重要环节，也是一个国家为维护国家安全、保护国民健康和安全、保护动物或植物的生命和健康、保护环境而采取的技术法规和行政措施。

每个国家都设置有管理进出口商品检验检疫工作的机构，并制定了大量的相关法律、法规和技术标准等。世界贸易组织和其他国际组织中也有许多由各成员方同意通过的关于检验检疫的协议，如《技术性贸易壁垒协议》（Agreement on Technical Barriers to Trade，TBT）、《装运前检验协议》（Agreement on Preshipment Inspection）、《实施动植物卫生检疫措施协议》（Agreement on the Application of Sanitary and Phytosanitary Measures，SPS）等。学习、了解、掌握进出口商品检验检疫的国际国内法律法规、检验检疫申报的内容和程序、质量认证和质量许可制度等检验检疫知识是顺利执行每项国际贸易合同、安全快捷地完成货物交接和货款收付的重要保障。

在我国，中华人民共和国国家市场监督管理总局是主管全国质量监督和出入境检验检疫工作的最高行政机关，垂直领导全国各地的出入境检验检疫工作。

二、进出口商品检验检疫的产生与发展

（一）世界进出口商品检验检疫的产生与发展

在16、17世纪的欧洲，各国盛行重商主义，大力发展对外贸易，以便通过商业活动刺激生产的发展。随着资本主义生产的产生和发展，巴黎、马赛、伦敦等城市逐渐形成了国际贸易中心城市。在不断发展的国际贸易中，商品的品种繁多，数量巨大，质量各异，买卖双方远隔千山万水进行交易，难以直接对交接货物进行检验清点，需要有一个权威公正的第三方公证鉴定机构对商品的质量、数量、重量、装运条件以及发生意外造成的货损等进行检验和鉴定，并且其检验鉴定的结果要为买卖双方以及相关方所接受，以利于贸易活动的顺畅进行。同时，一些国家的政府也认识到成立国家检验检疫管理机构的重要性，颁布了商品检验的法

律法规和标准，以加强对进出口商品质量的管理，保障国家和人民利益不受侵害。

早在 16 世纪，欧洲就出现了从事商品检验鉴定业务的公证人员和私人开设的公证行。1660 年，法国地方政府通过法令禁止小麦秆锈病传入。1664 年，法国政府为了促进出口商品质量的提高，制定了商品取缔法令，对 150 多种商品制定了具体的品质标准和工艺规程，在全国主要城市设立了商品检验检疫机构，依法执行检验管理。凡检验符合技术标准规定的发给证书准予出口，检验不合格的不准出口，并责令工厂研究改进，首创了由国家对进出口商品实施检验管理的制度。1725 年，英国政府在英格兰和惠尔斯设立机构检验农产品的病虫害。1850 年，意大利政府在米兰设立检验所，主要负责检验生丝。1874 年，德国政府设立机构检验农产品病虫害。1890 年，美国政府成立检验机构，总部设在纽约，并在费城等四个城市设立分支机构进行检验和管理。同年，美国国会通过议案，规定凡出口的火腿等肉品需由政府检验机构检验合格取得证书后方准出口。1891 年，又进一步通过议案，规定了屠宰场必须施行宰前宰后检验，并必须经显微镜检验，证明无病虫害才颁发证书准予出口。至 19 世纪末 20 世纪初，瑞典、丹麦、比利时、捷克、希腊、智利、挪威、墨西哥等国家都先后建立了商品检验检疫管理机构。

第二次世界大战后，世界经济飞速发展，国际贸易成为世界经济的重要支柱，在各个国家都占有日益重要的地位，检验检疫业务也随之得到快速发展。当前活跃在国际贸易领域中的各类商品检验检疫鉴定机构有 1 000 多家，既有官方机构，也有民间和私人机构。有的综合性检验鉴定公司业务遍及全世界，涉及国际贸易中各类商品的检验鉴定工作。商品检验检疫机构及其工作已成为当代国际贸易中一个重要的环节，发挥越来越重要的作用。

（二）我国进出口商品检验检疫的产生与发展

我国自己办理出口商品检验工作，是从对出口棉的检验开始的。1901 年，在上海附近产地设棉花水汽检查所 38 处；1902 年 9 月成立了上海棉花检验局；至 20 世纪 20 年代，在上海、天津、汉口等口岸陆续有外商成立及我国民间或政府协办的涉及棉花、生丝、火腿、植物油、蛋制品、矿产品等出口商品的公证鉴定机构约 200 多个。

1984 年，国务院发布了《中华人民共和国进出口商品检验条例》，经过几年的实践，1989 年，第七届全国人大常务委员会审议通过并公布了《中华人民共和国进出口商品检验法》（简称《商检法》），《商检法》的公布实施标志着商检工作进入了法制管理的新阶段。

1998 年 3 月以前，我国的出入境检验检疫工作由国家进出口商品检验局、农业部动植物检疫局、卫生部卫生检疫局三个部门分工负责。1998 年 3 月，全国人大通过的国务院机构改革方案决定将上述三个部门合并组成中华人民共和国出入境检验检疫局，即通常所说的"三检合一"。

2001 年 4 月 10 日，国务院决定将国家质量技术监督局与国家出入境检验检疫局合并，成立中华人民共和国质量监督检验检疫总局，主管全国的出入境卫生检验、动植物检疫、商品检验、鉴定、认证和监督管理。

2018 年 3 月，为进一步深化全国通关一体化，优化进出口货物检验检疫管理，促进贸易便利化，国务院机构改革方案明确撤销国家质量检验检疫总局，组建国家市场监督管理总局，将国家质量监督检验检疫总局的出入境检验检疫管理职责和队伍划入海关总署。同年 4 月，中国出入境检验检疫局正式并入海关。

第二节　进出口商品检验检疫工作的作用与法律地位

一、进出口商品检验检疫工作的作用

进出口商品检验对体现国家主权、保护人民生命健康和国家经济安全、保证正常贸易工作的开展都具有重要作用。进出口商品检验工作的结果主要表现为各种证书，一般称为检验证书。在国际贸易活动中检验证书的作用主要体现在以下各方面。

（一）作为报关验放的有效证件

许多国家的政府为了维护本国的政治经济利益，对某些进出口商品的品质、数量、包装、卫生、安全、检疫制定了严格的法律法规，在有关货物进出口时，必须由当事人提交检验机构符合规定的检验证书和有关证明手续，海关当局才准予进出口。

（二）买卖双方结算的依据

检验部门出具的品质证书、重量或数量证书是买卖双方最终结算货款的重要依据，凭检验证书中确定的货物等级、规格、重量、数量计算货款，这是为买卖双方都接受的合理公正的结算方法。

（三）计算运输、仓储等费用的依据

商检的货载衡量工作所确定的货物重量或体积，是托运人和承运人之间计算运费的有效证件，也是港口仓储运输部门计算栈租、装卸、理货等费用的有效文件。

（四）办理索赔的依据

检验机构在检验中发现品质不良或数量、重量不符，违反合同有关规定，或者货物发生残损、海事等意外情况时，检验后签发的有关品质、数量、重量、残损证书是收货人向有关责任人提出索赔的重要依据。

（五）计算关税的依据

检验检疫机构出具的重量、数量证书具有公正、准确的特点，是海关核查征收进出口货物关税时的重要依据之一。残损证书所标明的残损、缺少的货物可以作为向海关申请退税的有效凭证。检验检疫机构作为官方公证机关出具的产地证明书是进口国海关给予差别关税待遇的基本凭证，在我国对外出口贸易活动中具有重要的意义。

（六）作为证明情况、明确责任的证件

检验检疫机构应申请人委托，经检验鉴定后出具的货物积载状况证明、监装证明、监卸证明、集装箱的验箱、拆箱证明，对船舱提供的验舱证明、封舱证明、舱口检视证明，对散装液体货物提供的油温、空距证明、冷藏箱或舱的冷藏温度证明、取样、封样证明等，都是为了证明货物在装运和流通过程中的状态和某些环节而提供的，以便证明事实状态，明确有关方面的责任，也是船方和有关方面免责的证明文件。

（七）作为仲裁、诉讼举证的有效文件

在国际贸易中发生争议和纠纷，买卖双方或有关方面协商解决时，检验证书是有效的文件证明。当自行协商不能解决，提交仲裁或进行司法诉讼时，检验证明是向仲裁庭或法院举证的有效文件。

二、进出口商品检验检疫工作的法律地位

（一）各国政府制定的有关法律、法规确立了检验检疫工作的法定地位

现在大多数国家都制定了关于检验检疫的法律、法规和配套的管理规定，形成了相当完善的进出口商品检验检疫法律体系、行政执法机构和检验检疫市场，并且根据形势的需要、科技的发展和贸易的变化不断调整和增加新的法律规定。

在我国，全国人大于1989年通过的《中华人民共和国进出口商品检验法》、1991年通过的《中华人民共和国进出境动植物检疫法》以及与之配套的大量法律法规、管理办法和技术标准等构成了我国检验检疫工作的法律体系，保证了检验检疫工作应有的法律地位。加入世界贸易组织后，全国人大常委会于2002年4月通过了《关于修订中华人民共和国进出口商品检验法的决定》，对《商检法》做了重大修改，成为我国入世后的第一个修订的涉外经济法规。随后制订的《中华人民共和国进出口商品检验法实施条例》于2005年12月1日施行。

此外，我国还和50多个国家签订了关于检验检疫、质量认证方面的协议、协定、备忘录等文件。各有关部门、贸易各方、涉外人员都应遵守这些法律文件的规定，以使国际贸易活动顺利进行。

（二）国际贸易有关各方签署的合同中明确了实施检验活动的合法地位

国际贸易当事人签订的合同，一经有效成立，就对当事人具有了法律约束力。一份合同中，除了规定商品名称、数量、质量规格、包装、运输、保险、支付等条款外，还应明确规定检验条款。一般检验条款中都明确规定检验的时间和地点、检验机构、检验标准、检验证书等内容。这就在买卖双方的合同中，确定了商品检验工作的法律地位，合同规定的检验机构签发的检验证书对当事人具有法律约束力。

（三）国际组织制定的协议、公约中对检验检疫的规定

众多的国际组织制定了大量的协议、公约等文件，这些文件被大多数国家接受并执行，成为规范世界范围内国家间活动的规则、惯例，其中涉及检验检疫的部分对保证国际贸易活动的顺利进行具有越来越重要的作用。

《联合国国际货物销售合同公约》第38条规定："买方必须在实际情况可行的最短时间内检验货物或由他人检验货物，如果合同涉及货物运输，检验可以推迟到货物到达目的地后进行。"

世界贸易组织中关于检验检疫的协议主要有《技术性贸易壁垒协议》（TBT）、《装运前检验协议》（PSI）、《原产地规则协议》、《实施动植物卫生检疫措施的协议》（SPS）等。

第三节　进出口商品检验检疫的一般程序

一、出口商品的检验

（一）办理报检

原国家出入境检验检疫局发布了《出入境检验检疫报检规定》，自 2000 年 1 月 1 日起实施。凡在我国从事对外贸易活动，办理进出口商品检验检疫时应按照这一规定及时办理报检。

1. 报检的范围

（1）国家法律法规规定必须由出入境检验检疫机构检验检疫的。
（2）输入国家或地区规定必须凭检验检疫机构出具的证书方准入境的。
（3）有关国际条约规定须经检验检疫的。
（4）对外贸易合同约定须凭检验检疫机构签发的证书进行交接、结算的。
（5）申请签发一般原产地证书、普惠制原产地证书等原产地证明书的。

2. 出境报检

出境报检时，应填写出境货物报检单，并提供外贸合同（售货确认书或函电）、信用证、发票、装箱单等必要的单证。

下列情况还应按照要求提供有关文件：

（1）凡实施出口质量许可、卫生注册登记或需审批审核的货物，应提供有关证明。
（2）凭样成交的货物，应提供经买卖双方确认的样品。
（3）实施品质检验的，需由生产经营部门出具厂检结果单原件；如有运输包装，还应提供检验检疫机构签发的《出境货物运输包装性能检验结果单》(正本)。
（4）报检出境危险货物的，必须提供危险货物包装容器性能鉴定结果单和使用鉴定结果单。
（5）出境特殊物品的，应提供国家出口批文和有关证明、检验证书等，以及深圳检验检疫局卫生检疫处签发的《入/出境特殊物品卫生检疫审批单》。
（6）出境废旧物品的，应提供深圳检验检疫局各分支机构签发的《入/出境废旧物品检验检疫预申报证》。
（7）用于展览、工程、科研等临时出境货物报检时，需提供政府批文或其他有效证明文件。

3. 报检的时间和地点

出境货物最迟于报关或装运前 7 天报检，对于个别检验检疫周期较长的货物，应留有相应的检验检疫时间。

需隔离的出境动物在出境前 60 天预报，隔离前 7 天报检。

报检人对检验检疫证单有特殊要求的，应在报检单上注明并交付相关文件。

（二）出口商品的检验方式

1. 自验与共同检验

检验检疫机构在受理了对外贸易关系人对出口商品提出的安全、卫生、健康、环境保护、防止欺诈等要求以及相关的品质、数量、重量等项目的检验申请后，自行派出检验技术人员进行抽样、检验，并出具检验证单，这种检验形式就是自验。

共同检验简称共验。检验检疫机构在接受了对外贸易关系人对出口商品提出的检验申请后，与有关单位商定，由双方各派检验人员共同检验，最后出具检验结果证单。或者是检验检疫机构与有关单位各承担商品的某部分项目的检验，共同完成该批商品的全部项目的检验工作，最后由检验检疫机构出具检验证单。共同检验是组织社会力量检验的一种手段，有关单位在执行共同检验任务时，应该严格地按照国家技术规范的强制性要求、标准、合同或信用证进行，并对检验结果负责。

2. 出口检验

出口检验是指检验检疫机构对准备装运出口的商品按照国家技术规范的强制性要求、标准、外贸合同或信用证等规定进行的检验。

3. 生产地检验

生产地检验是检验检疫机构为了配合生产加工单位和出口经营单位做好出口检验，派出检验人员到出口商品的生产产地进行检验。

4. 口岸查验

口岸查验是指经生产地检验检疫机构检验合格，运往口岸待运出口的商品，运往口岸后申请出口换证的，口岸检验检疫机构派人进行的查验工作。

（三）出口商品的签证与放行

1. 签发检验检疫证书

检验检疫机构在对出口商品检验后，对检验合格的商品，按照对外合同、信用证、有关国际规定或申请人的要求，可出具各类检验检疫证书。在国际贸易中，检验检疫证书起着公证证明的作用，作为买卖双方交接货物、结算货款和进行索赔和理赔的依据之一，也是通关、征收关税和优惠减免关税、结算运费等的有效凭证。在使用信用证方式结算货款的情况下，检验证书通常也是银行议付货款和出口结汇的依据。

证书种类主要有：

（1）品质检验证书（Inspection Certificate of Quality）是出口商品交货结汇和进口商品结算索赔的有效凭证。法定检验商品的证书是进出口商品报关、输出输入的合法凭证。商检机构签发的放行单和在报关单上加盖的放行章有与商检证书同等的通关效力，签发的检验情况通知单同为商检证书性质。

（2）重量或数量检验证书（Inspection Certificate of Weight / Quantity）是出口商品交货结汇、签发提单和进口商品结算索赔的有效凭证，是出口商品的重量证书，也是国外报关征税和计算运费、装卸费用的证件。

（3）兽医检验证书（Inspection Certificate of Veterinary）是证明出口动物产品或食品经过检疫合格的证件，适用于冻畜肉、冻禽、禽畜罐头、冻兔、皮张、毛类、绒类、猪鬃、肠衣等出口商品，是对外交货、银行结汇和进口国通关输入的重要证件。

（4）卫生／健康证书（Inspection Certificate of Sanitation／Inspection）是证明可供人类食用的出口动物产品、食品等经过卫生检验或检疫合格的证件，适用于肠衣、罐头、冻鱼、冻虾、食品、蛋品、乳制品、蜂蜜等，是对外交货、银行结汇和通关验放的有效证件。

（5）消毒检验证书（Inspection Certificate of Disinfection）是证明出口动物产品经过消毒处理，保证安全卫生的证件，适用于猪鬃、马尾、皮张、山羊毛、羽毛、人发等商品，是对外交货、银行结汇和国外通关验放的有效凭证。

（6）熏蒸证书（Inspection Certificate of Fumigation）是用于证明出口粮谷、油籽、豆类、皮张等商品，以及包装用木材与植物性填充物等，已经过熏蒸灭虫的证书。

（7）价值证明书（Certificate of Value）是进口国管理外汇和征收关税的凭证。在发票上签盖商检机构的价值证明章与价值证明书具有同等效力。

（8）货载衡量检验证书（Inspection Certificate on Cargo Weight & Measurement）是证明进出口商品的重量、体积吨位的证件，可作为计算运费和制订配载计划的依据。

2. 签发检验检疫凭单

出入境检验检疫机构对出口法定检验商品实施检验后，对检验不合格的出口商品出具《出境货物不合格通知单》，不准出口。对经检验合格的出口商品，依法签发货物通关证明或者检验证单。主要包括：

（1）出境货物通关单。

出境货物通关单适用于出口商品生产地与出口报关口岸一致的情况，由生产地出入境检验检疫机构直接签发，海关凭此单受理报关和验放货物。

（2）出境货物换证凭单。

出境货物换证凭单适用于对未正式成交的、经预检验符合要求的出口货物，以及产地与出口报关地不一致的出口货物。对未正式成交的、经预检验合格的出口货物，发货人在正式出口时凭出境货物换证凭单换发出境货物通关单；对出口商品的生产地与出口口岸不一致的出口货物，产地出入境检验检疫机构签发出境货物换证凭单，发货人凭出境货物换证凭单和有关凭证向出口口岸的出入境检验检疫机构申请查验，查验合格的，由该出入境检验检疫机构签发出境货物通关单供海关验放。

（3）出境危险货物包装容器性能检验结果单。

出境危险货物包装容器性能检验结果单是检验检疫机构对出口危险货物的包装容器性能鉴定合格后对内签发的。使用危险货物包装容器的单位向检验检疫机构申请包装容器使用鉴定时，需提供出境危险包装容器性能检验结果单。

（4）出境危险货物包装容器使用鉴定结果单。

出境危险货物包装容器使用鉴定结果单是出口危险货物的包装容器经检验检疫机构使用鉴定合格后对内签发的，供外贸经营单位装运出口危险货物和办理出口装运等手续使用。

3. 出口商品的放行

（1）法定检验出口商品的放行。

法定检验的出口商品经检验检疫机构检验合格后，报检人持检验申请单、外销合同、发票、装箱单、换证凭单和报关单（一式两份），向出口地检验检疫机构办理放行手续。商检机构审核单证无误后，在"报关单"上加盖"放行章"，或签发"放行通知单"，或签发注有"限国内通关使用"字样的检验证书。

（2）"免验"出口法定检验商品的放行。

按照《商检法》及《实施条例》的相关规定，对取得出口法定检验商品免验的申请人，在免验的有效期内，凭免验证书、外销合同、信用证及该商品的品质证书、厂检合格单或样品、礼品、展品证明书等文件，到检验检疫机构办理免验放行手续，缴纳手续费，海关就可予以放行。

二、出口商品的质量监督管理

国家市场监督管理总局根据出入境检验检疫执法把关的需要，对涉及安全、卫生、健康、环保等重要出口商品实施注册登记、认证等不同的质量监督管理制度。

1. 出口商品质量许可注册登记制度

国家对重要出口商品实行质量许可制度。出入境检验检疫部门单独或会同有关主管部门共同负责发放出口商品质量许可证的工作，未获得质量许可证书的商品不准出口。检验检疫部门已对机械、电子、轻工、机电、玩具、医疗器械、煤炭、冶金轧捆等76类商品实施出口产品质量许可管理制度，对强制性认证的产品实施认证制度，不再实施出口商品质量许可证管理制度。国内生产企业或其代理人均可向当地出入境检验检疫机构申请质量许可证书。

2. 出口食品生产企业备案制度

根据新的《出口食品生产企业备案管理规定》，国家对出口食品生产企业实施备案管理。获得卫生注册备案的出口食品生产企业，方可生产、加工、储存出口食品。获得备案的出口食品生产企业生产的食品，方可出口。

3. 封识管理

封识管理是加强出口商品的监督管理，确保经检验的出口商品的质量、等级、数量、重量与检验证书所载一致，做到"货证相符""事证相符"，维护有关对外贸易各方的合法权益的一种措施。

4. 批次管理

商品检验后做好批次管理可以防止错发错运，避免商品混乱，确保出口商品货证相符。

5. 出口食品、化妆品标签管理制度

出口食品、化妆品标签管理制度是指出口食品、化妆品经营者或者代理人应当接受出入境检验检疫机构对出口食品、化妆品标签内容是否符合法律、行政法规规定要求以及与质量有关内容的真实性、准确性进行审查的一种制度。

6. 强制性产品认证制度

强制性产品认证制度是各国政府为保护广大消费者人身和动植物生命安全，保护环境、

保护国家安全,依照法律法规实施的一种产品合格评定制度,它要求产品必须符合国家标准和技术法规。强制性产品认证是通过制定强制性产品认证的产品目录和实施强制性产品认证程序,对列入目录中的产品实施强制性的检测和审核。凡列入强制性产品认证目录内的产品,如果没有获得指定认证机构的认证证书,没有按规定加施认证标志,一律不得出厂、销售。

7. 验证制度

验证是指出入境检验检疫机构对国家实行许可制度和国家规定必须经过认证的出口商品,在出口时核查其是否已取得必需的证明文件、标志等,核对证货是否相符,并对获证的出口商品进行必要的抽查检验,以证实商品是否符合有关质量许可或者强制性认证规定的技术要求。

三、办理普惠制原产地证书的程序及要求

普惠制原产地证书是根据发达国家给予发展中国家的一种关税优惠制度——普遍优惠制签发的一种优惠性原产地证书。采用的是格式 A,证书颜色为绿色,在对外贸易中,可简称为 FORM A 或 GSP FORM A。

(一)普惠制方案

普惠制(Generalized System of Preferences,GSP)是一种关税制度,是指工业发达国家对发展中国家出口的制成品和半制成品给予普遍的、非歧视的、非互惠的关税制度。

普惠制是发展中国家经过长期斗争后获得的胜利成果。1968 年第二届联合国贸易与发展会议上通过了建立普惠制的决议。1971 年 7 月,欧洲共同市场首先制定了普惠制方案,开始实施。目前普惠制的给惠国有:欧盟 26 国(法国、爱尔兰、德国、丹麦、意大利、比利时、荷兰、卢森堡、希腊、西班牙、葡萄牙、奥地利、芬兰、瑞典、爱沙尼亚、立陶宛、塞浦路斯、拉脱维亚、波兰、匈牙利、斯洛文尼亚、捷克、斯洛伐克、马耳他、瑞士、罗马尼亚)、挪威、日本、加拿大、澳大利亚、新西兰、俄罗斯、白俄罗斯、哈萨克斯坦、乌克兰、土耳其、保加利亚、列支敦士登公国。享受普惠制待遇的有 170 多个发展中国家。普惠制的目标是扩大发展中国家对工业发达国家制成品和半制成品的出口,增加发展中国家的外汇收入,促进发展中国家的工业化,加速发展中国家的经济增长。根据大多数给惠国的规定,享受普惠制必须持受惠国政府指定的机构签署的普惠制原产地证书。

(二)条件

享受普惠制待遇的商品必须符合下列条件:

(1)原产地标准。一切商品均可分为两类,一类为"完全原产地",即商品完全是受惠国出产或制造,没有使用任何进口原料或零部件;另一类为全部或部分使用了进口原料或零部件(包括来源不明的原料和零部件)生产的产品。从普惠制的角度来说,受惠国出口的商品要获得享受普惠制关税的待遇,该出口商品必须在受惠国进行生产和制造,其中所使用的进口

原料或零部件必经过充分的加工，使这些进口原料或零部件有了实质性的改变或者符合给惠国提出的其他条件。

（2）商品要符合直接运输的原则。这是指出口商品不但要在受惠国生产或制造，而且必须直接从受惠国运往给惠国。通过过境国的，必须在过境国海关监管之下，没有投入当地市场销售或交付当地使用，更不能在那里进行其他再加工。

（3）必须提供有效的证明文件。这是指普惠制原产地证书（申报和证明联合）格式A，简称 GSP FORM A，以及其他有关的单证。FORM A 产地证书是受惠国的原产品出口到给惠国时享受减免关税优惠待遇的法律凭证。FORM A 产地证书不同于一般原产地证书，简称 C/O。一般原产地证书是享受最惠国待遇的有效证件，普惠制 FORM A 产地证书则是享受普惠制减、免税待遇的有效证件。

根据国家商检局制定的普惠制签证管理办法及其实施细则，有进出口经营权的国内企业；中外合资、中外合作和外商独资企业；国外企业、商社常驻中国代表机构；对外承接来料加工、来图来样加工、来件装配和补偿贸易业务的企业；经营旅游商品的销售部门；参加国际经济、文化交流及拍卖等活动需出售展品、样品等的有关单位，均可向当地商检机构申请办理普惠制原产地证书的签证。

（三）办理程序

办理普惠制原产地证书签证的基本程序如下。

1. 注册登记

由申请签发普惠制原产地证书的企业（公司）事先向当地商检机构办理注册登记手续。登记时须提交下列证件：

（1）经营出口业务的批准文件；

（2）国家工商行政管理部门核发的营业执照；

（3）由申请签证单位法人代表签署的、委托该单位人员办理普惠制原产地证书申请及手签事宜的委托书一份及被委托之手签人免冠半身一寸近照两张。

上述证件经商检机构初步审核后，发给《申请签发普惠制原产地证书注册登记表》和《普惠制 FORM A 原产地证书申报人注册登记卡》各一式二份，由申请单位如实填写，并在规定的时间内将上述表格递交商检机构审核。商检机构确认该单位具有申请签证资格后将准予注册，申请单位应在同时交付规定的注册费。之后，由商检机构在指定时间内，对普惠制申请手签人进行业务培训，考核合格后，签发申报证件。申报人可在当年度内凭证向各地商检机构办理普惠制申请签证业务。注册地商检机构每两年对已注册单位及申请手签人进行复查。

2. 申请出证

申报手签人在本批货物出运前五日到商检机构办理申请事宜。申请时一般应提交：

（1）《普惠制原产地证书申请书》一份；

（2）出口商业发票（副本）一份；

（3）装箱单一份；

（4）普惠制原产地证书一套；

（5）对含有进口成分的出口商品申请签证，申请人应填写《含进口成分商品成本明细单》；

（6）商检机构认为有必要提供的其他有关单证（如信用证、合同、报关单等），并如实解答商检机构提出的有关问题。对首次申请签证的单位，商检机构将派员到生产现场例行调查。对非首次申请签证的单位，商检机构对申报内容有疑问或认为有必要时，也可派员对产品的生产企业进行抽查。进行上述调查后，商检机构将填写《出口企业（或生产厂）普惠制签证调查记录》，以此作为是否同意签证的依据。被调查或抽查的单位有义务积极协助商检人员进行查核，提供必要的资料、证件和工作条件。

3. 签发证书

商检机构在调查或抽查的基础上，逐一审核申请单位提交的有关单证，无误后签发《普惠制原产地证书》，交申请单位。

四、进口商品的检验

进口商品检验是维护国家安全、保护人类和动植物生命健康、保护环境、防止欺诈行为的重要措施，也是国家主权的体现，对保护我国对外贸易顺利进行和持续发展具有重要作用。

（一）办理报检

在口岸，对列入《种类表》的进口商品报验。由口岸外运公司或收、用货部门持货运单据和《进口货物报关单》向口岸检验检疫机构申请办理报验，由口岸商检机构予以审核、编号登记并在《进口货物报关单》上加盖"已接受报验"印章，申请人凭以向海关办理进口报关，海关凭检验检疫机构"已接受报验"印章验关放行，准予卸货。

货到目的地，对列入《种类表》的进口商品报验。由报验单位填写《进口商品检验申请单》，然后向当地商检机构申请报验。

如果申请检验品质、规格，还须提供国外品质证书、使用说明书及有关标准和技术资料；凭样成交的，须提供成交小样；如需申请残损鉴定的，须提供《货物残损报告单》或铁路商务记录等有关单证；如需申请数量、重量鉴定的，还须提交发货人提供的重量明细单、理货清单。上述单证是检验、鉴定和判断责任方的依据。

未列入《种类表》的进口商品，由收、用货部门自行组织检验，并将检验结果告知当地商检机构。若发现质量、数量等问题，应保持现状，并向当地商检机构申请报验。

（二）进口商品的检验方式

1. 进口商品的自验

进口商品的收货人或其代理人按照《中华人民共和国进出口商品检验法》的规定，向检验检疫机构报验列入《检验检疫商品目录》和其他法律、法规规定的进口商品，须经检验检疫机构检验的进口商品和对外贸易合同中指明凭检验检疫机构检验的品质、重量检验结果进行结算的进口商品，由检验检疫机构自行派人执行抽样检验或鉴定，并出具检验证单，称为自验。

2. 进口商品的共同检验

检验检疫机构受理对外贸易关系人提出的对进口商品进行安全、卫生、健康、环境保护、防止欺诈等要求以及相关的品质、数量、重量、残损等项目的检验或鉴定申请后，检验检疫机构确定与有关单位各派检验人员共同执行检验，或者由检验检疫机构指定有关单位承担进口商品的部分项目检验、鉴定，检验检疫机构承担抽样和其余部分项目的检验、鉴定，共同完成该批商品的全部项目检验、鉴定，由检验检疫机构确认有关单位的检验结果，汇总并对外出具检验检疫证单，称为共同检验。

3. 装运前检验

国际贸易中通常称装运前检验为 Pre-Shipment Inspection（PSI），是国际贸易中经常采用的一种检验方式，主要是指按照各进口国或进口商的要求，由第三方检验机构对进口商品进行发运前的检验，以保证进口商品的品质、数量、包装等符合进口国规定和合同要求。

（三）进口商品的督促验收

进口商品在口岸卸货后，口岸检验检疫机构将"入境货物调离通知单"中的信息通过"口岸内地联合执法系统"发送给到货地的检验检疫机构。由到货地的检验检疫机构采用发通知、电话、电报或派人等方式督促收货部门及时按规定报验。

《检验检疫商品目录》以外的进口商品到货后，收、用货部门持货运单到当地检验检疫机构办理申报，经检验检疫机构审核编号登记备案，由收、用货部门在索赔有效期内组织检验，并将检验结果报告给检验检疫机构，检验检疫机构凭收、用货部门验收报告销案；当发现货物品质、规格与合同规定不符，重量、数量短少，以及商品有残、损、渍、毁等情况时，需要向国外提出索赔的，对外贸易关系人应及时申请检验检疫机构复验出证，向责任方索赔。

（四）进口商品的签证与放行

检验检疫机构接受了入境货物的报检后，先签发《入境货物通关单》，海关据此验放货物后，经检验检疫机构检验合格的，签发《入境货物检验检疫证明》等合格证单，不合格的对外签发检验检疫证书，供有关方面对外索赔。需异地实施检验检疫的，口岸检验检疫机构办理异地检验检疫手续。

五、进口商品安全质量许可制度

进口商品安全质量许可制度是国家市场监督管理总局依据《中华人民共和国进出口商品检验法》的规定，为防止国外劣质商品进入我国市场，保护消费者的人身健康和安全，维护国家利益而对涉及安全、卫生、环境保护的进口商品实施的安全认证制度，凡列入进口安全质量许可制度目录内的商品，必须通过产品安全形式试验及工厂生产与检测条件审查合格后获得进口商品安全质量许可证书，加贴商检安全标志后方允许向我国出口销售。按照法律规定，任何进口商、销售商不得进口和销售未加贴商检标志的商品。

进口商品安全质量许可制度是国家为了维护消费者利益、社会公共利益以及国家利益而对涉及安全、卫生、环境保护、劳动保护和检疫的进口商品实施的一项监督管理制度。

第四节 进出口商品检验检疫典型案例分析

案例 16-1

2006 年 12 月,上海某国际货运有限公司宁波分公司等企业原本要向意大利出口 24 000 kg 米糕,但考虑到出口米糕很难取得商检部门的检验单据,为逃避商品检验,他们采取"偷梁换柱"的手法,由何某某出面,向深圳市某公司购买了"钢管"的《出境货物换证凭条》,再以"米糕"冒充"钢管"出口,从而骗取了南京出入境检验检疫局的商检手续。2007 年 1 月,该批米糕经宁波口岸出口至意大利。该批未经检验的米糕被意大利检查出含有被欧盟禁止进口的转基因成分。事发后,欧盟委员会将此情况通报给我国政府。国家市场监督管理总局高度重视,责成南京检验检疫局迅速查明情况,严厉打击逃避商品检验的违法犯罪行为。南京检验检疫局立即向公安机关报案。经南京市公安局和南京市检验检疫部门的密切配合,查明犯罪嫌疑人何某某等人均为多年从事外贸行业的专业人员,熟悉国际贸易政策法律及贸易流程。他们利用国家为扩大出口提供的便利通关机制,运用互联网、传真、电话、特快专递等通信网络,将"米糕"冒充"钢管"出口,已经构成了逃避商检罪,建邺区检察院遂提起公诉。请评析此案例。

资料来源:https://www.chinacourt.org/article/detail/2008/05/id/303285.shtml。

【分析】

这是一起典型的逃避法定检验的案件。根据《中华人民共和国进出口商品检验法》的规定,法定检验只能由出入境检验检疫机构实施。属于法定检验的出口商品,未经检验合格的,不准出口。

在本案中,米糕是属于法定检验的商品,未经检验不得出口。该公司在明知无法获得米糕的出口检验放行证单的情况下,通过购买"钢管"的《出境货物换证凭条》,以"米糕"冒充"钢管"出口,骗取出入境检验检疫局的商检手续是违法的。

本章小结

进出口商品检验检疫是指商品检验检疫机构对进出口商品的安全、卫生、环境保护等要求和品质、数量、重量等项目进行检验,并对涉及人、动物的传染病、寄生虫病和植物的危险性病虫、杂草以及其他有害生物等进行检疫的工作。在国际贸易中,检验检疫证书起着公证证明的作用,作为买卖双方交接货物、结算货款、索赔、理赔的依据之一,也是通关、征收关税和减免关税、结算运费等的有效凭证。在使用信用证方式结算货款的情况下,检验证书通常也是银行议付货款和出口结汇的依据。出口商品的检验程序包括:办理报检、检验、签证与放行;进口商品的检验程序包括:办理报检、检验、督促验收、签证与放行。

复习思考题

1. 检验检疫证书有哪些作用?

2. 出口商品的检验方式有哪些？
3. 进口商品的检验方式有哪些？
4. 享受普惠制待遇商品必须符合哪些条件？
5. 我出口公司 A 向新加坡 B 公司以 CIF 新加坡条件出口一批土特产品，B 公司又将该批货物转卖给马来西亚 C 公司。货到新加坡后，B 公司发现货物的质量有问题，但 B 公司仍将原货转销至马来西亚。其后，B 公司在合同规定的索赔期限内凭马来西亚商检机构签发的检验证书，向 A 公司提出退货要求。试问：A 公司应如何处理？为什么？

◆ 延伸阅读

进口商品残损检验鉴定管理办法（2018 年修订版）

请扫二维码阅读

第十七章
CHAPTER 17

索 赔

学习目标

通过学习本章，要求掌握：
1. 不同法律对违约的规定。
2. 索赔的依据、期限及金额。
3. 合同的索赔条款。

引导案例

湖南X汽车制造企业与利比亚成交了100台汽车出口合同，合同约定以D/P（跟单托收）即期付款方式结算货款。X汽车制造企业按合同约定备妥了汽车，委托北京Y航运公司承运该100台汽车，北京Y航运公司转委托上海Z航运公司具体实施运输合同，Z航运公司转委托韩国运输公司运输该100台汽车至利比亚的黎波里港并向进口方交付。X汽车制造企业在上海港交付汽车给实际承运人韩国运输公司后，制作了全套单据交付托收行再转利比亚代收行。货到目的港后，进口方迟迟没有到码头提货，并多次函电X汽车制造企业要求降价，X汽车制造企业没有答应。考虑到进口方违约的可能性很大，X汽车制造企业决定将该批货物转运第三国销售，在与承运人联系时，承运人告知100台汽车已被利比亚进口方凭提单复印件提走，并建议X汽车制造企业以诈骗行为向利比亚警方报案。

资料来源：http://news.xtol.cn/2019/0828/5277799.shtml。

案例思考

X汽车制造企业应向谁索赔？

国际贸易涉及面广，情况复杂多变，业务环节多，在履约过程中，一旦在货物的生产、收购、运输、资金移动等任何一个环节出了问题，就有可能影响合同的履行，加之国际市场千变万化，一方当事人往往有可能在市场行情发生不利变化时，不履行合同义务或不完全履行合同义务，从而给另一方造成损失，进而导致索赔和理赔。

第一节 不同法律体系对违约的规定

货物买卖合同是确定买卖双方权利义务的法律文件，对双方具有约束力。任何一方违反了合同义务或者履行合同义务不符合合同规定的，在法律上就构成违约行为，违约一方必须承担违约责任，受损的一方有权提出损害补偿要求。但对于违约方的违约行为性质的划分、违约方承担的责任以及对后果的处理，各个国家的法律文件或国际组织的文件有着不同的解释和规定。有的国家以合同中交易条件的主次为依据进行划分，有的国家却以违约的后果轻重程度为依据进行划分。

大陆法系认为，当买卖合同的双方当事人出现不能或不能完全履行合同义务时，只有当存在着可以归咎他的过失时，才能构成违约，从而承担违约的责任。大陆法系基本上将违约的形式概括为不履行债务和延期履行债务两种情况。前者也称给付不能，是指债务人由于某些原因不能履行合同义务。后者又称给付延迟，是指债务人履行期已满，而且是可以履行但债务人没有按期履行义务。违约方是否要承担违约责任，要看是否有归责于他的过失，若存在过失，违约方应当承担违约责任。

普通法系认为，一切合同都是"担保"，只要债务人不能达到担保的结果，就构成违约，应承担违约责任。在《英国货物买卖法》和《美国统一商法典》中，关于构成违约的条件并未详细写明，但从司法实践中看，处理违约并不是以当事人有无过失作为构成违约的必要条件。通常，只要当事人未履行合同规定的义务，即被视为违约。

例如，《英国货物买卖法》将违约的形式划分为违反要件和违反担保两种。违反要件是指违反合同的主要条款，即违反与商品有关的品质、数量、交货期等根本性的重要条款。若一方当事人违反要件，则另一方当事人有权解除合同，并要求损害赔偿。违反担保是指违反合同的次要的、从属于合同的条款。在违反担保的情况下，受损方不能解除合同，并且仍须继续履行他所应承担的合同义务，但有权要求违约的一方给予损害赔偿。然而，货物买卖合同中哪些条款属于"要件"，哪些条款属于"担保"，英国的法律并未做具体规定，要由法官在审理案件时根据合同的内容和推定双方当事人的意思做出决定，因此有较大的任意性。

在美国的法律规定中，一方当事人违约以致另一方当事人无法取得该交易的主要利益，则是"重大违约"。在这种情况下，受损害的一方有权解除合同，并要求损害赔偿。如果一方违约，情况较为轻微，并未影响对方在该交易中取得的主要利益，则为"轻微违约"，受损害的一方只能要求损害赔偿，而无权解除合同。

《中华人民共和国民法典》第563条第3、4款规定：当事人一方迟延履行债务或者有其他违约行为致使不能实现合同目的，对方当事人可以解除合同；当事人一方迟延履行主要债务，经催告后在合理期限内仍未履行，对方当事人可以解除合同。《中华人民共和国民法典》第566条第1款规定：合同解除后，尚未履行的，终止履行；已经履行的，根据履行情况和合同性质，当事人可以请求恢复原状或者采取其他补救措施，并有权请求赔偿损失。

与《英国货物买卖法》不同，《联合国国际货物销售合同公约》对违约的后果及其严重性进行了判断，将违约分为根本性违约和非根本性违约。根本性违约是指一方当事人违反合同的结果，使另一方当事人蒙受损害以至于实际上剥夺了他根据合同规定有权期待得到的东西。不构成根本性违约的情况，均视为非根本性违约。若一方违反合同构成根本性违约时，受损害的一方就可以宣告合同无效，同时有权向违约方提出损害赔偿的要求。若违约的情况尚未达到根本违反合同的程度，则受损方只能要求损害赔偿而不能宣告合同无效。

综上所述，由于各国法律和国际条约对于违约行为的区分有不同的方法，对于不同的违约行为应承担的责任以及另一方可以采取的补救方法都有不同的规定，因此，为维护我方的权益，根据我国法律和国际上有关的法律和惯例，订好国际货物买卖合同中的索赔条款是十分重要的。

第二节 索赔与理赔

索赔和理赔是一个问题的两个方面。索赔是指买卖合同的当事人一方，因另一方当事人违约致使其遭受损失而向另一方当事人提出赔偿要求的行为。理赔是指违约方受理受损方提出的赔偿要求，并进行处理。在对外索赔和理赔的工作中，索赔依据、索赔期限以及合理确定索赔金额都是非常重要的问题。

一、索赔依据

索赔依据是指受损方要求违约方承担违约责任的有效证明文件，即受损方提出索赔时的理由和证据，索赔依据包括法律依据和事实依据。前者是指买卖合同和适用的法律规定；后者是指违约的事实、情节及其书面证据。索赔时证据不全、证据不足或出证机构不符合要求等都可能遭到对方拒赔。买卖合同中的索赔条款主要规定索赔时必须具备的证据以及出具证明文件的机构。根据不同的索赔对象，索赔依据主要有以下3种。

1. 向出口方索赔的依据
（1）合同及往来函电；
（2）公证报告；
（3）检验证书；
（4）破损证明；
（5）提单；
（6）装箱单；
（7）发票；
（8）银行通知等。

2. 向承运人索赔的依据
（1）公证报告；
（2）破损证明或承运人、商检机构、保险公司及港务机构等的会签证明；
（3）提货单或运输合同；
（4）商业发票；
（5）商检证书；
（6）承运人要求的其他证明文件等。

3. 向保险公司索赔的依据
（1）保险单或保险凭证正本；

（2）提单正本或副本；
（3）托运人开立的发票；
（4）装箱单；
（5）重量证明书；
（6）公证报告；
（7）船公司签发的事故证明或破损证明；
（8）磅码单或理货单；
（9）船公司签发的短卸证明书；
（10）公证费收据；
（11）修理费用及估价单；
（12）破损货物剩余价值估价单；
（13）海滩报告等。

二、索赔期限

索赔期限是指受损方有权向违约方提出索赔额的时间限制。按照法律和国际惯例，受损害的一方只能在一方的索赔期限内提出索赔，否则即丧失索赔权。索赔期限有约定与法定之分。约定的索赔期限是指买卖双方在合同中明确规定的索赔期限；法定索赔期限则是指根据有关法律受损害一方有权向违约方要求损害赔偿的期限。

约定索赔期限的长短必须视买卖货物的性质、运输、检验的繁简等情况而定。法定索赔期限则较长，例如《联合国国际货物销售合同公约》规定，自买方实际收到货物之日起两年内。我国法律也规定，自买方收到标的物之日起两年内。由于法定索赔期限只有在买卖合同中未约定索赔期限时才起作用，而且在法律上，约定索赔期限的效力可超过法定索赔期限，因此，在买卖合同中针对交易的具体情况，规定合理适当的索赔期限是十分必要的。

除此之外，还得了解国际贸易惯例有关索赔时效的不同规定。如《海牙规则》规定，托运人或收货人在收取货物时如果发现货物灭失或损坏，应在提货三日内，向运输公司提出索赔，诉讼时效为货物交付之日起一年。《汉堡规则》则要求，托运人或收货人应在提取货物后15天内发出索赔通知，诉讼时效为货物交付之日起两年。

三、索赔金额

索赔金额是指守约方由于对方当事人违约行为而向违约方提出赔偿金的数额。如果买卖合同规定中有约定的损害赔偿金额或损害赔偿的计算方法，则应按约定的金额或根据约定的损害赔偿的计算方法计算出的赔偿金提出索赔；如果合同中未做出具体的规定，则根据法律和国际贸易实践确定损害赔偿金额。基本原则有：① 赔偿金额应与违约而遭受的包括利润在内的损失额相等；② 赔偿金额应以违约方在订立合同时可预料到的合理损失为限；③ 由于损害一方未采取合理措施使有可能减轻而未减轻的损失应在赔偿金额中扣除。

索赔金额的计算有以下几种方法。

（1）索赔金额为合同价格与替代货物的交易价格或转卖价格之间的差额。这是在合同被宣告无效后的合理的时间内，买方已以合理方式购买替代货物或者卖方已以合理方式将货物转卖，这时的索赔金额应为合同金额与两者当中的某一项的差额。

（2）如果合同被宣告无效而货物又有时价，索赔金额则是合同规定的价格与宣告合同无效时的时价之间的差额，而不是合理时间之外转售或他购时的价格。

（3）如果卖方延迟交货而恰值该货市价下跌，则合同规定交货时的交货地价格与实际交货的交货地价格之差连同由此给买方造成的实际损失，即为索赔金额。

（4）如果卖方交付的品质、包装不符合合同规定，那么实际交付的货物价格与符合合同规定的货物时价之间的差额为索赔金额。

（5）如果买方延迟派船接货，卖方同意保留合同，那么卖方因买方延迟派船而增加的仓租、利息、保险费就是合理的索赔金额。

（6）如果买方在接收货物之后宣告合同无效，则以接收日的时价与合同价格之间的差额为索赔金额，而不是以宣告日的时价为准。需强调的是，买卖双方都有保全货物的责任，如果对方违约在先而自己又不采取措施保全货物，则索赔金额必须扣除由此造成的损失。

四、理赔应注意的问题

如果我方交货的品质、数量、包装等不符合合同规定，在买方享有复验权的情况下，国外进口方即使已经支付货款，仍可向我方提出索赔。

我们在处理索赔时，应注意以下问题：

（1）要认真细致地审核单据和出证机构的合法性。认真审查外商提供的索赔证据是理赔工作的前提。重点审查相关单据的真实性、全面性和有效性，同时还要审查出证机构的合法性，以防买方串通检验机构弄虚作假。

（2）要在调查研究基础上弄清事实并分清责任。会同生产部门或运输部门对商品品质、包装、储运、备货、运输等方面进行分析研究，查清货物发生损失的环节、原因并确定责任范围。若确实属于我方的责任，就应实事求是地予以补偿；若属于船运公司或保险公司的责任范围，则应当由船运公司或保险公司处理；针对外商提出的不合理的要求，我们必须根据可靠的材料，采取合适的方式予以拒绝。

总的来说，正确处理索赔和理赔是维护国家与企业权益和信誉的重要工作。因此，在对外索赔和理赔时都应认真做好调查，查清事实，分清责任，正确运用合同所适用的法律和国际贸易惯例，在友好的气氛下进行协商，争取公平合理地解决。

第三节 合同的索赔条款

进出口贸易合同中的索赔条款大致分两种：一种是异议与索赔条款，另一种是罚金条款。在一般商品的买卖合同中，多数只签订异议与索赔条款，同检验条款合并订在一起。

一、异议与索赔条款

异议与索赔条款是国际货物买卖合同的条款之一，对买卖双方都有约束力，能对合同有效履行起到保障作用。该条款除规定一方当事人如违反合同，另一方当事人有权提出索赔外，还规定了索赔依据、索赔期限、处理索赔的办法以及索赔金额等内容。

二、罚金条款

罚金条款又称违约金条款，是指合同中规定如果一方当事人未履行或未完全履行义务，则应向对方支付约定的赔偿金额或赔偿幅度。此条款较多适用于卖方延期交货或买方延期接货或延期付款的场合，它的特点是预先在合同中规定罚金的数额或罚金的百分比。从性质上来说，罚金具有惩罚性和补偿性双重性质。

在订立罚金条款时，要注意各国的法律对于罚金条款持有不同的态度和不同的解释与规定。有些国家的法律对于罚金条款是给予承认和保护的，它们认为，合同当事人可事先约定若一方当事人不履行或不适当履行合同，另一方可要求其支付一定金额的违约金作为惩罚或损害赔偿。但有些过激的法律则认为对于违约只能要求赔偿，而不能给予惩罚。例如，德国法律认为罚金具有惩罚性质，它是对债务人不履行合同的一种制裁。而法国法律则认为罚金的性质属于约定的损害赔偿金额，所以一旦债权人要求债务人支付违约金，他就不能另行提出不履行债务的损害赔偿，也不能要求债务人履行债务。另外，英美等国家法律将合同中订有固定赔偿金额条款具体分为两种：一种是作为预定的损害赔偿，是指双方当事人在合同中根据估计可能发生违约造成的损害，事先在合同中规定赔偿的百分比；另一种是作为罚金，是指当事人为了保证合同的履行对违约一方征收的罚金。

《中华人民共和国民法典》第585条第1、2款规定，当事人可以约定一方违约时应当根据违约情况向对方支付一定数额的违约金，也可以约定因违约产生的损失赔偿额的计算方法。但若约定的违约金低于或过分高于违反合同所造成的损失，人民法院或者仲裁机构可以根据当事人的请求予以增加或适当减少。违约金的约定并不是毫无限制的自由约定，而要受到国家法律的正当干预。这种干预是通过法院或仲裁机构适当减少或增加的方法来实施的。违约的一方支付违约金并不免除继续履行义务，受害方可以继续要求履行合同，若违约方有继续履行能力，则必须继续履行合同。

虽然各国法律对罚金条款的规定不一样，罚金条款的内容也各有不同，但罚金条款内容一般包括违约范围界定、违约金额数或计算方法、违约金支付方式以及违约的法律后果等方面。

第四节　索赔条款实例及典型案例分析

一、索赔条款实例

Claims:
Any claims by the Buyer concerning the goods shipped shall be filed within 30 days after the arrival of goods at the port of destination and supported by a survey report issued by a surveyor approved by the Seller for the Seller's examination. In no event shall the Seller be liable for indirect or consequential damages. Claims in respect to mutters within the scope of responsibility

of the insurance company, shipping company, transportation organization and / or post office will not entertained by the Seller.

索赔：

买方对本确认书项下货物的任何索赔必须于货物到达目的港后 30 天内提出并须提供经卖方同意的检验机构出具的检验报告供卖方审核。在任何情况下，卖方对间接损失不承担赔偿责任，属于保险公司、船公司、运输机构或邮局责任范围内的索赔，卖方不予受理。

二、索赔典型案例分析

一般而言，进出口索赔的相关案例主要围绕索赔期限、理由、依据等要素。

案例 17-1

某公司以 CFR 条款对德国出口一批小五金工具，合同规定货物到达目的港 30 天内检验，买方有权凭检验结果提出索赔。我公司按期发货，德国客户也按期凭单付款了。半年后我公司收到了德国客户的索赔文件，称上述小五金工具 70% 以上有锈损并附有德国某内地一家检验机构出具的检验证书。对德国客户的索赔要求，我公司应如何处理？

【分析】

这是一个 CFR 条件下商品质检索赔的问题。这里我公司应拒绝德国客户的索赔要求，因为其索赔要求不合理。

（1）索赔期限不合理。索赔是有期限的，超过索赔期限的索赔，对方有权拒绝。在本案例中，合同明确规定，货到目的港后 30 天内检验，而德国公司却在半年后才提出索赔，这样的逾期索赔是无效的。

（2）索赔理由不合理。根据国际惯例，按 CFR 条件成交，买卖双方风险界点在装运港船上，货物在装运港装上船以前的风险由卖方承担，货物装上船之后的风险由买方承担。在本案例中，德国公司按期付了货款，表明我公司的产品在到达目的港时本身没有问题，也即证明货物的锈损发生在德国内地，这时风险已超过了装运港船舷，应由买方承担。

（3）索赔依据不合理。索赔依据即商检机构出具的证书应符合合同的规定，否则对方有权拒绝索赔。在本案例中，德国客户出示的检验证书是由德国某内地一家检验机构出具的，并未按照合同规定在目的港检验，这不符合合同规定。

基于以上几点理由，出口公司有权拒绝德国客户的索赔要求。

本章小结

国际货物买卖合同是确定买卖双方权利和义务的法律文件。任何一方当事人如不履行合同义务或者履行义务不符合约定的，这就在法律上构成违约。不同国家法律对违约行为的性质划分及采取的补救办法的规定是不同的。索赔和理赔是一个问题的两个方面。索赔是指买卖合同的一方当事人因另一方当事人违约而蒙受损失并向另一方当事人提出赔偿要求的行为。

理赔是指违约方受理受损方提出的赔偿要求，并进行处理。在对外索赔和理赔工作中，索赔依据、索赔期限以及合理确定索赔金额都是非常重要的。进出口贸易合同中的索赔条款大致分两种：一种是异议与索赔条款，一种是罚金条款。

复习思考题

1. 在国际贸易业务中，通常有哪些原因引发争议？
2. 对于违约方的违约行为性质划分、违约方承担的责任以及对后果的处理，各国的法律和国际组织的解释与规定有着怎样的不同？
3. 合同中的索赔条款有哪几种规定方法？各包括哪些内容？
4. 什么是索赔期限？索赔期限的起算时间有哪些具体规定？
5. 在国际货物买卖中，确定损害赔偿金额的基本原则是什么？索赔金额的计算方法有哪些？
6. 在国际货物买卖中，我方进行理赔过程中应当注意什么？
7. 各国法律对罚金的规定有哪些不同？我国法律又是如何规定的？
8. 我国 A 公司签订了一份以即期信用证付款的 FOB 合同，进口食品 1 000 箱。接到对方的装运通知后，A 公司投保了一切险和战争险。对方公司凭已装船清洁提单及其他有关单据向银行收妥货款。货到目的港后，经复验，我方发现以下情况：① 200 箱货物内含有的大肠杆菌，超过我国标准；② 实收货物 998 箱，短少 2 箱；③ 有 15 箱货物外表情况良好，但箱内货物共短少 60 kg。针对上述情况，请分析进口商应分别向谁索赔？
9. 有一份 CIF 合同，出售 100 M/T 大米，单价为每公吨 500 美元，总价值 50 000 美元。事后卖方只交货 5 M/T。在这种情况下，买方可主张何种权利？为什么？如果卖方交货 90 M/T，买方又可主张何种权利？为什么？

延伸阅读

目的港无人提货，船公司索赔 20 余万元滞箱费

请扫二维码阅读

第十八章 CHAPTER 18

不可抗力

学习目标

通过学习本章，要求掌握：
1. 不可抗力的含义、认定条件及范围。
2. 不可抗力事件的处理。
3. 不可抗力条款的规定方法。

引导案例

2005年2月13日，我国内地某公司A与我国香港B公司签订了醋酸纤维素板的来料加工和补偿贸易合同。合同的主要内容是A公司利用B公司和另外两家香港机构共同提供的设备为B公司进行来料加工，每生产1 M/T板材的加工费是1 600美元，B公司负责提供给A公司的来料（即醋酸纤维素板）的数量为：2005年不少于80 M/T，2006年不少于150 M/T，2007年不少于200 M/T，以后每年不少于200 M/T。A公司以来料加工费偿还设备货款的本息。但在合同实际履行中，B公司仅在2005年提供来料34 M/T，2006年来料17 M/T，2007年来料1.1 M/T，合计来料52.1 M/T。2007年10月，双方签订补充协议，再次确定了B公司提供来料的义务和数量。结果该补充协议仍未得到履行，致使A公司引进的设备无法得到充分利用，只偿还了设备款本息的一小部分。对此，A公司要求B公司赔偿包括设备款在内的经济损失。B公司辩称：B公司未能履行合同的全部义务是因为国际市场发生重大变化，原料价格上涨，数量短缺，无法买到原料所致。其前手德国生产该原料的工厂停产，这应属于不可抗力事故，故B公司不应承担责任。

资料来源：姚丹. 国际贸易实务［M］. 重庆：重庆大学出版社，2017.

案例思考

在该案例中，B公司能否援引不可抗力而不承担责任？

在国际货物贸易中，由于自然原因或社会原因引起的不可抗拒的事件使买卖双方签署的合同不能履行，按照国际贸易有关法律和惯例，可以免除未履行或未完全履行合同一方对另一方的责任。不可抗力是国际贸易中通用的一个业务术语，也是许多国家和国际公约的一项法律原则，但就不可抗力事故本身而言，它既可以成为当事人要求免除交货义务的理由，也可能因合同双方当事人对某种不可抗力事故的解释不一致而成为合同双方发生争议的一大原因。

在实践中，要判断哪些事件可以构成当事人有权免责有时比较困难，各国法律的解释也并不一致。因此，为了明确责任，防止产生不必要的纠纷，维护当事人的各自利益，通常在合同中约定免责条款即不可抗力条款。不可抗力条款是指合同中订明如一方当事人因不可抗力而不能履行合同全部或部分义务的，免除其全部或部分的责任，另一方当事人不得对此要求损害赔偿，因此不可抗力条款是一种免责条款。

第一节 不可抗力事件的认定与处理

一、不可抗力事件的认定

（一）不可抗力的含义和条件

不可抗力是指买卖合同签订后，不是由于合同当事人的过失或疏忽，而是由于发生了当事人不能预见、不能预防、不能避免并且不能克服的客观情况，导致合同不能履行或不能如期履行。

尽管各国对不可抗力的解释并不一致，但一般认为构成不可抗力应当具备以下条件：① 事件是在有关合同成立以后发生的；② 不是由于任何一方当事人的故意或过失所造成的；③ 事件的发生及其造成的后果是当事人无法预见、无法控制、无法避免且不可克服的。

（二）不可抗力事件的范围

不可抗力事件有其特定的含义，并不是任何一种事件都可作为不可抗力事件。根据国际贸易惯例和多数国家有关法律解释，不可抗力的范围主要由两部分构成：① 由自然原因引起的事件，例如火灾、旱灾、地震、风灾、暴风雪、山崩、海啸等人类无法控制的自然界力量所引起的灾害；② 由政治或社会原因引起的事件，例如战争、动乱、政府干预、罢工、禁运等。

一般而言，各国都会把自然灾害及战争、动乱看成不可抗力事件，但对于政府干预、不颁发许可证、罢工、政府禁令、禁运等，国际上存在着争议。因此，当事人在订立合同时应具体约定不可抗力的范围。事实上，各国都允许当事人在签订合同时自行约定不可抗力的范围。

二、不可抗力事件的处理

（一）及时通知对方

当不可抗力发生后，遭受不可抗力一方的当事人应当按照约定的方式及时将事故通知对方,及时通知对方是遭受不可抗力一方的义务,对此各国法律都有明确规定。我国法律认为:当事人一方因不可抗力而不能履行合同的,应当及时通知另一方,以减轻可能给另一方造成的损失,并且应当在合理期间内提供证明。《联合国国际货物销售合同公约》规定,不履行义务的一方已知道或理应知道此障碍后,在一段合理时间内未通知另一方,则他对由于另一方未收到通知而造成的损害负赔偿责任。在实践中,为防止争议发生,不可抗力条款中应明确规定具体的通知方式和通知期限。

(二)出具有效的证明文件

在及时通知对方我方已遭受不可抗力的事实后,遭受不可抗力一方的当事人应认真分析事故的性质,申请有关机关出具有效的证明文件以作为发生事故的依据。我国一般由中国国际贸易促进委员会(即中国国际商会)出具证明文件,国外的出证机构大多由当地的商会或登记注册的公证机构充当。另一方当事人收到不可抗力的通知及证明文件后,无论同意与否都应及时回复,否则按照有些国家的法律,如《美国统一商法典》的规定,将被视为默认。

(三)解除合同或变更合同

按照有关法律原则和国际贸易惯例,如果发生不可抗力,致使合同不能得到全部或部分履行,有关当事人可根据不可抗力的影响,解除或变更合同而免除其相应的责任,即对有关当事人因不可抗力不能全部或部分履行合同而给另一方当事人造成的损害免负赔偿责任。所谓变更合同,是指对原订合同的条件或内容适当地变更,包括替代履行、减少履行或延迟履行。至于是解除合同还是变更合同,则应视不可抗力对履行合同影响的情况和程度而定,或由买卖双方在合同中加以具体规定。如果合同没有明确的规定,一般的解释是,如果不可抗力致使不能实现合同目的,即使得合同履行成为不可能或事件的影响比较严重,非短时期内所能复原,则可解除合同。不可抗力致使部分地阻碍合同的履行,则发生事件的一方只能采用变更合同的方法,以减少另一方的损失。但延迟履行后发生不可抗力事件的则不能免除履约责任,如我国法律规定,一方当事人延迟履行后发生不可抗力的,不能免除责任。

另外,需要指出的是《联合国国际货物销售合同公约》规定,一方当事人享受的免责权利在履约障碍存在期间有效。如果合同未经双方同意而宣告无效,则合同关系继续存在,一旦履行障碍消除,双方当事人仍须继续履行合同义务。再者,一方当事人对于上述障碍不履行合同义务的免责,只以免除损害赔偿责任为限,而且不妨碍另一方行使《联合国国际货物销售合同公约》规定的要求损害赔偿以外的任何权利。例如,卖方遭遇履行交货义务的严重障碍,履行交货已无可能,卖方未提出解除合同,买方不能无期限等待卖方在消除障碍后履行义务,买方就有权利终止合同,从他处另行购买代替物。但买方行使此项权利,必须遵循《联合国国际货物销售合同公约》的规定。例如,障碍的严重程度、持续时间,不致使合同不能履行的,当事人不得任意解除合同。

第二节 不可抗力条款的规定

国际货物买卖合同中的不可抗力条款主要规定不可抗力的范围、对不可抗力的处理原则和方法、不可抗力发生后通知对方的期限和方法以及出具证明文件的机构等。

我国进出口合同的不可抗力条款主要有以下三种规定方法。

一、概括式

所谓概括式规定，即对不可抗力事件只做笼统的提示，不具体规定哪些事故属于不可抗力。例如：

If the shipment of the contracted goods is prevented or delayed in whole or in part due to Force Majeure, the Seller shall not be liable for non-shipment or late shipment of the goods of this contract. However, the Seller shall notify the Buyer by teletransmission and furnish the latter with ... days by registered airmail with a certificated issued by the China Council for the Promotion of International Trade (China Chamber of International Commerce) attesting such event or events.

由于不可抗力的原因，致使卖方不能全部或部分装运或延迟装运，卖方对这种不能装运或延迟装运本合同下的货物不负有责任。但卖方须用电报或电传通知买方，并且在 X 天内，以航空挂号信向买方提交由中国国际贸易促进委员会（中国国际商会）出具此类事件的证明文件。

但这种规定方式过于笼统，含义模糊，解释伸缩性大，容易引起争议。

二、列举式

列举式即以列举的方式，详细列明不可抗力事件的范围。例如：

If the shipment of the contracted goods is prevented or delayed in whole or in part by reason of war, earthquake, flood, fire, storm, heavy snow, the Sheller shall not be liable for non-shipment or late shipment of the goods of this contract. However, the Sheller shall notify the Buyer by teletransmission and furnish the latter within ... days by registered airmail with a certificate issued by the China Council for the Promotion of International Trade (China Chamber of International Commerce) attesting such event or events.

由于战争、地震、水灾、火灾、暴风雨、雪灾的原因，致使卖方不能全部或部分装运或延迟装运本合同下的货物，卖方对于这种不能装运或延迟装运本合同下的货物不负有责任。但卖方须用电报或电传通知买方，并且在 X 天内，以航空挂号信向买方提交由中国国际贸易促进委员会（中国国际商会）出具此类事件的证明文件。

这种方式虽然具有明确的优点，但灵活性较差，很容易造成遗漏。一旦发生了规定范围以外的意外事件就无法援引。

三、综合式

这种规定方式一方面列出比较常见的不可抗力事件，另一方面还要再加上"以及双方同意的其他不可抗力事件"一类的补充说明。例如：

If the shipment of the contracted goods is prevented or delayed in whole or in part by reason of war, earthquake, flood, fire, storm, heavy snow or other cause of Force Majeure, the Seller shall not be liable for non-shipment or late shipment of the goods of this contract. Howeve, the Seller shall notify the Buyer by teletransmission and furnish the latter within ... days by registered airmail with a certificate issued by the China Council for the Promotion of International Trade (China Chamber of International Commerce) attesting such event or events.

由于战争、地震、水灾、火灾、暴风雨、雪灾或其他不可抗力的原因致使卖方不能全部或部分装运或延迟装运本合同下的货物，卖方对于这种不能装运或延迟装运本合同下的货物不负有责任。但卖方须用电报或电传通知买方，并且在 X 天内，以航空挂号信向买方提交由中国国际贸易促进委员会（中国国际商会）出具此类事件的证明文件。

又例如：

The Sheller shall not be held responsible for failure or delay to perform all or any part of this contract due to war, earthquake, flood, fire, storm, heavy snow or other cause of Force Majeure. However, the Sheller shall advise the Buyer immediately of such occurrence, and within ... days thereafter, shall send by registered airmail to the Buyer for their acceptance a certificate issued by the competent government authorities of the place where the accident occurs as evidence thereof. Under such circumstance, the Sheller, however, is still under the obligation to take all necessary measure to hasten the delivery of the goods. In case the accident lasts for more than ... weeks, the Buyer shall the right to cancel the contract.

由于战争、地震、水灾、火灾、暴风雨、雪灾或其他不可抗力的原因致使卖方不能全部或部分装运或延迟装运本合同下的货物，卖方可不负有责任。但卖方应立即将事件通知买方并于事件发生后 X 天内将事件发生地政府主管当局出具的事件证明书用航空挂号邮寄买方为证并取得买方认可。在上述情况下，卖方仍有责任采取一切必要措施从速交货。如果事件超过 X 个星期，买方有权撤销合同。

这种规定方法比较明确具体，而且考虑到履行合同中可能发生的一些意想不到的事件，具有一定的灵活性。我国进出口业务中，多采取这种规定方法。

第三节 不可抗力条款实例及典型案例分析

一、不可抗力条款实例

Force Majeure：
If the shipment of the contracted goods is prevented or delayed in whole or in part by reason of war, earthquake, or other causes of Force Majeure, the Seller shall not be liable for non-shipment or late shipment of the goods of this contract. However, the Seller shall notify the Buyer

by cable or telex and furnish the latter within 15 days by registered airmail with a certificate issued by the China Council for the Promotion of International Trade attesting such event or events.

不可抗力：

如由于战争、地震或其他不可抗力的原因，致使卖方不能全部或部分装运或延迟装运合同货物，卖方对于这种不能装运或延迟装运本合同货物不负有责任。但卖方须用电报或电传通知买方并须在15天内以航空挂号信件向买方提交由中国国际贸易促进委员会出具的证明此类事件的证明书。

二、不可抗力典型案例分析

国际贸易中围绕不可抗力的争议主要在于出口方能否援引不可抗力条款以免除履行合同或延期履行合同。

案例 18-1

乌克兰某公司（卖方）与我国国内某公司（买方）于 2012 年 1 月 19 日（下面所涉日期均为 2012 年）签订一笔油籽买卖合同，合同相关要点是：（1）数量：5 000 M/T；（2）价格：267.00 USD Per M/T CIF Free Out China Port；（3）交货期：2012 年 2 月 1～20 日；（4）装船通知：卖方应在提单日后 10 天内向买方发送装船通知；（5）不可抗力：若在装期截止前 30 天内发生不可抗力事件（包括天灾、罢工、民变、火灾，以及其他任何可被界定为不可抗力事件的情形）导致无法装运，则可在不可抗力事件终止后展延装期 30 天。应买方请求，卖方应向买方提供适当证据，凭以援引不可抗力条款申请展期或解约。

2 月 10 日，卖方通知买方："货物拟装 AA 轮，但因实际供货商违约，导致码头库场存货不足，无法按计划装船。现正从产地紧急调货，将用火车运往码头直接装船。"

2 月 11 日，卖方又通知买方："乌克兰铁路公司（以下简称乌铁）于 2 月 10 日发布通告，将暂停将农产品运往乌克兰主要港口的铁路货运服务，以缓解滞港。这使得货物无法通过铁路集港，并超出了我们的控制范围。据此，本公司只能援引不可抗力条款，将原定装期展延 30 天。"

乌铁停运事件是否构成不可抗力？卖方可否展延装期？

资料来源：姚丹. 国际贸易实务 [M]. 重庆：重庆大学出版社，2017.

【分析】

乌铁停运事件不构成"不可抗力事件"，卖方无权根据不可抗力条款展延装期。

构成不可抗力应当具备以下条件：（1）事件是在有关合同成立以后发生的；（2）不是由于任何一方当事人的故意或过失所造成的；（3）事件的发生及其造成的后果是当事人无法预见、无法控制、无法避免且不可克服的。

在本案例中，乌铁发布并实施的停运通告虽非卖方在订约时所能合理预见的，也确实超出了卖方的控制范围，但卖方完全有能力采取措施（如改为公路运输、变更装港、购入在装港堆存的同类货物、购买路货等），以消除乌铁停运事件的影响。因此，乌铁停运事件不符合"不可抗力事件"所应具备的基本要求。

本章小结

不可抗力是指买卖合同签订后不是由于合同当事人的过失或疏忽，而是由于发生了当事人不能预见、不能预防、不能避免并且不能克服的客观情况，导致合同不能履行或不能如期履行，免除其全部或部分责任，另一方当事人不得对此要求损害赔偿。不可抗力条款是一种免责条款。国际货物买卖合同中的不可抗力条款主要规定不可抗力的范围、对不可抗力的处理原则和方法、不可抗力发生后通知对方的期限和方法以及出具证明文件的机构等。

复习思考题

1. 什么是不可抗力？构成不可抗力的条件有哪些？不可抗力事件包括哪些？
2. 在国际贸易中，当出现不可抗力时应如何处理？
3. 不可抗力条款有几种规定方法？各有什么优点和缺点？
4. 当我方援引或对方援引不可抗力条款要求免责时，我方应分别注意哪些问题？
5. 有一份合同，印度 A 公司向美国 B 公司出口一批黄麻。在合同履行过程中，印度政府宣布对黄麻施行出口许可证和配额制度。A 公司因无法取得出口许可证而无法向美国 B 公司出口黄麻，遂以不可抗力为由主张解除合同。印度 A 公司能否主张这种权利？为什么？
6. 我国某企业与某外商按国际市场通用规格订约进口某化工原料。订约后不久，市价明显上涨。交货期限届满前，该商所属生产该化工原料的工厂失火被毁，该商以该厂火灾属不可抗力为由要求解除其交货义务。对此，我方应如何处理？为什么？

延伸阅读

受疫情影响外贸企业如何止损？成都首次出具不可抗力事实性证明书

请扫二维码阅读

第十九章
CHAPTER 19

仲　裁

◆ 学习目标

通过学习本章，要求掌握：
1. 仲裁的定义、形式与机构。
2. 仲裁协议的作用与形式。
3. 仲裁程序。

◆ 引导案例

厦门的甲公司与香港的乙公司签订了一份 2 000 M/T 化学制品的中英文对照合同，但合同条款的中英文表述却不一致：中文写明争议应提交经双方同意的具有法律承认效力的美国仲裁机构按有关国际仲裁规则进行仲裁，仲裁地点在美国；英文则写明争议应提交中国国际经济贸易仲裁委员会仲裁，仲裁地点在北京。合同项下的 2 000 M/T 化学制品运达厦门后，经检验发现货物存在严重的质量问题。双方发生纠纷，但未达成新的、意思表示一致的仲裁协议。次年，厦门的甲公司向中国国际经济贸易仲裁委员会申请仲裁。仲裁庭发现，在中英文对照合同中，中文的仲裁协议是手写的，而英文的仲裁协议则采用打印的形式。因此，当被申请人香港的乙公司以中文仲裁条款是手写的为由提出管辖权异议的答辩时，中国国际经济贸易仲裁委员会以仲裁协议手写条款高于格式条款支持了管辖权异议的答辩。

随后，厦门的甲公司隐瞒仲裁委员会已就管辖权做出决定的事实，向厦门市中级人民法院申请确认合同条款中的中文条款无效、英文条款有效。厦门市中级人民法院经审查认为：本案仲裁协议效力问题与仲裁管辖权是同一法律问题。申请人在收到仲裁机构有关本案的管辖权决定后，又向法院申请确认仲裁协议效力，该申请不符合《中华人民共和国仲裁法》第 20 条所规定的条件。根据《中华人民共和国民事诉讼法》第 271 条的规定，裁定驳回申请人请求确认仲裁协议效力的申请。

资料来源：杨敬宇，王志宏，周恩宇. 中医药国际贸易实务［M］. 北京：人民邮电出版社，2013.

> **案例思考**
> 在该案例中，厦门市中级人民法院为什么认定申请人要求确认仲裁协议效力的请求不合法？

在国际货物买卖中，买卖双方在合同履行过程中发生争议时最好在自愿、平等基础上通过友好协商达成和解，但如不能解决彼此的分歧，交易双方可将争议交给双方都认可的第三方进行调节或提交仲裁机构仲裁，或通过司法诉讼等方式进行处理。

仲裁是买卖双方达成协议自愿将有关争议交给双方所同意的仲裁机构进行裁决，裁决是终局的，对双方都有约束力，双方必须遵照执行。目前包括我国在内的不少国家都已通过立法，规定以仲裁解决争议的制度。

第一节 仲裁的形式与机构

仲裁有临时仲裁和机构仲裁两种。临时仲裁是指由争议双方共同指定仲裁员自行组织成临时仲裁庭进行仲裁裁决。临时仲裁庭是为审理某一具体案件而组成的，案件审理完毕，仲裁庭即自动解散。临时仲裁协议需就指定仲裁员的办法、人数、是否需要首席仲裁员以及采用的仲裁规则等问题做出明确规定。机构仲裁是指向一个由双方当事人约定的常设仲裁机构提出申请，并按照这个仲裁机构的仲裁规则或双方选定的仲裁规则所进行的仲裁。所谓常设仲裁机构是指根据一国的法律或者有关规定设立的，有固定名称、地址、仲裁员设置和具备仲裁规则的仲裁机构。仲裁规则主要规定进行仲裁的程序和具体做法，例如，如何申请仲裁，如何答辩、反请求，如何指定仲裁员，如何审理，如何做出裁决和裁决的效力等。仲裁规则为仲裁机构、仲裁员和争议双方提供一套进行仲裁的行为准则。仲裁规则与仲裁机构有密切联系，一般而言，双方当事人约定由某个常设仲裁机构仲裁，就按照该机构仲裁规则进行仲裁，但不少国家也允许双方当事人自由选用他们认为合适的仲裁规则。

我国现行的《中国国际经济贸易仲裁委员会仲裁规则》规定："凡当事人同意将争议提交仲裁委员会仲裁的，均视为同意按照本仲裁规则进行仲裁。当事人约定适用其它仲裁规则，或约定对本规则有关内容进行变更的，从其约定，但其约定无法实施或与仲裁地强制性法律规定相抵触者除外。"《中国国际经济贸易仲裁委员会仲裁规则》还规定："当事人约定适用仲裁委员会制定的行业仲裁规则或专业仲裁规则且其争议属于该规则适用范围的，从其约定；否则，适用本规则。"

常设的仲裁机构能为仲裁工作提供必要的服务和便利，有利于仲裁工作的顺利进行。因此，近年来，国际商事仲裁绝大部分采用机构仲裁。双方当事人如约定采用仲裁方式解决争议的，应当明确在哪个仲裁机构进行仲裁。

很多国家、地区和一些国际性、区域性组织都设有从事国际商事仲裁的常设机构，例如瑞典斯德哥尔摩仲裁院、瑞士苏黎世商会仲裁院、英国伦敦国际仲裁中心、美国仲裁协会、日本国际商事仲裁协会、中国香港国际仲裁中心以及设在法国巴黎的国际商会仲裁院等。这些常设仲裁机构不少与我国内地仲裁机构已有业务上有联系。不少国际商事仲裁机构都是民间组织。

我国常设的涉外商事仲裁机构是中国国际经济贸易仲裁委员会，又称中国国际商会仲裁院，隶属于中国国际贸易促进委员会（中国国际商会），仲裁委员会总会设在北京，并在上海、深圳、重庆和天津分别设有上海分会、华南分会、西南分会和天津国际经济金融仲裁中心。根据仲裁业务发展的需要以及就近为当事人提供仲裁咨询和程序便利的需要，仲裁委员会还先后设立了24个地方和行业办事处。中国国际经济贸易仲裁委员会受理案件的范围是：国际的或涉外的争议案件；涉及我国香港特别行政区、澳门特别行政区或台湾地区的争议案件；我国内地争议案件。为满足当事人的行业仲裁需要，中国国际经济贸易仲裁委员会推出独具特色的行业争议解决服务，为不同行业的当事人提供适合其行业需要的仲裁法律服务。此外，该仲裁委员会针对快速解决电子商务纠纷及其他经济贸易争议的需要，于2009年5月1日推出《网上仲裁规则》，该规则在"普通程序"之外根据案件争议金额大小分别规定了"简易程序"和"快速程序"，以真正适应在网上快速解决经济纠纷的需要。

自1995年9月1日我国《仲裁法》施行以来，不少城市根据该法的规定先后成立了地方仲裁委员会，这些仲裁委员会不仅可以受理国内仲裁案件，而且可以受理涉外仲裁案件。因此，我国企业在订立国际货物买卖合同中的仲裁条款时，如双方同意在我国仲裁，既可以规定由中国国际经济贸易仲裁委员会仲裁，也可以规定由地方仲裁委员会仲裁。根据《中国国际经济贸易仲裁委员会仲裁规则》的规定，凡当事人约定按照该规则进行仲裁但未约定仲裁机构的，均视为同意将争议提交中国国际经济贸易仲裁委员会仲裁。

第二节　仲裁协议

仲裁协议是指双方当事人在纠纷发生前或纠纷发生后，以仲裁条款或其他书面方式达成的，愿意把他们之间可能发生的或已发生的争议交付仲裁机构裁决的一种书面协议，是仲裁机构受理争议案件的依据。我国《仲裁法》规定采用仲裁方式解决纠纷，当事人双方应当自愿达成仲裁协议，没有仲裁协议仲裁机构不予受理。

一、仲裁协议的作用

按照多数国家的仲裁法的规定，仲裁协议的作用主要表现在以下三个方面：
（1）表明双方当事人在发生争议时自愿提交仲裁。仲裁协议约束双方当事人在和解、调解不成时只能以仲裁方式解决争议，不得向法院起诉。
（2）使仲裁机构取得对争议案件的管辖权。任何仲裁机构都无权受理没有仲裁协议的案件，这是仲裁的基本原则。
（3）排除法院对于争议案件的管辖权。世界上绝大多数国家的法律都规定法院不受理争议双方订有仲裁协议的争议案件。

上述三个方面的作用是相互联系、不可分割的。其中，中心作用是第三条，即排除法院对争议案件的管辖权。因此，双方当事人不愿将争议提交法院审理时，就应在争议发生前在合同中订立仲裁条款，以免将来发生争议后，由于达不成仲裁协议而不得不诉诸法院。

在我国，有效的仲裁协议必须是书面的，内容包括请求仲裁的意思表示、选定仲裁委员会及约定仲裁等事项。

二、仲裁协议的形式

仲裁协议必须是书面的,具体有两种形式:一种为合同中的仲裁条款,是指在争议发生之前,合同双方当事人在买卖合同或其他经济合同中订立的仲裁条款。另一种是以其他方式达成的提交仲裁协议,它是指双方当事人订立的提交仲裁协议。这种协议必须是双方当事人以书面形式订立的,包括合同书、信件、电报、电传、传真、电子数据交换和电子邮件等。此种仲裁协议可以在争议发生之前达成,也可以在争议发生之后达成。

上述两种形式的仲裁协议的法律效力是相同的,而且都具有独立性。根据我国仲裁规则规定,合同中的仲裁条款应视为与合同其他条款分离、独立存在的条款,附属于合同的仲裁协议也视为与合同其他条款分离、独立存在的一部分,合同的变更、解除、终止、失效或无效与否均不影响条款或仲裁协议的效力。

第三节 仲裁程序

所谓仲裁程序是指由法律规定仲裁机构处理争议所需经过的步骤,一般包括申请、受理、组成仲裁庭、开庭和裁决等几个主要的必经环节。各国仲裁法和仲裁机构的仲裁规则对仲裁程序都有明确的规定。

一、仲裁申请

仲裁申请是仲裁机构受理案件的前提。根据《中国国际经济贸易仲裁委员会仲裁规则》的规定,我国仲裁机构受理争议案件的依据是双方当事人的仲裁协议和一方当事人的书面申请。仲裁申请书的主要内容为:申请人和被申请人的名称与住所(包括通信方式)、申请仲裁所依据的仲裁协议、案情和争议要点、申请人的仲裁请求及所依据的事实和理由。申请人提交仲裁协议申请书时,还应附具申请人请求所依据的事实的证明文件,如合同、来往函电等的正本或副本、抄本并预缴规定的仲裁费。仲裁程序自仲裁机构收到仲裁申请书之日起开始。

仲裁机构收到仲裁申请及其附件后,经过审查认为手续完备的即予受理,并立即向双方当事人发出仲裁通知,同时将仲裁机构的仲裁规则和仲裁员名册发送给双方当事人,申请人的仲裁申请书及其附件也同时发送给被申请人。

仲裁机构一般均设置普通程序和简易程序。在普通程序下,被申请人应在收到仲裁通知之日起 45 天内向仲裁机构提交答辩书及有关证明文件。被申请人如有反请求,应在收到仲裁通知之日起 45 天内书面提交仲裁机构。被申请人应在反请求书中写明具体的反请求要求以及所依据的事实和理由,并附具有关的证明文件。被申请人提出反请求时,也应按规定预交仲裁费。申请人可以对其仲裁请求提出修改,被申请人也可以对其反请求提出修改,但是仲裁庭认为其修改的提出过迟而影响仲裁程序正常进行的,可以拒绝其修改。被申请人未提交书面答辩或申请人对被申请人的反请求未提出书面答辩的,均不影响仲裁程序的进行。

当事人可以授权委托仲裁代理人办理有关的仲裁事项,中国公民和外国公民都可以接受委托,担任仲裁代理人。

二、仲裁庭的组成

争议案件提交仲裁后由按约定或仲裁规则产生的仲裁员所组成的仲裁庭进行审理并做出裁决。根据世界各国的实践，一般允许双方当事人在仲裁协议中规定仲裁员的人数和指定方法。如果仲裁协议没有规定，则按有关国家的仲裁法或仲裁机构的程序规则办理。

我国《仲裁法》规定，仲裁庭可以由三名仲裁员或者一名仲裁员组成。由三名仲裁员组成的，设首席仲裁员。《中国国际经济贸易仲裁委员会仲裁规则》规定，除非当事人另有约定或本规则另有规定，仲裁庭由三名仲裁员组成。

如仲裁庭由三名仲裁员组成，则先由双方各自选定或委托仲裁机构指定一名仲裁员，然后由当事人共同选定的或共同委托仲裁机构指定第三名仲裁员。这第三名仲裁员即为首席仲裁员。按《中国国际经济贸易仲裁委员会仲裁规则》，双方当事人先在各自收到仲裁通知之日起15天内选定一名仲裁员或者委托仲裁委员会主任指定。如当事人未在规定期限内选定或者委托仲裁委员会主任指定的，由仲裁委员会主任指定。首席仲裁员由双方当事人共同选定或者共同委托仲裁委员会主任指定。双方当事人可以各自推荐一名至三名仲裁员作为首席仲裁员人选，双方当事人的推荐名单中有一名人选相同的，该人选即为双方当事人共同选定的首席仲裁员；有一名以上人选相同的，由仲裁委员会主任根据案情的具体情况在相同人选中确定一名首席仲裁员，该名首席仲裁员仍为双方共同选定的首席仲裁员；推荐名单中没有相同人选时，由仲裁委员会主任在推荐名单之外指定首席仲裁员。如双方当事人在被申请人收到通知之日起15天内未能共同选定首席仲裁员的，则由仲裁委员会主任指定。

必须强调指出的是：由当事人双方选定或指定仲裁员，目的在于使争议案件能得到公正合理的裁决，而被选定或指定的仲裁员并不是指定一方当事人的代理人。被选定或指定的仲裁员与案件有利害关系的或其他关系而可能影响案件的公正审理，仲裁员应主动将此情形向仲裁委员会予以披露，并应主动请求回避。当事人如对被选定或指定的仲裁员的公正性或独立性产生具有正当理由的怀疑时，有权提出书面申请，要求该仲裁员回避。仲裁回避的决定，由仲裁委员会主任做出。但在仲裁委员会主任做出决定前，被请求回避的仲裁员应当继续履行职责。

双方当事人选定或指定仲裁员后，即由仲裁员组成仲裁庭，着手对争议案件进行审理。

三、仲裁审理

各国仲裁机构对仲裁的审理过程基本相似，包括开庭、收集证据和调查事实，必要时，还需采取保全措施。

（一）开庭

仲裁庭审理案件有两种形式：一是开庭审理，二是书面审理。开庭审理是指仲裁庭召集当事人或其代理人在指定地点参加案件事实调查、陈述意见、辩论的审理活动，必要时，其他有关人士如证人、仲裁庭咨询的专家、指定的鉴定人等也可参加。而所谓书面审理是指在双方当事人及其他仲裁参与人不到庭参加审理的情况下，仲裁庭根据当事人提供的仲裁申请书、答辩书以及其他书面材料做出裁决的过程。书面审理是开庭审理的必要补充。根据《中国国际经济贸易仲裁委员会仲裁规则》的规定，当事人书面约定了仲裁地的，仲裁案件的审理应当在约定的地点进行；如果当事人对仲裁地未做约定，则应在仲裁委员会所在地北京或其分会所在地进行。对于开庭地点，当事人约定了开庭地点的，案件的开庭审理应当在约定的地点进行；当事人未有约定的，则由仲裁委员会受理的案件应当在北京开庭审理，由仲裁委员会分会受理的案件应当在该分会所在地开庭审理。必要时，经仲裁委员会秘书长或分会秘书长同意，也可以在其他地点开庭审理。第一次开庭日期经由仲裁庭决定后由秘书局于开庭前20天通知双方当事人。当事人有正当理由请求延期开庭的，由仲裁庭做出是否延期的决定。第一次开庭审理以后的开庭审理日期的通知，不受20天期限的限制。案件审理原则上不公开进行。如双方当事人要求公开审理的，由仲裁庭做出是否公开审理的决定。不公开审理的案件，双方当事人及其仲裁代理人、仲裁员、仲裁委员会秘书局的有关人员以及上述其他有关人士，如证人、翻译、仲裁庭咨询的专家和指定的鉴定人等均不得对外界透露案件及仲裁程序进行的情况。

各方当事人应当委派代表或者仲裁代理人参加仲裁开庭，被申请人无正当理由不出席庭审，仲裁庭可以进行缺席审理并做出缺席裁决，申请人无正当理由不出席庭审，可以视为撤回仲裁申请。

（二）调解

采用仲裁与调解相结合的方法解决争议是我国涉外仲裁的一个重要特点。凡是中国国际经济贸易仲裁委员会受理的争议案件，在仲裁程序进行过程中，如果双方当事人有调解愿望或一方当事人有调解愿望并经仲裁庭征得另一方当事人同意，仲裁庭可以按照其认为适当的方法对其审理的案件进行调解。经仲裁庭调解达成和解的，双方当事人应签订书面和解协议；除非当事人另有约定，仲裁庭应按照双方当事人达成的书面和解协议的内容做出裁决书结案。当事人也可以在仲裁庭之外自行达成和解协议后请求仲裁庭根据其和解协议的内容做出裁决书或申请撤销案件。我国仲裁规则还规定，当事人在仲裁委员会之外通过调解达成和解协议的，可以凭当事人达成的由仲裁委员会仲裁的仲裁协议和他们的和解协议，请求仲裁委员会指定一名独任仲裁员，按照和解协议的内容做出仲裁裁决。仲裁庭在进行调解的过程中，任何一方当事人提出终止调解或仲裁庭认为已无调解成功的可能时，可停止调解，继续进行仲裁。

中国国际经济贸易仲裁委员会还首创"联合调解"的方法来解决争议。具体做法是：我方当事人向我国仲裁机构提出申请，外国当事人向其本国仲裁机构提出申请，由双方仲裁机构各派一人或双方人数相等的人员组成调解委员会共同进行调解，但调解不是仲裁必要的程序。

（三）收集、审定证据

在仲裁审理过程中，当事人双方应对其申请、答辩或反请求所依据的事实提供证据，并由仲裁庭审定。仲裁庭认为必要时，可以自行调查事实和收集证据，也可以就案件中的专门问题向有关专家咨询或指定鉴定人进行鉴定。

所有证据材料，包括当事人提供的证据材料和专家报告均由仲裁庭审查后决定是否采纳。仲裁庭有权对证据的相关性、重要性和有效性做出决定。

（四）采取保全措施

保全措施又称临时性保护措施，是指仲裁程序开始后至做出裁决前对争议的标的或证据或有关当事人的财产采取临时性强制措施。例如，临时扣押财产以防止转移或变卖，对有争议的易腐烂货物先行出售，等等。有些国家和地区的仲裁规则认为，保全措施是一种强制性措施，仲裁机构不具有实施该项措施的权力，只能经仲裁机构提出申请由法院做出保全措施的裁定；有些国家和地区的仲裁规则则认为，仲裁庭有权对争议的标的物采取必要的保全措施。根据《中国国际经济贸易仲裁委员会仲裁规则》，如果当事人申请采取财产保全，仲裁委员会应当将当事人的申请提交被申请财产保全的当事人住所地或其所在地的人民法院做出裁定。

四、仲裁裁决

裁决做出后，审理案件的程序即告终结，因而这种裁决被称为最终裁决。根据我国仲裁规则，除最终裁决外，仲裁庭认为有必要或接受当事人之提议，在仲裁过程中，可就案件的任何问题做中间裁决或者部分裁决。中间裁决是指对审理清楚的争议所做的暂时性裁决，以利于对案件的进一步审理；部分裁决是指仲裁庭对整个争议中的一些问题已经审理清楚，而先行做出的部分终局性裁决。这种裁决是构成最终裁决的组成部分。

仲裁裁决必须于案件审理终结之日起 45 天内以书面形式做出。除由于调解达成和解而做出的裁决书外，仲裁裁决应说明裁决所依据的理由并写明裁决是终局的。裁决书应注明做出裁决书的日期和地点，并有仲裁员的署名。

当事人对于仲裁裁决书应依照其所规定的时间自动履行，裁决书未规定期限的，应立即履行。一方当事人不履行的，另一方当事人可以根据中国法律的规定，向中国法院申请执行或根据有关国际公约或中国缔结或参加的其他国际条约的规定办理。

第四节 仲裁条款实例及典型案例分析

一、仲裁条款实例

Arbitration:

All disputes arising from the execution of this agreement shall be settled through friendly consultations. In case no settlement can be reached, the case in dispute shall then be submitted to the Foreign Trade Arbitration Commission of the China Council for the Promotion of International Trade for Arbitration in accordance with its Provisional Rules of Procedure. The decision made by this commission shall be regarded as final and binding upon both parties. Arbitration fees shall be borne by the losing party, unless otherwise awarded.

仲裁：

在履行协议过程中，如产生争议，双方应友好协商解决。若通过友好协商未能达成协议，则提交中国国际贸易促进委员会对外贸易仲裁委员会，根据该会仲裁程序暂行规定进行仲裁。该委员会决定是终局的，对双方均有约束力。仲裁费用，除另有规定外，由败诉一方负责承担。

二、仲裁典型案例分析

仲裁作为一种纠纷解决方式是当事人自愿将诉争事由提交给中立的第三方裁判的争议解决方式，自愿原则是仲裁制度中的基本原则，也是仲裁制度赖以存在和发展的基石。因此，是否选择仲裁、由谁来进行仲裁都必须由当事人自行约定。

案例 19-1

2003年，我国A公司向美国B公司出口纺织品，B公司收货后未按期支付货款，双方发生贸易纠纷。由于双方在贸易合同中约定："本合同项下的一切争议，应提交中国国际贸易仲裁委员会仲裁"，A公司于2004年1月向中国国际贸易仲裁委员会（以下简称"仲裁委"）提起仲裁。B公司在收到仲裁庭的开庭通知后提出了管辖异议，B公司向仲裁庭提供的贸易合同与A公司提供的合同为不同版本。该版本显示，仲裁条款中的"中国国际贸易仲裁委员会"字样被划去，而在原位置手写了"美国仲裁协会"字样。此外，卖方签字栏内增加了一个A公司授权代表的签字，并注明了时间，该时间晚于A公司提供的合同的签署时间。B公司据此主张双方已对合同进行了更改，重新选择美国仲裁协会为仲裁机构，仲裁委对争议没有管辖权，而A公司则坚决主张从未同意选择美国仲裁协会为仲裁机构，B公司提供的合同中的签字不实，仲裁委对案件有管辖权。为查明事实，仲裁委将该证据提交某法院司法鉴定中心进行鉴定。鉴定结果确认B公司提供的合同签字栏中增加的A公司授权代表的签字与原签字为同一人所写。2006年1月，仲裁委最终认定其对该案没有管辖权，并做出了撤案决定。请评析此案例。

资料来源：杨敬宇，王志宏，周恩宇. 中医药国际贸易实务 [M]. 北京：人民邮电出版社，2013.

【分析】

仲裁委撤案决定是合理的。仲裁作为一种纠纷解决方式是当事人自愿将诉争事由提交给中立的第三方裁判的争议解决方式，自愿原则是仲裁制度中的基本原则，也是仲裁制度赖以存在和发展的基石。因此是否选择仲裁、由谁来进行仲裁都必须由当事人自行约定。当事人提交仲裁机构仲裁解决的意思表示是授予仲裁机构对争议案件的管辖权，并排除法院司法管辖权的法律依据。为证明当事人之间曾就仲裁做出约定，各仲裁机构一般都规定当事人申请仲裁时应提交书面仲裁协议，其形式可以是合同仲裁条款，也可以是单独的仲裁协议。

本案中A公司与B公司通过合同仲裁条款的方式对仲裁事项做出约定，但A公司和B公司出具了两份不同的合同，其仲裁条款的约定截然不同。既然两个合同中的仲裁条款有截然不同的规定，就要看哪份合同的约定是有效的。笔迹鉴定结果显示，B公司出具的修改后版本上有A公司授权代表的签字。B公司将经修改的合同文本提交A公司签字确认应被认为是要求对合同中的仲裁条款进行变更，而A公司在修改后的文本上签字应被认为是对合同变更的确认。因此，B公司出具的合同是有效的。该争议案件只能由"美国仲裁协会"裁决。

本章小结

仲裁是买卖双方达成协议，自愿将有关争议交给双方所同意的仲裁机构进行裁决，这个裁决是终局的，对双方都有约束力，双方必须遵照执行。仲裁有临时仲裁和机构仲裁两种。仲裁协议是指双方当事人在纠纷发生前或纠纷发生后，以仲裁条款或其他书面方式达成的，愿意把他们之间可能发生的或已发生的争议交付仲裁机构裁决的一种书面协议，是仲裁机构受理争议案件的依据。仲裁协议必须是书面的，它有两种形式：一种是合同中的仲裁条款，另一种是以其他方式达成的提交仲裁协议。仲裁程序一般包括申请、受理、组成仲裁庭、开庭和裁决等几个主要的环节。

复习思考题

1. 何为仲裁？仲裁有哪些特点？
2. 仲裁协议有哪些形式？仲裁协议有什么作用？
3. 为什么仲裁是买卖双方容易接受的一种比较常用的解决方法？
4. 国际商事仲裁通常要经过哪些程序？
5. 我国的仲裁庭是如何组成的？我国涉外仲裁的一个重要特点是什么？
6. 在国际货物买卖合同中，仲裁地点有哪几种订法？通常应首先选择采用哪种方法？为什么？
7. 我国某公司向外商进口货物一批，合同中明确规定一旦在履约过程中发生争议，如友好协商不能解决，即将争议提交中国国际经济贸易仲裁委员会在北京仲裁。后来，双方就商品品质发生争议，对方在其所在法院起诉我方，法院也发来传票，让我方公司出庭应诉。对此，我方应如何处理？

延伸阅读

《多方临时上诉仲裁安排》维护多边贸易体制

请扫二维码阅读

第六篇 PART 6

国际货物买卖合同的商定与履行

第 二 十 章　国际货物买卖合同的订立
第二十一章　出口合同的履行
第二十二章　进口合同的履行

第二十章 CHAPTER 20

国际货物买卖合同的订立

学习目标

通过学习本章，要求掌握：
1. 询盘、发盘、还盘、接受的概念。
2. 有效发盘和接受的条件。
3. 合同成立的要件。
4. 合同的形式和内容。

引导案例

1993年2月5日，加拿大休顿电子有限公司（简称"休顿公司"）向我国H电子集团公司（简称"H公司"）提出出售集成电路板20万块，每块FOB维多利亚港25美元的发盘。我方接到发盘后，于2月7日去电还盘，请求将集成电路块的数量减少到10万块，价格降为每块20美元，并要求对方即期装运。2月10日，休顿公司电传告知H公司，同意把数量减少到10万块，保证能够即期装运，但价格只能降到每块22美元；同时规定，新发盘有效期为10天。接到新发盘后，H公司经多次研究，决定同意该新发盘，并于2月15日向休顿公司发出电传，表示接受新的发盘。2月18日，休顿公司再次发来电传，声称，货已与其他公司签约售出，现已无货可供，要求取消2月10日的发盘。2月19日，H公司复电："我公司已按10万块集成电路板制订生产计划，不同意撤销2月10日的发盘，请贵公司执行合同。"休顿公司则称："无法执行合同。"因此双方因合同是否成立而发生纠纷。

案例思考

你认为该合同是否成立？为什么？

国际货物买卖合同的订立，是双方当事人意思表示一致的结果，其基础在于交易磋商（Business Negotiation）。交易磋商是指买卖双方就买卖合同的各项交易条件进行协商洽谈以期达成交易的过程。交易磋商在形式上可分为口头和书面两种。口头磋商主要是指交易双方当面直接协商或通过电话、语音或视屏等新兴网络信息技术交流方式进行协商。书面磋商则是指双方通过信函、电传、电子邮件或其他非音频新兴网络信息技术沟通方式洽谈交易。

第一节 订立国际货物买卖合同的法律步骤

随着新兴网络信息技术的飞速发展，尽管交易磋商的形式日新月异，但从本质上看，交易磋商的程序仍然主要包括传统意义上的四个环节即询盘、发盘、还盘、接受。其中发盘和接受是必不可少的两个基本环节，也是达成交易必经的法律步骤。

一、询盘

（一）询盘的概念

询盘（Inquiry）又称询价，在法律上称为"要约邀请"，是指交易的一方为了购买或销售商品而向对方询问有关交易条件的行为。其内容可繁可简，可以是只询问价格，也可询问其他一项或几项交易条件；可以有特定受盘人，也可以没有特定受盘人。

（二）询盘的常用术语

询盘（询价）不是交易磋商的必经步骤，对询盘人和被询盘人均无法律上的约束力。但它往往是一笔交易的起点，作为被询盘的一方，对接到的询盘应予以重视，并应做出及时和适当的处理。

询盘时一般不直接使用"询盘"的术语，而通常使用下列一类词句：

Please advise ...	请告……
Please advise by telex ...	请电告……
Please quote ...	请报价……
Please offer ...	请发盘……
Interested in ... Please ...	对……有兴趣，请……

二、发盘

（一）发盘的概念及常用术语

发盘（Offer）又称发价，在法律上称为"要约"，是指交易的一方（即发盘人）向另一方（即受盘人）提出各项交易条件，并愿意按这些条件达成交易、订立合同的一种肯定表示。在实际国际货物买卖业务中，发盘一般是在收到对方询盘之后，但也可不经询盘而直接向对方发盘。发盘人大多是卖方，也可以是买方。前者称为售货发盘（Selling Offer）；后者称为购货发盘（Buying Offer），或称递盘（Bid）。

发盘时比较常用的术语有如下几种：

发盘（Offer）	发实盘（Firm Offer；Offer Firm）[一]
递盘（Bid）	递实盘（Firm Bid）
供应（Supply）	可供应（Can Supply）
订购（Book；Booking）	可订（Can Book；Bookable）
订货（Order）	

（二）有效发盘及其与发盘邀请的区别

1. 构成有效发盘的必备条件

《联合国国际货物销售合同公约》（简称《公约》）第 14 条（1）款对发盘做了如下定义：向一个或一个以上特定的人提出的订立合同的建议。如果十分确定并且表明发件人在得到接受时承受约束的意旨，即构成发盘。一个建议如果写明货物并且明示或暗示地规定数量和价格或规定如何确定数量和价格，即为十分确定。《中华人民共和国民法典》第 472 条也有类似规定。《公约》第 15 条（1）款规定：发盘于送达被发盘人时生效。基于上述规定，构成一项法律上有效的发盘必须具备以下四个条件。

（1）表明订约意旨。

一项发盘必须表明订约意旨（Contractual Intent）。"按照现行法律和《公约》，一方当事人是否向对方表明在发盘被接受时承受约束的意旨，是判别一项发盘的基本标准（Basic Criterion）"。所谓"承受约束"，是指发盘人于得到接受时承担与受盘人按发盘条件订立合同的责任。表明承受约束的意旨，可以是明示的，或是暗示的。明示的表示，发盘人可在发盘时明白说明或写明"发盘""发实盘"或明确规定发盘有效期等。暗示的表示，则应与其他有关情况结合起来考虑，包括双方磋商的情况、双方已确立的习惯做法、惯例和当事人随后的行为。

发盘这一本质，将它同其他似是而非的概念区别开来。如果一方当事人在他所提出的售货或购货建议附有保留或限制性条件，例如："经确认为主"（Subject to Confirmation），"以未售出为准"（Subject to Prior Sale），"以我方认可样品为主"（Subject to Our Approval of Sample），"以领得许可证为准"（Subject to License Obtainable），则该建议就不能构成发盘，而仅应被视为发盘邀请（Invitation to Make Offer）。在实际业务中，如受盘人对于对方所做的表示是否具有订约意旨存在疑问时，应及时采用快速通信方式，要求对方予以澄清。

（2）向一个或一个以上特定的人提出。

发盘必须向一个或一个以上特定的人（Specific Person）提出。所谓"特定的人"，是指在发盘中指明个人姓名或企业名称的受盘人。这一规定的目的是将向特定对象做出的发盘与通过合法媒体发布广告、向国外客商寄发商品目录、价目单和其他宣传品的行为区分开来。在后一种情况下，广告的对象是广大社会公众，商品目录、价目单和宣传品是普遍寄发给为数众多的客商的，这些对象都不属于特定的人。因此，这类行为一般不能构成发盘，而

[一] 实盘（Firm Offer）意为不可撤销的发盘，始见于《美国商法典》。

仅能视为发盘邀请。但是，如果广告内容十分具体、明确和肯定，在一定事实情况下，也可能成为一项发盘，一旦见到广告的人做出接受的行为，该发布广告者即须按广告中所提出的条件，履行其诺言。至于向国外众多客商大量寄发商品目录、价目单等宣传品，谨慎的出口商往往在这些宣传品上注明"所列价格仅供参考"（The Prices Stated Are for Reference Only）、"价格须经确认为准"（The Prices Shall Be Subject to Confirmation）或"价格不经事先通知得以变动"（The Prices May Be Altered Without Prior Notice）等字句，以免因市价上涨而国外收件人要求按宣传品上所列价格订约，使自己处于被动的境地或由此引发经济损失。

（3）内容十分确定。

《公约》第 14 条规定：一项订立合同的建议"如果写明货物，并且明示或暗示地规定数量和价格或如何确定数量和价格，即为十分确定（Sufficiently Definite）"。按此规定，一项订约建议只要列明货物、数量和价格三项条件，即可被认为其内容"十分确定"，从而构成一项有效的发盘。如该发盘为受盘人所接受，即可成立合同。至于所缺少的其他内容，货物的包装、交货和支付条件，可在合同成立之后，按双方之间已经确定的习惯做法、惯例或按《公约》第三部分有关买卖双方义务的规定，予以补充。尽管如此，为了防止误解和可能发生的争议，实际的外贸工作中，我国外贸企业在对外发盘时，应至少明示或暗示规定六项主要交易条件，即货物的质量、数量、包装、价格、交货和支付条件。这样，一旦受盘人表示接受，双方即可明白无误地了解双方协商一致的主要合同条款，而无须借助于任何可能引起意见分歧的补救措施。

（4）传达到受盘人。

发盘必须被传达到受盘人（Be Communicated to the Offeree），这是《公约》和各国法律普遍的要求。发盘无论是口头的还是书面的，只有被传达到受盘人时才生效。例如，发盘人通过电话向受盘人发盘，中途电话发生故障，传送声音模糊，则必须等待电话修复后，让受盘人听清全部发盘内容，该发盘方为有效。又如，发盘人用信件发盘，如该信件因邮政机构投递有误或在传递途中遗失，以致受盘人没有收到，则该发盘无效。

2. 如何区分发盘和发盘邀请

发盘是一项肯定的订约建议（A Definite Proposal for Concluding A Contract），它具备构成有效发盘的四项条件，特别是"表明订约的意旨"和"内容十分确定"这两项条件。

发盘邀请则是一项不肯定的订约建议，它不具备有效发盘的四项条件，特别是它不具备"表明订约的意旨"和"内容十分确定"这两项条件。虽然发盘邀请也可向一个或一个以上特定的人做出，并送达对方，但做出发盘邀请的一方不承担与对方订立合同的责任，即使对方立即无条件同意发盘邀请中所提出的全部条件。发盘邀请的内容也不是"十分确定"的，它所含的交易条件可能是不完整的，或者是不明确的，或者即使是完整和明确的，却不是终局的。此外，对发盘邀请不应规定有效期，否则，有可能被视作发盘处理。

（三）发盘的有效期

1. 发盘有效期的含义

发盘的有效期（Time of Validity or Duration of Offer）是指可供受盘人对发盘做出接受的

时间或期限。这一含义有两层意思：一是发盘人在发盘有效期内受约束，即如果受盘人在有效期内将接受通知送达发盘人，发盘人承担依据发盘条件与之订立合同的责任；另一层意思是指超过有效期，发盘人将不再受约束。因此，发盘的有效期，既是对发盘人的一种限制，又是对发盘人的一种保障。

在国际货物买卖中，凡是发盘均有有效期。发盘人对发盘有效期可做明确的规定，也可不做明确的规定。明确规定有效期，并不是构成发盘必不可少的条件。明确规定有效期的发盘，从发盘被传达到受盘人开始生效，到规定的有效期届满为止。不明确规定有效期的发盘，按法律在合理时间内（Within A Reasonable Time）有效。但"合理时间"在国际上并无统一明确的解释。按《公约》第18条（2）款，衡量"合理时间"的长短，"须适当地考虑到交易的情况，包括发盘人所使用的通信方法的迅速程度"。《公约》第18条（2）款还规定："对口头发盘必须立即接受，但情况有别者不受此限。"所谓"立即接受"，可理解为：在双方口头磋商时当场有效，受盘人不在磋商当场表示接受，发盘随即失效。对"情况有别者"，则可理解为：发盘人在口头发盘时，明确规定了有效期，例如"有效三天"，则该发盘不在"立即接受"之列。

2. 明确规定有效期的方法

在我国出口业务中，常见的明确规定有效期的方法主要有以下两种。

（1）规定最迟接受期限。发盘人在发盘中明确规定受盘人表示接受的最迟期限。例如，"发盘限10日复"（Offer Subject Reply Tenth）。这种有效期的规定方法存在一个问题，即该截止期（10日）是指受盘人在其所在地发出接受通知的期限，还是接受通知必须送达发盘人（Reaches the Offeror）的期限，不够明确。为了明确发盘的截止期，在规定最迟接受的期限时，可同时限定以接受送达发盘人或以发盘人所在地的时间为准。例如，"发盘限10日复到"（Subject Reply Reaching Here Tenth）；"发盘限我方时间10日复"（Offer Subject Reply Tenth Our Time）；"发盘有效至我方时间星期五"（Offer Valid Until Friday Our Time）。

（2）规定一段接受的期间。发盘人也可规定发盘在一段期间（A Period of Time）内有效。例如，"发盘有效三天"（Offer Valid Three Days）；"发盘五天内复"（Offer Reply in Five Days）。采用这种规定有效期的方法，存在一个如何计算"一段接受期间"的起讫问题。根据《公约》第20条规定，发盘人在传真或信件中订定的一段接受期间，从传真发送时刻或信上载明的发信日期起算。如信上未载明发信日期，则从信封上所载日期起算。发盘人以电话、传真或其他可立即传达到对方的通信方法订定的一段接受期间，从发盘人到达受盘人时起算。发盘人对发盘明确规定有效期，其期限多长，并无定则。一般来说，发盘的有效期取决于商品的种类、市场情况和交易额等因素。如所买卖的商品属性、小商品，市价稳定和交易额不大，有效期可规定得较长些，例如5～7天，甚至更长一些。假如所买卖的商品属大宗商品、原料性商品或初级产品，国际市场波动频繁，交易额较大，则可规定得短些，例如2～3天，有时甚至可短至1天，甚至限几小时内到达有效。对于大宗、市场敏感性商品的发盘有效期，通常应从短掌握，如果规定时间过长或轻率予以展延，将让国外客商坐待时机，势必给我方增加风险甚至造成损失。

(四)发盘的撤回

发盘的撤回(Withdrawal)是指发盘人将尚未被受盘人收到的发盘予以取消的行为。按《公约》第15条(2)款规定:"一项发盘,即使是不可撤销的,得予撤回,如果撤回通知于发盘送达被发盘人之前或同时送达被发盘人。"这一规定是建立在发盘尚未生效的基础上的。对一项尚未被收到还未生效的发盘,原定的受盘人无权向发盘人提出任何主张,因为根本不存在法律应予保护的"可期待之物"(Expectations)。⊖ 可见"撤回"的实质是阻止发盘生效。在实际业务中,发盘的撤回只有在使用信件或电报向国外发盘时,方可适用。因为使用信件或电报发盘,从信件投邮或电报交发到信件或电报送达收件人有一段时间间隔。这样,如发盘信件投邮或电报交发后,发盘人发现市场情况有重大变化或发盘内容有误,可采用快速通信方法(如电话、电传),在发盘信件或电报送达前,通知受盘人撤回发盘。如果发盘是通过电话、电传、电子邮件或其他新兴网络信息技术手段等来进行的,就不存在撤回发盘的可能性,因为这些信息通常随发随到。

(五)发盘的撤销

1. 基本含义

发盘的撤销(Revocation)是指发盘人将已经被受盘人收到的发盘予以取消的行为。对于一项已送达受盘人的发盘是否得予撤销,各国法律的规定存在较大差异,其关键在于一项已生效的发盘对发盘人是否具有约束力。

2. 大陆法系主张

发盘原则上对发盘人具有约束力。一项发盘一经送达受盘人,即生效,就不得撤销,除非发盘人在发盘中注明不受约束。《德国民法典》第145条规定:"向他方要约订立契约,因要约而受拘束,但预先声明不受拘束者不在此限。"《法国民法典》对此虽未做出具体规定,但法国法院的判例认为,如果发盘人在发盘中规定了接受期限,发盘人也可在期限届满以前撤销其发盘,但发盘人须承担损害赔偿的责任。即使发盘人在发盘中没有规定接受期限,但如果根据具体情况或按正常的交易习惯,该发盘被视为应在一定期限内等待对方接受的,若发盘人不适当地撤销该发盘,则须负损害赔偿的责任。

3. 英美法系观点

按英美法系的传统观点,发盘在被接受之前得予撤销。即使发盘人在发盘中明确规定了可供接受的期间,该发盘对发盘人也不具约束力,除非受盘人为使该发盘保持可供接受(Remain Open for Acceptance)而付出某种"对价"(Consideration),例如,支付一定金额或做出其他行为或给付了一定物品。值得注意的是,属于英美法系的美国,在为货物买卖所作的发盘是否可撤销的问题上,已从传统的普通法规则中分离出来。如美国《统一商法典》2-205条规定:"由商人签署的买卖货物的书面发盘,并保证在一定时间内不可撤销的,即使没有'对价',该发盘在规定的时间内不得撤销,如未规定时间,在'合理时间'内不可撤销……"

⊖ 双方当事人已订立合同,若一方违约,依法律可对合同做强制执行(Enforcement)处理,其目的是保护受损一方当事人得到按合同可期待之物(Expectations)。

4.《公约》的相关规定

《公约》第 16 条对大陆法系和英美法系在发盘的撤销这一问题上的分歧，进行了协调并做出折衷的规定：已为受盘人收到的发盘，如果撤销的通知在受盘人发出接受通知前送达受盘人，可予撤销。但是，在下列情况下不得撤销：① 发盘规定有效期或以其他方式表明为不可撤销的；② 如受盘人有理由信赖该项发盘是不可撤销的，并已本着对该发盘的信赖采取了行动。

《公约》的以上规定，在实质上是倾向于大陆法系和美国《统一商法典》的规则。也就是说，已为受盘人收到的发盘基本上是不可撤销的。因此，在我国外贸实践中，外贸企业在对外发盘时，必须认真对待，审慎从事，谨防出现差错，以免造成难以挽回的损失。

（六）发盘的终止

1. 基本含义

发盘的终止（Termination）是指发盘法律效力的消失。它含有两方面的意义：一是发盘人不再受发盘的约束；二是受盘人失去了接受该发盘的权利。

2. 导致发盘终止的原因

导致发盘终止的原因很多，主要有下列几种情况。

（1）发盘在有效期内未被接受而过时。发盘可由于时间的流逝（Lapse of Time）而失效，因此，明确规定有效期的发盘，在有效期内如未被受盘人接受，即终止有效。同时，未明确规定有效期的发盘在合理时间内未被接受也应失效。如口头发盘，受盘人当场未予接受，离开现场，发盘即告失效。

（2）发盘被受盘人拒绝或还盘。发盘一经受盘人拒绝或还盘，立即终止而失效。如果受盘人反悔又表示接受，即使在原先发盘的有效期之内，合同也不能成立，除非原发盘人对该"接受"（实际上是原受盘人做出的一项新发盘）予以确认。

（3）发盘人在受盘人做出接受前对发盘进行了有效的撤销。

（4）发盘还可因出现某些特定情况，按有关法律的适用（Application of Law）而终止。譬如，在以下任一情况下，发盘将依据法律而终止有效。若发盘人或受盘人为自然人，在发盘被接受前发盘人丧失行为能力（如死亡或精神失常）；若发盘人为法人，在发盘被接受前，该法人被依法宣告破产，并将有关破产的书面通知送达受盘人；发盘所涉及的特定标的物被毁灭，如一件珍贵的独一无二的、不可替代的艺术品，发盘做出后该艺术品在火灾中被焚毁；发盘标的物被出口国或进口国政府宣布禁止出口或进口。

三、还盘

还盘（Counter-offer）又称还价，在法律上称为"反要约"，是受盘人对发盘内容不完全同意而提出实质性的修改或变更的表示。还盘既是受盘人对发盘的拒绝，也是受盘人以发盘人的地位所提出的新的发盘。还盘是具有法律效力的，一方的发盘经过受盘方还盘以后该发盘即失去效力,除非得到原发盘人同意,受盘人不得在还盘之后反悔,再接受原发盘。

在贸易磋商中,对于一方的发盘另一方可以还盘。同样地,对于一方的还盘,另一方也可以进行再还盘。一笔交易有时没有经过还盘即可达成,有时要经过还盘,甚至经历多次往返还盘才能够最终达成。

受盘人进行还盘时,可用"还盘"术语,但对双方已经同意的交易条件一般无须重复列出,只需将涉及不同交易条件的内容通知对方即意味着还盘。

四、接受

(一) 接受的含义

接受(Acceptance),在法律上称为"承诺",是指受盘人在发盘有效期内无条件同意对方在发盘中提出的各项交易条件,并愿按这些交易条件与对方达成交易、订立合同的一种肯定的表示。

一方的发盘经另一方接受,交易即告达成,合同即告成立;双方就应分别履行其所承担的合同义务。表示接受,一般用"接受"(Accept)、"同意"(Agree)和"确认"(Confirm)等术语。

(二) 构成有效接受的条件

《公约》第18条(1)款对"接受"做了如下定义:"被发盘人申明或做出其他行为表示同意一项发盘,即是接受。缄默或不行动本身不等于接受。"根据这个定义以及《公约》第18条(2)、(3)款的规定,构成一项法律上有效的接受,必须具备以下四个条件。

1. 接受必须由特定的受盘人做出

如前面所述,一项有效的发盘必须是向一个或一个以上特定的人做出的,对发盘表示接受,也必须是发盘中所指明的特定的受盘人,而不是其他人。如果其他人通过某种途径获悉非向他做出的发盘,而向发盘人表示接受,则该"接受"只能算是其他人向原发盘人做出的一项发盘,除非原发盘人表示同意,否则合同不能成立。

2. 接受必须表示出来

接受必须由受盘人以某种方式向发盘人表示出来;如果受盘人在思想上愿意接受对方的发盘,但默不作声或不做出任何其他行动表示其对发盘的同意,那么,在法律上并不存在接受。正如《公约》所规定的:"缄默或不行动(Silence or Inactivity)本身不等于接受。"这里所说的"不等于接受"意即"不能构成接受"。

根据《公约》第18条(1)款的规定,受盘人表示接受的方式通常有两种。

(1) 用"声明"(Statement)做出表示。这是指受盘人用口头或书面形式向发盘人表示同意发盘(Indicating Assent to An Offer)。这是国际贸易中最常用的表示方法,如受盘人用词简明,例如"接受"或"确认"(Accept, Accepted or Confirm, Confirmed),则可明确地表达受盘人同意发盘的意思。

（2）用"做出行为"（Performing An Act）来表示。所谓用做出某种行为来表示接受，通常是指通过开始生产所买卖的货物、卖方发运货物、为发盘人采购有关货物或由买方支付价款（包括汇付货款和开立信用证）等行为来表示。在用行为表示接受时，必须注意，这种表示接受的方式是根据该发盘的要求或依照当事人之间确立的习惯做法或惯例而行事的，而且该行为必须在发盘明确规定的有效期之内或在合理时间之内（如发盘未规定有效期）做出方为有效。值得注意的是，我国在批准参加《公约》时对《公约》承认合同可以非书面形式订立的规定声明保留。鉴于此，在实际业务中，我国外贸企业应以书面形式表示对发盘的接受。

3. 接受必须在发盘的有效期内传达到发盘人

根据法律的一般要求，接受必须在发盘的有效期内被传达到发盘人方能生效。在当面口头谈判或通过电话谈判，或用电传磋商交易时，由于一方做出的接受可立即被传达到对方，所以，接受在发盘有效期内传达到发盘人，是不成问题的。可是，在用信件或电报方式进行磋商以及用行动表示接受时，接受的表示不能立即传达到发盘人，接受应于何时生效各国法律有不同的解释。

（1）英美法系的国家采用"投邮生效"原则（Despatch Theory）。这是指作为一般规则，接受必须传达到发盘人才生效，但是，当以信件或电报传达时，则例外地承认当信件投邮或电报交发，接受即告生效。按此例外的规则（"信箱规则"，Mailbox Rule），即使接受的函电在邮递途中延误或遗失，发盘人未能在有效期内收到，甚至根本没有收到，也不影响合同成立。也就是说，传递延误或遗失的风险，由发盘人承担。但如发盘人在发盘中规定，接受必须于有效期内传达到发盘人，则接受的函电传达到发盘人时，接受方能生效。

（2）大陆法系的国家则采用"到达生效"原则（Receipt Theory）。这是指表示接受的函电必须在发盘有效期内到达发盘人，接受才生效。如果表示接受的函电在邮递过程中延误或遗失，合同不能成立。其传递延误或遗失的风险由受盘人承担。

（3）《公约》也采用"到达生效"原则。《公约》第18条（2）款中规定：接受于到达发盘人时生效。如果接受在发盘的有效期内，或者如发盘未规定有效期，在合理时间内未到达发盘人，接受即为无效。对口头发盘必须立即接受，但情况有别者不在此限。《中华人民共和国民法典》第481、482条对此也有类似规定。

4. 接受必须与发盘相符

根据传统的法律规则，如要达成交易、成立合同，受盘人必须无条件地、全部同意发盘的条件。也就是说，接受必须是绝对的、无保留的，必须与发盘人所做出的发盘的条件完全相符。根据英美法系的"镜像规则"（Mirror-image Rule），接受必须像照镜子一样照出发盘。大陆法系也采取类似的原则，它要求接受必须"纯净"（Pure）并与发盘"完全相符"（Totally Conform）。因此，如对发盘表示接受但附有添加、限制或其他更改的答复，即为拒绝该项发盘，并构成还盘。

但是，在国际贸易的实际业务中，受盘人在表示接受时，往往会对发盘做出某些添加、限制或其他更改。为了适应现代商业发展的需要，尽量促进交易的达成，不要因为受盘人在接受时对发盘做出任何添加、限制或更改就影响合同的成立，《公约》将接受中对发盘的条件所做的变更分为实质性变更（Material Alteration）和非实质性变更（Non-material Alteration）两类，前者是指在实质上变更发盘的条件，后者是指在实质上并不变更发盘的条件。凡对货物的价格、付款、质量和数量、交货地点和时间、赔偿责任范围或解决争端等的添加、限制或更改，均视为实质上变更发盘的条件，即实质性变更。

因此，在交易磋商中，如果受盘人表示接受但含有实质性变更，无疑构成还盘。发盘人对此不予确认，合同不能成立。相反，附带有非实质性变更的接受，除发盘人及时向受盘人表示反对其存在的差异外，仍构成接受，合同得以成立，并且合同的条件以该项发盘的条件以及在接受中所载的变更为准。至于非实质性变更，一般要求提供重量单、装箱单、商检证和产地证等单据，要求增加提供装船样品或某些单据的份数，要求分两批装运或要求在包装上刷制指定的标志，等等。

（三）逾期接受

如果接受通知超过发盘规定的有效期限或发盘未具体规定有效期限而超过合理时间才传达到发盘人，这就成为一项逾期接受（Late Acceptance）或称迟到的接受。逾期接受在一般情况下无效。但《公约》规定，如果发盘人于收到逾期接受后毫不迟延地通知受盘人，确认其为有效，则该逾期接受仍有接受的效力。另一种情况是，一项逾期接受，从它使用的信件或其他书面文件表明，在传递正常的情况下本能及时送达发盘人，由于出现传递不正常的情况而造成延误，这种逾期接受仍可被认为是有效的，除非发盘人毫不迟延地用口头或书面形式通知受盘人其发盘已经失效。

（四）接受的撤回

根据惯例，接受应于表示同意的通知送达发盘人时生效。因此，在接受通知送达发盘人之前，受盘人可随时撤回接受，即阻止接受生效，但以撤回通知先于接受或与接受通知同时到达发盘人为限。

换言之，接受通知一经到达发盘人即不能撤销。因为，接受一经生效，合同即告成立，如要撤销接受，在实质上已属毁约行为，是另一性质的问题了。

第二节　合同成立的时间与合同生效的要件

合同成立与合同生效是两个不同的概念，合同成立的依据是接受是否有效，而合同生效是指合同是否具有法律上的效力。通常情况下，合同成立之时就是合同生效之日，二者在时间上是同步的。但有时合同虽然成立，却不一定立即产生法律效力，而是需要其他条件成立时，合同才开始生效。

一、合同成立的时间

根据《公约》的规定，合同成立的时间为接受生效的时间，而接受生效的时间，又以接受通知到达发盘人或按交易习惯及发盘要求做出接受的行为为准。由此可见，合同成立的时间有两个判断标准：一是有效的接受通知到达发盘人时，合同成立；二是受盘人做出接受行为时，合同成立。此外，在实际业务中，有时双方当事人在洽商交易时约定，合同成立的时间以合同上所写明的时间为准或以收到对方确认合同的日期为准。

在现实的经济生活中，有些合同成立的时间有特殊规定。如《中华人民共和国民法典》第490条第1款规定："当事人采用合同书形式订立合同的，自当事人均签名、盖章或者按指印时合同成立。"签名、盖章或者按指印不在同一时间的，最后签名、盖章或者按指印时合同成立。

二、合同生效的要件

经过交易磋商达成的合同是否一定有效？根据各国合同法规定，一项合同，除买卖双方就交易条件达成协议外，还需要具备以下要件，才构成一项有效的合同，才能得到法律的保护。

1. 合同当事人必须具有签约能力

签订买卖合同的当事人包括自然人和法人。按各国法律的一般规定，自然人有签订合同的行为能力，即指精神正常的成年人才能订立合同；未成年人、精神病人、禁治产人（指因心神丧失或精神损耗，不能治理自己的财产，经有关人员的申请，由法院依法宣告为无民事行为能力的人）订立合同受到限制。法人签订合同的行为能力是指法人必须通过其代理人，在其经营范围内签订合同，即越权的合同不具备法律效力。

2. 合同必须有对价或约因

对价（Consideration）是指当事人为了取得合同利益所付出的代价。约因（Cause）是指当事人签订合同所追求的直接目的。按照英美法系和法国法的规定，合同只有在有对价或约因时，才是法律上的有效合同。无对价或约因的合同是无效的，是得不到法律保护的。

3. 合同的内容必须合法

合同内容合法是指合同内容不得违反法律、不得违反公共秩序或公共政策、不得违反善良风俗或道德三个方面。《中华人民共和国民法典》第8条规定："民事主体从事民事活动，不得违反法律，不得违背公序良俗。"

4. 合同必须符合法律规定的形式

世界上大多数国家和地区，只有少数要求合同必须按法律规定的特定形式订立，而大多数对合同一般没有法律上的形式要求。《中华人民共和国民法典》第469条第1款规定："当事人订立合同，可以采用书面形式、口头形式或者其他形式。"㊀

㊀ 订立合同的形式主要有书面形式和口头形式两种。此外，还有以行为表示来订立合同的形式。参见《公约》第18条。

5. 合同当事人的意思表示必须真实

各国法律都认为，合同当事人的意思表示必须是真实的，才能构成一项有约束力的合同，否则这种合同视为无效。

为了使签订的合同能得到法律上的保护，必须熟知上述合同生效的各项要件并依法执行。此外，《中华人民共和国民法典》第 146 条第 1 款规定："行为人与相对人以虚假的意思表示实施的民事法律行为无效。"《中华人民共和国民法典》第 153 条第 1、2 款规定："违反法律、行政法规的强制性规定的民事法律行为无效。但是，该强制性规定不导致该民事法律行为无效的除外。违背公序良俗的民事法律行为无效。"《中华人民共和国民法典》第 154 条规定："行为人与相对人恶意串通，损害他人合法权益的民事法律行为无效。"

第三节 合同的形式及其基本内容

一、合同的形式

合同的形式是合同当事人内在意思的外在表现形式。国际上对货物买卖合同的形式没有特定的限制。一般而言，在实际的国际贸易中，交易双方订立的合同有下列几种形式。

（一）书面形式

书面合同是合同的主要形式。㊀采用书面形式订立的合同，既可以作为合同订立的证据和履行合同的依据，又可以加强合同当事人的责任心，使其依约行事，即使履约过程发生纠纷，也便于处理。书面合同的形式没有统一的规定，主要包括合同、确认书、协议、备忘录、意向书、订单、委托订购单等。

（1）合同（Contract）和确认书（Confirmation）。在实际业务中，"合同"和"确认书"是采用较多的两种形式，确认书是合同的简化形式。合同分为销售合同（Sales Contract）和购货合同（Purchase Contract），确认书分为销售确认书（Sales Confirmation）和购货确认书（Purchase Confirmation）。从法律效力来看，这两种形式的书面合同没有实质区别，只是在格式上有所差异。经过双方签订的合同和确认书，都是有效的法律文件，对买卖双方有同样的约束力。

（2）协议（Agreement）。"协议"在法律上是合同的同义词。因为合同本身就是当事人为了设立、变更或终止民事权利义务关系而达成的协议。只要协议的内容对买卖双方的权利义务做了明确、具体和肯定的规定，它就与合同一样对买卖双方有约束力。如果买卖双方经过谈判，只确定了部分条件，在此情况下，双方可先签订一个"初步协议"（Preliminary Agreement），但应在协议内做出相关申明以明确其不属于正式的有效合同，防止引起误解。

（3）备忘录（Memorandum）。备忘录也可作为书面合同的形式之一。如果交易条件明确，具体地在备忘录中一一做了规定，并经过交易双方签字，那么这种备忘录的性质与合同

㊀ 书面合同有狭义和广义之分。广义的书面合同是指以一定的书面文件形成的合同，它可以送是一份有买卖双方签订的有一定格式的书面合同，也可以是买卖双方为磋商成立合同二往来的信件和数据电文，包括电报、电传、传真、电子数据交换和电子邮件。狭义的书面合同仅指前一种有一定格式的书面合同。本书所述的"书面合同"系指狭义的，即由买卖双方签署的有一定格式的书面合同，例如合同书和确认书。

无异。但是，如果双方经洽谈后，只是对某些事项达成一定程度的理解或谅解，并将这种理解或谅解用"备忘录"的形式记录下来，作为双方今后交易或合作的依据，或作为初步协议以便将来进一步洽谈参考，这种备忘录可冠以"理解备忘录"或"谅解备忘录"（Memorandum of Understanding）的名称，在法律上不具有约束力。

（4）意向书（Letter of Intent）。"意向书"是指在交易磋商尚未达成协议前，买卖双方为达成某项交易，将共同争取实现的目标、设想和意愿，有时还包括初步商定的部分交易条件记录于一份书面文件上，作为今后进一步谈判的参考和依据。意向书不是法律文件，对有关当事人没有约束力。但根据意向书，有关当事人对彼此负有道义上的责任，在进一步洽谈时，一般不应与意向书中所做规定偏离太远。

（5）订单（Order）和委托订购单（Indent）。订单是指由进口商或实际购买者拟制的货物订购单。委托订购单是指由代理商或佣金商代替客户购买货物而拟制的订购单。在出口业务中，达成交易后国外客户将他们的订单或委托订购单寄来，以便我方完成交货交单等合同义务。这种经磋商成交后寄来的订单或委托订购单，实际上就是国外客户的购货合同或购货确认书，而对于未经磋商径自寄来的订单或委托订购单，我方可按其内容将其视为发盘或发盘邀请。

（二）口头形式

采用口头形式订立的合同，又称口头合同或对话合同，即指当事人之间通过当面谈判或电话方式达成协议而订立的合同。采用口头形式订立合同，有利于节省时间、提高效率。但是，因口说无凭，无文字依据，一旦发生争议，往往造成举证困难，不易分清责任，纠纷难以处理。

（三）其他形式

除上述两种形式之外的合同，是指以行为方式表示接受而订立的合同。例如，根据当事人之间长期交往过程中形成的习惯做法，或发盘人在发盘中已经表明受盘人无须发出接受通知，可直接以行为表示做出接受。

二、合同的基本内容

书面合同不管采用何种格式，其基本内容通常包括三个部分：约首、本文和约尾。

（一）约首

约首即合同的首部，一般包括合同名称、合同编号、合同签订的时间和地点、订约双方的名称和地址、传真号码等内容。

（二）本文

本文是合同的主体，是对各项交易条件的具体规定，一般包括品名、规格、数量或重量、包装、价格、支付条件、交货条件、运输、保险、索赔、不可抗力和仲裁等内容。

（三）约尾

约尾即合同的尾部，一般包括订约日期、订约地点、双方当事人签字、合同正本的份数、附件及其效力等内容。

书面合同的内容必须符合政策，必须做到内容完备、条款明确、文字严密、前后一贯，与交易磋商的内容相一致。

第四节　关于交易磋商的典型案例分析

国际贸易中关于交易磋商的案例较为典型的主要围绕有条件的接受是否有效，逾期接受是否有效，缄默或不行动是否有约束力以及对发盘内容做了实质性添加、限制或更改的接受是否有效。

一、关于有条件接受是否有效

案例 20-1

我国 A 外贸公司 2021 年 11 月 18 日通过电子邮件向英国公司发盘："出售玉米，一级品，980 M/T，每公吨 FCA DALIAN 价 560 USD。PACKING IN SOUND GUNNY BAGS，次年 2 月中国大连港装船，SIGHT L/C 支付，限 28 日复到有效。"第六天英国公司回电：接受，装新麻袋装运（ACCEPTED, SHIPMENT IN NEW GUNNY BAGS）。我方收到上述复电后，着手备货，准备于双方约定的次年 2 月装运。数周后，玉米的国际市场价格猛跌，针对我方催促对方开立信用证的电子邮件，英商于 12 月 28 日来电称"由于你方对新麻袋包装的要求未予确认，双方之间无合同"，而我国外贸公司则坚持合同已经有效成立，于是双方对此发生争执，此案应如何处理？请说明理由。

【分析】

中英两国均为《公约》的签字国，而且没有声明排除《公约》，合同关系成立。原因是：受盘方在发盘的有效期内对八个一般交易条件之一的包装材料进行变更，依据《公约》之规定，对方的接受是有条件接受。依据《公约》之规定：对于有条件接受，如果发盘方不同意对方的修改事宜，则应该毫不延误地通知对方反对其差异，此时对方的有条件接受无效，合同不成立；否则应该以对方修改的内容加上没有修改的构成买卖双方的交易条件，合同成立。由于我出口方对于英国进口方关于包装条件的修改没有毫不延误地通知对方反对其差异，合同成立，我方应该要求英商及时开立信用证以保证按期履行合同。

二、关于逾期接受是否有效

案例 20-2

我国某进出口公司于 2021 年 9 月 9 日向外商 A 发盘并限其 15 日复到我方。外商 A 于 15 日下午 4 时向当地邮局交发关于接受我方发盘的电报，该电报在 16 日上午 8 时才送达我方。我国进出口公司认为对方答复逾期，未予置理，并将货物以较高价格售予外商 B。9 月 18 日，外商 A 来电称：信用证已经开出，要求我方尽早出运货物。我方立即复电 A，声明接受到达过晚,双方并不存在合同关系。于是双方陷于争执。根据《公约》的规定分析双方孰是孰非,并说明理由。

【分析】

我国与对方所在国均为《公约》签字国,而且没有声明排除《公约》,对方的"逾期接受"是无效的,合同关系不成立。原因是:正常传递下逾期且对发盘内容不加修改的接受,如果发盘方同意则毫不延迟通知对方"逾期接受"有效,此时"逾期接受"转变为有效接受;如果发盘方不同意则"逾期接受"无效。所以我方未予置理导致合同是不成立的。

三、关于缄默或不行动对双方当事人是否有约束力

案例 20-3

我国出口企业对意大利某商人发盘,限 10 日复到有效,9 日意大利商人用电报通知我方接受该发盘,由于电报局传递延误,我方于 11 日上午才收到意大利商人的接受通知,而在收到接受通知前获悉市场价格已上涨,我方认为答复已经逾期,没有给予理睬,于是以较高价格将该商品出售给另一外商。15 日,意大利某商人来电称:"信用证已开出,请立即装运。"我国公司复电:"逾期接受合同不成立。"而意大利某商人坚持认为合同已成立,双方发生了争议。

【分析】

根据《公约》,若逾期接受是非受盘人主观原因所导致的,原则上该逾期接受是有效接受,即只需证明如果载有逾期接受的信件或其他书面文件在传递正常的情况下是能够及时送达发盘人的,那么这项逾期接受仍然具有法律效力,除非发盘人毫不延迟地用口头或书面方式通知受盘人,他认为他的发盘已经失效。鉴于中国与意大利均是《公约》缔约国,同时该案例双方在洽谈过程中又都没有排除或做出任何保留,因此,双方当事人均应受《公约》约束。据此,我方于 11 月收到意大利商人的逾期接受,不是因为意大利商人的主观行为而是因电报局传递延误所造成的,此时我国出口企业缄默或不行动,即表示默认意方的逾期接受是有效的,所以我国出口企业应该受该逾期接受的约束,即必须立即装运。

四、关于受盘人对发盘内容做了实质性添加、限制或更改的接受是否有效

案例 20-4

我国 A 公司向美国洛杉矶的 B 公司发盘某商品 200 M/T,每公吨 2 400 美元 CIF 洛杉矶,写明收到信用证 3 个月内交货,以信用证支付,限 3 天内答复。第二天收到 B 公司回电称:接受你发盘,立即装运。A 公司未做答复。又过两天,B 公司从洛杉矶花旗银行开来即期信用证注明:立即装运。当时该货国际市场价格上涨 20%,A 公司拒绝交货,并立即退回信用证。于是双方发生争执。

【分析】

根据《公约》,实质性的变更是指对有关货物价格、付款、货物质量和数量、交货地点和

时间、一方当事人对另一方当事人的赔偿责任范围或解决争端等的添加或不同条件。对于含有实质性变更的接受是对发盘的拒绝，无疑构成还盘，而此时的发盘人缄默或不行动，合同是不能成立的，发盘人是不受约束的。本案中，美国洛杉矶的 B 公司将交货期由 3 个月改为立即装运，即交货时间的变更，是属于实质性的变更发盘条件的接受，所以此时我国 A 公司缄默或不行动对双方当事人是没有约束力的。因此交易磋商接受中缄默或不行动是否对双方有约束力，必须根据不同的情况来判断，以减少国际贸易交易的损失。

本章小结

货物买卖合同的订立，是双方当事人意思表示一致的结果。在国际货物买卖合同的订立中，询盘、发盘、还盘和接受是最基础的四个步骤，应特别注意其中特殊情况的处理方法。合同具有书面、口头等多种形式，其中书面合同是最主要的合同形式，合同中应明确写明货物的品名、规格、数量或重量、包装、价格、支付条件、交货条件、运输、保险、索赔、不可抗力和仲裁等信息以明确双方的责任与义务。同时，应注意合同成立的时间和生效的要件，确保合同顺利履行。

复习思考题

1. 交易磋商一般要经过哪些环节？它们的含义是什么？
2. 何谓"一般交易条件"？它包括哪些内容？其主要作用何在？
3. 如何区分发盘或发盘邀请？
4. 简述发盘应具备的条件。
5. 简述发盘效力终止的原因。
6. 构成一项有效的接受必须具备哪些条件？
7. 什么是发盘的有效期？如何规定发盘的有效期？
8. 《公约》对逾期接受有什么规定？
9. 简述合同成立的有效条件。
10. 发盘经受盘人拒绝或还盘后，在原来发盘规定的有效期届满之前，受盘人可否对原发盘表示接受而订立合同？为什么？
11. 发盘发出后，如发生意外情况或内容有误，发盘人能否撤销或撤回发盘？
12. 逾期接受在何种情况下仍具有接受效力？
13. 接受通知到达发盘人后可否撤销？为什么？接受在何种情况下可以被撤回？
14. 在国际贸易中，买卖双方经口头或书面磋商达成交易后，为什么还需签订一份具有一定格式的书面合同？
15. 在我国进出口业务中，通常采用的书面合同有哪些形式？其基本内容是什么？
16. A 公司于 8 月 5 日上午用航空信向 B 公司寄出一项发盘，发盘通知书中注有"不可撤销"字样，规定在 8 月 15 日前答复有效。但 A 公司又于 8 月 11 日下午用电报发出发盘撤回通知，该通知与 8 月 5 日的发盘于 8 月 12 日上午同时送达 B 公司。B 公司接到发盘和发盘撤回通知后，立即用电报发出接受通知，A 公司 8 月 13 日中午收到该接受通知。事后双方就合同是否成立问题发生争议。试问 A 公司与 B 公司之间合同是否成立？并说明原因。

17. 我出口企业于 6 月 1 日用传真向英商发盘销售某商品，限 6 月 7 日复到。6 月 2 日收到英商发来传真称："如价格减 5% 可接受。"我方尚未对英商来电做出答复，由于该商品的国际市价暴涨，英商又于 6 月 3 日来传真表示："无条件接受你 6 月 1 日发盘，请告合同号码。"在此情况下，我方应如何处理？为什么？

延伸阅读

涉外经济贸易管理法律制度对合同效力的影响

请扫二维码阅读

第二十一章
CHAPTER 21

出口合同的履行

学习目标

通过学习本章，要求掌握：
1. 出口合同履行的重要性及相关环节中需注意的问题。
2. 出口合同履行中货、证、运、款等四个环节的基本程序。
3. 出口程序中主要单证的缮制和运用。

引导案例

某外贸公司以 FOB 价格条件出口棉纱 2 000 包，每包净重 200 kg。装船时已经双方认可的检验机构检验，货物符合合同规定的品质条件。该外贸公司装船后因疏忽未及时通知买方，直至 3 天后才给予装船通知。但在启航 18 小时后，船只遇风浪致使棉纱全部浸湿，买方因接到装船通知晚，未能及时办理保险手续，无法向保险公司索赔。买方要求卖方赔偿损失，卖方拒绝，双方发生争议。

案例思考

在该合同中，货物风险是否已转移给买方？应该如何处理？

目前，我国出口合同大多数以 CIF 和 CFR 价格条件成交，以信用证方式结算货款。所以本章主要介绍以 CIF 价格条件和信用证方式成交的合同的履行程序，其他条件达成的合同可以参照。

合同的履行是指合同的当事人按照合同完成约定的义务，如交付货物、提供服务、支付价款等。履行出口合同的环节，概括起来可分成货（备货、报验）、证（催证、审证、改证以及利用信用证融资）、运（托运、报关、保险）、款（制单结汇）四个基本环节。这些环节有些平行展开，有些互相衔接，但都必须严格遵守合同的规定和法律、惯例的要求。

第一节 货物的准备

一、卖方的基本义务

1. 提供符合合同规定的货物

严格按照买卖合同约定的质量要求交付货物是卖方的一项基本义务。卖方必须提供符合销售合同规定的货物、商业发票或有同等作用的电子信息以及合同可能要求的、证明货物符合合同规定的其他任何凭证。

2. 许可证和手续

卖方必须自担风险和费用，取得任何出口许可证或其他官方许可，并在需要办理海关手续时，办理货物出口所需的一切海关手续。

3. 运输合同和保险合同

（1）运输合同。

在以 CIF 方式进行贸易时，卖方必须自付费用，按照通常条件订立运输合同，经由惯常航线，将货物用通常可供运输合同所指货物类型的海轮（或依情况适合内河运输的船只）装运至指定的目的港。

（2）保险合同。

卖方必须按照合同规定，自付费用取得货物保险，并向买方提供保险单或其他保险证据，以使买方或任何其他对货物具有保险利益的人有权直接向保险公司索赔。保险合同应与信誉良好的保险人或保险公司订立，在无相反协议时，应按照《协会货物保险条款》或其他类似条款中的最低保险险别投保。应买方要求并由买方负担费用，卖方应加投战争、罢工、暴乱和民变险。最低保险金额应包括合同规定价款另加 10% 并应采用合同货币。

4. 交货

卖方必须在装运港，在约定的日期或期限内，将货物交至船上。

5. 风险转移

卖方必须承担货物灭失或损坏的一切风险，直至货物在装运港装上船。

6. 费用划分

卖方必须支付与货物有关的一切费用直至已经按照规定交货；除运费外，还包括货物的装船费、保险费、卸货费用、海关手续费及关税、税款及其他费用。

7. 通知买方

卖方必须给予买方说明货物已按照规定交货的充分通知，以便买方能够为受领货物采取通常必要的措施。

8. 交货凭证与运输单据

卖方必须向买方提供表明载往约定目的港的通常运输单据，如可转让提单、不可转让海运单或内河运输单据等,使买方得以在目的港向承运人提取货物,并且应使买方得以通过转让单据向其后手出售在途货物。如买卖双方约定使用电子方式通信,则前项所述单据可以由具有同等作用的电子数据交换信息代替。

9. 查对、包装、标记

卖方必须支付为按照规定交货所需进行的查对费用(如核对货物品质、丈量、过磅、点数的费用)。卖方必须自付费用,提供符合其安排的运输所要求的包装(除非按照相关行业惯例该合同所描述货物无须包装发运)。包装应做适当标记。

10. 其他义务

在应买方要求并由其承担风险和费用的条件下,卖方必须给予买方一切协助,以帮助买方取得由装运地国或原产地国所签发或传送的、为买方进口货物可能要求的和必要时从他国过境所需的任何单据或有同等作用的电子信息。

二、备货工作的具体内容与有关事项

《国际货物联合国销售合同公约》第30条明确规定:"卖方必须按照合同和本公约的规定交付货物、移交单据并转移货物所有权,这是卖方的三项基本义务。"

1. 备货过程应注意的问题

(1)货物的品质、规格必须与出口合同的规定相一致。凡凭规格、等级、标准等文字说明达成的合同,交付货物的品质必须与合同规定的文字说明相符;凡凭样品达成的合同,则必须和样品相一致;如既凭文字说明,又凭样品达成的合同,则两者均须相符。此外,货物的品质还必须适用于同一规格货物通常使用的目的和在订立合同时买方通知卖方的特定目的。

(2)货物的数量必须符合出口合同的规定。如发现货物数量不符合合同,应及时采取有效措施,并在规定期限内补足。为便于补足储存中的自然损耗和国内搬运过程的货损,以及按合同溢短装条款的溢装之用,备货数量一般以略多于出口合同规定的数量为宜。

按照《跟单信用证统一惯例》规定:凡"约""大约"或类似意义的词语用于数量时,应解释为允许有不超过10%的增减幅度;《跟单信用证统一惯例》还规定:"除非信用证规定所列货物数量不得增减,在支取金额不超过信用证金额的条件下,即使不准分批装运,货物数量也允许有5%的伸缩。但信用证规定货物数量按包装或个体计数时,此项伸缩则不适用。"

(3)货物的包装必须符合合同规定和运输要求。在备货过程中,对货物的内外包装和装潢均需认真地进行核对和检查,如发现有包装不良或破损情况应及时加以修整和换装,以免在装运时取不到清洁提单,造成收汇困难。

包装标志包括运输标志的内容和式样,如合同有规定或客户方面另有指定,则应按合同规定或客户指定的办理;如合同未规定,客户对此又无要求,由我方自行选择刷制;如进口国有关当局规定包装标志必须使用特定文字(如海湾国家要求用阿拉伯文),一般应予照办;标志的刷写要保证部位和文字大小适当,图案字迹清楚,使用的颜料不易褪色。

（4）货物备妥的时间应严格按照出口合同和信用证规定的装运期限并结合船期进行安排，在时间掌握上，一般还要适当留有余地。

（5）对于情况不够了解或资信欠佳的客户或是按客户要求定制的规格、花色、造型特殊不易他售的货物，一般应按合同规定在收取对方开来的信用证并经审核无误后再正式投产，以防对方不履行合同造成商品积压处理困难等损失。

（6）货物必须是第三方不能提出任何权利或请求的。这是指卖方应保证对所售货物享有完全的所有权；其应有权出售该项货物，并保证买方能占有和支配该货物而不受任何第三方的侵扰。准备交付的货物还必须是第三方不能根据工业产权（如商标权、专利权）或其他知识产权（如著作权、版权）主张任何权利和请求的，但按照《联合国国际货物销售合同公约》规定，此项权利或请求以卖方在合同订立时已经知道或不可能不知道的权利或要求为限。

2. 对出口货物的检验

法定检验的出口商品，包括需要检疫的出口动植物或其产品，海关凭检验检疫机构签发的证书、放行单或在报关单上加盖的印章验放。未经检验检疫机构检验或检验检疫不合格的不准出口。

生产出口危险货物的企业，必须向检验检疫机构申请危险货物包装容器的使用鉴定。使用未经鉴定合格的包装容器的危险货物不准出口。对装运出口易腐烂变质的食品、冷冻品的船舱、集装箱等运载工具，承运人将货物装入集装箱的装箱单位或其代理人必须在装运前向检验检疫机构申请清洁、卫生、冷藏、密固等适载检验，经检验合格并取得证书，方可装运。

对于不属于法定检验范围的出口商品，检验检疫机构可以在生产、经营单位或其他检验机构检验的基础上，定期或者不定期地进行抽查检验。经抽查检验不合格的不准出口。

值得注意的是，检验检疫机构检验合格的出口商品，发货人应当在检验证书或者放行单签发之日起的有效期限内报运出口。逾期报运出口的，必须重新向检验检疫机构报检，取得合格证书后方可出口。

第二节　落实信用证

一、催开信用证

催开信用证是指通过信件、电报或其他电信工具催促买方及时办理开立信用证手续并将信用证送达卖方以便卖方及时装运货物出口，履行合同义务。买方未及时开来信用证的常见原因有：市场不利，销售不畅；资金短缺；工作繁忙，甚至遗忘等，这些原因致使买方拖延开证。特别是大宗商品交易、按买方要求而特制的商品交易，更应结合备货情况进行催促。必要时可请驻外机构、有关银行协助代为催促。

催开信用证通常在下列情况下才有必要进行。

（1）出口合同规定的装运期限较长（例如3个月或6个月），而买方应在卖方装运期前的一定时日（例如30天）开立信用证，则卖方应在通知买方预计装运日期的同时，催请买方开证。

（2）买方在出口合同规定的期限内未开立信用证，卖方可根据合同规定向对方要求损害赔偿或同时宣告合同无效。但当不需要立即采取这一行动时，仍可催促对方开证。

（3）如果卖方根据备货和承运工具的情况，可以提前装运，则可商请买方提前开证。

（4）即使开证限期未到，但发现客户资信不好或者市场情况有变，也可催促买方开证。

二、审核信用证

在我国审核信用证是银行与出口企业的共同责任，但银行与出口企业在审核内容上各有侧重。银行着重负责审核有关信用证真伪、开证行资信、付款责任以及索汇路线等方面的条款和规定；出口企业着重审核信用证的条款是否与买卖合同的规定相一致。

总的方面的审核要点：政策上审核；开证行资信审核；对信用证是否生效、有无保留或限制性条款的审核。

在审证时，一般应注意下列事项。

1. 政治和政策性审查

在我国对外政策的指导下，对不同国家和不同地区的来证从政治上、政策上进行审查，例如来证国家同我国有无经济贸易往来关系，来证内容是否符合政府间的支付协定，证中有无歧视性内容等。

2. 开证行与保兑行的资信情况

对开证行和保兑行所在国的政治经济状况，开证行和保兑行的资信及其经营作风等的审查，如发现有风险则应采取适当的措施。

3. 信用证的性质和开证行的付款责任

要注意审查信用证是否为不可撤销的信用证，信用证是否生效，对开证行的付款责任是否加有"限制性"条款或其他"保留"条件。

4. 信用证金额及其采用的货币

信用证金额应与合同金额一致，如合同订有溢短装条款，则信用证金额还应包括溢短装部分的金额，信用证采用的货币与合同规定的货币应一致。

5. 有关货物的记载

审查来证对有关品名、数量或重量、规格、包装和单价等项内容的记载是否与合同的规定相符，有无附加特殊条款。

6. 有关装运期、有效期和到期地点的规定

装运期必须与合同规定一致，如来证太晚，无法按期装运应及时申请国外买方延展装运期限，信用证有效期与装运期应有一定的合理间隔，以便在装运货物后有足够的时间办理制单结汇工作。信用证有效期与装运期规定在同一天的，称为"双到期"。"双到期"是不合理的，受益人是否就此提出修改，应视具体情况而定。通常信用证中规定的到期日是指受益人最迟向出口地银行交单议付的日期，如信用证规定在国外交单到期日，由于寄单时间长，且

有延误的风险，一般应提请修改。

7. 装运单据

对来证要求提供的单据种类份数及填制方法等要仔细审查，如发现有不适当的规定和要求，应酌情做出适当处理。

8. 其他特殊条款

审查来证中有无与合同规定不符的其他特殊条款，如发现有不利的附加特殊条款，一般不宜接受。

三、修改信用证

出口改证是履行出口合同的重要环节，也要贯彻"重合同，守信用"的原则，掌握好改与不改的界限。

对信用证的修改应注意以下几个问题：

（1）自发出修改之时起，开证行即须受该修改内容的约束，而且对已发出的修改不得撤销。如信用证经另一银行保兑，保兑行可扩展其保兑至修改并自通知修改之时起受其约束。如保兑行对修改内容不同意保兑，可仅将修改通知受益人而不加保兑，但必须毫不迟延地告知开证行和受益人对修改部分不予保兑。

（2）直至受益人将接受修改的意见通知该修改的银行，原信用证的条款对受益人依然有效。受益人应对该修改做出接受或拒绝的通知，如未做此通知，则当受益人向指定银行或开证行提交符合信用证和尚未被接受的修改的单据时，即视为受益人接受了该修改的通知并自此时起信用证已被修改。

（3）对同一修改通知的部分接受是不允许的，因此是无效的。

（4）通知修改的银行应将接受或拒绝的任何通知，告知发出修改的银行。

还须注意改证必须尽早办理，装运之前办妥；在改证的电函中，必须注明原信用证的证号、合同号、货物名称，避免混淆；如不接受应尽早退回，否则等于默认接受。

第三节　安排装运

一、托运

所谓托运，是指出口企业委托货运代理办理出口货物运输事宜。凡由我方安排运输的出口合同，对外装运货物，租订运输工具和办理各项有关运输事项，我出口企业通常都委托我国对外贸易运输公司（以下简称"外运公司"）或其他国际货物运输代理（以下简称"货运代理"或"货代"）办理。在货、证齐全后，出口企业应立即向货运代理办理托运手续。在CIF合同以及使用集装箱班轮装运货物出口的情况下，我出口企业办理托运，应向货运代理提交出口货运代理委托书。

货运代理收到出口企业的货运代理委托书后，首先应通过查阅由各班轮公司和航运中介机构所公布的，与出口企业货运有关的船期表和各种航运信息，了解各班轮公司的船舶、船期、挂靠港及船舶箱位数等具体情况。货运代理选定合适的船舶后，向船公司或其代理在其所营运的船舶截单期前订舱位，即"订舱"。

订舱的手续是货运代理缮制集装箱货物托运单（订舱单），注明要求配载的船舶、航次，送交船公司或其代理。船公司或其代理收到货运代理的托运单（订舱单）后，经审核货名、重量、尺码、卸货港或到达地后，认为可予接受的，则在托运单各联上填写船名、航次、编号（此编号俗称关单号，与该批货物的提单号保持一致），抽留其所需各联，在托运单中的装货单一联上盖好签章，连同其余各联退回货运代理，作为对该批货物订舱的确认。此时，承运、托运双方之间的运输合同即告成立。船公司或其代理必须保证供应集装箱的箱量或舱位，按时配载装运，及时签发提单。

装货单是船公司或其代理向船上负责人（船长或大副）和集装箱装卸作业区签发的一种通知其装货的指示文件。在准备装货前，托运人必须先向海关办理出口报关手续，装货单是报关时必须向海关提交的单据之一。经海关查验在装货单上加盖放行章，托运人才能凭此装货单要求装货，这就是装货单习称关单的缘由。

场站收据是指承运人委托集装箱堆场、集装箱货运站或内陆站在收到整箱货或拼箱货后签发的收据。场站收据的作用类似于传统运输（散货运输）中的大副收据，托运人可凭场站收据向船公司或其代理换取正本提单。当然，如要换取已装船提单，必须待货物装上船后，经船上大副在场站收据上签字，才能凭以换取，否则，只能换取备运提单。场站收据副本大副联供港区配载使用，由港区或由大副留存。

二、装运

在 CIF 合同、采用集装箱班轮运输的情况下，在承运船舶抵港前，出口企业或其货运代理应根据港区所做的进栈计划，将经出口清关并由海关加上封志（Seal）的集装箱存放于港区指定堆场，港区外轮理货员凭场站收据副本大副联进行理货配载。船舶抵港后，由港区向托运人签收"缴纳出口货物港务费申请书"后，办理装船。装船完毕，由船长或大副在场站收据（正本）上签署，表明货物已收妥。出口企业或货运代理可凭此单据向船公司或其代理换取已装船提单。

在 CIF 合同下，按照国际惯例以及我出口业务中的习惯做法，我出口企业于货物装运（装船）后，应向国外买方以电信方式及时发出装运通知或称"装船通知"（Shipping Advice），以便买方为收取货物事先采取必要的措施。

第四节　投保及报关

一、投保

在履行 CIF 出口合同时，在配舱就绪以及确定船名、航次和装运日期后出口企业应于货物运离仓库或其他储存处所前，按照出口合同和信用证的规定向保险公司办理投保手续，以取得约定的保险单据。在办理投保手续时，通常应填写对外运输险投保单（Application for

Foreign Transportation Insurance），列明投保人名称、货物的名称、数量、包装和标志、船名、航次、预计起航日期、投保险别、保险金额等。有时也有出口企业利用现成单据副本如出口货物明细表、货物出口分析单等表格替代投保单。保险公司根据投保单考虑接受承保，并缮制签发保险单。

含有卖方保险条款的如 CIF 价格成交的出口合同，在装船前须及时向保险公司办理保险手续：① 填写投保单，将货物名称、保险金额、运输路线、运输工具、开航日期、投保险别等分别列明。② 保险公司接受投保后，收取保险费并签发保险单作为保险凭证。

出口商品的投保手续，一般都是逐笔办理的。保险费按保险公司的规定或共同商订。目前，我国的保险业务多由中国人民保险公司承保海洋货物运输保险。

保险公司根据投保内容签发保险单或保险凭证并计算保险费，单证一式五份，其中一份留存，投保人付清保险费后取得四份正本，投保即告完成。

投保人在保险单证出具后，发现投保内容有错漏或需变更的，应向保险公司及时提出批改申请，由保险公司出立批单，粘贴于保险单上并加盖骑缝章，保险公司按批改后的条件承担责任。

申请批改必须在货物发生损失以前或投保人不知有任何损失事故发生的情况下，在货到目的地前提出。

二、报关

报关又称申报，是指在货物进出境时，进出口商或其代理人向海关申报，请求办理货物进出口手续的行为。出口货物交付装运前，必须经过海关清关（Customs Clearance）。清关或通关通常需经五个环节，即出口申报、审核单证、查验货物、办理征税、清关放行。

报关必须由具有报关资格并经海关注册登记的"报关单位"办理。报关单位的报关员须经海关培训和考核认可，发给报关员证，才能办理报关手续。非报关单位的商品进出口须委托报关单位及其报关员办理报关手续。在报关时，要填写报关单，并交验海关所规定的各项单证。海关在接受报关后应予以申报登记，即对报关员交验的各项单证予以签收、报关单编号登记、批注接受申报日期。

报关应在海关规定的工作日内完成。根据《中华人民共和国海关法》规定，进口货物的收货人应当自运输工具进境之日起 14 日内向海关申报，出口货物的发货人，除海关特准的外，应当在装货的 24 小时以前向海关申报，超过时间，要征收滞报金。进口货物如进境后 3 个月未报关，由海关提取变卖处理。如果属于不宜长期保存的，海关可以根据实际情况提前处理。被处理货物，如在货物变卖之日起一年内补报关，变卖所得货款在扣除有关费用、税款和罚金后，可发还货主。逾期无人认领，上缴国库。

1. 报关的具体范围

（1）进出境运输工具。其主要包括载运人员、货物、物品进出境，并在国际运营的各种境内或境外船舶、车辆等。

（2）进出境货物。其主要包括一般进出口货物、保税货物、暂准进出境货物、特定减免税货物，以及过境、转运和通运货物及其他进出境货物。

另外，一些特殊货物如通过电缆、管道输送进出境的水、电等，以及无形的货物如附着在货品载体上的软件等也属报关的范围。

（3）进出境物品。其主要包括进出境的行李物品、邮递物品和其他物品。行李物品是指以进出境人员携带、托运等方式进出境的物品；邮递物品是指以邮递方式进出境的物品；其他物品主要包括享有外交特权和豁免的外国机构或者人员的公务用品或自用物品以及通过国际速递企业进出境的快件等。

2. 报关与通关的区别

报关与通关既有联系又有区别。两者都是对运输工具、货物、物品的进出境而言的，但报关是从海关行政管理相对人的角度来说的，仅指向海关办理进出境手续及相关手续，是单向的过程。通关则是双向的过程，不仅包括海关行政管理相对人向海关办理有关进出境手续的过程，还包括海关对进出境运输工具、货物、物品依法进行监督管理，核准其进出境的管理过程。

第五节　制单结汇

一、制作单据的基本要求

在出口业务中做好单据工作，对及时安全收汇有特别重要的意义。出口单据必须符合"正确、完整、及时、简明、整洁"的要求。

二、常用的出口单据

出口公司应按照信用证的规定，正确缮制各种单据。

1. 汇票

国际贸易中，主要使用的是跟单汇票，作为出口方要求付款的凭证。制作汇票时应注意下列问题。

出票条款。信用证名下的汇票，应填写出票条款，包括：开证行名称、信用证号码和开证日期。

汇票金额。托收项下汇票金额应与发票一致。若采用部分信用证、部分托收方式结算，则两张汇票金额各按规定填写，两者之和等于发票金额。信用证项下的汇票，若信用证没有规定，则应与发票金额一致。若信用证规定汇票金额为发票的百分之几，则按规定填写。这一做法通常用于以含佣价向中间商报价，发票按含佣价制作，开证行在付款时代扣佣金的情况。

付款人名称。托收方式的汇票，付款人为买方。信用证方式下，以信用证开证行或其指定的付款行为付款人。若信用证未加说明，则以开证行为付款人。

收款人名称。汇票的收款人应是银行。信用证方式下，收款人通常为议付行；托收方式下，收款人可以是托收行，均作成指示式抬头。托收中也可将出口方写成收款人（已收汇票），然后由收款人做委托收款背书给托收行。

2. 商业发票

商业发票（Commercial Invoice）是出口商开立的发货价目清单，是装运货物的总说明。发票全面反映了合同内容。

发票的主要作用是供进口商凭以收货、支付货款和进出口商记账、报关纳税的凭据。在不用汇票的情况下（如付款信用证、即期付款交单），发票代替汇票作为付款的依据。

发票没有统一的格式，其内容应符合合同规定，在以信用证方式结算时，还应与信用证的规定严格相符。发票是全套货运单据的中心，其他单据均参照发票内容缮制，因而制作发票不仅要求正确无误，还应排列规范，整洁美观。

发票制作内容及注意事项如下。

- 出口商名称：发票顶端必须有出口商名称、地址、电传、传真和电话号码，其中出口商名称和地址应与信用证一致。
- 发票名称：在出口商名称下，应注明"发票"（Commercial Invoice 或 Invoice）字样。
- 发票抬头人：通常为国外进口商。在信用证方式下，除非另有规定，应为开证申请人。
- 发票号码、合同号码、信用证号码及开票日期：发票号码由出口商自行按顺序编制。合同号码和信用证号码应与信用证所列的一致，如信用证无此要求，亦应列明。开票日期不应与运单日期相距太远，但必须在信用证交单期和有效期之内。
- 装运地和目的地：应与信用证所列一致，目的地应明确具体，若有重名，应写明国别。
- 运输标志（唛头）：凡来证有指定唛头的，按来证制作。如无规定，由托运人自行制定。以集装箱方式装运，可用集装箱号和封印号码取代。运输单据和保险单上的唛头，应与发票一致。
- 货物名称、规格、包装、数量和件数：关于货物的描述应符合合同要求，还必须和信用证所用文字完全一致。如用列明重量，应列明总的毛重和净重。
- 单价和总值：单价和总值必须准确计算，与数量之间不可有矛盾，应列明价格条件（贸易术语），总值不可超过信用证金额。
- 附加证明：大致有以下几种：① 加注费用清单，包括运费、保险费和 FOB 价；② 注明特定号码，如进口许可证号、布鲁塞尔税则号；③ 注明原料来源地的证明文句。
- 出单人名称：发票由出口商出具，在信用证方式下，必须是受益人。UCP 600 规定，商业发票可以只标明出单人名称而不加签署。如需签字，来证中应明确规定，如 Signed Commercial Invoice。

3. 运输单据

运输单据因不同贸易方式而异，有海运提单、海运单、航空运单、铁路运单、货物承运收据及多式联运单据等。

我国外贸运输方式以海运为主。这里着重介绍海运提单（Bill of Lading）的缮制及注意事项。

托运人（Shipper）。一般即出口商，也即信用证的受益人，如果开证申请人为了贸易上的需要，在信用证内规定做成第三者提单也可照办，例如请货运代理人做托运人。

收货人（Consignee）。该栏又称提单抬头。应严格按信用证规定制作。如以托收方式结算，则一般做成指示式抬头，即写成"To Order"或"To the Order of ×××"字样。不可做成以买方为抬头的记名提单或以买方为指示人的提单以免过早转移物权。

通知人（Notify Party）。这是货物到达目的港时船方发送到货通知的对象，通常为进口方或其代理人。但无论如何，应按信用证规定填写。如果信用证没有规定，则正本提单以不填为宜，但副本提单中仍应将进口方名称地址填明，以便承运人通知。

提单号码（B/L No.）。提单上必须注明编号，以便核查，该号码与装货单（又称大副收据）或（集装箱）场站收据的号码是一致的。没有编号的提单无效。

船名及航次（Name of Vessel）。填列所装船舶及航次。如中途转船，只填写第一程船名航次。

装运港（Port of Loading）和卸货港（Port of Discharge）。应填写具体港口名称。不同国家的卸货港有重名，则应加注国名。卸货港采取选择港方式，应全部列明。如伦敦/鹿特丹/汉堡选卸，则在卸货港栏中填上"Option London/Rotterdam/Hamburg"，收货人必须在船舶到达第一卸货港前在船公司规定时间内通知船方卸货港，否则船方可在其中任意一港卸货。选择港口数最多不得超过三个，且应在同一航线上，运费按最高者计收。如中途转船，卸货港名称可以填写转船港名称，而目的港应填入"最终目的地"（Final Destination）栏内。也可在卸货港内填上目的港，同时注明在××港转船（W/Tat××）。

唛头（Marks），其内容应与发票所列一致，根据买方要求或者习惯做法，一般包括收货人代号、目的港（地）名称、参考号码（信用证号码、合同号码）、件数件号等内容。

包装件数和种类（Number and Kind of Packages）与货物描述（Description of Goods）。按实际情况列明。一张提单有几种不同包装应分别列明，托盘和集装箱也可作为包装填列。裸装有捆、件，散装货应注明"In Bulk"。货物名称允许使用货物统称，但不得与信用证中货物的描述有抵触。危险品应写清化学名称，注明国际海上危险品运输规则号码（IMCO CODE PAGE），联合国危规号码（UN CODE NO.），危险品等级（CLASS NO.）。冷藏货物注明所要求的温度。

毛重和尺码（Gross Weight & Measurement）。除信用证另有规定外，重量以千克或公吨为计算单位，体积以立方米为计算单位。

运费和费用（Freight & Charges）。本栏只填运费支付情况，CFR 和 CIF 条件成交，应填写运费预付（Freight Pre-Paid）；FOB 条件成交，一般填写运费到付（Freight Collect），除非买方委托发货人代付运费。程租船一般只写明"AS ARRANGED"（按照约定）。如信用证另有规定，按信用证规定填写。

正本提单份数（Number of Original B/L）。按信用证规定签发，并分别用大小写数字填写，如"（2）TW"。信用证中仅规定"全套"（Full Set），习惯做两份正本，但一份正本亦可视为全套。

提单日期和签发地点。除备运提单外，提单日期均为装货完毕日期，不能迟于信用证规定的装运期。提单签发地点按装运地填写。如果船期晚于规定装运期，要求船方同意以担保函换取较早日期提单，这就是"倒签提单"（Anti-dated B/L）；货未装上船就要求船方出具已装船提单，这就是"预借提单"（Advanced B/L），这种做法是国际航运界陋习，一旦暴露，可能造成对方索赔乃至拒收的后果，从而导致巨大损失。

签署：按 UCP 600 的规定，海运提单表面应注明承运人名称，并由承运人或其代理人、船长或其代理人签署。签署人也须表明其身份。若为代理人签署，尚须表明被代理一方的名称和身份。

其他：信用证要求在提单上加注的内容。如信用证规定"每份单据上均应显示信用证号码""提单需提供贸促会证明"等。必须按信用证规定处理。

4. 保险单

保险单（Insurance Policy / Certification）是保险人与被保险人之间订立的保险合同的凭证，是被保险人索赔、保险人理赔的依据。在 CIF 或 CIP 合同中，出口商在向银行或进口商收款时，提交符合销售合同及（或）信用证规定的保险单据是出口商必不可少的义务。

保险单主要有保险人及保险公司、保险单编号、被保险人（即投保人，在 CIF 或 CIP 条件下，出口货物由出口商申请投保，在信用证没有特别规定的前提下，信用证受益人为被保险人，并加空白背书，以便转让保险权益）、标记（运输标志应和提单、发票及其他单据上的标记一致。通常在标记栏内注明"按 × × 号发票"，as per Invoice No.× ×）、包装及数量（应与发票内容相一致）、保险货物名称（可参照商业发票中描述的商品名称填制，也可填货物的统称。信用证有时要求所有单据都要显示出信用证号码，则可在本栏空白处表示）、保险金额（按信用证规定金额投保，若信用证未规定，则按 CIF 或 CIP 价格的 110% 投保）、保险费及费率（保险费及费率一般没有必要在保险单上表示。该栏仅填"AS ARRANGED"。但来证如果要求标明保险费及费率，则应打上具体数字及费率）、装载运输工具（海运货物应填写船名和航次。如果需在中途转船，如投保时已确定二程船名，则把二程船名也填上。如二程船名未能预知，则在第一程船名后加注"and/or Steamers"）、开航日期、起运地和目的地（开航日期缮打"as per B/L"，地点参照提单填写）、承保险别（本栏是保险单的核心内容。它主要规定了保险公司对该批货物承保的责任范围，也是被保险人在货物遭到损失后，确定是否属保险公司责任的根据。本栏应按投保资料缮制，并要严格符合信用证条款的要求）、赔付地点和赔付代理人（一般为保险公司在目的地或就近地区的代理人）、保险单签发日期和地点（保险单的出单日期不迟于提单或其他货运单据签发日期，以表示货物在装运前已办理保险）、保险公司签章。

5. 原产地证书

原产地证书（Certificate of Origin）是用以证明货物原产地或制造地，是进口国海关计征税率的依据。我国出口商品所使用的原产地证书主要有以下几种。

（1）普通产地证书。用以证明货物的生产国别，进口国海关凭以核定应征收的税率。在我国普通产地证可由出口商自行签发，或由进出口商品检验局签发，或由中国国际贸易促进委员会签发。实际业务中，应根据买卖合同或信用证的规定，提交相应的产地证。在缮制产地证时，应按《中华人民共和国原产地规则》及其他规定办理。

（2）普惠制原产地证书（GSP Generalized System of Preference）。目前给予我国普惠制待遇的有澳大利亚、新西兰、日本、加拿大、挪威、瑞士、俄罗斯及欧盟 15 国以及部分东欧国家。凡是向给惠国出口受惠商品，均须提供普惠制原产地证书，才能享受关税减免的优惠，所以不管来证是否要求提供这种产地证，我出口商均应主动提交。普惠制原产地证书的书面格式名称为格式 A（Form A）。但对新西兰还须提供格式 59A（Form 59A），对澳大利亚不用任何格式，只需在商业发票上加注有关声明文句。在我国，普惠制原产地证书由进出口商品检验局签发。

（3）纺织品原产地证书（Certificate of Origin Textile Product）。对欧盟国家出口纺织品，需提交该产地证。该证是进口国海关控制配额的依据。在我国，该证由地方外经贸委（厅）颁发。GSP产地证是取得关税优惠，而纺织品产地证是取得配额证明。对欧盟出口有关产品时，需同时提交这两种产地证。

（4）对美国出口的原产地声明书。凡属对美国出口的配额商品，如纺织品等，应由出口商填写原产地声明书。它有三种格式：① 格式A，单一国家声明书（Single Country Declaration），声明商品产地只有一个国家；② 格式B，多国家产地声明书（Multiple Country Declaration），声明商品的原材料是由两个或两个以上国家生产的；③ 格式C，非多种纤维纺织品声明书，又称否定声明书（Negative Declaration），凡纺织品的主要价值或主要重量属于麻或丝的原料或含羊毛量不超过17%的，则可填用此格式，以说明该类商品为非配额产品。

6. 检验证书

国际贸易中检验证书（Inspection Certification）种类很多，分别用以证明货物的品质、数量、重量和卫生条件等方面的情况。检验证书一般由国家指定的检验机构出具，也可根据不同情况，由出口企业或生产企业自行出具。应注意，出证机构检验货物名称和检验项目必须符合信用证的规定。还须注意检验证书的有效期，一般货物为60天，新鲜果蔬类为2～3周，出口货物务必在有效期内出运，如超过期限，应重新报验。

7. 包装单据

包装单据（Packing Document）是指一切记载或描述商品包装种类和规格情况的单据，是商业发票的补充说明。主要有装箱单（Packing List）、重量单（Weight List）、尺码单（Measurement List）等。

8. 其他单证

其他单证按不同的交易情况，由合同或信用证规定，常见的有：寄单证明（Beneficiary's Certificate for Dispatch of Documents）、寄样证明（Beneficiary's Certificate for Dispatch of Shipment Sample）、邮局收据（Post Receipt）、快速收据（Courier Receipt）、装运通知（Shipping Advice）以及有关运输和费用方面的证明。

三、交单结汇

交单是指出口商（信用证受益人）在规定时间内向银行提交信用证规定的全套单据，这些单据经银行审核，根据信用证条款的不同付汇方式，由银行办理结汇。

交单应注意三点：其一，单据的种类和份数应与信用证的规定相符；其二，单据内容正确，包括所用文字与信用证一致；其三，交单时间必须在信用证规定的交单期和有效期之内。

交单方式有两种：一种是两次交单或称预审交单，在运输单据签发前，先将其他已备妥的单据交银行预审，如发现问题及时更正，待货物装运后收到运输单据，可以当天议付并对外寄单。另一种是一次交单，即在全套单据收齐后一次性送交银行，此时货已发运。银行审单后若发现不符点需要退单修改，耗费时日，容易造成逾期而影响收汇安全。因而出口企业宜与银行密切配合，采用两次交单方式，加速收汇。

这些单据经银行审核确认无误后，根据信用证规定的付款条件，由银行办理出口结汇。

在我国的出口业务中，使用信用证支付方式收款，其结汇的做法主要有买单结汇、收妥结汇和定期结汇。

（1）买单结汇。又称出口押汇，是指银行议付行在审单认可的情况下，按信用证的条款买入外贸企业（受益人）的汇票和单据，按照票面金额扣除从议付到期日到估计收到票款之日的利息和手续费，将净数按议付日外汇牌价折成人民币，付给外贸企业。

（2）收妥结汇。又称收妥付款，是指议付行收到外贸公司的出口单据后，经审查无误，将单据寄交国外付款行索取货款，待收到付款行将货款拨入议付行账户的贷记通知书（Credit Note）时，即按当日外汇牌价，折成人民币记入受益人账户。

（3）定期结汇。是指议付行根据向国外付款行索偿所需时间，预先确定一个固定的结汇期限，到期后主动将票款金额折成人民币拨交外贸企业。

在实际业务中，由于主客观原因，发生单证不符的情形是难以完全避免的。倘若有较充足的时间改单或改证，做到单证相符，可以确保安全收汇。倘若时间有限，无法在信用证交单到期日和交单期限内做到单证相符，则可根据实际情况灵活处理。例如，不符点并不严重，则可在征得信用证的开证申请人同意的前提下，由受益人出具保证书请求议付行"凭保议付"（表提），声明如国外开证行拒付，由受益人自行负责，同时电请信用证的开证申请人迅速授权开证行付款。如单证不符情况较为复杂，可请议付行电告开证行单据中的不符点，征得开证行同意后议付，然后对外寄单。这种方式在我国银行业务中习称"电提"。倘若议付行对不符单据不办理议付或经电提开证行不同意付款，那么就只能改做跟证托收。

信用证项下的出口单据经银行审核无误后，银行按信用证规定的付汇条件，将外汇结付给出口企业。我国出口业务中，大多使用议付信用证，也有少量使用付款信用证和承兑信用证的。主要结汇方式如下。

（1）议付信用证。议付又称出口押汇。议付押汇收取单据作为质押。按汇票或发票面值，扣除从议付日起到估计收到开证行或偿付行票款之日的利息，将货款先行垫付给出口商（信用证受益人）。议付是可以追索的。如开证行拒付，议付行可向出口商追还已垫付之货款。

议付信用证中规定，开证行对议付行承担到期承兑和付款的责任，银行如仅仅审核单据而不支付货款不构成议付。

我国银行对于议付信用证的出口结汇方式，除上述出口押汇外，还采用另外两种：一是收妥结汇，即收到单据后不做押汇，将单据寄交开证行，待开证行将货款划给议付行后再向出口商结汇；另一种是定期结汇，即收到单据后，在一定期限内向出口商结汇，此期限为估计索汇时间。因此上述两种方式对议付银行来说都是先收后付，但按规定，银行不能取得议付行资格，只能算是代收行。

（2）付款信用证。付款信用证通常不用汇票，在业务中使用的即期付款信用证中，国外开证行指定出口地的分行或代理行为付款行，受益人径直向付款行交单。付款行付款时不扣除汇款利息。付款是不可追索的。显然在信用证方式中，这是对出口商最为有利的一种。

（3）承兑信用证。承兑信用证的受益人开出远期汇票，通过国内代收行向开证行或开证行指定的银行提示，经其承兑后交单。已得到银行承兑的汇票可到期收款，也可贴现。

若国内代收行愿意续做出口押汇（议付），则出口商也可立即收到货款，但此时该银行仅以汇票的合法持票人向开证行要求付款，不具有开证行所邀请的议付行的身份。

在出口业务中，由于种种原因造成单据不符，即单据存在不符点，而受益人又因时间条件的限制，无法在规定期限内改正，则有下列处理方法。

（1）凭保议付。受益人出具保证书承认单据瑕疵，声明如开证行拒付，由受益人偿还议付行所垫付款项和费用，同时电请开证人授权开证行付款。

（2）表提。议付行把不符点开列在寄单函上，征求开证行意见，由开证行接洽申请人是否同意付款。接到肯定答复后议付行即行使议付。如申请人不予接受，开证行退单，议付行照样退单给受益人。

（3）电提。议付行暂不向开证行寄单，而是用电传和传真通知开证行单据不符点。如开证行同意付款，再行议付并寄单，若不同意，受益人可及早收回单据，设法改正。

（4）有证托收。单据有严重不符点或信用证有效期已过，已无法利用手上的信用证，只能委托银行在向开证行寄单函中注明"信用证项下单据做托收处理"，作为区别，称为"有证托收"，而一般的托收，则称为"无证托收"。由于申请人因单证不符而不同意，有证托收往往遭到拒付，这实是一种不得已而为之的方式。

第六节　出口收汇核销与出口退税

一、出口收汇核销

出口收汇核销是以出口货物的价值为标准，核对是否有相应的外汇收回国内的一种事后管理措施。出口单位在向当地外汇管理部门办理核销时，如报关单金额和收汇金额有差额，须提供有关证明。出口收汇核销制度，对我国出口及时收汇和增加国家外汇储备发挥了重要作用。随着经济形势的改变，出口收汇核销制度已经不再适合经济发展和深化改革开放的需要。为此，我国于2012年废除了这项实施多年的制度。2012年，国家外汇管理局、海关总署和国家税务总局联合颁布《关于货物贸易外汇管理制度改革的公告》（国家外汇管理局公告2012年第1号），决定自2012年8月1日起在全国范围内实施货物贸易外汇管理制度改革，并相应调整出口报关流程、简化出口退税凭证。主要内容如下。

首先，全面改革货物贸易外汇管理方式，简化贸易进出口收付汇业务办理手续和程序。外汇局取消货物贸易外汇收支的逐笔核销，改为对企业货物流、资金流实施非现场总量核查，并对企业实行动态监测和分类管理。

其次，调整出口报关流程，取消出口收汇核销单，企业办理出口报关时不再提供核销单。

最后，自2012年8月1日起报关出口的货物，企业申报出口退税时不再提供出口收汇核销单；税务部门参考外汇局提供的企业出口收汇信息和分类情况，依据相关规定，审核企业出口退税。

二、出口退税

出口退税的基本含义，是指对出口产品退还其在国内生产和流通环节实际缴纳的产品税、增值税、营业税和特别消费税。出口产品退税制度，是一个国家税收的重要组成部分。

出口退税主要是通过退还出口产品的国内已纳税款，来平衡国内产品的税收负担，使本国产品以不含税成本进入国际市场，与国外产品在同等条件下进行竞争，从而增强竞争能力，扩大出口创汇。

1985年3月，国务院正式颁发了《国务院批转财政部关于对进出口产品征、退产品税或增值税报告的通知》，规定从1985年4月1日起实行对出口产品退税政策。1994年1月1日起，随着国家税制的改革，我国改革了已有退还产品税、增值税、消费税的出口退税管理办法，建立了以新的增值税、消费税制度为基础的出口货物退（免）税制度。

出口退税是国际贸易中通常采用的，并为世界各国普遍接受的税收制度，对出口货物实行出口退税是由商品税的本质决定的，商品税为间接税，其税负容易转嫁而由最终消费者负担。出口货物不在国内消费，而是在国外消费，其税负则由国外消费者负担。因此，对商品跨国流通所征商品税，国际上普遍实行消费地原则，即由商品实际消费国或进口国行使商品税征税权，而出口国对所出商品不征收商品税，已征商品税的则退还已征商品税，这便是"出口退税，进口征税"的内在逻辑。

出口退税反映了商品税税收利益在国家间的分配问题，对出口国而言，它使出口商品以不含税成本进入国外市场，有助于增强出口产品竞争力，鼓励出口；对进口国而言，它使进口商品在进口国征进口环节商品税后，可与国外商品在同等条件下竞争，避免商品跨国流通的重复征税，促进全球范围的商品自由流动和资源优化配置。

在实践中，一国或地区对出口退税政策的适用范围、退税率等都做出了规定，以实现其政策目标。如对鼓励出口的商品适用与征税率相同的退税率，以全额退税；对限制出口的商品规定较低的退税率，实行部分退税；对禁止出口的商品不实行出口退税政策。

1. 出口退税的特点

中国的出口货物退（免）税制度是参考国际上的通行做法，在多年实践基础上形成的、自成体系的专项税收制度。这项新的税收制度与其他税收制度比较，有以下几个主要特点。

（1）它是一种收入退付行为。出口货物退（免）税作为一项具体的税收制度，其目的与其他税收制度不同。它是在货物出口后，国家将出口货物已在国内征收的流转税退还给企业的一种收入退付或减免税收的行为，这与其他税收制度筹集财政资金的目的显然是不同的。

（2）它具有调节职能的单一性的特点。对出口货物实行退（免）税，意在使企业的出口货物以不含税的价格参与国际市场竞争。这是提高企业产品竞争力的一项政策性措施。与其他税收制度鼓励与限制并存、收入与减免并存的双向调节职能比较，出口货物退（免）税具有调节职能单一性的特点。

（3）它属间接税范畴内的一种国际惯例。世界上有很多国家实行间接税制度，虽然其具体的间接税政策各不相同，但就间接税制度中对出口货物实行"零税率"而言，各国都是一致的。为奉行出口货物间接税的"零税率"原则，有的国家实行免税制度，有的国家实行退税制度，有的国家则退、免税制度同时并行，其目的都是对出口货物退还或免征间接税，以使企业的出口产品能以不含间接税的价格参与国际市场的竞争。

2. 出口退税登记的一般程序

（1）有关证件的送验及登记表的领取。企业在取得有关部门批准其经营出口产品业务的文件和工商行政管理部门核发的工商登记证明后，应于30日内办理出口企业退税登记。

（2）退税登记的申报和受理。企业领到"出口企业退税登记表"后，即按登记表及有关要求填写，加盖企业公章和有关人员印章后，连同出口产品经营权批准文件、工商登记证明等证明资料一起报送税务机关，税务机关经审核无误后，即受理登记。

（3）核发出口退税登记证。税务机关接到企业的正式申请，经审核无误并按规定的程序批准后，核发给企业"出口退税登记证"。

（4）出口退税登记的变更或注销。当企业经营状况发生变化或某些退税政策发生变动时，应根据实际需要变更或注销退税登记。

3. 出口退税附送材料

（1）报关单。报关单是货物进口或出口时进出口企业向海关办理申报手续，以便海关凭此查验和验放而填具的单据。

（2）出口销售发票。这是出口企业根据与出口购货方签订的销售合同填开的单证，是外商购货的主要凭证，也是出口企业财会部门凭此记账，做出口产品销售收入的依据。

（3）进货发票。提供进货发票主要是为了确定出口产品的供货单位、产品名称、计量单位、数量等，它不是生产企业的销售价格，用来划分和计算其进货费用等。

（4）出口货物运单和保险单。生产企业直接出口或委托出口自制产品，凡以到岸价 CIF 结算的，还应附送出口货物运单和出口保险单。

（5）有进料加工复出口产品业务的企业，还应向税务机关报送进口料件的合同编号、日期、进口料件名称、数量、复出口产品名称、进料成本金额和实纳各种税金金额等。

（6）产品征税证明。

（7）与出口退税有关的其他材料。

第七节 有关出口合同履行的典型案例分析

出口合同的履行环节多、涉及面广，因此买卖双方围绕履约而产生纠纷的情况也较为复杂。一般而言，在合同成立的时间、合同适用的法律、运输、保险的负责方、风险转移的时间、货损的承担方等方面容易产生履约纠纷。

▶ 案例 21-1

2015年2月10日，中国某粮食出口公司电告日本某商贸公司，欲以 CIF 条件向日本出口一批丝绸，总价款为50万美元，以不可撤销的跟单信用证支付。2月16日，出口公司收到日本商贸公司同意购买复电，但要求降低到48万美元。中国出口公司于2于19日电告对方同意其要求，日本商贸公司2月20日收到此电报。随后出口公司将货物运至上海港，交由中国某远洋运输公司承运，整批货物分装在三个集装箱内。3月10日，承运船舶在公海航行时，由于船员的疏忽，船上发生火灾，托运的一个集装箱被火焚毁，其余两个则完好无损。3月15日，货物运至东京港，但日本商贸公司拒绝接收货物，并向中国出口公司提出索赔，双方诉至上海某法院。请问：

（1）双方的合同争议是否可以适用《联合国国际货物销售合同公约》解决？
（2）根据有关法律规定，该合同于何时成立？为什么？
（3）该批丝绸的运输保险应由哪一方当事人办理？保险费由哪一方负担？
（4）根据CIF交货条件，货物的风险在何时由卖方转移给买方？
（5）货物在海上受到损毁，日本商贸公司能否要求中国出口公司给予赔偿？
（6）谁是信用证的受益人？

【分析】

（1）本案属于《公约》第一条规定的适用范围，所以可以适用。
（2）合同在2月20日成立。根据《公约》规定：合同于按照本公约规定对发价的接受生效时订立，买方2月19日表示承诺，卖方2月20日收到，此时合同成立。
（3）运输保险应由卖方中国出口公司办理，保险费也由卖方支付。根据CIF术语，卖方必须办理在运输途中应由买方承担的货物灭失或损坏风险的海运保险。卖方订立保险合同并支付保险费。
（4）根据CIF术语，货物灭失或损坏的风险以及货物装船后所产生的任何额外费用，自货物于装运港装上船时起即从卖方转由买方承担。
（5）日本公司无权要求我国出口公司赔偿货物损失。
（6）中国出口公司为受益人。

本章小结

在不同的贸易术语和付款方式下，出口合同履行的具体环节和事项有所区别。在CIF贸易术语和信用证付款方式的出口合同中，出口商履行出口合同时，一般包括下列工作：按时、按质、按量备妥约定的货物，并做好报验工作；做好与信用证有关的催证、审证和改证等工作；按照合同要求做好租船订舱和安排运输的工作；办理货物报关、发运和投保货物运输；缮制符合信用证要求的全套出口单据以办理货款结算与收汇工作。

复习思考题

1. 履行以信用证付款的CIF出口合同的基本程序是什么？
2. 我国出口结汇有哪几种做法？
3. 履行以信用证付款的FOB进口合同的基本程序是什么？
4. 简述信用证审核的依据、原则、条款。
5. 出口贸易中，受益人要求修改信用证应采取怎样的程序？
6. 议付结汇、押汇有何不同？

7. 大副收据和提单有何联系与区别？
8. 出口收汇核销单的主要作用是什么？
9. 出口公司审核信用证的重点包括哪些内容？

延伸阅读

出口合同履行中的四种业务风险

请扫二维码阅读

第二十二章
CHAPTER 22

进口合同的履行

◆ 学习目标

学习完本章后，应该掌握：
1. 进口合同履行的重要性及相关环节中需要特别注意的问题。
2. 了解进口合同履行中涉及的信用证、保险、进口报关与索赔等环节的基本程序。

◆ 引导案例

进口方委托银行开出的信用证上规定：卖方须提交"商品净重检验证书"。进口商在收到货物后，发现除质量不符外，卖方仅提供重量单。买方立即委托开证行向议付行提出拒付，但货款已经押出。事后，议付行向开证行催付货款，并解释卖方所附的重量单即为净重检验证书。

◆ 案例思考

重量单与净重检验证书的作用一样吗？开证行能否拒付议付行货款？

目前我国进口合同大多以 FOB 价格条件成交，以信用证方式结算货款。进口合同格式一般由进口方备制，一式二份，签章后递交对方签回一份，留档备查。一般进口合同多使用"购货确认书"，数量较大或交易条件复杂的合同，则多使用正式的进口合同。

买方的基本义务是接货、付款。买方的接货义务主要是指按时派船接货和按时开立符合合同的信用证。买方在履行合同义务的同时，应随时注意和卖方接洽，督促其按合同履行交货义务。进口环节中还包括保险、审单付款、报关、检验以及可能的索赔等事项；进口商应与各有关部门密切配合，逐项完成。

第一节　信用证的开立与修改

作为国际贸易普遍采用的支付方式，信用证本身就是一个多方当事人参与的和多种性质的权利义务交叉组合的合同，国际商会（ICC）制定的《跟单信用证统一惯例》（UCP 600）第14条规定了银行在审核单据时的标准：必须审核交单，以确定在单据本身的基础上，单据是否在表面上显示构成相符交单。货款的收付直接影响双方的资金周转，采取何种结算方式，直接关系到买卖双方的利益，买卖双方在磋商交易时都力争对自己有利的支付条件。一般而言，常用的结算方式主要包括汇付、托收、信用证三种，而信用证作为银行信用既保证了进出口双方的货款和单据都不致落空，又使双方在资金融通上得到便利，因此信用证支付方式在很大程度上解决了进、出口双方在付款和交货问题上的矛盾，避免了预付货款的风险，它已成为国际贸易中最重要的支付方式。

一、信用证的开立

1. 信用证的概念、特点及作用

（1）根据 UCP 600 的规定，信用证是指一项约定，不论其名称或描述如何，由一家银行（开证行）依照客户（申请人，通常是进口商即买方）的要求和指示或以自身名义，在符合信用证条款的条件下，凭规定单据自己或授权另一家银行向第三人（受益人，通常是出口商即卖方）或其指定人付款或承兑支付受益人出具的汇票。而在我国，信用证是指开证行依照申请人申请开出的，凭符合信用证条款的单据支付的书面付款承诺。

（2）信用证的特点。

1）信用证是一种自足的文件。

2）信用证支付方式是一种银行信用，由开证行以自己的信用做出付款的保证。在信用证付款的条件下，银行处于第一付款人的地位，开证行对受益人的付款责任是一种独立的责任。

3）信用证业务所处理的是单据。

（3）信用证的作用。

1）对进出口双方进行资金融通作用。

2）对进出口双方收受货物，支付货款的保证作用。

2. 进口贸易信用证业务一般流程

（1）买卖双方经过磋商，约定以信用证方式进行结算。

（2）进口方向开证行递交开证申请书，约定信用证内容，并支付押金或提供保证人。

（3）由通知行转递信用证或通知出口方信用证已到。通知行在开证行要求或授权下对信用证加以保兑。

（4）开证行接受开证申请书后，根据申请开立信用证，正本寄给通知行，指示其转递或通知出口方。

（5）出口方认真核对信用证是否与合同相符，如果不符，可要求进口商通过开证行进行修改；待信用证无误后，出口商根据信用证备货、装运、开立汇票并缮制各类单据，船运公司将装船的提单交予出口商。

（6）出口商将单据和信用证在信用证有效期内交予通知行。

（7）通知行审查单据符合信用证条款后接受单据并付款，若单证不符，可以拒付。

（8）通知行将单据寄送开证行，向其索偿。

（9）进口方付款赎单，如发现不符，可拒付款项并退单。进口方发现单证不符，也可拒绝赎单。

（10）开证行收到单据后，应核对单据是否符合信用证，如正确无误，即应偿付通知行代垫款项，同时通知开证申请人备款赎单。

（11）开证行将单据交予进口商。

（12）进口商凭单据提货。

二、信用证的修改

通过对信用证的全面审核，如发现问题，应分别情况及时处理。对于影响安全收汇，难以接受或做到的信用证条款，必须要求国外客户进行修改。

修改信用证应注意以下几点。

（1）凡是需要修改的内容，应做到一次性向客户提出，避免多次修改信用证的情况。

（2）对于不可撤销信用证中任何条款的修改，在取得当事人的同意后才能生效。

（3）收到信用证修改后，应及时检查修改内容是否符合要求，并分别情况表示接受或重新提出修改。

（4）对于修改内容要么全部接受，要么全部拒绝。部分接受修改中的内容是无效的。

（5）有关信用证修改必须通过原信用证通知行才真实、有效；通过客户直接寄送的修改申请书或修改书复印件不是有效的修改。

（6）明确修改费用由谁承担。一般按照责任归属来确定修改费用由谁承担。

第二节　安排运输与投保

在进口业务中，凡以 FOB 或 FCA 贸易术语成立的合同，由进口方安排运输，订立运输合同。货物由海洋运输的，进口方应负责租船或订舱工作。我国外贸企业的大部分进口货物都委托中国对外贸易运输公司、中国租船公司或其他外运代理机构办理运输，并与其订立运输代理协议，也有直接向中国远洋运输公司或其他对外运输的实际承运人办理托运手续。

一、租船、订舱与催装

FOB 价格条件下的进口合同，租船订舱应由进口方负责。目前，我国进口货物的租舱工作统一委托外运公司办理。如合同规定，卖方在交货前一定时期内应将预计装船日期通知进口方。进口方在接到上述通知后，应及时向外运公司办理租船订舱手续。在办妥租船订舱手续后，进口方应按规定的期限通知出口方船名及船期以便对方备货装船。同时还应随时了解和掌握卖方备货和装船前的准备工作情况，注意催促对方按时装运。对数量大的货物的进口，如有必要也可请进口方的驻外机构就地了解、督促，或派员前往出口地点检验监督。

装船后，卖方应按合同规定的内容，及时报通知进口方以便进口方办理保险和接货等项手续。

二、投保

货物运输保险就是投保人对某一特定的运输货物，按一定的险别和规定的费率，向保险公司办理投保手续并缴纳保险费，保险公司依约承保并发给投保人保险单作为凭证。保险公司对所承保的风险损失承担赔偿责任。

我国公司以 FOB 或 CFR 价格成交的进口合同，保险由我方办理。进口货物的保险一般由我进口公司委托中国对外贸易运输公司办理，并由外运公司同中国人民保险公司签订预约保险合同，对各种货物应保的险别做具体规定。按照预约保险合同的规定，所有按 FOB 或 CFR 条件进口货物的保险，都由中国人民保险公司承保。因此每批进口货物，在收到国外装船通知后，进口方必须将船名、提单号、开船日期、商品名称、数量、装运港、目的港等项内容通知保险公司以办妥保险手续。

第三节　银行审单与审单付款

一、银行审单

（一）银行的审单标准

银行审单是信用证流转中最为重要的一个环节，而"审单标准"，是银行审单必须遵循的规范，是受益人制作单据的依据，也是开证申请人利益保护的屏障。UCP 600 自 2007 年 7 月 1 日开始正式实施，其中"银行审单标准"的新规定对相关当事人的权利、义务的影响更是不容忽视。

1. 对银行审单判断"相符"依据的重新定义

UCP 500 仅规定"银行必须合理小心地审核信用证上规定的一切单据，以便确定这些单据是否表面与信用证条款相符合。本惯例所体现的国际标准银行实务是确定信用证所规定的单据表面与信用证条款相符的依据"。该项规定意味着银行在审核单据时，只要根据信用证的条款来审核单据是否与其相符，而确定两者相符的依据是"国际标准银行实务"，即 ISBP。在 UCP 600 中，明确将银行审单判定相符的依据定义为"与信用证中的条款及条件、本惯例中所适用的规定及国际标准银行实务相一致"。据此，银行按照 UCP 600 的这一规定，在判断单据是否"相符"时，不仅要按照信用证本身的条款和条件，而且还要根据 UCP 600 的规定和 ISBP 对单据是否相符做出判断，为银行审核单据提供了明确的依据。

2. 对"相符"与"一致"的修改

审单标准的修改对银行审单的影响极为重大，这是 UCP 600 对 UCP 500 最为重要的一项内容修改。UCP 500 第 13 条（a）款规定"银行必须合理谨慎地审核信用证规定的一切单据，以便确定这些单据表面是否与信用证条款相符合""单据之间表面不一致，即视为表面与信用证条款不符"。根据 UCP 500 第 13 条（a）款的规定，相符交单应符合两方面的要求：一是受益人或单证合法持有人交付的单据必须在表面上与信用证的要求完全相符；二是受益人或单证合法持有人交付的单据之间在表面上必须互相一致，即相符交单包括单证表面相符和单单表面一致。对单证、单单是否相符的审查是以单据表面为依据的，即只要表面相符即可。银行拒绝单据的理由只能来源于单据本身并且是单据表面，而不能是其他任何单据外的事由。对于银行审单的内容，UCP 500只做了原则性的规定即"单证表面相符、单单表面一致"。但何谓"相符"？何谓"一致"？是单证、单单表面上没有丝毫差异、绝对一致，还是允许存在"无危害错误"，比如明显笔误？UCP 500没有做出明确规定。

首先，鉴于UCP 500对单证相符、单单相符程度规定的空白以及司法实践中"相符"把握程度的不确定，银行怕对外付款后开证申请人会拒绝付款赎单，谨慎起见，银行在审单相符问题的把握上都会倾向于坚持较严苛的标准，这严重损害了出口商的利益。

其次，UCP 500对单单、单证严格相符中"严格"程度的规定不明确，实践中不同的法院对严格的程度把握不一，导致了相互冲突的判决。

最后，UCP 500所确立的审单标准相符程度规定的空白，司法实践中，"相符"把握程度的不确定以及高额的诉讼成本使得出口商在自己利益受损时倾向于默然承受。这造成了极其不公的结果。

针对UCP 500第13条（a）款规定的严苛与不明确，UCP 600做了修订。UCP 600第二条"定义"中规定"相符交单指与信用证条款、本惯例的相关适用条款以及国际标准银行实务相一致的交单"。第14条（d）项规定"单据中的数据，在与信用证、单据本身以及国际标准银行实务参照解读时，无须与该单据本身中的数据、其他要求的单据或信用证中的数据等同一致，但不得矛盾"。可见，UCP 600确立相符交单是单内相符、单单相符、单证相符，并明确相符的程度是"无须等同一致，但不得矛盾"。

3. UCP 600确立了"单据必须满足其功能"的新审单标准

UCP 600在第14条（f）项规定"如果信用证要求提交运输单据、保险单据或者商业发票之外的单据，却未规定出单人或其数据内容，则只要提交的单据内容看似满足所要求单据的功能且其他方面符合第14条（d）款，银行将接受该单据"。在信用证未对出单人或单据内容做出规定的单据的审核问题上，针对UCP 500第21条的明显不足，UCP 600增加了"单据必须看似满足其功能"的更务实的规定。所谓"单据必须看似满足其功能"是指单据表面看起来必须为合格单据，符合法规及常规，能实现其功能。因此"单据必须看似满足其功能"的新审单标准也称为"合格单据"的新审单标准。

例如，"单据必须看似满足其功能"的审单标准对汇票而言，就是要求汇票要看似有效，即汇票要具备我国《票据法》所规定的7个要式项目，并且不违反会导致汇票无效的其他强制性的规定，如汇票金额的大小写要一致。满足了这些条件，汇票才能成为有效的汇票，才能成为合格单据。此外，对商业单据而言，"看似满足其功能"就是要求单据要有效地将它所代表的信息体现出来，如原产地证明书的功能就是要证明货物系在某地制造或生产。其内容应包括出口商、收货人、运输方式和路线、唛头和包装编号、货描、数量、重量以及发票日期和号码等。只有全部具备了这些内容才能判断该产品的原产地，即一份原产地证明书只有全部具备上述内容才能成为合格单据。

4. 关于银行审单的期限

UCP 500规定银行必须在"不得超过收单翌日起7个工作日的合理时间"内审单完毕并

将接受或拒绝该单据的决定通知寄单方;如果银行审单后发现单证不符,其必须"不延误"地发出拒付通知,并在该通知中列出全部不符点、告知单据处理方式。如此在单证不符情况下银行的付款义务才予以解除。

何谓"合理时间",UCP 500 以及随后 ICC 的相关出版物都没有给出明确的界定方法。自 UCP 500 生效以来,国际商会收到了大量关于该条款的确切含义的询问。国际商会银行委员会著名专家凯里·科利尔(Carry Collyer)曾做出如此答复:"合理时间将根据本地实务、受益人的期望以及法院决定。统一惯例只是给出一个最大的期限。"国际商会原本将"合理时间"留给各国的银行实务和司法实践去确定,但是到目前为止很多国家还没有形成自己确定的一致看法,因为在界定审单时间是否"合理"时要考虑的因素很多。单据的数量、复杂程度、单据必须具备的细节、这些细节的详细程度、单据的不符点是否显而易见以及银行的规模的大小、信用证业务的繁忙程度、审单人员是否使用习惯的语言等都会影响审单速度。这些具体情况都会影响对审单时间是否合理的判断。"合理时间"这种措辞过于模糊,缺乏指导意义,并且引发了很多纠纷。此外,UCP 500 规定拒付通知必须"不迟延"发出,"最迟不超过翌日起 7 个银行工作日"。何谓"不迟延",UCP 500 同样没有给出明确的答复。

针对 UCP 500 确立的"合理时间""不迟延"不确定引发的诸多问题,UCP 600 对信用证审单时限重新做出规定。UCP 600 第 14 条(b)款规定:"按指定行事的指定银行、保兑行及开证行各有从交单次日起至多 5 个银行工作日用以确定交单是否相符。这一期限不因在交单日当天或之后信用证截止日或最迟交单日届至而受到缩减或影响。"第 16 条(c)款要求的通知必须以电信方式,如不可能,则以其他快捷方式,在不迟于自交单翌日起第五个银行工作日结束前发出。

UCP 600 摒弃 UCP 500 中"合理时间""不迟延"等含义模糊的规定,而将审单及发出拒付通知的时间都明确地界定为"至收单翌日起 5 个银行工作日"。这意味着银行只要在 5 个工作日内审核完毕单据、做出决定、发出通知就符合了所有对银行的时间限制,而不论其所用时间是否合理、有否延误。

(二)银行审单的判别标准

根据信用证的特点和国际商会的相关惯例,银行审核单据必须遵守独立审核的准则,UCP 600 第 14 条(a)款规定:按照指定行事的被指定银行、保兑银行(若有),以及开证行必须仅仅依据单据审核提示,以决定单据是否表面上构成相符的提示。

为此,银行审核信用证规定的单据,以确定单据在表面上是否符合信用证规定,应从以下几个方面加以解释。

(1)单据必须与信用证条款相符(单证相符)。

(2)单据必须与国际惯例相符。

(3)单据必须与既成事实相符。受益人所制作的单据须与已完成的事实相符,而不能完全照搬信用证的文句,否则就是表面上不符信用证规定。

(4)单据之间表面相符(单单相符)。各种单据的主要内容,如货物名称、数量、金额、包装、唛头等,必须在表面上相同或一致,不得相互矛盾。特别是发票、提单、保险单等单据之间关于货物的主要内容须保持一致。

（5）单据本身相符。UCP 600 第 14 条（d）款强调，银行审单的标准是：单证相符、单单相符及单内相符。但是，单证之间、单单之间及单内的信息无须"完全等同"（Identical），仅要求"不得冲突或矛盾"即可。UCP 600 实施后，受益人所提示的每一种单据本身的相关内容也要彼此相符。

银行在审单时，除了须依据信用证中的条款和条件外，还必须遵从国际商会制定的与信用证业务有关的所有惯例和规则。这些惯例和规则主要有：eUCP 600、ISBP、URR 725、INCOTERMS® 2020 以及 UCP 600 等。

二、付款

审单付款是指开证行或付款行在收到国外寄来的汇票和单据后，经核验认为符合信用证规定时，向议付行偿付票款的行为。开证行一经付款，即无追索权。议付行在向出口商议付货款买进单据后，向开证行或其指定的付款行或偿付行寄单请求偿付，通常称为索汇或索偿。

第四节　进口报关

进口报关是指收货人或其代理向海关申报进口手续和缴纳进口关税的法律行为。海关根据报关人的申报，依法进行验关。海关经查验无误后，才能放行。

一、进口货物的申报

报关是指进出口货物收发货人、进出境运输工具负责人、进出境物品所有人或者他们的代理人向海关办理货物、物品或运输工具进出境手续及相关海关事务的过程，包括向海关申报、交验单据证件，并接受海关的监管和检查等。报关是履行海关进出境手续的必要环节之一。

委托代理人的进口报关的基本流程如下。

（1）进口商提供到货通知书、正本提单或电放保函及换单费、THC 费等给代理人，由报关代理人代客户到所属船公司换取进口提货单。

（2）准备进口报关所需单证：① 必备单证有货物装箱单、发票、合同一式一份、报关、报检委托书各一份；② 从欧盟、美国、韩国、日本进口货物，如是木制包装箱的需提供热处理证书或植物检疫证书，如是非木制的需提供无木制包装证明；③ 税则所规定的各项证件（如进口许可证、机电证、重要工业品证书等）；④ 有减免税手册的提供减免税证明手册。

（3）进口申报后如海关审价需要，进口商需提供相关价格证明。如信用证、保单、原厂发票、招标书等海关所要求的文件。

（4）海关打印税单后，进口商需在 7 个工作日缴纳税费。如超过期限，海关按日计征滞纳金。

（5）报关查验放行后，进口商需及时到代理人处缴纳报关、报检代垫代办费。

另外，货物到港后 14 日内必须向海关申报。如超过期限海关按日计征滞报金（按货物价值的万分之五），超过 3 个月，海关将视作无主货物进行变卖。

二、海关放行

放行是指海关在接受进出口货物申报、查验货物并在纳税义务人缴纳关税后，在货运单据上签印放行。进出口商或其代理人必须凭海关签印的货运单据才能提取或发运进出口货物。未经海关放行的海关监管货物，任何单位和个人不得提取或发运。海关放行的基本形式有两种。

（1）征税放行。

进出口货物在取得海关放行前，如属于应税货物，应由海关的税收部门按照《中华人民共和国关税条例》和《中华人民共和国进出口税则》的规定，根据一票一证的方式对这些货物收发货人征收有关关税和代征税，然后签印放行。

在征税环节，海关做出的征税决定，对纳税义务人具有强制性。因此，纳税义务人必须按规缴纳，不得拖延。为了体现征税工作的严肃性、政策性和准确性，海关应注意以下环节：① 完善审价验估制度。海关审价人员应熟悉国际市场情况，注意收集各种价格资料，特别是现阶段一些重点、敏感商品的价格资料。② 严格减免税审批制度。海关审批部门应熟悉掌握国家关税政策，特别是对已废止的减免税文件要清楚，对减免税政策界限不清或审批中出现的新情况、新问题要及时交由上级主管部门审定，防止解释、施行政策的随意性和盲目性。③ 加强税则归类工作。海关归类人员应提高归类水平，防止伪报品名、规格从低归类，导致少征、漏征税款事情的发生。

海关征税的依据是货物的"完税价格"。通常情况下，进口货物的 CIF 价、出口货物的 FOB 价即可作为海关征税的依据价格，但如果 CIF 价或 FOB 价明显低于同期货物进口价格，或买卖双方存在特殊经济关系影响了进口成交价格，根据海关掌握的市场情况，海关有权规定"完税价格"。

（2）担保放行。

进出口货物的担保，是担保人因进出口货物税款或某些证件不能及时备齐，而向海关申请先予放行时，以向海关缴纳保证金或提交保证函的法定方式，向海关保证在一定期限内履行其在通关活动中承诺的法律行为。其目的是确保海关监管货物的安全性，避免因纳税人无偿付能力或不履行义务而对海关造成风险。

根据《中华人民共和国海关关于进出口货物申请担保的管理办法》的规定，海关对符合下列情况的进出口货物实行担保放行制度。① 暂时进出口货物，包括来华拍摄或与我国国内单位合作拍摄电影片、照片、图片、幻灯片而运进我国的摄影器材、胶卷、胶片、录像带、车辆、服装、道具等；来华进行体育竞赛、文艺演出而运进我国的器材、道具、服装、车辆、动物等；来华进行工程施工或学术、技术交流、讲学而运进我国的各种设备、仪器、工具、教学用具、车辆等。② 正向海关申请办理减免税手续，而货物已运抵口岸，亟待提取或发运，要求缓办进出口纳税手续的。③ 国家限制进出口货物，已经领取了进出口许可证，因故不能及时提供的。④ 进出口货物不能在报关时交验有关单证（如发票、合同、装箱清单等），而货物已运抵口岸，亟待提取或发运，要求海关先放行货物，后补交有关单证的。⑤ 经海关同意，将海关未放行的货物暂存放于海关监管区之外场所的。⑥ 因特殊情况，经海关总署批准的。

对下列情况，海关不接受担保：① 进出口国家限制进出口的货物，未领到进出口货物许可证的。② 进出口金银、濒危动植物、文物、中西药品、食品、体育及狩猎枪支弹药和民用爆破器材、无线电器材、保密机等受国家有关规定管理的进出口货物，不能向海关交验有关主管部门批准文件或证明的。

进出口货物担保的形式有两种：缴纳保证金和提交保证函。保证金是由担保人向海关缴纳现金的一种担保形式。对要求减免的进口货物在未办结有关海关手续之前，担保人申请先放行货物，应支付保证金，保证金的金额应相当于有关货物的税费之和。保证函是由担保人按照海关的要求向海关提交的、规定有明确权利义务的一种担保文件。出具保证函的担保人必须是中国法人，可由缓税单位的开户银行担保。在一般情况下，担保期不得超过20天，否则，由海关对有关进出口货物按规定进行处理。有特殊情况的，在担保期限内申请延长担保期限的，由海关审核，适当予以展期。暂时进口货物的担保期限按照海关对暂时进口货物监管办法的有关规定执行，一般是在货物进口之日起6个月内。

当事人办理进出口担保申请时，应在担保期满前，主动向海关办理销案手续。销案是指在规定期限内履行了事先承诺的义务后，海关退还担保人已缴纳的保证金或注销已提交的保证函，以终止担保人所承担的义务。其中已缴纳保证金的，由报关人凭《中华人民共和国海关保证金收据》向海关办理退还保证金和销案手续；对凭保证函向海关申请担保的，由申请担保人凭留存的一份保证函向海关办理销案手续。

对未能在担保期限内向海关办理销案手续的，海关可视不同情况，按下列规定处理：① 将保证金抵作税款，责令报关人按规定补办进出口手续，并处以罚款；② 责令担保人缴纳税款或通告银行扣缴税款，并处以罚款；③ 暂停或取消报关人的报关资格。

海关根据进出口企业的通关信誉、管理水平等因素，对其进行评估分类。对被海关授予"信得过企业"称号的各类企业给予通关便利，采取集中报关、预先报关、信任放行等优惠措施，使这些企业的进出口货物在口岸进出口时径直放行，事后一定时期内，通过分批或集中定期纳税来完备海关手续。这种信任放行制度是建立在海关与企业、报关人相互信任的前提下的。但它在方便企业的同时，也给海关造成一定的管理风险。一旦发现违反海关规定的情况，海关可以提出警告，情节严重的可立即取消通关优惠企业资格，并依法从严惩处。

三、保税货物的通关

《中华人民共和国海关法》对"保税货物"的定义是："经海关批准未办理纳税手续进境，在境内储存、加工、装配后复运出境的货物。"保税货物的一般含义是指"进入一国关境，在海关监管下未缴纳进口关税，存放后再复运出口的货物"。保税制度在国际贸易中的广泛应用，使这一制度涉及的保税货物成为进出口货物中的一个重要内容，通关程序与一般进出口货物有着明显区别。保税货物的通关一般包括合同登记备案、进口货物、储存或加工后复运出口、核销结案。

第五节　进口索赔

进口索赔一般是指货物自卖方交到买方的过程中，由于人为、天灾或其他种种原因，买方收到的货物不符合合同规定或货物有其他损害（包括质量低劣、数量短少等不符合合同规定，或因运输过程造成的损害等），买方依其责任归属，向有关方面提出赔偿要求，以弥补其所受损失。

进口商品到货后，经检验，如有品质、数量、包装等不符合合同规定的，需要向有关方提出索赔。在进口索赔过程之中，应根据造成损失的原因，分别向有关责任方索赔。

一、向卖方索赔

卖方不交货或不按期交货或交货的品质、数量、包装与合同规定不符等，均构成卖方违约，卖方应承担违约的法律责任。根据有关法律和国际公约的规定，买方可以根据卖方违约所造成的结果，区别情况，依法提出撤销合同或提出损害赔偿。

二、向承运人索赔

承运人是指在运输合同中，通过铁路、公路、航空、内河运输或这些方式的联合运输，承担运输任务或运输业务的任何人。进口的货物，如发生残损或到货数量少于提单所载数量，而运输单据是清洁的，则表明是承运人的过失造成货物残损、缺少的，买方即可根据不同运输方式的有关规定及时向有关承运人提出索赔。

三、向保险公司索赔

如由于自然灾害、意外事故或运输装卸过程中事故等致使货物受损并属于承保范围以内的，应向保险公司索赔。凡属于承运人的过失造成的货物残损、遗失的，而承运人不予赔偿或赔偿金额不足以抵补损失的，只要属于保险公司承保范围以内的，也应向保险公司提出索赔。

第六节　进口合同履行的典型案例分析

一、关于买方未完成进口保健品卫生报批审核而引发的争议

📁 案例 22-1

2021 年 8 月 16 日，重庆某公司与美国某公司签订了 CIF 上海进口合同，向美国公司购买以维生素和矿物质为主要成分的保健膳食片 50 000 瓶，单价每瓶 4.1 美元，合同总价为 205 000 美元。货物装运港为美国纽约港，目的地为上海港，装运期从收到信用证开始 10 日内。付款条件为买方通过美国花旗银行在 2021 年 8 月 20 日前开出以卖方为受益人的不可撤销即期信用证。双方在合同中还约定：货物质量必须符合合同及质量保证的规定，在保证期限内，因产品的缺陷造成的货物损害应由卖方负责赔偿。卖方必须在装运前 3 日委托美国的法定检验机构对本合同之货物进行检验并出具检验证书，货到上海港后，由买方委托中国法

定商品检验机构进行复检。若经中国法定商品检验机构复检，发现货物有损坏、残缺及与质量保证书之规定不符，买方凭上述检验机构出具的证明书，10日内向卖方提出索赔。合同中的仲裁条款规定：任何与本合同有关的争议，均提交中国国际经济贸易仲裁委员会上海分会，按该会的仲裁规则进行仲裁。

9月29日，卖方所供产品经中国法定检验机构鉴定为不合格产品，不得食用，买方提出退货。经查：膳食片是保健食品，根据我国《保健食品管理办法》的有关规定，凡以保健食品名义进口的食品必须报国家卫生健康委员会审批合格发给《进口保健食品批准证书》后方准进口。但买方在进口该保健食品前未经国家卫生健康委员会审核批准，也未取得《进口保健食品批准证书》，因此中国某法定卫生监督检验所出具了不符合《保健食品管理办法》，给出了不得食用的结论。请对本案例进行评析。

【分析】

在本案中，关于法律的适用问题，双方约定适用发生争议时货物所在地国家的法律，因此，解决本案争议应适用的准据法为中华人民共和国法律。根据国际贸易惯例，在CIF合同中应当由买方负责办理货物的进口手续，因此本案例应当由买方就进口该批保健食品向国家卫生健康委员会报批并取得有关批准证书，故由于买方未履行报批手续而造成的损失后果，应由买方自行承担。由于买方就进口该批货物并未取得《进口保健食品批准证书》，自然就会导致中国的法定检验机构出具"不合格产品，不得食用"字样，但这不能证明卖方交付的货物品质不符合合同约定或中国法律规定的有关卫生标准。因此买方提出的卖方交付的保健食品品质不合格的理由是不成立的，此案的主责任应当由买方承担。

二、关于进口商品受损索赔对象的选择问题

案例22-2

某公司以CIF鹿特丹出口食品1 000箱，即期信用证付款。货物装运后，凭已装船清洁提单和已投保一切险和战争险的保险单，向银行收妥货款。货到目的港后经进口人复验，发现下列情况：

1. 该批货物共有10个批号，抽查20箱，发现其中2个批号涉及200箱内含沙门氏细菌超过进口国标准。
2. 收货人共收到998箱，短少两箱。
3. 有15箱货物外表状况良好，但箱内共短少货物60 kg。就以上情况，进口商应分别向谁索赔？为什么？

【分析】

第1种情况应向卖方索赔，属于原装货物有内在缺陷。

第2种情况应向承运人索赔，因承运人签发清洁提单，货到目的港后应如数交货。

第3种情况可以向保险公司索赔，属承保范围以内的损失；但如进口人能举证原装数量不足，也可向卖方索赔。

本章小结

进口商履行进口合同时,应按照合同要求完成下列工作:在信用证付款条件下,应按合同规定及时办理开证手续;合同规定由买方安排运输时,应及时租船订舱和安排接运货物事宜;办理货物运输保险;审单付款;办理进口货物的报关、纳税、提货、报验和拨交手续。

复习思考题

1. 简述履行CIF条件下,以信用证方式支付的进口合同的基本环节。
2. 进口贸易中,对信用证的修改应注意什么问题?
3. 进口索赔的对象有哪些?

延伸阅读

进口合同中容易忽视的"次要条款"

请扫二维码阅读

第七篇
PART 7

国际贸易方式

第二十三章　独家经销与代理
第二十四章　寄售与拍卖
第二十五章　招标与投标
第二十六章　对销贸易
第二十七章　加工贸易

第二十三章 CHAPTER 23

独家经销与代理

学习目标

通过学习本章,要求掌握:
1. 经销与代理的区别。
2. 经销与代理各自的类型和特点。
3. 独家经销与其他经销的区别及经销协议的主要内容。
4. 独家代理与其他代理的区别及代理协议的主要内容。

引导案例

深圳 Z 公司设计一款新型电子设备,准备出口欧美市场。经过前期接洽,美国 M 进口商对此产品很感兴趣,打算与 Z 公司建立长期合作关系,作为该产品在北美市场的独家经销商。出于对 M 公司的信任,Z 公司与其签署了为期 3 年的独家经销协议,对 M 公司的独家经销权利给予了充分保障,如 Z 公司在此期间再通过其他公司在北美销售该产品,则须支付 M 公司每年 10 万美元的补偿,但协议中对 M 公司的订单量和经销任务没有做出具体规定。协议执行到第二年,产品逐渐打开销路,受到市场欢迎。但此时,M 公司因为投资失误,陷入濒临破产的境地,使得 Z 公司产品的销售出现断崖式下降。Z 公司无奈下找了另外一家进口商销售其产品。M 公司得知消息后联系 Z 公司,告知 Z 公司违反了独家经销协议,并要求 Z 公司支付第二年和第三年的补偿金。

案例思考

在本案例中,深圳 Z 公司应该如何处理与 M 公司的纠纷?我国企业在与外国公司签订独家经销或独家代理协议时,应该注意哪些问题?

第一节 独家经销

一、经销的含义与性质

经销是指出口商（即供货商）与国外进口商（即经销商）达成书面协议，国外进口商在约定的期限和地域内销售指定商品的一种做法。

从性质上看，两者之间的关系是售定形式的买卖关系，且这种买卖关系长期且固定。经销人以自己的名义购入商品，并在指定销售区域以自己的名义销售商品。

二、经销的种类

按照经销商权限的不同，经销方式分为独家经销和一般经销。

1. 独家经销

独家经销也称包销，是指在协议规定的期限和地域范围内，经销商享有对指定商品的独家专营权。

2. 一般经销

一般经销也称定销，是指在协议规定的期限和地域范围内，供货商有权委托几家经销商销售同类商品。这种销售关系同一般进口商和出口商的关系没有本质的区别，只是购销关系在一定时期内比较稳定而已。

独家经销与一般经销的最大区别是独家经销商享有专营权，而一般经销商则不享有专营权。

三、经销协议的主要内容

经销协议是供货商与经销商订立的确定双方权利和义务的书面文件，其具有法律效力。经销协议的内容主要有以下几个方面。

1. 经销商品的范围

经销商品可以是供货商经营的全部商品，也可以是其中的一部分。若供货商经营的商品种类繁多，经销协议中要明确规定商品的范围以及同一商品的不同品牌号和规格，以避免经销双方日后发生争议。确定经销商品的范围时，要考虑供货商的经营意图和经销商的经营能力与资信状况。

2. 经销地区

经销地区是指经销商行使经营权的地理范围。双方可确定为一个或几个地区或城市，也可以为一个甚至几个国家。经销地区的确定应同时考虑经销商的规模、经营能力、所能控制的销售网络、经销商品的性质特点以及经销地区的政治区域划分、市场差异程度、地理和交通条件等。通常协议中也会明确规定经销地区能否扩大。

3. 经销的期限

经销商品的期限通常为一年，也可以根据需要签订数年。有的协议中并不明确规定期限，只是规定终止条款或续约条款。

4. 经销数量与金额

经销数量与金额是协议中必不可少的内容，对双方具有同等的约束力。经销商承担必须向供货商购买规定数量和金额的商品的义务，供货商承担必须向经销商出口上述数量和金额的商品的义务。在经销协议中通常采用最低承购额的做法，即规定一定时期内经销商应承购的数额下限，同时还规定经销商未能完成承购额时，出口商可以行使的权利。

5. 专营权

专营权是经销协议中的重要内容，包括专买和专卖的权利。专买权是指经销商承诺只向协议出口方购买该种商品，不得向第三者购买同类商品或有竞争性的替代商品。专卖权是指在规定的地区和期限内对于指定商品，供货商给予经销商独家销售的权利，供货商负有不向该区域内的客户直接售货的义务。

6. 作价办法

经销商品作价有两种：

（1）在规定的期限内一次作价，结算时不论价格涨落均以合同规定的固定价格为准。

（2）在规定的期限内分批作价，双方对协议商品逐批定价或由双方定期地根据市场情况商定价格。由于国际商品市场的价格变化多端，因此采用分批作价比较普遍，在定价的同时，还应明确规定每一批货款的支付方式。

7. 协议的延长和提前终止条款

如果任何一方未发出终止协议的通知书，协议可自动延长一年或数年；为了预防意外事件造成协议不能履行或协议一方不履行协议，提前终止条款也是必要的。如不可抗力、经销商完不成销售定额等。

8. 其他义务

供货商承担的义务是为经销商提供经销条件和方便，如宣传材料、样品、促销礼品等。经销商承担广告宣传、市场调研、售前售后服务、对供货商的商标权和专利权的保护等义务。

四、采用经销方式应注意的问题

1. 选择合适的经销方式

与定销相比，经销能更好地将双方利益紧密联系在一起，有利于双方的互利合作。对于供货商来说，可以积极主动地帮助和培养经销商，有计划地安排出口商品的生产和组织出口货源，对于市场销售做全面、系统的长期规划和安排。对于经销商来说，能更好地调动其经营的积极性，由于只有一家经销商经销此类商品，避免了在同一地区多头经营产生的自相竞争，有助于稳定该商品的销售价格，也有利于经销商开展广告宣传和售前售后服务工作。

但是经销方式对于供货商也存在风险，若市场情况发生变化或者经销商的经营能力差，会出现"经而不销"或"经而少销"的情况；经销商可能利用其独家经营的地位操作价格和控制市场；供货商一般只能同经销商打交道，不能同其他客户普遍联系成交，因而缺乏机动灵活性。

2. 慎重选择经销商

要注意经销商的资信情况、经营能力及其在销售地区的商业地位。通常，供货商可以在与其来往的客户中挑选对象，经过适当的考察和评价，再签订正式协议。

3. 要注意订立好经销协议

经销协议是确定供货商与经销商之间权利与义务的法律文件，对双方均有约束力，同时也是经销成功的前提和基础。经销商品范围的大小和地区的大小，要同客户的资信能力和经营意图相适应。经销期限内的承购数额以及完成或未完成的奖励、惩罚条款，一定要全面考虑，认真审核，以免因条款不当对经销工作造成不利影响。另外，还要避免与当地的法律法规发生抵触。

4. 对终止或索赔条款的规定

为防止经销商垄断市场、操纵价格或经营不力，避免出现"经而不销"或"经而少销"的情况，应在包销协议中规定终止条款或索赔条款。

第二节 代 理

一、代理的含义与性质

代理是指委托人授权代理人代表他向第三者招揽生意、签订合同或办理与交易有关的事务，由此产生的权利与义务直接对委托人发生效力。

委托人与代理人之间是委托代理关系而不是买卖关系。代理人在委托人授权的范围内代表委托人销售商品，并以委托人名义与客户签订买卖合同，该买卖合同之下产生的权利与义务直接由委托人承担。代理人不承担经营风险，也不必垫付资金，而只收取协议规定的佣金。

二、代理的种类

按照行业性质的不同可将代理分为采购代理、销售代理、运输代理、保险代理、广告代理、诉讼代理、银行代理等。国际贸易中进出口双方之间的代理主要是销售或购货代理，根据委托人授权权限的大小，可将代理分为总代理、独家代理和一般代理三种。

1. 总代理

总代理是指委托人在指定地区和期限内的全权代理。总代理除了有权代理委托人进行签订买卖合同、处理货物等商业性活动以外，也可以进行一些非商业性活动。一般来说，总代理所在地区还有数个分代理，总代理有权指派分代理并可分享分代理的佣金。

2. 独家代理

独家代理是指委托人授予代理人在规定期限、规定地区内经销指定商品的专营权。委托人不能在上述范围内自行或通过其他代理人进行销售。此外，独家代理商不可以同时成为其他国外出口企业的代理。

独家代理的作用体现在：

（1）代理人不负担经营亏损的风险，又享有专营权利，多推销货物即可多得佣金，因而有利于调动代理商的积极性。

（2）在代理业务中，代理商只负责介绍业务关系，收取订单，然后由买卖双方直接签订和执行合同。委托人掌握商品的成交价格、数量和其他交易条件，可处于比较主动的地位。

3. 一般代理

一般代理也称佣金代理，是指在同一代理地区及期限内，委托人同时委派几个代理人为其推销商品或服务。一般代理根据推销商品的实际金额或根据协议规定的办法和百分比向委托人计收佣金，委托人也可以直接与该地区的实际买主成交，无须向代理人支付佣金。

一般代理与独家代理的主要区别：

（1）独家代理享有专营权，一般代理不享有这种权利。

（2）独家代理收取佣金的范围既包括招揽生意介绍客户成交的金额，也包括委托人直接成交的金额；而一般代理收取佣金的范围，只限于其推销出去的商品的金额。

三、代理协议的主要内容

代理协议是明确委托人和代理人之间权利与义务的法律文件。主要内容包括以下几个方面。

1. 双方的基本关系

委托商与代理商之间的关系是委托代理关系。代理人应在委托人授权范围内行事并应对委托人诚信忠实。委托人对代理人在上述范围内的代理行为承担民事责任。

2. 代理的商品、地区和期限

委托人对代理人的授权中，应明确说明代理销售商品的类别和型号，行使代理权的地域范围，并约定代理协议有效期限或者规定终止条款。

3. 代理人的权利和义务条款

（1）代理人权限条款。在不同的代理方式中，委托人授予代理人的权限是不一样的。权限条款涉及代理人是否有权代表委托人签订合同或从事其他活动，是否享有专营权，是总代理、一般代理还是独家代理等。

独家代理协议中关于专营权或排他性权利条款一般有两种规定方法。其一，委托人向代理人提供绝对代理权，使他成为该地区唯一的独家代理人，而委托人不保留在该地区同一定的买主进行交易的权利。其二，委托人授予代理人有限绝对代理权，即委托人可保留对一定的买主直接供货的权利，不过此时委托人同样要对代理人计付佣金。

（2）最低成交额条款。代理人要承担签订不低于规定数额的买卖，如果代理人未能达到或未能超过最低成交额，委托人对代理人的报酬可做相应的调整。

（3）非竞争条款。代理人在协议有效期内无权提供或购买与委托人的商品相竞争的商品，也无权为该种商品进行广告宣传。代理人也无权代理协议地区内的其他与委托方相竞争的公司。

（4）代理人向委托人提供市场调研、广告宣传、售后服务和保护商标条款。如代理人有义务向委托人定期或不定期提供市场趋势、外汇、海关规定以及本国有关进口规定的详细资料，以使委托人了解当地市场情况和代理人的工作业绩，能否提供合理的商情报告是考核代理人的重要依据；代理人在委托人的指令下组织广告和宣传工作，对于广告宣传内容、形式以及费用的负担需要在代理协议中予以明确，一般由委托人负担；在代理合同中，一般还规定代理人有义务保护委托人的商标权及其他知识产权。

（5）委托人的权利和义务条款。委托人的权利：委托人有权接受客户订单，也有权拒绝并可以不做解释，代理人对此不得要求佣金。但对于代理人在授权范围内按委托人规定的条件与客户订立的合同，委托人应保证执行。

委托人的义务：委托人须维护代理人的合法权利，按协议规定支付佣金。在独家代理的条件下，委托人须保证代理人的专营权。由于委托人的责任给代理人造成的损失，委托人应予以补偿。委托人有义务向代理人提供广告资料，包括样本、样品目录等推销产品所需的材料。对于代理人代表委托人对当地客户的违约行为进行诉讼所付出的费用等，委托人应给予补偿。

（6）代理人的佣金条款。佣金是代理人取得报酬的主要形式，合同中的佣金条款通常包括：代理人索取佣金的时间、佣金率、计算佣金的基础、佣金的支付方法等。

代理人有权索取佣金的时间：一般做法是，只要代理人履行了其代理职责，即有权收取佣金。佣金的结算时间因不同的合同而异。

佣金率：佣金率的大小直接关系协议双方的利益。因此，在协议中必须明确约定佣金率，一般为1%至5%不等。

佣金计算的基础：计算佣金的基础可以有不同的做法。有的以实际出口商品数量为基础；有的以发票总金额作为基础；还有的以FOB总值为基础。不论采取何种方法都应该在合同中事先规定好。

佣金的支付方法：佣金的支付有不同的做法。有的可按约定时间根据累计的销售数量或金额汇总支付，有的则在委托人收汇后逐笔结算或从货价中直接扣除。

（7）不可抗力和仲裁条款。

（8）协议的终止。代理协议终止的情况分为：代理协议期限届满；双方协商同意不再行使现行协议中规定的权利和义务；一方单方面要求终止协议。

造成后面两种情况的主要原因是：一方未能履行协议规定的义务，构成违约，并在接到对方要求纠正的通知后若干天内未能加以纠正；由于发生了符合协议中不可抗力条款所规定的人力不可抗拒的意外事件，造成协议落空；委托人或代理人死亡、失去能力或破产。

四、采用代理方式应注意的问题

1. 慎重选择代理人

选择代理人要考察其资信情况、经营能力及其在代理地区的商业地位，为了防止独家代理垄断市场或经营不利等情况出现，最好在代理协议中规定终止条款或索赔条款。

2. 订好代理协议

代理协议是规定双方权利和义务的法律文件，对双方都有约束力。慎重选择代理商品范围，依据出口企业经营意图、代理商规模、经营能力、资信等合理确定代理的区域和权限，要注意考虑代理人的经营能力、经营规模、销售网络，还有地区的政治情况、地理交通条件以及市场差异程度等因素。

3. 合理确定代理期限

授予代理权的期限不应太长或太短，如果期限太长，则在代理人不积极推销时，供货商无法终止合同而会陷入被动；如果期限太短，则代理人会不愿意积极开拓市场。

五、经销与代理的区别

1. 当事人的关系不同

经销方式中经销商与出口商之间是买卖关系；而代理方式中代理人与委托人之间是委托代理关系。

2. 承担的风险不同

经销方式下经销商需自筹资金购买货物，自担风险、自负盈亏；而在代理方式中代理人一般只收取佣金，只负责推销商品，不占用资金，不担风险，不负盈亏。

3. 经营目的不同

经销方式下经销商自购自销，赚取利润；在代理方式下代理人赚取的是佣金。

4. 履行合同的义务不同

经销方式下经销商自行承担履行购货合同规定的义务，在买进商品时自开信用证或以其他方式自付货款；代理方式下代理人只负责推销商品，收取佣金，合同履行则由实际卖主和买主负责。

◆ 本章小结

经销的种类包括独家经销和一般经销。经销协议的主要内容包括：经销商品的范围、经销地区、经销的期限、经销的数量与金额、专营权、作价办法、协议的延长和提前终止条款以及其他义务。根据委托人授权权限的大小，可将代理分为总代理、独家代理和一般代理三种。经销和代理的区别主要为：当事人的关系不同、承担的风险不同、经营目的不同、履行合同的义务不同。

◆ 复习思考题

1. 简述经销的含义与性质。
2. 一般代理与独家代理的主要区别有哪些？
3. 简述经销与代理的区别。
4. 采用经销和代理方式出口应分别注意哪些问题？

◆ 延伸阅读

独家经销引起的纠纷

请扫二维码阅读

第二十四章
CHAPTER 24

寄售与拍卖

学习目标

通过学习本章,要求掌握:
1. 寄售与拍卖适用的产品类型。
2. 采用寄售与拍卖交易时应注意的问题。
3. 寄售与拍卖各自的特点。
4. 拍卖的出价方式与拍卖程序。

引导案例

2018年年底,上海外贸公司N与日本J公司签署寄售协议出口农产品。协议约定:每两周交一批货,寄售手续费为销售额的8%,协议期为6个月。业务操作中,货物的进口清关手续由J公司代为办理,并垫付所产生的税费,所垫付费用日后在货物销售款中扣减。

2019年3月中旬,N公司价值40万元人民币的货物在上海完成装船。次日,日本发生强烈地震。3日后,货轮抵达日本东京港。地震的巨大灾害以及影响波及全日本,考虑到该批产品将面临销售困难,J公司不予清关提货,并建议N公司将此批产品运回。考虑到在没有其他销售渠道的情况下货物运回的费用损失,N公司未接受J公司建议,随即通知承运人将货物暂存东京港口仓库,希望地震灾害影响很快过去。

但至3月底,灾害影响日益严重,货物的市值一再下跌,该批货物已经完全丧失商业价值。N公司最后无奈对该批货物做了弃置处理,并赔偿了承运人善后处理货物垫付的仓储费、垃圾清理费、劳务费以及海运费等共计12万元人民币。

案例思考

N公司应从该业务中吸取哪些教训?采用寄售方式出口应注意哪些问题?

第一节 寄 售

一、寄售的含义与性质

寄售是指出口人即委托人先将货物运往寄售地，委托国外一个代销人即受委托人，按照寄售协议规定的条件，由代销人代替委托人在当地市场上进行销售，货物出售后，由代销人扣除佣金和其他费用将货款交付给委托人。

寄售业务中，寄售人与代销人是一种委托代销关系。寄售业务是按照寄售人与代销人签订的寄售协议进行的。寄售所得货款由代销人在扣除佣金和有关费用之后，通过银行支付给寄售人。寄售人同代销人之间并不是买卖关系，代销人根据寄售人的委托照管货物并按寄售人的批示出售货物。

二、寄售的特点

1. 寄售人与代销人是委托代销关系

代销人在寄售人的授权范围内，以自己的名义出售货物，收取货款，执行与买主订立的合同。

2. 寄售是凭实物进行买卖的现货交易

它是由寄售人先将货物运至寄售地市场，然后再经代销人向当地买主销售。

3. 代销人不承担寄售的风险和费用

寄售货物在售出之前的所有权属于寄售人，一切风险和费用由寄售人承担。在寄售方式下，代销人不承担任何风险和费用，只收取佣金作为报酬。

三、寄售方式的优缺点

1. 寄售方式的优点

采用寄售方式可以在当地市场出售现货，有利于卖方根据市场的供求情况掌握销售时机、提高商品的竞争能力。货物与买主直接见面，买主可以看货成交，随时采购，对开辟市场、推销新产品有一定作用。代销人不承担风险和费用，一般无须垫付资金，多销多得，有利于促进其经营积极性。

2. 寄售方式的缺点

寄售方式对出口方来说，风险较大，费用较多，资金容易积压，不利于资金周转。出口人不能直接控制货物，一旦代销人不履行协议，可能遭受货款两空的危险。货物出售前的一切费用开支都由出口方承担，负担较大。一旦货物滞销，需要运回或转运其他口岸，出口商将遭受损失。

四、寄售协议的主要内容

寄售协议是寄售人与代销人为了明确双方权利、义务和有关寄售条件签订的协议。寄售协议的主要内容如下。

1. 协议双方的关系条款

一般在寄售协议中要明确委托人与代销人之间的关系，明确阐明代销人是以代理人的身份办理寄售业务，寄售商品在未售出之前，仍属委托人。代销人出售商品之后，一般应以自己的名义向买主收取货款，处理争议甚至进行起诉等，所有费用应由委托人偿付。委托人有权监督代销人执行寄售协议中的各项条件。

2. 寄售商品的价格条款

该条款主要规定寄售商品的作价方法，通常有以下三种方法。

（1）规定最低售价。这是指由寄售人事前规定最低限价，代销人只有不低于限价才能出售。这种方法虽然比较慎重，但对代销人约束较大，如果遇到市场处于不断下跌情势，由于代销人不能随行就市定价，可能失去销售时机。

（2）随行就市。代销人可以自由代替委托人出售货物，在价格上不做限制，但其售价应当不低于当地市价。这种方式主要用在代销人商业信誉较高或寄售人对代销人比较信任或商品滞销的情况。

（3）由寄售人掌握价格。代销人随时将市场价格向寄售人报告，寄售人确定后自行报价销售。这种做法一般由寄售人定出一定时期的限价，方式较为灵活，使用也较普遍。

3. 费用和佣金条款

由于寄售方式下代销人仅收取佣金，原则上寄售中所发生的各项费用均由出口商承担。出口商支付给代销人的佣金，其佣金率应根据商品的不同情况和批量等因素来确定。支付通常是由代销人在货款中自行扣除。

4. 货款结算条款

双方可在合同中约定寄售货物的货款应于何时和采用何种方式结算。从付款时间来说，通常是先出后结，即在货物出售后结算，但经双方同意，也可以由代销人先预付一部分货款，至于预付多少，可由双方在合同中约定。从付款方法来说，对于先出后结，一般由代销人汇付给寄售人。如属预付一部分货款，一般可采用信用证或托收方式。有关付款时间和方法等内容均应在合同中阐明。对于大宗寄售货物，货主可以与代销人签订保售协议，以确保货款的安全。

5. 协议双方当事人的义务条款

代销人的义务主要有：提供储存寄售商品的仓库，雇用工作人员，取得进口商品的许可证；保证货物在仓库存放期间的品质和数量完好无损，如货物发生损失、灭失等现象，代销人应负赔偿责任；代垫寄售商品在经营、仓储期间所发生的一切费用，对寄售商品办理保险；进行广告宣传或提供售后服务；及时向委托人反馈市场信息。

委托人的义务主要有：按质、按量、按期提供寄售商品；偿付代销人在寄售过程中所垫付的费用。

五、采用寄售方式应注意的问题

1. 选择适当的寄售地点

要了解寄售地同类商品的供求情况、销售渠道、消费习惯、当地政府对外贸的管理制度、外汇管制、税收办法和市场管理等。一般应选择商品进出与外汇转移比较方便和税收、费用较低的地区作为寄售地点比较合适，如自由港或自由贸易区等。

2. 选择可靠的代销人

由于寄售是先出运、后成交和售货后收回货款，所以代销人合适与否，对寄售人有切身的利害关系。因此，对于代销人的资信、经营推销能力、社会地位等也应有透彻的了解。

3. 选择适销对路的商品作为寄售商品

一般应该选择当地市场有销路而又难凭样成交的商品或者是一些名优产品与新商品，作为寄售商品。对品质、规格、包装不适应当地市场需求的商品或滞销商品，不适用于寄售。

4. 适当掌握寄售商品的数量

应根据商品销售情况和市场容纳量大小来决定寄售商品的数量。若寄售商品的数量较少则不足应付当地市场的需求；若数量较多，则一旦积压需支付大量的仓租、保险等费用；如若需要回运，还要支付较多的运费。

5. 注意收汇安全

为了确保收汇安全，除不宜选择外汇管制严格或外汇短缺的国家或地区作为寄售地外，还应要求代销人提供银行保函。

6. 订好寄售协议

寄售协议关系到双方当事人的权利和义务，因此，在寄售协议中，对价格条款和佣金给付以及费用的负担等事项均应明确规定。

第二节 拍　　卖

一、拍卖的含义及特点

拍卖是由经营拍卖业务的拍卖行接受货主的委托，在规定的时间和场所，按照一定的章程和规则，以公开叫价的方法，把货物卖给出价最高的买主的一种现货交易方式。通过拍卖成交的商品，大多是难以标准化、易腐坏、不能长期保存或有拍卖习惯的商品，例如羊毛、茶叶、烟草、水果、裘皮及古玩和艺术品等。

拍卖具有以下几个特征。

（1）拍卖是一种公开竞买的现货交易，必须有两个以上的买主参与竞争。它实际上是由众多竞买人事先看货，然后在规定的时间、地点对目的标的进行公开竞价，最终由价高者"获得"的一种交易方式。

（2）拍卖是在一定的机构内有组织地进行的，是一种中介服务性质的交易方式。一般情况下，拍卖都是在拍卖中心或拍卖行的统一组织下进行，即在拍卖活动中，委托人不是直接把拍卖标的转让给买受人，而是通过拍卖行的中介服务来实现。拍卖机构可以是公司或行业协会组成的专业拍卖行，也可以是货主临时组织的拍卖行。

（3）拍卖具有自己独特的法律和规章。许多国家对拍卖业务有专门的规定。各个拍卖机构也订立了自己的章程和规则，拍卖时采用交易磋商程序和方式以及最终合同的成立和履行等方面也受拍卖自身规则的约束。

（4）参与拍卖的买主，通常须向拍卖机构缴存一定数额的履约保证金。买主在叫价中，若落槌成交，就必须付款提货，不付款提货，拍卖机构则会没收其保证金。

（5）拍卖机构为交易达成提供了服务，需要收取一定的佣金。佣金的多少没有统一的规定，这要根据当地的习惯或按行业的规章加以确定。

二、拍卖的出价方式

1. 增价拍卖，又称英国式拍卖

它以拍卖人宣布的起价为基点，每档加价幅度由拍卖人现场确定，由竞买人由低至高、依次递增叫价，竞买人可超档加价但不能低于一档，最后以高于底价的最高应价落槌成交。增价拍卖一般都是有声拍卖，需要竞买人口头叫出自己的价格，但有时也使用竞价牌、手势、表情或其他信号代替口头报价。该方式的魅力在于，竞买人有机会对别人的报价做出反应进而调整自己的价格，以达到最优的报价。增价拍卖主要用于具有极高收藏价值、观赏价值或研究价值的文物、艺术品等，是国际贸易中应用最为广泛的一种拍卖方式。

2. 减价拍卖，又称荷兰式拍卖

它是由拍卖人宣布拍卖标的的起拍价，即预估的最高价，然后依次递减，直到有竞买者认为已经低到可以接受表示买进为止。这样，在减价拍卖中，第一应价人往往是最后的买主，这也构成了减价拍卖的一大特点。减价拍卖主要应用于易腐败变质或难以久存的商品，如水果、蔬菜、鱼类、鲜花、烟草等。

3. 密封递价拍卖，又称招标式拍卖

采用这种拍卖方式时，拍卖人事先公布拍卖物品的具体情况和拍卖条件，然后由竞买人在规定的时间内将应价密封递交给拍卖人，由拍卖人在事先确定的时间公开开标或不公开开标，经比较后选择成交人。与前两种方式不同的是，密封递价拍卖主要应用于政府债券、库存物资以及海关查封物资等的拍卖。

4. 双重拍卖

卖家和买家向拍卖人同时递交价格和数量，拍卖人把卖家的要约从底价开始逐步递增，把买家的要约从高价开始逐步递减，在递增和递减的过程中，将买方和卖方进行匹配，直到要约提出的所有出售数量全部找到买家。双重拍卖分为开放出价双重拍卖和密封递价双重拍卖，双重拍卖在证券交易和初级农产品交易中很常见。

三、拍卖的一般程序

1. 准备阶段

这是拍卖过程中非常重要的环节，参加拍卖的货主先要把货物运到拍卖地点，委托拍卖行进行挑选、分类、分级，并与拍卖行订立委托拍卖合同，合同内容主要有：双方当事人的名称、地点，拍卖的货物名称、规格、数量、质量，拍卖的时间、地点，拍卖品的交付时间、方式，佣金及其支付的方式、期限，价款的支付方式、期限内违约责任以及其他事项。

拍卖行负责编印拍卖目录。在拍卖目录中，一般要列明商品的种类、每批货的号码、等级、规格、数量、产地、拍卖的次序及拍卖条件。拍卖目录需提供给参加拍卖会的买主作为指南。

拍卖行在拍卖前一段时间要发布拍卖公告，公告的主要内容包括：拍卖时间、地点，拍卖的标的，拍卖标的的展示时间、地点，参与竞买须办理的手续，其他事项。

准备拍卖的商品都存放在专门的仓库，在规定的时间内，允许参加拍卖的买主到仓库查看货物，有些还可以抽取样品。查看货物的目的是使买方进一步了解货物的品质状况，以便按质论价。

2. 定价阶段

拍卖人一般在买主看货之后和正式拍卖之前，与货主一起分析市场情况并讨论价格方案，作为拍卖的叫价依据。

3. 正式拍卖阶段

拍卖会在规定的时间和地点开始，并按照拍卖目录规定的先后顺序进行。

拍卖主持人又叫拍卖师，作为货主的委托人掌握拍卖业务的进行。拍卖一般多采用由低到高的增价拍卖方式。增价拍卖可以由竞买人喊价，也可以由拍卖人喊价竞买人举牌应价。货主对于要拍卖的货物可以提供保留价，也可以无保留价。对于无保留价的，拍卖主持人在拍卖开始前要予以说明；对于有保留价的，竞买人的最高价未达到保留价时，主持人要停止拍卖。

4. 成交和看货阶段

买卖成交后，拍卖行的工作人员交给买方一份销售确认书，由买方填写签字后，即成为拍卖合同的书面依据。

拍卖商品的货款一般用现汇支付。在成交时，买方一般支付货款金额的一定百分比，其余部分尽快支付。货款付清后，货物的所有权也随之转移，买方即可凭拍卖行出具的栈单或提货单，在规定的期限内，持仓库交货文件到指定仓库提货。在仓库交货之前，拍卖人控制着货物，有义务妥善保管货物，并且在买方未付清货款之前，有权拒绝交货。

四、采用拍卖方式应该注意的问题

1. 选择适合拍卖方式的商品

不同的拍卖中心有拍卖不同商品的习惯。一般情况下，要选择一些销售量较大、销路较好的或竞争力较强的商品参与拍卖。

2. 确定适当的基准价格

拍卖方式的目的是要形成一个自由竞价销售的场所，定价过高不能成交，还要支付货物出运和仓储的费用以及拍卖费用。卖方可以根据自己的销售意图，事先通知拍卖主持人是否采用保留最低价格的做法。

3. 了解各个拍卖中心的习惯做法和规章制度

卖方要调查市场供货和价格水平，最后才能决定参加拍卖的商品种类、数量及拍卖基准价格，以争取扩大销路，取得卖得好价的效果。

4. 关于商品的品质

拍卖属于现货交易，是在买方看货之后成交，所以一般卖方对商品的品质问题概不负责。但如果货物存在隐蔽的缺陷，而且这种缺陷是凭借一般的查验手段不易发现的质量问题，则允许买方提出索赔。

5. 关于不利因素

对于拍卖过程中可能出现的不利因素，如拍卖费用较高、买主压价、拍卖人违背卖方的意愿等，要有相应的预防和补救措施。

◆ 本章小结

寄售是指出口人即委托人先将货物运往寄售地，委托国外一个代销人即受委托人，按照寄售协议规定的条件，由代销人代替委托人在当地市场上进行销售，货物出售后由代销人扣除佣金和其他费用将货款交付给委托人。寄售业务中，寄售人与代销人是一种委托代销关系。拍卖是由经营拍卖业务的拍卖行接受货主的委托，在规定的时间和场所，按照一定的章程和规则，以公开叫价的方法把货物卖给出价最高的买主的一种现货交易方式。拍卖的出价方式有四种：增价拍卖、减价拍卖、密封递价拍卖、双重拍卖。

◆ 复习思考题

1. 寄售的特点是什么？

2. 采用寄售方式出口应注意哪些问题?
3. 简述拍卖的一般程序。
4. 采用拍卖方式出口应注意哪些问题?

延伸阅读

茶叶出口拍卖

请扫二维码阅读

第二十五章 CHAPTER 25

招标与投标

💎 学习目标

通过学习本章，要求掌握：
1. 招标与投标的含义及作用。
2. 招标与投标的特点及方式。
3. 招标与投标活动的基本原则。

引导案例

肯尼亚某机场项目是三边工程，投标阶段仅凭几张图纸和可行性研究报告，采用 EPC 固定总价合同，标书要求执行欧洲及当地规范。某承包商在工程量的估算上，没有充分研究国际及当地设计规范，也没有调查该国同类项目的工程量经验数据，仅凭国内设计经验就完成了对工程量的估算，造成多项工程量与实际严重不符。例如：钢筋工程，投标时 130 千克/建筑平方米，取 1.2 的系数，但实际钢筋量达 240 千克/建筑平方米，仅直接造成的损失就达百万美元，而且无法进行索赔。另外，在设计标高上与业主沟通不力，造成与二期跑道标高（其他承包商）的矛盾，导致长期停工。在提供了解决方案重新开工后，却又面临材料，特别是钢结构的大幅涨价，当地货币贬值等问题，由于合同中没有相应的调价条款而蒙受了巨大损失。

资料来源：姜纪果. 国际工程投标分析及案例解读[J]. 中国招标，2014（21）：38-41.

案例思考

在该案例中，中国企业在招投标中有哪些不当的处理行为？中国企业在招投标过程中应该注意哪些问题？

第一节 招 标

一、招标的含义

招标（Invitation to Tender）是指为某项工程建设或大宗商品的买卖在一定范围内公开货物、工程或服务采购的条件和要求，邀请众多投标人参加投标，从中选择最优的报价者作为承包者或交易者的行为。招标的一般程序为：招标者刊登广告或有选择地邀请有关厂商并发出招标文件，提出准备招标的商品的品种、规格、数量及有关交易条件或提出招标工程项目及其要求和条件，邀请一些卖方或承包商在指定的时间、地点投标并按照规定程序从中选择交易对象。招标者必须按要求递交投标文件，然后在公证人的主持下当众开标、评标，以全面符合条件者为中标人，最后双方签订承包或交易合同。

二、招标的特点

与一般的交易方式相比，招标主要有以下三个特点。

（1）招标是由参加投标的企业按照招标人所提出的条件，一次性递价成交的贸易方式，双方无须进行反复磋商。

（2）招标是一种竞卖的贸易方式。

（3）招标是在指定的时间和指定的地点进行的，并事先规定了一些具体的条件，因此投标必须根据其规定的条件进行，如不符合招标所列的条件，则难以中标。

招标方式的优点就是可以摆脱众多的行政干预，扩大工程承包或商品买卖的范围，克服传统贸易方式业务范围狭小的弊端，能够从众多的竞争者中选择提供优质低价的产品或者最优质服务的承包商，从而实现采购商品或项目建设的最佳经济效益。

三、招标的方式

国际上采用的招标方式归纳起来主要有三类四种方式。

（一）竞争性招标

竞争性招标（International Competitive Bidding）是指招标人邀请几个乃至几十个投标人参加投标，通过多数投标人竞争，选择对招标人最有利的投标人达成交易，它属于兑卖的方式。采用这种做法时，招标人要在国内外主要报刊上刊登招标广告，凡对该项招标内容有兴趣的人均有机会购买招标资料进行投标。国际竞争性招标具体又可以分为公开招标及选择性招标。

1. 公开招标

公开招标（Open Bidding）是一种无限竞争性招标（Unlimited Competitive Bidding），采用这种方式时，招标人要在国内外主要报刊上刊登招标广告，凡对该项招标内容有兴趣的人均有机会购买招标资料进行投标。现在政府的物资采购大部分采用竞争性的公开招标办法。

2. 选择性招标

选择性招标（Selected Bidding），又称邀请招标，它是有限竞争性招标（Limited Competitive Bidding），采用这种做法时，招标人不在报刊上刊登广告，而是根据自己具体的业务关系和情报资料，由招标人对客商进行邀请，进行资格预审后，再由他们进行投标。

（二）谈判招标

谈判招标（Negotiated Bidding），又叫议标，它是非公开的、非竞争性的招标。这种招标由招标人物色几家客商直接进行合同谈判，如谈判成功，则交易达成。

（三）两段招标

两段招标（Two-stage Bidding）是指无限竞争招标以及有限竞争招标的综合方式，采用此类方式时，先采用公开招标，再用选择招标，分两段进行。

《中华人民共和国招标投标法》于1999年颁布，2000年正式实施，2012年根据《中华人民共和国招标投标法》实施以来的情况做了进一步的补充说明，推出了《中华人民共和国招标投标法实施条例》，该条例于2012年2月1日正式执行，2019年做了进一步的修改，形成了《中华人民共和国招标投标法实施条例》（2019年修订版），该条例覆盖的招标方式有两种，分别是公开招标和邀请招标。

公开招标是政府采购的主要采购方式，是指采购人按照法定程序，通过发布招标公告，邀请所有潜在的不特定的供应商参加投标，采购人通过某种事先确定的标准，从所有投标供应商中择优评选出中标供应商，并与之签订政府采购合同的一种采购方式。《中华人民共和国招标投标法实施条例》（2019年修订版）第八条规定："国有资金占控股或者主导地位的依法必须进行招标的项目，应当公开招标；但有下列情形之一的，可以邀请招标：（一）技术复杂、有特殊要求或者受自然环境限制，只有少量潜在投标人可供选择；（二）采用公开招标方式的费用占项目合同金额的比例过大。"

邀请招标也称选择性招标，是由采购人根据供应商或承包商的资信及业绩，选择向不少于3家的法人或其他组织发出招标邀请书，邀请其参加投标竞争，从中选定中标供应商的一种采购方式。

这两种招标方式的主要区别有：

第一，邀请对象不同。公开招标的邀请对象是不特定的法人或者其他组织；邀请招标的邀请对象是特定的法人或其他组织。

第二，通知方式不同。公开招标是通过在报刊、电子网络或其他媒体上刊登招标公告来吸引企业参加投标竞争；邀请招标是通过发放投标邀请书进行通知。

第三，竞争性程度不同。公开招标由于参与方较多，竞争激烈；邀请招标虽然有最低数量限制，不得少于3家，但是参与方还是较少，竞争较弱。

四、招标活动的基本程序

1. 招标前的准备

主要工作有确定招标机构、对招标的全过程进行全权管理、制定招标规则等。

2. 发布招标公告

招标机构做好招标的各项准备工作之后，应着手拟定并发出招标公告。招标公告的主要内容有招标项目名称以及项目情况介绍，招标开始的时间以及投标截止时间，招标方式，标书发售方法，招标机构或联系机构的名称、地址等。

3. 投标人资格预审

资格预审是指招标机构对申请参加投标的企业进行基本概况、信誉情况、技术水平、财务状况、经营能力等多方面的审查了解，以确定其是否有资格参加投标。

4. 发售招标文件

招标人在报纸或者互联网等公众媒体上发布招标公告，邀请不特定的法人或其他组织投标，或者以投标邀请书的方式邀请特定的法人或组织投标。

第二节 投 标

一、投标的含义

投标（Bidding）是指投标人应招标人的邀请，根据招标人发布的招标公告所列明的具体条件和要求，在规定的时间和地点，以填投标单的形式，向招标人发盘，争取中标。投标活动是对招标人的一种响应，是继招标活动之后的后续行动，与招标对应，因此招标与投标是一种贸易方式的两个方面。

投标的基本做法：投标人取得招标文件后，认真分析研究，编制投标书。投标书实质上是一项有效期至规定开标日期的发盘或初步施组编写，内容必须十分明确，中标后与招标人签订合同所要包含的重要内容应全部列入，并在有效期内不得撤回标书、变更标书报价或对标书内容做实质性修改。为防止投标人在投标后撤标或在中标后拒不签订合同，招标人通常都要求投标人提供一定比例或金额的投标保证金。招标人决定中标人后，未中标的投标人已缴纳的保证金即予退还。

二、投标的特点

投标人的报价属于发盘行为，所以报价对投标人在一定时间内具有约束力。这里所说的"一定时间"是指以下两种情况之一。

（1）对于所有的投标人而言，"一定时间"是指在投标项目开标之前，或在投标项目开标之后，招标人仍未正式宣布中标结果之前。因为在此期间任何投标人在理论上都存在着中标的可能性。

（2）对于已经中标的投标人而言，"一定时间"是指招标人正式宣布投标人已经中标，但中标人仍未与招标人签订合同和履行签约手续之前。

三、投标活动的基本程序

1. 研究招标书，购买招标文件

投标人在见到招标书后，应当首先认真研究招标书中所列内容，明确招标人的具体要求，

然后确定如何编制投标书，并且向招标人购买招标文件。

2. 编制投标文件

投标人根据招标文件编制投标文件，投标文件的内容必须符合招标人在招标文件中所列出的具体要求，并且须在指定的截止日期前递交招标人。

3. 提供保证金

为防止投标人在投标后撤销投标或中标后拒签合同，招标人通常要求投标人在投标时，提供一定比例或金额的投标保证金，保证金一般为报价的5%左右。投标保证金可以缴纳现金，也可由银行出具保函，有的国家还可使用备用信用证。招标人决定中标人后，未中标的投标人已缴纳的保证金即予退还。

4. 递送投标书

投标书应在招标书中规定的截止日期前送达招标人，逾期无效。

第三节　开标、评标与签订协议

一、开标与评标

（一）开标

在招标文件规定的时间和地点，邀请全部投标人或其代表到场的情况下，招标人或招标代理公开开启全部有效的投标书，并现场宣布投标人名称和投标书报价等。开标分为公开开标及秘密开标。公开开标是按照招标人规定的时间及地点，在投标人或其代理出席的情况下当众宣布文件内容。秘密开标是指没有投标人参加，由招标人自行选定中标人。招标人可按照自身需求决定开标方式。

（二）评标

评标或审评标书，就是招标人对投标书的贸易条件、技术条件及法律条件进行评审、比较，选出最佳投标人作为中标人。评标的基本原则是公正性、准确性和保密性，投标的评议程序都是保密的。评标委员会成员应当依照招标投标法及相关条例的规定，按照招标文件规定的评标标准及方法，客观、公正地对投标文件提出评审意见。招标文件没有规定的评标标准及方法不得作为评标的依据。

《中华人民共和国招标投标法实施条例》（2019年修订版）规定评标完成后，评标委员会应当向招标人提交书面评标报告和中标候选人名单，中标候选人应当不超过3个，并标明排序。国有资金占控股或者主导地位的依法必须进行招标的项目，招标人应当确定排名第一的中标候选人为中标人。排名第一的中标候选人放弃中标、因不可抗力不能履行合同、不按照招标文件要求提交履约保证金，或者被查实存在影响中标结果的违法行为等情形，不符合中标条件的，招标人可以按照评标委员会提出的中标候选人名单排序，依次确定其他中标候选人为中标人，也可以重新招标。

二、签订协议

一项招投标活动的最后阶段是签订协议,在取得评标结果之后,投标人与招标人就招标文件签署有关协议,并按照规定缴付履约保证金。这些协议条款与普通的商品买卖协议或承包项目的协议在实质上没有很大的区别,但国际贸易中有时也涉及运输方式或使用本国商船、本国劳工及工程项目的某些特殊条款。如果招标项目涉及贷款的,签订协议之后,协议需递交贷款人审批,经贷款人审批同意后,协议才能生效。

第四节　有关招标、投标的典型案例分析

案例 25-1

一招标机构接受委托以国际公开招标形式采购一批机电产品。招标文件要求投标人制作规格与单价两份投标文件,开标时先开规格标,对符合条件者再定期开价格标以确定中标者,共有 12 家企业投标。到了开标期先开规格标,经慎重筛选,初步选定 7 家,通知它们对规格标进行澄清,并将投标有效期延长两个月。7 家中有 4 家送来澄清函并同意延长有效期。另 3 家提出若延长有效期,将提高报价 10% 或更多,否则将撤销投标。招标机构拒绝了后 3 家投标机构的要求。到了价格标的开标日期,对仅有的 4 家开标后,却发现 4 家报价均过高,超过招标机构预定标底价格 30% 以上。招标机构无奈只得宣布此次招标流标,要重新招标。试分析此次招标失败的原因以及吸取的教训。

资料来源:吴百福.进出口贸易实务教程习题集[M].上海:上海人民出版社,2017.

【分析】

招标是指招标人发布招标公告,阐明拟采购商品的名称、规格以及数量或是拟兴建工程的条件与要求,邀请相关投标人按一定的程序在规定的时间、地点进行投标,最后选择对其最为有利的投标人达成交易的经济行为。所谓投标则指供应商或工程承包商根据招标公告的条件,在规定的时间内向招标人递价的行为。招投标与一般贸易的做法有所不同,采用该种方式,双方当事人不经过交易磋商程序,也不存在讨价还价,而是由各投标人同时、一次性报价,投标人中标与否主要取决于投标时的递价是否有竞争力。

本次国际招标失败的原因在于采用了分规格与价格两次开标的方法。一般来说,由于物资采购除所报的价格条件外,其他交易条件往往差别不大,而价格是区别投标优劣的主要标志。因此,物资采购的国际招标通常应该将规格与价格统在一起采用一次开标的方法。

第五节　国际招投标活动应该注意的事项

随着国际分工的进一步发展及各国经济相互依赖关系的日益加强,招标与投标在世界经济活动中的应用日益普遍。越来越多的国家将国际招标及投标看作改善本国进出口贸易的有效方式。世界各国进行招标的程序及条件基本相同,但由于各国的招标法令或传统习

惯的不同，各国的招标程序及条件也有一定的差异。在国际招投标活动中，应当注意以下问题。

1. 选择适当的招标方式

国际竞争性招标与有限国际招标相比，更能体现公开、公平、公正的原则，由于竞争较为激烈，在公开程度、竞争的广泛性等方面都具有较大的优势，适用范围也较为广泛，所以这种方式对招标人的益处是比较明显的。

2. 制定符合项目实际的招标文件

制定符合项目实际的招标文件是招标能够成功的关键。中标的投标人日后需要按照招标文件提供货物或服务，条件过高会增加采购成本，而条件太低又不能满足招标项目的要求。

3. 谨慎研究招标文件

投标人认真研究招标文件是招投标活动中的重要细节，要注意招标文件中带有"*"号的条款，如果"*"号条款没有满足，将直接导致废标。

4. 谨防腐败及欺诈

腐败及欺诈是危害招标工作公开、公平、公正的大敌。如果主管招标工作的领导以及参与评标的专家等人为了人情或私利左右评标工作，就会使招标人增加招标成本或采购到质量较次的产品和服务，这就是招标中的腐败。而招标的欺诈主要是指投标人之间私下里串通投标信息或提供虚假的商务及技术资料等不法行为，其结果可能使得中标后的合同无法履行或者提供的产品及服务质量较差。

5. 开立合格的投标保函

投标人在开立投标保函时需注意两个方面的问题。其一，投标书规定的投标保函条款勿随意更改；其二，投标保证期限的设置要适度，这个期限可以长于标书规定，但不能短于招标书所规定的保证期限。

6. 及时递交投标文件

一般招标文件都会要求投标人应当在招标文件规定的截止时间之前，将投标文件送达投标地点。招标人在投标截止时间以后提交投标文件将被拒绝或被当场废标。

◆ 本章小结

招标与投标是指招标人发布招标公告或招标邀请书，邀请潜在的或特定的投标人按照招标人编制的招标文件进行投标，出售货物、提供服务或承包工程，由招标人经过评标，确定评标最低价格或者条件对招标人最优越的投标人中标，并与之签订合同的行为。招投标活动具有竞争性、程序性、规范性等特点。在招投标活动中应遵循公开、公平、公正以及诚实信用原则。在国际招投标活动中，投标人要特别注意招标方式的特点、认真研读招标书、编写规范的投标书、开立合格的保函、及时提交投标书等细节问题。

复习思考题

1. 什么是招标？招标有哪些特点？
2. 什么是投标？投标有哪些特点？
3. 什么是开标与评标？
4. 开展国际招投标活动应该注意哪些事项？
5. 招标和投标活动的基本流程是什么？
6. 我国某水电站建设工程采用国际招标，选定国外某承包公司承包引水洞工程施工。在招标文件列出应由承包商承担税赋及税率，但在其中遗漏了承包工程总额3.3%的营业税，因此承包商报价时没有包括该税。工程开始后，工程所在地税务部门要求承包商缴纳已完工程的营业税92万元，承包商按时缴纳，同时向业主提出索赔要求。试分析承包商的索赔是否合理？

延伸阅读

国际招标公告举例及说明

请扫二维码阅读

第二十六章
CHAPTER 26

对销贸易

学习目标

通过学习本章，要求掌握：
1. 对销贸易的基本含义。
2. 对销贸易的产生及发展。
3. 对销贸易的作用。
4. 补偿贸易的基本业务流程。
5. 我国开展补偿贸易时应注意的问题。

引导案例

英国简氏集团公布的一份研究报告显示，发展中国家的军费开支及其武器进口需求的不断增长，预计将使全球军工企业2012～2022年在欧盟和美国以外的市场因军贸项目而承担的贸易补偿额累计高达940亿美元，其中超过半数由美国军工企业来承担，仅美国前5强军工企业，包括波音、通用动力、洛克希德·马丁、诺斯罗普·格鲁曼以及雷声公司就将承担高达420亿美元的补偿贸易额。

案例思考

世界补偿贸易快速发展的原因是什么？

补偿贸易项目，又称反投资项目，是国际军品贸易领域的常用贸易方式。一般是武器购买国依据本国法律要求，为完成国防采购及发展本国经济，强制要求武器供应商通过合同约定的方式，在军贸项目之外对武器购买国的工业项目进行投资。这种投资项目即为补偿贸易项目。所谓一体推进军贸及补偿贸易项目，即在开展军贸的同时拿出在目标市场开展补偿贸易的成熟方案。补偿贸易自20世纪80年代诞生以来逐渐成为军品出口大国向发展中国家推销武器的重要手段，被西方大国广泛使用。1992年，美国与瑞典为争夺与芬兰30亿美元的军火贸易，分别答应提供

100%及300%的补偿贸易。近年来随着军贸市场的逐步成熟,补偿贸易的形式及内容也有了新的发展,一些发展中国家逐渐通过本国立法的方式强制实施军贸补偿贸易,有的还在政府部门设立专门机构,负责监督补偿项目的执行及实施。以中东地区的沙特、阿联酋为例,这些国家的法律规定,承包商都必须在军贸合同约定之外再安排一定数额的补偿贸易项目。众多采购国家通过政策性立法以及一些强制性行政措施,确保军贸补偿项目的实施。这样做既是为了发展本土国防工业,发展独立的武器制造能力,应对地区安全威胁,减少对主导全球防务市场的西方大国的政治依靠,同时也是为了实现本国经济的多样化,确保区域威望,进而增加外交影响力。

第一节 对销贸易的基本形式

一、对销贸易的含义及特点

1. 对销贸易的含义

对销贸易(Counter Trade)也称对等贸易、反向贸易或互抵贸易,对销贸易是在古老的易货基础上发展起来的,概念较为宽泛,国际上并没有统一的解释。一般认为,对销贸易是一种以货物或劳务(包括工业产权及专有技术等无形财产)作为偿付货款手段的贸易方式。它将进口与出口结合起来,组成相互联系的整体交易,交易双方都互有进出并求得各自收支的基本平衡。

2. 对销贸易的特点

(1)对销贸易方式具有互惠的特点,将进出口结合起来,一方的出口必须以进口为条件。对销贸易的基本特征是,它以出口抵补或部分抵补进口为基本做法,其中一方在进口时不用或不完全用现汇支付,而是以向对方反向的出口来抵补或部分抵补进口所需款项。这一贸易方式对外汇储备不足的国家来说,有利于其保持国际收支的平衡。

(2)对销贸易涉及的先后两笔交易的金额不一定相等。将"Counter Trade"称为"对等贸易"或者"互抵贸易"有时会引起误会,因为在各种形式的对销贸易中,除贸易双方根据协议可以要求交易数额基本相等外,在一般形式的对销贸易中,交易双方所交换的商品数额往往相差悬殊。

(3)将商品交换与资本流动融为一体,将贸易活动与投资活动结合起来。对销贸易并不等同于易货,虽然对销贸易源自易货,它的各种交易形式都有易货的基本特征——商品交换,但对销贸易不是易货的简单再现,它早已将商品交换与资本流动融为一体,将贸易活动与投资活动相结合。

二、对销贸易的形式

对销贸易有多种形式,基本形式可以归为:易货贸易、互购、补偿贸易以及抵销。

1. 易货贸易

传统的易货贸易(Barter)一般是买卖双方各以等值的货物进行交换,既不涉及货币的支付也没有第三者介入，易货双方签订一份包括相互交换抵偿货物的合同，把有关事项加以确定。在国际贸易中，使用较多的是通过对开信用证的方式进行易货，即由交易双方先订立易货合同，规定各自的出口商品均按约定价格以信用证方式付款。先开立的信用证以收到、认可对方开出的等值或基本等值的信用证为生效条件。另外，国家间签订的换货清算协定实际上也扩大了易货贸易的范畴。根据协定规定，任何一方的进口或出口都由双方政府的指定银行将货值记账，在一定时期内互相抵冲结算，其差额有的规定结转下一年度，有的规定以现汇支付超过约定摆动额部分的差额。

2. 互购

互购（Counter Purchase）又称"平行贸易"或"回购"，它是指交易双方互相购买对方的产品。互购贸易涉及使用两个既独立而又相互联系的合同：交易双方先签订一个合同，约定由先进口国（往往是发展中国家）用现汇购买对方的货物（如机器、设备等），并由先出口国（通常是发达国家）在此合同中承诺在一定时期内买回头货；之后，双方还需签订一个合同，约定由先出口国用所得货款的一部分或全部从先进口国购买商定的回头货。互购不是单纯的以货换货，而是现汇交易并且不要求等值交换。

3. 补偿贸易

补偿贸易（Compensation Trade）是在信贷的基础上进行的，是指提供机器设备或交钥匙工厂的出口方，接受进口方以该机器设备或工厂生产的产品支付部分或全部价款的做法。有时双方也可以通过协议，由机器或设备的出口方购买进口方提供的其他产品。由于补偿贸易的做法比较简单并且有利于企业的成本核算，所以实际过程中使用较为广泛。所回购的商品一般在卖方市场销售或者用于制成品的生产，卖方对回购产品的质量也较为关心和重视。

4. 抵销

抵销（Offset）贸易是20世纪80年代开始盛行并不断发展的一种贸易方式。这种方式目前多见于军火和大型设备，如飞机等的交易。西方国家将它作为一种争夺大型工厂设备及技术许可交易的方法。它还可为西方国家的公司提供长期有保证的能源产品、原料或工业制成品，如果东道国实行外汇管制，也可用利润购买当地产品并出口取得外汇的方式实现利润汇回。从本质上看，这种方式是已突破商品交换的范围，进一步推动生产国际化进程的一种特殊方式。这种通过抵销贸易进行的投资还可进一步应用到旅游业、商业及其他能够获利的产业部门。应当指出，由于抵销贸易的客体往往是军火以及大型民用飞机，所以尽管这类交易的批次少，但涉及金额巨大，在对销贸易中占了相当大的比重。

三、对销贸易的产生、发展、作用及局限性

（一）对销贸易的产生

生产的发展推动着国际贸易的不断发展，一般来说，工业国需要从发展对销贸易的发展中国家进口原料、能源、农产品等初级产品，发展中国家需要从工业国家进口工业产品。但这类交换存在着一定的剥削性，一方面是工业制品与初级产品之间的不等价交换，另一方面

是工业国家向发展中国家倾销产品，同时通过设立种种贸易保护措施及各种非关税壁垒阻止发展中国家的产品进入本国市场，从而引起贸易的不平衡，造成发展中国家的贸易逆差。第二次世界大战后，许多发展中国家的债务越来越多。为平衡贸易额，发展中国家对对销贸易的需求日益强烈，近年来工业国家之间的对销贸易发展也较为迅速。

（二）对销贸易的发展

我国在1949年至20世纪80年代中期，对苏联、东欧各国以及朝鲜、越南、蒙古以及某些发展中国家的贸易，长期在政府间签订贸易协定的基础上，以记账方式进行。20世纪80年代后期开始才先后改为以现汇方式进行交易。在与欧美等发达国家和许多发展中国家的贸易中，为打破某些国家对我国实施的"封锁禁运"政策，维护国家的资金和货物安全，带动某些商品的出口，在20世纪50年代至70年代初的相当长的时间内，我们推行易货贸易。1951年我国政府曾先后颁布过《易货贸易管理暂行办法》及其实施细则。1978年我国企业把补偿贸易作为利用外资的方式之一开始采用，并根据项目的规模和重要程度将补偿贸易项目分为大型和中小型两种。大型项目是指在国民经济规划中与国家产业布局有关的，并由国家有关部门直接掌握的大型厂矿、农田水利、铁路、港口等重要建设项目。中小型项目则主要是指生产一般轻纺手工业产品、机电产品、中小型矿产品和某些农副产品的企业引进技术设备和必要的器材后进行生产，以生产的产品或其他产品作价偿还的项目。为了更好地开展补偿贸易，国务院继1978年颁发补偿贸易试行办法后，又于1979年9月颁布了《开展对外加工装配和中小型补偿贸易办法》。1981年7月8日国家进出口管理委员会颁发了《关于执行〈开展对外加工装配和中小型补偿贸易办法〉的几项规定》，对补偿贸易的范围、项目的审批程序、在补偿贸易期间免交税利和外汇结算等问题做了明确而具体的规定。

2019年2月5日，唐纳德·特朗普总统在国情咨文中明确要求国会支持批准《美国对等贸易法案》，这项特别立法由众议员肖恩·达菲在国会提出，是特朗普总统最新力推的贸易议程。《美国对等贸易法案》的主要目的是扩大美国行政部门对其他国家征收关税的权力，允许行政部门与其他国家谈判贸易协定，并在确定存在对美国商品销售产生负面影响的贸易壁垒时征收关税。这项立法草案，既有白宫贸易顾问彼得·纳瓦罗的积极推动，又有特朗普总统在国情咨文中明确提出要求国会支持和批准的指示，反映了特朗普政府的扩权冲动。但该法案的立法基础存在明显问题，违背了WTO所确立的关税互惠和最惠国原则，并未整体考虑经济体之间的贸易结构及其客观存在的合理性，使美国总统的单方面征税权利获得巨大扩张，使全球价值链的自然发展遭受不确定性的巨大困扰。

（三）对销贸易的作用

对销贸易是适应国际贸易在一定发展阶段的客观需要而逐步发展起来的，在促进世界经济增长以及国际贸易的发展中起到了积极的作用，具体如下。

1. 可在不动用或少动用外汇的条件下进行进出口贸易

对销贸易这种独特的交易方式，使一国在外汇支付能力缺乏时仍能保持或扩大进口，保持或扩大其对外贸易的规模。通过开展对销贸易，可以保持或增加一国的外汇储备，改善其国际收支状况。

2.吸引国外的资金和技术

对销贸易中，回购和抵销贸易等形式还具有吸引外国资金和技术的作用，它不仅可以用来促进某些产业或部门的技术提高和生产发展，同时也是除正常融资渠道外一国吸引外国资本流入的有效方法。

3.带动某些产业的产品出口

对发展中国家而言，通过对销贸易，可以促进本国产品特别是工业制成品的出口，改善本国出口商品结构，也在一定程度上打破发达国家的贸易壁垒。对发达国家而言，通过对销贸易，提供回购承诺、信贷或投资等条件，可以增强其市场竞争力，促进一些用现汇方式难以销售的产品、技术、设备的出口，并以优惠的价格取得所需战略物资、原材料和零部件等的长期、稳定的供应，对于维持和扩大本国的生产、就业具有显著作用。

4.发达国家之间采用对销贸易的形式，有助于建立更有效的产业合作

比如在专业技术的转移和投资项目的执行过程中，通过回购和抵销贸易等形式的对销贸易安排，确保合作各方的利益关系更趋密切和合理，从而形成更有效的合作形式。

5.对销贸易中商品定价具有灵活性和隐蔽性

对销贸易形式下，经济效益一般是进出口统括核算，以总体利益为目标。这时，进口和出口的商品价格是通过二者相对的比价体现的。在总体利益的条件下，提高进口商品的价格，就使出口商品价格相对降低，从而加强出口国的竞争力，比较隐蔽地补贴了出口。这种定价的灵活性成为促进出口的一种手段。

（四）对销贸易的局限性

对销贸易也有局限性，它给国际贸易中自由贸易的发展和市场机制的发挥带来一定的负面影响。对销贸易的消极作用，表现在其进出口结合的形式带有浓厚的双边性和封闭性。对销贸易以限制性的措施来冲破保护主义的壁垒，客观上却增强了保护主义。同时，在这种双边和封闭的模式下，市场机制的作用被削弱，决定贸易的主要因素不再是商品的价格和质量，而是回购的承诺，这就不是按最佳价格从最理想的市场购得最佳产品，也不是按理想价格把产品销往最佳的目标市场。此外，对销贸易方式下，作为回头货的商品经常与先出口方出口的商品无关。其结果是，由于先出口方不具有相关的专业知识和渠道，因此无法以最优的价格来出售这些回头货。这种模式可能使对销贸易难以实现最大的经济效益，对国际贸易格局和世界资源的合理配置产生消极影响。

第二节　对销贸易的重要形式：补偿贸易

一、我国的补偿贸易实践

正如第一节所述，补偿贸易是在信贷的基础上进行的，是指提供机器设备或交钥匙工厂的出口方，接受进口方以该机器设备或工厂生产的产品支付部分或全部价款的做法。补偿贸

易是我国企业采用的最常见的对销贸易方式，补偿贸易具有以下特征。第一，信贷是不可或缺的前提条件。在实际业务中，信贷可以表现为多种形式，但大量运用的是商品信贷，即设备的赊销。第二，回购承诺是必备条件。在补偿贸易中，设备供应方必须同时承诺回购进口方的产品或劳务。

在我国开展的补偿贸易中，按照用来偿付的标的的不同，补偿贸易又可以分为以下三类。

1. 直接产品补偿

双方在协议中约定，由设备供应方向设备进口方承诺购买一定数量或金额的由该设备直接生产出来的产品。这是补偿贸易最基本的做法，但是这种做法有一定的局限性。它要求生产出来的直接产品及其质量必须是对方所需要的，或者在国际市场上是可用的，否则不为对方所接受。

2. 其他产品补偿

当交易的设备本身不生产直接产品，或设备所生产的直接产品非交易另一方所需，或在国际市场上不好销售时，可由交易双方进行协商，设备供应方回购其他产品进行代替。

3. 劳务补偿

这种做法常见于同来料加工和来件装配结合的中小型补偿贸易。交易双方通常会根据协议，由对方代我方购进所需的技术、设备，货款由对方垫付。我方按照对方的要求进行加工生产，然后从应收的工缴费中扣还所欠货款及利息。

二、补偿贸易业务的基本流程

一般来讲，补偿贸易的业务流程大致可以分为以下三个阶段。

1. 准备阶段

从引进设备、技术和劳务的一方来说，首先要做好可行性研究，其中最主要的是引进项目的建设条件是否具备，例如所需的土地、劳动力资金、生产与管理技术必须能够落实；对项目的投资效果要进行估算，应保证有相当的经济效益；产品主要销往国外市场的，销路要有保证等。在进行可行性研究的基础上，才能确定引进项目，然后按规定报请主管部门审批，获准后再进行具体的前期工作安排。在可行性研究中，对项目的投资效果的估算是最重要的内容，是决定取舍的中心问题。估算补偿贸易的经济效益可从外资可偿期、外资总收益率、人民币资金换汇率和企业利润率四个方面进行核算。外资可偿期用以反映以利润偿还为标准的项目补偿能力。外资可偿期越短，表明补偿能力越强，反之则越弱。如果可偿期超过进口设备的服务年限，则该项补偿贸易对本国并无经济利益，这是不可取的。

2. 对外磋商阶段

对外磋商是指双方就补偿贸易合同的主要条款进行具体磋商，以便明确双方的权利及义务。补偿贸易磋商的主要内容包括：引进设备的性能、设备价格、后续零配件的供应及操作、维修人员的培训、支付条件、偿还期限、销售地、索赔等。在有些补偿贸易项目谈判中，有些外商不愿以卖方信贷方式签订合同，还有的国家规定技术设备卖出后必须取得部分现汇，不许全部延期付款。这就要求补偿贸易项目的磋商谈判人员要根据具体情况灵活处理。

3. 签订合同阶段

签订合同是指根据磋商达成的一致意见签订书面合同，以便有关双方据以执行。补偿贸易签订的书面合同一般有三种：补偿贸易协议；设备（或/和技术、劳务）的进口合同；补偿产品出口合同。其中补偿贸易协议是一笔具体交易的基础，及连接进口机器设备（或/和技术、劳务）与出口补偿产品两个合同的纽带。它规定了进行补偿贸易的总原则及一般条件。具体进出口商品的规格、数量及价格、交货时间等内容则在进出口合同中分别做出安排。简单的补偿贸易也有只签订补偿贸易协议，而不再另签进出口合同的情形。此外，还有在双方开始磋商时或在磋商过程中，先只是签订补偿贸易意向书，但在一般情况下，这不是正式合同，对双方不具有约束力。如果使用银行信贷，还要与银行签订贷款协议。

三、补偿贸易的局限性及应注意的问题

在国际贸易发展的历史中，不少国家借助补偿贸易突破了支付货币短缺的约束，扩大了双边贸易规模，促进了国际贸易及双边经济发展。但在现实中，补偿贸易也存在一些缺陷及应注意的问题。

1. 补偿贸易的局限性

补偿贸易的局限性如下。

（1）补偿贸易一般只适用于工业产品的贸易，但要在国际市场已趋于成熟、稳定的工业部门开展补偿贸易仍较为困难。

（2）在信贷基础上通过赊销购进的机器设备一般不具有很强的先进性，只是涉及比较先进的适用技术。

2. 我国开展补偿贸易时应注意的问题

我国开展补偿贸易时应注意的问题如下。

（1）进口的机器设备要有利于发挥我国的资源及劳动力优势，且污染可控同时能增加外汇收入。

（2）要争取以设备生产的制成品或其他制成品补偿，若必须用资源类产品补偿，则必须是我国资源丰富或自用有余的，同时不能影响国内同类产品的补偿。

（3）要选择资信较好且经营能力强的客户对象，进口的设备、技术及劳务的价格要比较合理，信贷条件比较优惠。

（4）签约时要妥善规定返销产品的作价原则、返销时间。返销金额不仅要覆盖本期价款而且要覆盖延付期的利息费用。

（5）开展补偿贸易要尽量使用出口国的出口信贷，可以采用对开信用证、银行保函、汇

付与托收等方式,但必须贯彻先收后付的原则。在选择计价货币时,优先选用币值比较稳定的货币,同时订立外汇保值条款。

(6)补偿偿还期限一般宜短不宜长,但如果补偿产品在国际市场上畅销,价格趋涨且涨幅超过利率幅度的,则允许长一些的偿还期。

(7)开展多边补偿时,当承担回购义务的第三方不能履约时,应该规定设备的进出口方必须分别承担相应的责任。

四、关于补偿贸易的典型案例分析

📁 案例 26-1

我某公司与外商洽谈一笔补偿贸易,外商提出以信贷方式向我方提供一套设备并表示愿意为我方代销产品。根据补偿贸易的要求,你认为我方是否能够接受?为什么?

【分析】

这一条件不能接受。信贷是进行补偿贸易必不可缺的前提条件。在一般的补偿贸易中设备供应方必须同时承诺回购设备进口方的产品或劳务,这是构成补偿贸易的必要条件。在本案例中,外商作为设备供应方只承诺为我方代销产品,并没有承诺回购,这不符合补偿贸易的条件,因此我方不能接受。

❖ 本章小结

对销贸易是在易货贸易的基础上发生并发展起来的,是一系列将进口、出口两笔交易结合起来的在互惠基础上进行贸易的做法。对销贸易包含复杂的内容及操作形式,在国际贸易中有重要的作用。在当今经济全球化的不确定环境下,对销贸易作为一种重要的营销工具,更是作为许多国家、跨国公司以及企业的整体战略选择、风险规避等的手段之一而发挥重要作用。补偿贸易是对销贸易中的重要形式,具有特有的补偿方式及业务流程。我国开展补偿贸易需要综合考虑一些经济及非经济因素。

❖ 复习思考题

1. 什么是对销贸易?
2. 对销贸易有哪些形式?
3. 对销贸易在国际贸易中的作用有哪些?
4. 补偿贸易业务的基本流程是什么?
5. 我国开展补偿贸易常用的补偿方式有哪些?
6. 我国开展补偿贸易时应注意哪些问题?
7. 某公司计划以补偿贸易方式从国外进口渔轮,希望用直接产品鱼品偿付渔轮进口价款。但国外渔轮出口公司建议我国公司先出口鱼品积存外汇,在达到一定金额后,即用以购买新渔轮。于是该国内公司向主管部门提出补偿贸易优惠待遇申请，但遭到拒绝。请问：

（1）国内主管部门的拒绝是否合理？

（2）该公司应怎样开展这一补偿贸易？

◆ 延伸阅读

新兴市场国家需要"对等贸易"新理念

请扫二维码阅读

第二十七章 CHAPTER 27

加工贸易

学习目标

通过学习本章，要求掌握：
1. 加工贸易形式的含义。
2. 来料加工的基本流程。
3. 来件装配的基本流程。

引导案例

2015 年 7 月 5 日，当事人某加工贸易企业在海关办理来料加工登记手册，进口塑料粒子 108 M/T。同年 12 月，当事人接到公司内销订单，由于库存内销原料不能满足订单生产需要，当事人遂于 2015 年 12 月 15 日～2016 年 1 月 17 日将登记手册项下的 144 M/T 库存 ABS-FR 染色塑料粒子用于内销产品的生产，并于 2015 年 12 月 29 日将以上 144 M/T 塑料粒子的外销转内销情况向商务部提出申请并获批准，但未报请海关核准并征税。截至海关核查期间，以上共计 144 M/T ABS-FR 染色塑料粒子已制成成品入库，其中 47.069 M/T 已销往国内。

根据《中华人民共和国海关法》第八十六条第（十）项及国办发〔1999〕35 号文的规定，当事人擅自转让海关监管货物，已构成违反海关监管规定的行为。根据《中华人民共和国海关行政处罚实施条例》的有关规定，事后当事人被处罚款人民币 20 万元整，并责令其补缴税款 62 万元。

案例思考

这一案例对我国企业开展加工贸易有什么启示？

第一节　我国加工贸易发展的基本概况

改革开放以来，我国加工贸易经历了从无到有、从小到大的历史性变革，成为我国对外贸易的重要组成部分。我国的加工贸易主要分为三个阶段。

一、来料加工阶段（1978～1987 年）

1978 年党的十一届三中全会，中国开始实行对内、对外的改革政策。1978 年 7 月，国务院发布《开展对外加工装配业务试行办法》，在广东、福建、上海等沿海地区试行一些特殊贸易政策，开展来料加工业务得到了政策的支持。1979 年 9 月，国务院发布了《发展对外加工装配和中小型补偿贸易办法》，根据该办法，加工装配业务主要是由外商提供一定的原材料、零部件、元器件，必要时提供某些设备，由我国工厂按对方的要求进行加工或装配，成品交给对方销售，我方收取工缴费。

二、进料加工发展阶段（1988～2000 年）

随着进料加工贸易的发展以及沿海地区发展战略的实施，海关总署及外经贸部（现商务部）分别于 1988 年 5 月、1989 年 7 月发布了《海关对进料加工进出口货物管理办法》及《对外经济贸易部关于加强进料加工复出口管理工作的通知》，加工贸易的保税制度在国家制度层面正式确立。1990 年 5 月，外经贸部又对 1989 年的审批办法进行了补充，指出进料加工复出口是"两头在外"的贸易方式，除 20 种需要加强宏观管理的商品须报外经贸部审批、凭批件向海关领取《进料加工登记手册》外，其余商品无须事先报批。1994 年税制改革后，对出口企业进料加工复出口货物开始实行退税，退税的计算公式是：

出口退税额 = 出口货物的应退税额 − 销售进口料件的应缴税额

销售进口料件的应缴税额 = 销售进口料件金额 × 税率 − 海关已对进口料件的实征增值税税款

实行"免、抵、退"办法计算退税的生产企业的计算公式为：

当期不予抵扣或退税的税额 = 当期出口货物离岸价 × 外汇人民币牌价 × （征税税率 − 退税率） − 当期海关核销免税进口料件组成计税价格 × （征税税率 − 退税率）

1995 年，国务院出台《关于对加工贸易进口料件试行银行保证金台账制度暂行管理办法》，标志着我国加工贸易政策重点已从 20 世纪 80 年代以扶持鼓励为主，转变为以调整结构、规范秩序、加快综合监管为主。1999 年，国务院批转了《关于进一步完善加工贸易银行保证金台账制度的意见》，台账管理演变成加工贸易企业分类管理、商品分类管理。1999 年，外经贸部发布第一批《加工贸易禁止类进口限制类商品目录》，加工贸易按进口商品划分为禁止类、限制类以及允许类，加工贸易企业划分为 A、B、C、D 四类，对生产不同类型商品的不同类型企业在银行保证金台账方面给予不同的待遇。为了避免加工贸易遍地开花带来的管理困难，2000 年，国务院批复了《海关对出口加工区监管的暂行办法》，同年，国家税务总局出台了《出口加工区税收管理暂行办法》，进一步落实区外企业向区内企业销售货物的出口退税政策。

为了避免加工贸易漫山遍野分布带来的管理困难，政府管理部门希望将加工贸易的"放养"变成"圈养"，2000 年，我国决定建立加工贸易的出口加工区，2000 年 4 月，国务院批复了《海关对出口加工区监管的暂行办法》，该办法指出设在已有的经济技术开发区内的出口加工区是海关监管的特殊区域，在加工区内外之间须设置符合海关监管要求的隔离设施及闭路电视监控系统。区内只能经营与加工贸易有关的仓储、运输、进口加工复出口等业务，区内企业开展加工贸易业务不实行银行保证金台账制度及《加工贸易登记手册》管理，对区内加工产品不征收增值税。对加工区从境外进口的货物，除区内企业及行政管理机构自用的交通运输工具、生活消费用品外，其余产品均予以免税。对加工区从区外购进的货物视同出口，除区内企业及行政管理机构使用的生活消费品、交通运输工具外，可以办理出口退税，对加工区往来的货物，按转关运输的有关规定办理。同年，国家税务总局出台了《出口加工区税收管理暂行办法》，进一步落实区外企业向区内企业销售货物的出口退税政策。

三、加工贸易结构调整转型（2001年至今）

2001年我国加入WTO后，加工贸易开始成为我国承接国际产业转移、参与全球分工的重要形式。机电产品及高新技术产品成为我国加工贸易主要产品类型，加工贸易也成为我国机电产品及高新技术产品出口的主要方式，进料加工成为主要加工贸易生产方式，珠江三角洲、长江三角洲等地区的产业集聚水平显著提高，成为我国加工贸易发展的重要区域。特别是2016年《国务院关于促进加工贸易创新发展的若干意见》发布以来，我国的加工贸易始终坚持稳中求进、着力推动转型升级、大力实施创新驱动、合理统筹内外布局、不断优化营商环境等原则，实现了以下可喜变化：一是产品技术含量及附加值提升，由低端走向高端；二是产业链延长，向生产制造与服务贸易融合发展方向转变；三是经营主体实力增强，由加工组装企业向技术、品牌、营销型企业转变；四是区域布局优化，逐步实现东中西部协调发展及境内外合理布局；五是增长动力转换，由要素驱动为主向要素驱动及创新驱动相结合转变。

第二节　加工贸易的基本形式

加工贸易（Processing Trade）是一种通过各种不同的方式，进口原料、材料或零件，利用本国的生产能力及技术加工成成品后再出口，从而获得以外汇体现的附加价值。也就是说加工贸易是以加工为特征的再出口业务，按照所承接业务特点的不同，常见的加工贸易方式包括：来料加工、进料加工、来件装配等。

一、来料加工

来料加工（Processing with Customer's Materials）是一种委托加工的方式，通常是指国外客户作为委托方，提供材料、辅料及/或包装物料，委托本国生产企业即加工业务承接方，以其厂房设备、技术及劳动，按照委托方要求的质量、规格以及款式等加工成成品后运交委托方，由委托方在国外进行销售的经营活动。在来料加工业务中，委托方对其所提供的材料、辅料及（或）包装物料以及加工成的成品具有所有权，承担原材料市场及成品销售市场的风险，承接方则按照约定收取工缴费（加工费）。来料加工业务体现了加工成本高昂的国家利用人工成本低廉国家的生产能力以降低成本、提高利润的经营策略。

二、进料加工

进料加工（Processing with Imported Materials）在我国又被称为"以进养出"，指本国经营企业与国外原材料、零部件供应商订立进口合同，以自有外汇在国际市场上购入国外的原材料、辅料、元器件或零部件，利用本国的技术、设备及劳动力，按照自己的设计加工成成品后，再行销往国外市场的经营活动。进料加工业务中，本国的经营企业既要与国外客户订立原材料、零部件进口合同，又要与国外客户签订成品出口合同。两个合同均以货物所有权的转移为特征，是两笔不同的货物买卖。在实际操作时，由于原材料采购及成品出口是分别进行的，其具体做法与单边进口、单边出口无异。进料加工贸易中，本国的经营企业自由性强，回旋余地大，只要经营得法，利润及创汇率就会提高，但要自担原材料采购市场以及成品销售市场的风险。

三、来件装配

来件装配（Assembling with Customer's Parts）是指由国外委托方提供零部件、元器件，有的还提供包装材料，委托本国承接方按其工艺设计要求进行装配，成品交还委托方处置，承接方按约定收取工缴费（装配费）的经营活动。在实际业务中根据需要委托方也可提供一些加工装配所需的机器设备，由承接方以工缴费补偿，这种做法属于对外加工装配结合补偿贸易的交易。

在我国，来料加工及来件装配常常混合使用，统称为对外加工装配业务。根据我国有关规定，来料加工是指："进口料件由境外企业提供，经营企业不需要付汇进口，按照境外企业的要求进行加工或者装配，只收取加工费，制成品由境外企业销售的经营活动。"而对外加工装配业务主要是指："外商提供全部或部分原材料、辅料、零部件、元器件、配套件和包装物料，必要时提供设备，由我方加工单位按外商的要求进行加工装配，成品交外商销售，我方收取工缴费，外商提供的作价设备价款，我方用工缴费偿还的业务。"

第三节　来料加工贸易

一、来料加工的定义及特点

来料加工贸易在我国又称作对外加工装配业务，广义的来料加工包括来料加工及来件装配两个方面。它是指由外商作为委托方，提供一定的原材料、零部件、元器件，由我方作为承接方，按照委托方的要求进行加工或装配，成品交由委托方处置，承接方按照约定收取工缴费作为报酬。

来料加工贸易与一般进出口贸易不同。一般进出口贸易属于货物买卖，来料加工虽有原材料、零部件的进口及成品的出口，却不属于货物买卖，因为原料及成品的所有权始终属于委托方，在一进一出的过程中并未发生转移，我方只提供劳务并收取约定的工缴费。因此，可以说来料加工这种委托加工的方式是以商品为载体的劳务出口，属于劳务贸易的范畴。按照《中华人民共和国民法典》第464条的解释，来料加工合同属于承揽合同。

二、来料加工贸易的作用

来料加工贸易对于委托方来说是利用承接方的低价劳动力降低产品成本，对于承接方而言则是以商品为载体的一种劳务输出。自从20世纪70年代末中国的经济特区成立以来，来料加工贸易发展迅速。对外加工装配业务也已成为利用外资的一种主要形式，发展迅速，加工装配贸易额已在中国的进出口总额中占据相当大的比重。

对承接方来说，开展来料加工贸易有利于发挥本国的生产潜力，补充国内原材料的不足，为国家增加外汇收入；有利于学习国外的先进技术及管理经验，提高生产技术及管理水平；有利于发挥劳动力众多的优势，增加就业机会，繁荣地方经济。对委托方来讲，来料加工贸易也可降低其产品成本，增强竞争力，并有利于委托方所在国的产业结构调整。

三、来料加工贸易合同

从结构上来说，来料加工贸易合同主要包括三部分：约首部分、本文部分以及约尾部分。约首及约尾主要说明订约人的名称、订约宗旨、订约时间、合同效力、有效期限、终止及变更办法等问题。本文部分是合同的核心内容，其中包括：加工产品名称、品质、规格、数量、交货期、损耗率、残次品率、加工费标准及金额、付款方式、保险、验收等。如果委托方融资为我方购进机器设备生产线等并在加工费中分期扣还其价款，承接方应在合同或协议中加入相应的条款，做出明确具体的规定。

1. 来料来件的相关规定

来料加工业务中，承接方能否按时、按质、按量交付成品很大程度上取决于委托方能否按质、按量、按时供料。因此，在合同中要明确规定来料来件的质量要求、具体数量以及到货时间。合同签订之后，任何一方不得擅自更改。为了明确责任，合同一般同时规定验收办法以及委托方若未能按规定提供料件的处理办法，以及未按时间到达造成承接方停工、生产中断的补救方法。

2. 对成品质量的规定

为了保证成品在国际市场的销路，委托方对成品的质量要求一般都比较严格，因此承接方在签订合同时，必须从自身的技术水平及生产能力出发，妥善规定品质指标，以免交付成品时发生困难，质量标准一经确定，承接方就要按时按质交付成品，委托方则根据合同规定的标准验收或由双方同意的检验机构进行检验并出具证明文件。为了保证产品质量，有时委托方也可派人到加工现场进行技术指导及生产监督。

3. 关于耗料率及残次品率的规定

耗料率又称原材料消耗定额，是指每单位成品消耗原材料的数额。残次品率是指不合格产品在全部成品中的比率。这两个指标如果定得过高，则委托方必然要增加成本，减少成品的收入；如果定得过低，则承接方执行起来就会遇到困难。在合同中规定这一条款时一定要做到公平合理并且留有余地，因为它直接关系双方的利害关系以及能否顺利执行合同。一般委托方要求耗料率不得超过一定的定额，否则由承接方负担；残次品率不能超过一定比例，否则委托方有权拒收。承接方可以要求委托方在提供原材料及零部件时，按照耗料率或残次品率的一定百分比增加供应数量，多出部分不计算在加工装配的成品数额中。

4. 关于工缴费标准的规定

工缴费是直接涉及合同双方利害关系的核心问题。由于加工装配业务本质上是一种劳务出口，所以工缴费的核定应以国际劳务价格为依据，并要具有一定的竞争性。承接方在对外谈判协商工缴费标准时，除了据理力争外还要有长远观点，对于产业层次较高且确有发展前途的项目，在开展业务的初期，工缴费可以定得低一点，随着生产技术的进步与质量的提高，再逐步提高工缴费标准。另外，还应结合市场行情、货币汇率等因素的变化适时调整工缴费水平。

5. 对工缴费结算方式的规定

来料加工业务中关于工缴费的结算方法一般有两种。一种是来料、来件及成品均不作价、单收加工费。采用这种方法时，多数是由委托方在承接方交付成品后通过汇付、托收或信用证方式向承接方支付加工费。另一种方法是对来料、来件及成品分别作价，两者之间的差额即为工缴费。采用这种方式时，承接方应坚持先收后付的原则，具体做法是：承接方开立远期信用证或以远期托收的方式对来料、来件付款，委托方以即期信用证或即期托收方式支付成品价款。承接方在规定远期付款的期限时，要注意加工周期、出口收款的所需时间并适当留有余地，这样可避免垫付外汇。

6. 对运输及保险的规定

来料加工业务涉及两段运输：原料运进及成品运出，须在合同中明确规定由谁承担有关的运输责任及费用。由于原料及成品的所有权均属于委托方，所以运输的责任及费用一般也应由委托方承担，但在具体业务中可灵活掌握，承接方也可代办某些运输事项。如规定由承接方支付某项运费，则应在工缴费中将该项运费包括在内。

来料加工涉及的保险包括两段运输险以及货物加工期间存仓的财产险。从法律上讲，承接方只承担加工装配，保险应归委托方负责。但从实际业务过程看，由承接方投保较为方便，有时委托方也会要求承接方代办保险，保险费可连同工缴费向委托方结算。如由承接方代办保险，双方还应约定保险险别、保险金额等条件。中国人民保险公司为适应来料加工业务发展的需要，开设了来料加工一揽子综合险，投保这一险别后，保险公司即承担了两段运输及存仓财产险。

7. 委托方提供设备及技术的规定

为了保证加工产品的质量，在有的来料加工业务中双方会约定由委托方在提供物料的同时，提供某些设备及技术，这些都需要在合同中做出明确的规定，机器设备除了要写明其名称、规格、质量、牌号、出厂地点、时间、价格外，还须明确是无偿提供还是有偿提供，如果有偿提供，要订明承接方偿还价款的方式及期限。若提供技术，除按一般技术转让要求外，还应规定国外委托方为国内承接方培训技术人员及派遣专家的名额、培训时间、专家工作时间以及相关费用的负担等具体事宜。

8. 关于商标及专利使用问题

商标及专利都属于工业产权，各国对所有人都制定了保护性法律，在加工贸易中经常遇到国外委托方要求国内承接方按特定商标、外形设计及规格指标进行加工装配生产，这些方面也应引起国内承接方的重视，为避免对他人的侵权，可要求委托方提供有关商标或专利的注册登记文件，或其他足以证明其有合法使用权的文件，或在合同中订明承接方是按照委托方来样图纸、配方及指定的商标进行加工装配及包装，如对第三方构成侵权，全部责任由委托方承担，承接方因此遭受的损失也应由委托方负责赔偿。

第四节　进料加工贸易

一、进料加工贸易的定义及其与来料加工的比较

1. 进料加工的定义

进料加工一般是指从国外购进原料，加工生产出成品再销往国外。由于进口原料的目的是扶植出口，所以又习惯称为"以进养出"。我国开展的以进养出业务，除了包括进口轻工、纺织、机械、电子等行业的原材料、零部件、元器件，加工、制造或装配出成品再出口外，还包括从国外引进农、牧、渔业的优良品种，经过种植或繁育出成品再出口。

2. 进料加工与来料加工的比较

进料加工与前面所讲到的来料加工有相似之处，即都是"两头在外"的加工贸易方式，但两者又有明显的不同。首先，来料加工在加工过程中均未发生所有权的转移，原料运进及成品运出属于同一笔交易，原料的供应者即成品的接受者；而在进料加工中，原料的进口和成品的出口是两笔不同的交易，均发生了所有权的转移，原料的供应者及成品购买者之间也没有必然的联系。其次，在来料加工中，我方不用考虑原料的来源及成品的销路，不承担商业风险，只收取工缴费，因此对于广大中小企业比较适合；而在进料加工中，我方是赚取从原料到成品的整个附加价值，要自筹资金、自寻销路、自担风险、自负盈亏，所以规模较小的企业开展进料加工有一定的难度。

二、进料加工贸易业务的模式

进料加工的具体业务模式归纳起来基本有以下三类。

（1）先签订进口原料的合同，加工出成品后再寻找市场及买主。这种做法的好处是进料时可选择适当时机，能在价格较低时购进且签订出口合同后就可尽快安排生产，保证及时交货，交货期较短。但采取这种做法要随时了解国外市场的动向，以保证所生产的产品能适销对路，否则产品无销路，就会造成库存积压，影响企业的经济效益。

（2）先签订出口合同，再根据国外买方的订货要求从国外购进原料，加工生产然后按合同的规定交货，这种做法包括来样进料加工，即买方先提供样品，我方根据其样品的要求再从国外进口原料、加工生产。这种做法的优点是产品销路有了保障，但要注意加工成品所需的原料来源必须落实，否则会影响成品的质量或者导致无法按时交货。

（3）对口合同方式，即与国外客户签订进口原料合同的同时签订出口成品的合同，原料

的提供者也就是成品的购买者。但与来料加工不同的是这两个合同相互独立，分别以现汇结算。采用这种做法时，原料的来源及成品销路均有保证。

三、进料加工贸易业务的作用

进料加工在我国并非一种新的贸易方式，但在改革开放的过程中，在中央政策的鼓励下有了较为迅速的发展，特别在我国的东部沿海地区开展得十分普遍，后来在内陆也有了一定的发展。进料加工的作用主要表现为以下三个方面。

（1）有利于解决国内原材料紧缺的困难，利用国外提供的资源，发展出口商品生产，为国家创造外汇收入。有些不出口的产品还可以满足国内市场的需要。

（2）开展进料加工可以更好地根据国际市场的需要及客户的要求组织原料进口及加工生产，特别是来样进料加工方式，有助于做到产销对路，避免盲目生产，减少库存积压。

（3）进料加工是将国外的资源及市场与国内生产能力相结合的参与国际分工的一种形式。通过开展进料加工，可以充分发挥我国劳动力价格相对低廉的优势，并有效利用相对过剩的加工能力，扬长避短，促进我国外向型经济的发展。

第五节　加工贸易的典型案例及分析

我国加工贸易政策强，海关监管制度复杂，由于许多企业在实际业务中理解不到位，导致违规甚至构成走私，归纳起来与加工贸易相关的典型案例主要围绕擅自调换保税料件的定性问题、擅自调换进口料件的实体性违规问题以及违规串料的补税问题。

一、擅自调换保税料件的定性问题

案例 27-1

当事人 A 公司从事加工贸易生产经营业务，从 B 海关申领《加工贸易手册》，并进口生产原料辛醇，加工生产化工产品苯二甲酸二辛酯从手册项下出口。但由于 A 公司的加工生产基地距离原料辛醇的进口口岸较远，化工危险品的长距离运输成本较高，A 公司遂与 C 公司达成换货协议：由 C 公司向 A 公司提供一般贸易进口的同品种、同规格、同数量的辛醇原料，A 公司将从口岸进口的保税料件辛醇交由 C 公司使用。B 海关稽查发现后交由缉私，经缉私调查认定，A 公司交由 C 公司的进口保税料件共计 9 000 M/T，价值人民币约 1.2 亿元，涉及税款人民币约 2 400 万元。B 海关认为，A 公司将《加工贸易手册》项下进口的保税料件交由 C 公司使用，构成将海关监管货物擅自处置的违规行为，根据《海关行政处罚实施条例》（以下简称《处罚条例》）第 18 条第一款（一）项的规定，对 A 公司科处罚款人民币 600 万元（占货物价值的 5%），并责令当事人补缴所漏税款。

【分析】

A 公司将《加工贸易手册》项下进口的保税料件与一般贸易进口的同品种、同规格、同数量的料件互换使用的行为，构成擅自调换为妥。《处罚条例》第18条第一款（一）项将海关监管货物"进行其他处置的"，属于兜底性的条款，"其他处置"可能是将保税料件以一般贸易出口，可能是出租出借，而擅自调换和擅自转让均属于具体的行为描述，如果当事人行为符合具体列明的违规行为描述，应当首先按具体列明的违规行为描述定性，而不按照兜底性条款定性。那么，擅自转让和擅自调换都是具体列明的违规行为描述，为什么不定性擅自转让，而定性擅自调换呢？根据海关行政处罚原则，当事人对同一货物实施了两个以上违规行为的，应当依法择其重者处罚，当事人同一行为违反了两个法律条款规定的，也应当依法择其重者处罚。但是，当事人同一行为具备同一条款的两个具体违规行为特征描述的，择其重者处罚没有法律依据，按照有利于当事人的原则，选择一个可能较轻的行为予以处罚比较合理。

综上，当事人的同一违规行为同时符合擅自调换、擅自转让或者擅自处置行为特征的，应当按照擅自调换予以定性处理，而不按照擅自处置或者擅自转让的违规行为定性处理。

二、擅自调换进口料件的实体性违规问题

案例 27-2

当事人A公司经营加工贸易业务，将国内采购的双面覆铜板515 M/T用于生产加工贸易出口成品。随后，将调换出来的保税进口料件制成多层线路板后在国内销售。经B海关进一步核查，国内采购的上述料件与进口料件属于同品名、同规格、同数量，但进口关税税率为4%，上述违规串料的双面覆铜板价值3 954万元，涉及税款人民币704万元。

案件处理：A公司未经海关许可，擅自将国内采购的双面覆铜板从《加工贸易手册》项下出口，并将调换出来的保税料件在国内销售。根据《处罚条例》第18条第一款（一）项的规定，对A公司的上述违规行为科处罚款396万元（约占价值的10%），并责令A公司补缴所漏税款。

【分析】

擅自调换保税料件的违规行为，究竟是程序性违规还是实体性违规？一般认为，如果违规行为没有导致漏缴税款，则属程序性违规，可以减轻处罚；否则属于实体性违规，不能因此减轻处罚。

根据2018年5月29日新修改的《中华人民共和国海关加工贸易货物监管办法》（具体修改参见海关总署令第240号），以下情形应属程序性违规。

1. 保税料件与保税料件相互串换。无论是同一企业不同手册项下的保税料件相互串换，还是不同企业之间的保税料件相互串换，无论是同品种、同规格的保税料件，还是不同品种规格的保税料件相互串换均属程序性违规。

2. 保税料件与一般贸易进口的非保税料件相互串换。考虑一般贸易进口的非保税料件已经缴纳了进口关税和增值税，允许其与同品种、同规格、同数量的保税料件相互串换。但如

果未向海关办理相关手续,擅自串换构成程序性违规。

3. 保税料件与国产料件相互串换符合"三同一不"条件。如果国产料件与保税料件符合同品种、同规格、同数量和不牟利条件的,则擅自调换不影响税款征收,属程序性违规。

三、违规串料的补税问题

案例 27-3

A 海关对当事人 B 公司立案调查发现,B 公司在执行《加工贸易手册》期间,存在保税原油进口装置加工时间与成品油出口时间倒挂的事实,因此认定 B 公司存在用国内原油代替进口保税原油加工成品油出口的违规行为。因此,A 海关认定 B 公司的行为违反了《海关行政处罚实施条例》第 18 条(一)项之规定,经 B 公司核定,此案案值约 2 亿元,涉税约 2 900 万元。

案件处理:A 海关综合考虑当事人违规行为发生的经济背景、案发后企业采取的整改措施、涉案货物进口为零关税等因素,对 B 公司做出减轻处罚的决定,科处罚款人民币 480 万元(约为涉案货物价值的 2.4%),并责令其办理补缴增值税税款 2 900 万元。但经上级海关审核,取消了责令 B 公司补税的决定。

资料来源:林倩. 老林说法:海关行政处罚与纳税争议[M]. 北京:中国海关出版社,2018.

【分析】

1. 关于补缴关税的问题。当事人实施了擅自调换保税料件的违规行为,如果当事人是用保税料件与保税料件串换,或者保税料件与一般贸易进口的非保税料件相互串换,不涉及漏税的问题,不需要责令当事人补缴关税,也不需要补缴增值税;如果当事人是用保税料件与国产料件串换,而且不符合"三同一不"条件,则应当责令当事人补缴关税。

2. 关于补缴增值税的问题。当事人将串换出来的保税料件擅自在国内销售,没有向海关缴纳关税,海关应当责令当事人补缴关税。

3. 关于重复征税的问题。根据税收征管法的相关规定,货物一次流转只征一次增值税,尽管征税的部门不同,如果税务部门对串换出来用于内销的货物已经征收了增值税,海关发现违规事情后责令当事人再次补缴增值税,对当事人来说,两个税收部门先后对其同一税目征收两次税款,确实存在重复征税之嫌。海关责令当事人补缴的税款也不包含这部分已经缴纳的增值税税款。

本章小结

改革开放以来,加工贸易已发展成为我国融入国际分工合作的一种重要贸易模式,规模逐步增长的同时其质量也在不断提升。加工贸易对促进我国经济增长、加强与全球经济联系发挥了至关重要的作用。自 2016 年国务院提出《关于促进加工贸易创新发展的若干意见》以来,过往加工贸易的低端、链条短等突出短板有了一定程度的改进,但不容忽视的是,在逆全球化日益泛滥、新冠肺炎疫情肆虐的新背景下,现今的国际产业布局格局及国际分工体系可能会受到冲击，我国的加工贸易发展也会面临新的挑战，我们应未雨绸缪做好积极的应对准备。

复习思考题

1. 什么是加工贸易？有哪些常见的贸易形式？
2. 来料加工贸易与进料加工贸易有什么区别？
3. 进料加工贸易的业务流程是什么？

延伸阅读

国务院《关于促进加工贸易创新发展的若干意见》
（2016年1月4日）

请扫二维码阅读

第八篇 PART 8

跨境电子商务

第二十八章　跨境电子商务概述

第二十八章
CHAPTER 28

跨境电子商务概述

学习目标

学习本章后,应该掌握:
1. 跨境电子商务的含义及基本术语。
2. 跨境电子商务的监管方式代码及监管模式。
3. 全球跨境电子商务的发展概况及第三方平台概述。
4. 我国跨境电子商务综合试验区的发展概况。

引导案例

安克创新科技股份有限公司(以下简称"安克创新")成立于2011年,是国内营收规模最大的跨境出口品牌企业之一,主营业务是智能配件及智能硬件的设计、研发和销售,主要销售渠道为亚马逊、eBay等线上平台及沃尔玛、BestBuy等线下连锁商超。安克创新自成立以来,保持着每年50%以上的业务增长。2015年,安克创新主营业务收入13亿元,同比增长超过74%,利润1.6亿元;2016年,企业营收25.09亿元,同比增长92.6%,利润3.22亿元;2017年,企业营收39.12亿元,同比增长55.35%。目前,安克创新在全球拥有超过2 400万用户,主要分布在北美、日本和欧洲。2018年,安克创新位列中国品牌出口50强第7名,力压腾讯、360、海信等国内知名品牌。2020年8月,安克创新在深交所创业板上市。

案例思考

安克创新为什么能在短短10年间成为中国品牌出口50强并在深交所顺利上市?

第一节 跨境电子商务的含义及基本术语

一、跨境电子商务的含义

跨境电子商务(Cross-border Electronic Commerce)简称跨境电商,是电子商

务应用过程中一种较为高级的形式，是指不同国别或地区间的交易双方，通过互联网及其相关信息平台实现交易，把传统国际贸易加以网络化、电子化的新型贸易方式。跨境电子商务的特点就是以电子技术及物流为手段，以商务为核心，把原来传统的销售、购物渠道转移到互联网上，打破国家与地区间的壁垒，实现全球化、网络化、无形化、个性化、一体化服务。

狭义的跨境电子商务即跨境零售，是指分属于不同的关境交易主体借助互联网达成交易，进行支付结算，并采用国际快件、小包等行邮的方式通过跨境物流将商品交付到消费者的交易过程。

广义的跨境电子商务是指分属于不同关境的交易主体，通过电子商务的手段将传统进出口贸易中的展示、洽谈以及成交环节电子化，并通过跨境物流送达商品、完成交易的一种国际商业活动。这类跨境电子商务涉及货物的电子贸易、在线数据传递、电子资金结算、电子货运单证等内容。

二、有关跨境电子商务的基本术语

（一）B2B 概念

1. B2B 的定义

B2B 是 Business to Business 的缩写，是商家对商家的电子商务，即企业与企业之间通过互联网进行产品、服务及信息的交换。通俗地讲 B2B 就是指进行电子商务交易的供需双方都是企业，这些企业使用互联网技术或各种商务网络平台完成商务交易的过程。这些过程包括：发布供求信息、订货及确认订货、支付及票据的签发、传送及接收、确定配送方案并监控配送过程等。

2. B2B 的细分模式

（1）垂直模式：面向制造业或面向商业的垂直 B2B。垂直 B2B 可以分为两个方向，即上游和下游。生产商或商业零售商可以与上游的供应商之间形成供货关系，如戴尔电脑公司与上游的芯片及主板制造商就是通过这种方式进行合作的。生产商与下游的经销商可以形成销货关系，如思科公司与其分销商之间进行的交易。简单地说，这种模式下的 B2B 网站类似于在线商店这一类网站，其实就是企业网站，是企业直接在网上开设的虚拟商店。企业通过自己的网站可以大力宣传自己的产品，用更快捷、全面的手段让更多的客户了解自己的产品以促进交易。此外也可以是商家开设的网站，这些商家在自己的网站上宣传自己经营的商品，目的也是用更加直观、便利的方法促进并扩大交易。

（2）综合模式：面向中间交易市场的 B2B，这种交易模式是水平 B2B，它是将各个行业中相近的交易过程集中到一个场所，为采购方以及供应方提供一个交易的机会，如阿里巴巴、TOXUE 外贸网、慧聪网、中国制造网、采道网、环球资源网等。这一类网站其实既不是拥有产品的企业，也不是经营商品的商家，它只提供一个平台将销售商及采购商汇集在一起，采购商可以在该网站上查到销售商及其商品的有关信息。

（3）自建模式：行业龙头企业自建 B2B 模式，是大型行业龙头企业基于自身的信息化建设程度，搭建以自身产品供应链为核心的行业化电子商务平台。行业龙头企业通过自身的电子商务平台串联起行业整条产业链。供应链上下游企业通过该平台实现资讯、沟通、交易。但此类电子商务平台过于封闭，缺少产业链的深度整合。

（二）B2C 概念

B2C 是 Business to Customer 的缩写，也就是通常所说的商业零售，直接面向消费者销售产品及服务。这种形式的电子商务一般以网络零售业为主，主要借助互联网开展在线销售活动。B2C 即企业通过互联网为消费者提供一个新型的购物环境——网上商店，消费者通过网络在网上购物、在网上支付。

B2C 电子商务的实质是企业及消费者在网络所构造的虚拟市场上开展的买卖活动。B2C 是以互联网为主要服务手段，实现公众消费以及提供服务，并保证与其相关的付款方式的电子化，是随着互联网技术的出现而迅速发展的，可以被视作一种电子化的零售，其最大的特点是速度快、信息量大、费用低。

（三）B2B2C 概念

B2B2C 是 Business to Business to Customer 的缩写，是一种电子商务类型的网络购物商业模式。第一个 B 并不仅仅局限于品牌供应商、影视制作公司及图书出版商，任何的商品供应商或服务供应商都可以成为第一个 B。第二个 B 是电子商务企业，通过统一的经营管理对商品及服务、消费者终端同时进行整合，为广大供应商与消费者之间的桥梁，为供应商与消费者提供优质的服务，为互联网电子商务服务供应商。C 表示消费者，是在第二个 B 构建的统一电子商务平台购物的消费者。B2B2C 是目前的 B2B、B2C 模式的演变及完善，其将 B2B 与 B2C 完美地结合起来，通过 B2B2C 模式的电子商务企业构建自己的物流供应链系统，提供统一的服务。B2B2C 把"供应商→生产商→经销商→消费者"各个产业链紧密地连接在一起。整个供应链是一个从创造增值到价值变现的过程，对从生产、分销到终端零售的资源进行全面整合，不仅大大增强了商家的服务能力，更有利于客户获得增值的机会。该平台将帮助商家直接充当卖方角色，把商家直接推到与消费者面对面的前台，让生产商获得更多的利润，使更多的资金投入到技术及产品创新上，最终让广大消费者获益。B2B2C 是一种新型的电子商务模式，它的创新性在于为所有的消费者提供了新的电子交易规则，颠覆了传统的电子商务模式，将企业与单个客户的不同需求完全地整合在一个平台上。B2B2C 通常没有库存，充分为客户节约了成本（包括时间、资金、风险等众多因素），并建立了更完善的物流体系，根据客户需求选择合适的物流公司，加强与物流企业的协作，形成整套的物流解决方案。

（四）M2C 概念

M2C 是 Manufacturer to Customer 的缩写，是生产厂家直接为消费者提供自己生产的产品或服务的一种商业模式，特点是流通环节减少至一对一，降低了销售成本，从而保障了产品品质及售后服务质量。

M2C 模式的优点主要体现在以下几个方面。

（1）价格低。M2C 的特点是流通环节减少至一对一，销售成本降低，没有商家与厂家交易的差价，消费者所购买的产品的提供者就是生产厂家，故购买商品的价格更低。

（2）可以定制。在 M2C 运营模式下，难以出现货源短缺、有钱没货买的尴尬局面。生产厂家根据消费者订购数量的多少进行生产，甚至可以根据消费者的需要生产个性化的产品，一方面能够为消费者提供最优的产品，另一方面也极大地降低了自身的生产风险。

（3）售后更完善。消费者在 M2C 平台购买产品后，直接享受生产厂家提供的各项售后服务，缩短了中间交涉环节，生产厂家可以快速为消费者解决问题，让消费者无后顾之忧。

（4）技术更新快。由于减少了中间销售的环节，生产厂家研发的最新技术能够快速地呈现给消费者，使消费者更方便、快捷地感受到创新的魅力，同时消费者可通过售后渠道将自己的使用体验反馈给生产厂家，也有利于生产厂家根据市场的需求来研发新的产品，在生产厂家与消费者之间形成良好的互动。

（五）C2C 概念

C2C 是 Customer to Customer 的缩写，是个人与个人之间的电子商务，即一个消费者通过网络交易，把商品出售给另一个消费者的交易模式。C2C 模式下的购物流程为搜索商品、联系卖家、购买商品以及服务评价。C2C 模式的特点就是大众化交易，因其涉及个人与个人之间的交易。C2C 是我国电子商务的最早期模式。

（六）O2O 概念

O2O 是 Online to Offline 的缩写，这个概念最早来源于美国。O2O 的概念非常广泛，只要产业链中既涉及线上又涉及线下就可以通称为 O2O。O2O 是将线下商务机会与互联网结合在一起，让互联网成为线下交易的前台。这样线下服务就可以在线上揽客，消费者可以在线上筛选服务，成交可以实现在线结算，推广效果可查，每笔交易可跟踪。2013 年起 O2O 进入高速发展阶段，开始了本地化及移动设备的整合，于是 O2P 商业模式横空出世，成为 O2O 模式的本地化分支。所谓 O2P 即 Online to Place，该商业模式类似于 O2O，又区别于 O2O。其与 O2O 模式的区别是在线下消费，消费者通过网站或者在线下商家店中的移动端了解相关资讯后，再到线下的商家去消费。消费者可在简单地了解之后再决定消费与否或者在体验之后再支付，该类模式很适合大件商品的购买以及休闲娱乐性消费。

O2O 电子商务模式主要有以下三种运作方式。

第一种方式：自建官方商城＋连锁店铺的形式，消费者直接向门店的网络店铺下单购买然后线下体验服务，在这一过程中，品牌商提供在线客服及随时调货支持（在缺货情况下），加盟商收款发货，适合全国性连锁型企业。这类方式的好处是可以实现线上与线下店铺一一对应，缺点是投入大，需要很大的推广力度。

第二种方式：借助全国布局的第三方平台实现加盟企业与分站系统完美结合，并且借助第三方平台的巨大流量迅速向客户推广。

第三种方式：通过建设网上商城开展各种促销及预付款的形式，实现线上销售线下服务，这种形式适合本地化服务企业。

三、跨境电子商务的作用及其对国际贸易的影响

相对于传统国际贸易而言，跨境电子商务的门槛并不高，首先在国内选择合适的产品及进

货渠道，然后通过国际性的电子商务信息平台（如全球速卖通、eBay）联系国外的买家并出售商品，支付方式则选择国际性的第三方支付平台（如 PayPal），物流则交给跨境快递公司来完成。从整个操作流程来看，与国内企业间的电子商务（B2B）及普通消费者的网购（B2C）没有太多区别，只是更具国际性而已。跨境电子商务平台及跨境物流配送是跨境电子商务发展的关键，目前致力于小额跨境电子商务市场的信息平台主要有 eBay、亚马逊、全球速卖通、敦煌网等。

（一）跨境电子商务的作用

1. 降低国际贸易成本

跨境电子商务使得企业可以从互联网庞大的信息资料中获得所需要的信息，从而大幅降低搜寻成本。美国《福布斯》杂志的统计表明，电子商务可以为企业节省交易成本的 5%～10%。跨境电子商务可以显著降低国际贸易成本。

2. 提高交易效率

利用电子商务开展国际贸易，买卖双方可采用标准化、电子化的格式合同、提单、保险凭证、发票以及汇票、信用证等，使各种相关单证在网上即可实现瞬间传递，不仅大大节省了单证的传输时间，而且能减少因纸面单证中数据重复录入导致的各种错误，对提高交易效率的作用十分明显。

3. 提高客户满意度

利用跨境电子商务可以做到全天候服务，任何客户都能在全球任何地方、任何时间从网上得到相关企业的各种商务信息。电子商务可实现全天候、不间断运作，可使全球范围内的客户随时得到所需的信息，可大大提高交易成功率，提高客户满意度。

（二）跨境电子商务对国际贸易的影响

跨境电子商务对国际贸易的影响主要体现在以下几个方面。

1. 促进了国际贸易的发展

跨境电子商务通过降低交易成本及交易价格提升了效率，不断创造出额外的商业机会。跨境电子商务一方面能降低价格，增加国际需求；另一方面能创造新的贸易机会，让那些成本过高或执行困难的交易变得可行。另外，电子商务能作为传统交易手段的补充，与有形货物运输一起完成交易。总之，电子商务由于突破了时空限制，使得信息跨国传递及资源共享得以真正实现，满足了国际贸易快速增长的要求，从而促进了国际贸易的发展。

2. 扩大了国际贸易的经营主体

在传统的贸易方式下，贸易中介在国际市场上占有十分重要的地位。电子商务的广泛应用，使得市场上产生了大批虚拟企业。虚拟企业在功能及效果上已经远远超出了原有的中介公司，甚至可以迅速向全球范围扩展。虚拟企业、网络公司由于在专业领域拥有卓越的技术，可以更加有效地向市场提供商品及服务，逐渐淘汰了那些依靠信息不完全赚取差价的进出口业务中介。同时，电子商务技术简化了国际贸易的流程，为中小企业进入国际市场提供了有力的武器，扩大了国际贸易的经营主体。

3. 改变了交易方式及支付方式

在交易方式方面：新型国际贸易采用电子数据交换（Electronic Data Interchange，EDI）技术取代了传统的有纸贸易，EDI 将日常往来的经济信息按协议通过网络进行传送，不仅使文件传送速度大大提高，而且大幅度降低了文件处理成本，减少了出现的差错。同时互联网广告代替了电视、杂志等传统媒介广告，与传统工具相比，电子邮箱及网络电话既降低了成本及交易费用又节省了时间。

在支付方式方面：传统的国际贸易企业通过信用证、托收、汇票、本票、支票等方式支付货款，而在新型国际贸易中，企业使用电子支付系统在网上银行系统实行电子付款，即将资金存入电子银行或者信用证公司的账户中，买卖双方交易达成后，在网络终端输入信用证号码就能在网络上进行资金结算、转账、信贷等服务。具体而言，互联网电子商务的交付方式分为两种：一是对有形产品的直接贸易方式，即买卖双方通过网络传输进行商务洽谈、订货、付款、开发票、收款等活动，然后在商定的地点进行实际产品的交割；二是对无形产品的直接贸易方式，即进行网上支付和货物运送的电子商务。

4. 深化了国际分工

电子商务导致发达国家之间的水平分工进一步发展，加速了产品及半成品在国家及地区间的流动。跨境电子商务对国际分工的影响具体表现在：第一，电子商务催生了弹性企业，使生产更具灵活性；第二，跨境电子商务的发展促进了跨国公司生产布局的全球化；第三，电子商务推动了电子协作，提高了贸易产品的技术含量以及服务贸易在全球贸易中的比重，推动了世界产业结构的深化。

第二节 跨境电子商务的监管方式代码及监管模式

一、跨境电子商务的监管方式代码

为了区分传统外贸与跨境电子商务在海关监管上的差异，海关总署先后增列了"9610""1210""1239""9710""9810"5个监管方式代码，其基本含义如下。

1. "9610" 的含义

海关总署公告 2014 年第 12 号《关于增列海关监管方式代码的公告》：增列海关监管方式代码"9610"，全称"跨境贸易电子商务"，简称"电子商务"，适用于境内个人或电子商务企业通过电子商务交易平台实现交易，并采用"清单核放、汇总申报"模式办理通关手续的电子商务零售进出口商品（通过海关特殊监管区域或保税监管场所一线的电子商务零售进出口商品除外）。

2. "1210" 的含义

海关总署公告 2014 年第 57 号《关于增列海关监管方式代码的公告》：增列海关监管方式代码"1210"，全称"保税跨境贸易电子商务"，简称"保税电商"，适用于境内个人或电子商务企业在经海关认可的电子商务平台实现跨境交易，并通过海关特殊监管区域或保税监管场所进出的电子商务零售进出境商品（海关特殊监管区域、保税监管场所与境内区外（场所外）之间通过电子商务平台交易的零售进出口商品不适用该监管方式）。

3. "1239" 的含义

海关总署公告 2016 年第 75 号《关于增列海关监管方式代码的公告》：增列海关监管方式代码 "1239"，全称 "保税跨境贸易电子商务 A"，简称 "保税电商 A"，适用于境内电子商务企业通过海关特殊监管区域或保税物流中心（B 型）一线进境的跨境电子商务零售进口商品（天津、上海、杭州、宁波、福州、平潭、郑州、广州、深圳、重庆等 10 个城市开展跨境电子商务零售进口业务暂不适用 "1239" 监管方式）。

4. "9710" 的含义

根据海关总署公告 2020 年第 75 号《两用物资和技术进出口许可证管理目录》，增列海关监管方式代码 "9710"，全称 "跨境电子商务企业对企业直接出口"，简称 "跨境电商 B2B 直接出口"，适用于跨境电商 B2B 直接出口的货物。

5. "9810" 的含义

根据海关总署公告 2020 年第 75 号《两用物资和技术进出口许可证管理目录》，增列海关监管方式代码 "9810"，全称 "跨境电子商务出口海外仓"，简称 "跨境电商 B2B 出口海外仓"，适用于跨境电商出口海外仓的货物。

二、跨境电子商务的监管模式

海关总署按照 "顺应电子商务发展潮流，遵循电子商务规律，发挥电子商务全程数据留痕、可追溯的特点，创新理念和方法，改革通关监管模式，支持和促进跨境电子商务健康、有序、快速发展" 的工作思路，归纳出一般出口、特殊区域出口、直购进口以及网购保税进口 4 种新型海关通关监管模式。

1. 一般出口模式

一般出口模式（"9610" 出口），采用 "清单核放、汇总申报" 的方式，电商出口商品以邮件、快件方式分批运送，海关凭清单核放出境，定期把已核放清单数据汇总形成出口报关单，电商企业或平台凭此办理结汇、退税手续。

2. 特殊区域出口模式

特殊区域出口模式（"1210" 出口），电商企业或电商平台把整批商品按一般贸易报关进入海关特殊监管区域或场所，企业实现退税；对于已入区退税的商品，境外网购后，海关凭清单核放，由邮件、快件企业分送出区离境，海关定期将已放行清单归并形成出口报关单，电商企业或平台凭此办理结汇手续。

3. 直购进口模式

直购进口模式（"9610" 进口），符合条件的电子商务平台与海关联网，境内个人跨境网购后，平台将电子订单、支付凭证、电子运单等实时传输给海关，商品通过海关跨境电子商务专门监管场所入境，按照个人邮递物品征税，并纳入海关统计。

4. 网购保税进口模式

在网购保税进口模式下，电商企业或电商平台将整批商品运入海关特殊监管区域或场所内特设的电子商务专区，向海关报关，海关建立电子商务管理账册。境内消费者网购区内商品后，电商企业或平台委托报关代理公司向海关申报电子清单，海关对电子订单、支付凭证、电子运单、电子清单4个单子进行计算机自动比对，相符的，海关参照个人邮递物品自动征税，验放后账册自动核销。

第三节 全球跨境电子商务的发展概况及第三方平台概述

eMarketer发布的有关报告显示，2021～2023年，在线零售将继续保持两位数增长，在全球零售中的份额也将不断增加。eMarketer预计，到2023年，全球在线零售销售额将达到6.169万亿美元，占零售总额的22.3%，大幅度高于2019年的3.351万亿美元。

Statista数据显示，2020年跨境电子商务在亚太地区新增产值4 500亿美元，约占全球跨境电子商务新增总额的56.1%；西欧地区新增产值1 430亿美元，约占17.8%；北美地区新增产值1 090亿美元，约占13.6%；而拉丁美洲新增产值470亿美元，约占5.9%；中东欧新增产值320亿美元，约占4%，中东及非洲新增产值210亿美元，约占2.6%。

一、全球主要跨境电子商务市场的发展特点

1. 亚洲市场发展迅猛，增长潜力巨大

跨境电子商务在东南亚呈迅猛发展态势，以阿里巴巴、京东为首的中国跨境电子商务巨头以及以亚马逊、eBay为代表的欧美电商巨头均在东南亚市场加大了投入。数据显示，东南亚国家的GDP总和为中国的1/4，人口数量及人均消费水平为中国的1/2。预计到2025年，东南亚地区网络经济将增长至2 000亿美元，电子商务市场规模将达到880亿美元，增速远超实体零售业。东南亚的中国电商目前以阿里巴巴Lazada、RedMart、Shopee、京东印度尼西亚站和泰国站、亚马逊新加坡站、eBay等为主流平台，天猫出海、网易工厂店等国内电商也在纷纷试水东南亚消费市场。中国跨境电子商务企业在东南亚以平台卖家为主，也有企业尝试独立站、社交媒体分销以及线上线下融合等不同形式。印度已经成为世界上增速最快的电商市场，包括阿里巴巴在内的不同跨境电子商务巨头均已进入，印度市场正在成为下一个重要电商角逐场。

2. 北美市场注重发展渠道化

北美市场一直被认为是全球经济发展的核心区域，本土零售商及电商企业竞相争夺新一代消费的主导权。沃尔玛、亚马逊、苹果、谷歌、Meta○等新生代互联网巨头占据了美国电商销售的主渠道。如沃尔玛与亚马逊两大巨头都在布局全渠道零售，沃尔玛侧重于线下渠道利

○ 曾用名：Facebook。

益集团与线上电商新生势力之间的整合，将其线上会员与历史线下会员进行整合。亚马逊则通过不断完善商品、物流、配送、售前、售后等环节，巩固其在零售电商市场的地位。亚马逊一方面筛选优秀的第三方卖家，同时逐步壮大自营品牌，为付费会员提供越来越优质的购物体验；另一方面，亚马逊通过整合线下实体渠道与会员体系，将线上会员和线下会员进行融合，实现线上线下互联互通。

3. 西欧市场注重运营的合规化

以英国 VAT 为例，英国增值税（UK VAT）是指对附加在商品及服务中的价值征收的一种消费税，适用于在英国交易的、用于使用或消费的商品或服务。以 eBay 为例，其英国站点根据英国政府 2016 年 9 月出台的规定更新了平台政策，要求卖家提供有效的增值税号，否则将无法上架物品所在地为英国的商品。此外，eBay 持续采取积极主动的措施帮助卖家了解 VAT 的相关要求，如在其网站设置英国增值税指南信息专栏，为卖家提供 VAT 法规及注册相关的信息。市场规则和监管政策是企业进入国际市场发展前必须要了解的内容。

4. 中东市场发展迅速，但要克服退货率较高的问题

目前中东市场主流的支付方式为货到付款（COD）模式，该模式回款时间和资金周转期长，成为阻碍跨境电子商务企业发展的一大因素。同时，货到付款模式在一定程度上增加了退换货比例。一般来说，行业的平均退货比例占销售额的 15%～20%；时尚服饰鞋帽品类退货率较高，达到 30%～40%；如果平台没有建立完善的配货前客户服务，退货率可能会高达 40% 以上。

5. 南美市场预消费能力强，发展潜力大

南美电商市场近年来发展迅速，一直保持两位数以上增长，部分国家发展与印度市场相似。南美消费能力较强，预计到 2024 年，南美年轻人口和中产阶级比例将进一步增加。以第一大经济体巴西为例，其网购规模一直以每年超过 20% 的速度稳步增长。南美最大的电商平台 Mecardo Libre 被称为"南美洲的阿里巴巴"，其线上平台、线上支付、线下物流、线下零售等都在效仿阿里巴巴在中国的路线。

二、主要的跨境电子商务第三方平台

目前，主要的跨境电子商务第三方平台有全球速卖通、Wish、敦煌网、eBay 和亚马逊等。

1. 全球速卖通

全球速卖通（AliExpress）是阿里巴巴旗下唯一面向全球市场打造的在线交易平台，致力于跨境电子商务业务，被广大卖家称为国际版"淘宝"。全球速卖通于 2010 年 4 月上线，经过 10 多年的迅猛发展，目前覆盖 220 多个国家和地区，支持世界 18 种语言站点，销售类覆盖 22 个行业，海外成交买家数量突破 1.5 亿，支持全球 51 个国家和地区的当地支付方式，已经成为中国最大的出口 B2C 电商平台。

全球速卖通的业务覆盖 3C、服装、家居、饰品等共 30 个一级行业类目，其中优势行业主要有服装服饰、手机通信、鞋包、美容健康、珠宝手表、消费电子、电脑网络、家居、汽

车摩托车配件、灯具等。

全球速卖通最大的特点是"价格为王",卖家的产品一定要有较高的性价比。同时,全球速卖通非常重视营销推广。该平台免费为卖家提供四大营销工具,即"限时限量折扣""店铺优惠券""全店铺满立减"以及"全店铺打折"。卖家也可付费参加平台的直通车活动,在短时间内获得大量的曝光和流量。买家按照有效点击数来付费,费用高低与推广评价及出价相关。

2. Wish

Wish 公司于 2011 年 12 月创立于美国旧金山硅谷,起初只是一个类似于国内的蘑菇街及美丽说的导购平台。2013 年 3 月,Wish 在线交易平台正式上线,移动 App 于同年 6 月推出,当年年经营收益即超过 1 亿美元。2020 年,Wish 拥有超过 5 亿注册用户,日活跃用户超过 1 400 万,日活跃购买者超过 30 万,注册商户超过 15 万。

Wish 最大的特点就是专注于移动端购物。在 Wish 平台,98% 的流量以及 97% 的订单都来自移动端。这个数据足以让亚马逊、eBay、全球速卖通等跨境电子商务大鳄"颤抖"。几乎人人都知道,我们正处于从 PC 端到移动端"迁徙"的时代。然而,能够摆脱传统互联网思维束缚,完全专注于移动端发展的平台少之又少。亚马逊、eBay、全球速卖通都在大力推广移动端 App,但这些移动应用都基本沿用了 PC 时代的思维,最多就是在交互设计方面进行了屏幕适应性调整。而 Wish 采取基于搜索引擎的匹配技术,即通过用户行为判断用户偏好,并通过数学算法,将用户和商家、商品进行准确的匹配,每天给用户推送其可能感兴趣的商品和商家。Wish 平台的这一特点与其创始人彼得·舒尔泽斯基(Peter Szulczewski)与张晟均具有硅谷工作背景(曾分别就职于谷歌与雅虎),是典型的技术派不无关系。Wish 秉持"让手机购物更加高效和愉悦"的原则,每屏只推送 4~6 件商品,并且以"瀑布流"的形式展示。除用电子邮箱注册,用户还可以通过已有的 Facebook 和 Google 账号进行关联。首次登录后,用户只需要填写性别、年龄等基本信息以及选择感兴趣的商品种类,随后就会收到来自 Wish 的个性化商品推荐。而通过 Facebook 与 Google 登录的用户,Wish 还会通过数据分析他们在社交平台的信息,以进行有针对性的推送。同时,Wish 努力给每个商品公平匹配的流量导入,坚持"机会面前,人人平等",有助于中小卖家的起步与发展。与全球速卖通、eBay、亚马逊等其他平台通过关键词额外收取费用来向用户推荐商品的办法不同,Wish 平台上的商户上传任何商品都是免费的,只有在交易成功后商户才需向平台支付一定比例的佣金,整个过程非常简单易行且没有任何的隐藏费用。Wish 没有其他平台盛行的比价功能,因此价格在 Wish 上是不敏感的,那些适用于 eBay 和全球速卖通的规则对 Wish 完全不适用,后期流量拼的是产品的优化与客服的质量。

3. 敦煌网

敦煌网(DHgate)创立于 2004 年,是全球领先的在线外贸交易平台,致力于帮助中国中小企业通过跨境电子商务平台走向全球市场。截至 2018 年,敦煌网线上商品种类 1 300 多万种,国内供应商 190 多万家,全球买家 1 900 多万个,业务遍及全球 220 多个国家和地区,拥有 50 多个国家的清关能力、200 多条物流专线以及 17 个海外仓。

作为第二代 B2B 电子商务的开拓者,敦煌网最大的特点是完善的在线交易环境与配套的供应链服务。敦煌网整合跨境交易涉及的各个环节并将其纳入自身的服务体系。这种基于专业化分工的整合,将买卖双方从繁杂的交易过程中解放出来,使得复杂的跨境贸易变得相对简单。更为重要的是,敦煌网提供的各项服务,通过集合效应大大降低了交易双方的成本。

敦煌网还提供特有的拼单砍价服务,如同时间会有许多货物发往同一个地方,敦煌网便会将相关信息搜集起来将这些货物一起发送,帮助互不相识的客户将货物拼到一个集装箱运输以降低成本。

4. eBay

eBay是一个可让全球民众上网买卖物品的线上拍卖及购物网站,于1995年9月4日由皮埃尔·奥米迪亚(Pierre Omidyar)以Auctionweb的名称创立于加利福尼亚州圣何塞。eBay的创立最初是为了帮助创始人奥米迪亚的未婚妻交换皮礼士糖果盒。1999年,eBay开始全球扩张,首个海外站点是德国站。2002年,eBay合并PayPal。目前eBay的业务覆盖近200个国家和地区。

与全球速卖通相比,eBay对卖家的要求更为严格,对产品质量要求更高,但同样要求价格更具有优势,即产品质量要过得去,价格也要有优势。除了有和其他平台类似的常规产品出售,二手货的交易也是eBay业务的重要组成部分。在eBay,交易方式分为拍卖和一口价两种。eBay对每笔拍卖向卖家收取0.25~800美元不等的刊登费,在交易成功后再收取一笔7%~13%不等的成交费。在合并了PayPal后,eBay的支付方式默认为PayPal,商户在注册开店时必须绑定有效的PayPal账户。

5. 亚马逊

亚马逊(Amazon)成立于1994年,最初是一个销售书籍和音像制品的"网上书店"。2000年,亚马逊开始通过品类扩张以及国际扩张,致力于成为全球最大的网络零售商。用户多为国外中高端消费群体。2019年,在全球市值最高的20家互联网公司排名中,亚马逊位列第一位。

在所有的跨境电子商务第三方平台中,对卖家要求最高的是亚马逊,它不仅要求卖家的产品质量必须有优势,而且必须有品牌。亚马逊鼓励用户自助购物,将用户对于售前客服的需求降到最低,这要求卖家提供非常详细、准确的产品详情和图片。

亚马逊支持货到付款,并且拥有自己的付费会员群体Amazon Prime。每年支付99美元的会员费,Amazon Prime会员就能享受免运费2日送达服务(个别商品除外),还能够通过亚马逊观看约4万部电影及电视剧集,并享受50万本Kindle电子书的借阅服务。虽然亚马逊从未公布Amazon Prime会员的具体人数,不过根据CIRP(Consumer Intelligence Research Partners)的研究报告,截至2018年年底Amazon Prime会员数量达到1.01亿,其中高达93%的Amazon Prime用户表示对服务质量感到满意,并打算在来年继续使用该服务。这一庞大的会员人群主要为国外的高端消费群体,他们是亚马逊最具有价值的财富之一。

亚马逊的另一特色服务是FBA(Fulfillment by Amazon),即亚马逊仓储物流,为商户提供物流和仓储的配套服务,并收取一定的费用。要使用亚马逊物流服务,卖家需要自行将商品进口到开店的各个海外国家并储存在相应的亚马逊物流中心,由亚马逊来完成当地国的订单配送。虽然亚马逊仓储物流的收费标准高于一般的仓储公司,但由于FBA得到买家较高的认可，不少买家都愿意支付更多的钱来选择 FBA。在同等条件下，FBA 卖家的曝光度高于普通卖家，抢到购物车的概率也更高，并且使用 FBA 的卖家所得到的任何由物流带来的中差评都可以由亚马逊帮助移除。

第四节　我国跨境电子商务综合试验区的发展概况

一、我国跨境电子商务综合试验区的设立意义

我国跨境电子商务综合试验区，是我国设立的跨境电子商务综合性质的、先行先试的城市区域，旨在在跨境电子商务交易、支付、物流、通关、退税、结汇等环节的技术标准、业务流程、监管模式及信息化建设等方面开展先行先试，通过制度创新、管理创新、服务创新实现协同发展，破解跨境电子商务发展中的深层次矛盾及体制性难题，打造跨境电子商务完整的产业链及生态链，逐步形成一套适应及引领全球跨境电子商务发展的管理制度及规则，为推动我国跨境电子商务健康发展提供可复制、可推广的经验。

二、我国跨境电子商务综合试验区的发展历程

至今为止，我国跨境电子商务综合试验区的发展历程主要分为以下 5 个阶段。

（1）2015 年 3 月 7 日，国务院同意设立中国（杭州）跨境电子商务综合试验区，这是我国第一个跨境电子商务综合试验区，旨在建成以"线上集成＋跨境贸易＋综合服务"为主要特征的全国跨境电子商务创业创新中心、服务中心以及大数据中心。

（2）2016 年 1 月 6 日，国务院常务会议决定在天津、上海、重庆、合肥、郑州、广州、成都、大连、宁波、青岛、深圳、苏州 12 个城市开设第二批跨境电子商务综合试验区。本次扩大试点本着合理布局、注重特色及可操作性的原则，选取了基础条件较好、进出口和电子商务规模较大的 8 个东部城市、2 个中部城市以及 2 个西部城市开展试点。

（3）2018 年 7 月 24 日，国务院同意在北京市、呼和浩特市、沈阳市、长春市、哈尔滨市、南京市、南昌市、武汉市、长沙市、南宁市、海口市、贵阳市、昆明市、西安市、兰州市、厦门市、唐山市、无锡市、威海市、珠海市、东莞市、义乌市等 22 个城市设立跨境电子商务综合试验区。

（4）2019 年 12 月 24 日，国务院同意在石家庄市、太原市、赤峰市、抚顺市、珲春市、绥芬河市、徐州市、南通市、温州市、绍兴市、芜湖市、福州市、泉州市、赣州市、济南市、烟台市、洛阳市、黄石市、岳阳市、汕头市、佛山市、泸州市、海东市、银川市等 24 个城市设立跨境电子商务综合试验区。

（5）2020 年 4 月 7 日，国务院同意在雄安新区、大同市、满洲里市、营口市、盘锦市、吉林市、黑河市、常州市、连云港市、淮安市、盐城市、宿迁市、湖州市、嘉兴市、衢州市、台州市、丽水市、安庆市、漳州市、莆田市、龙岩市、九江市、东营市、潍坊市、临沂市、南阳市、宜昌市、湘潭市、郴州市、梅州市、惠州市、中山市、江门市、湛江市、茂名市、肇庆市、崇左市、三亚市、德阳市、绵阳市、遵义市、德宏傣族景颇族自治州、延安市、天

水市、西宁市、乌鲁木齐市等46个城市及地区设立跨境电子商务综合试验区。本次46个综合试验区主要是复制推广前四批综合试验区成熟经验做法，推动产业转型升级，开展品牌建设，引导跨境电子商务全面发展，全力以赴稳住外贸外资基本盘，推进贸易高质量发展。

三、跨境电子商务的杭州经验

中国（杭州）跨境电子商务综合试验区通过构建信息共享体系、金融服务体系、智能物流体系、电商诚信体系、统计监测体系与风险防控体系以及"线上综合服务平台"与线下"综合园区"平台等"六体系两平台"，实现跨境电子商务信息流、资金流、货物流"三流合一"。在此基础上以"线上交易自由"与"线下综合服务"有机融合为特色，重点在制度建设、政府管理、服务集成等"三大领域"开展创新，力争在建立跨境电子商务新型监管制度、建立线上综合监管服务平台、创新跨境电子商务金融服务、创新跨境电子商务物流服务、创新跨境电子商务信用管理、建立跨境电子商务统计监测体系、制定跨境电子商务规则及创新电商人才发展机制等8个方面实现新突破，实现跨境电子商务自由化、便利化、规范化发展。

❖ 本章小结

本章详细介绍了跨境电子商务的含义及基本术语，跨境电子商务的监管方式代码及监管模式，全球跨境电子商务的发展概况及第三方平台概述，我国跨境电子商务综合试验区的发展概况。

❖ 复习思考题

1. 有关跨境电子商务的基本术语有哪些？
2. 什么是"9610""1210""1239""9710""9810"监管方式代码？
3. 亚马逊平台有什么特点？
4. 杭州跨境电子商务综合试验区有哪些成功经验？
5. M2C模式有哪些优点？
6. O2O模式的运作方式是什么？

❖ 延伸阅读

勇闯新兴市场：浙江执御的差异化竞争策略

请扫二维码阅读

附　　录

 《2020年国际贸易术语解释通则》中的11个贸易术语

 《跟单信用证统一惯例》(UCP 600)

 《中华人民共和国民法典》(第三编 合同)

参考文献

[1] 黎孝先，王健. 国际贸易实务［M］. 7版. 北京：对外经济贸易大学出版社，2020.
[2] 吴百福，徐小薇，聂清，等. 进出口贸易实务教程［M］. 8版. 上海：格致出版社，2020.
[3] 苏宗祥，徐捷. 国际结算［M］. 7版. 北京：中国金融出版社，2020.
[4] 肖旭. 跨境电商实务［M］. 3版. 北京：中国人民大学出版社，2020.
[5] 国际商会中国国家委员会. 国际贸易术语解释通则2020［M］. 北京：对外经济贸易大学出版社，2020.
[6] 袁建新. 国际贸易实务［M］. 5版. 上海：复旦大学出版社，2020.
[7] 约翰逊，弗林. 采购与供应管理：原书第15版［M］. 杜丽敬，译. 北京：机械工业出版社，2020.
[8] 陈岩. 国际贸易理论与实务［M］. 4版. 北京：清华大学出版社，2018.
[9] 陈平. 国际贸易实务［M］. 2版. 北京：中国人民大学出版社，2018.
[10] 张平，谷慧，李学荣. 国际贸易实务［M］. 2版. 南京：南京大学出版社，2017.
[11] 张永安. 国际贸易实务［M］. 北京：高等教育出版社，2017.
[12] 冷柏军，段秀芳. 国际贸易实务［M］. 3版. 北京：北京大学出版社，2017.
[13] 黄涛. 国际贸易实务［M］. 北京：北京航空航天大学出版社，2015.
[14] 王善论. 国际商会信用证案例评析［M］. 厦门：厦门大学出版社，2014.
[15] 中国人民大学国际货币研究所. 人民币国际化报告2014［M］. 北京：中国人民大学出版社，2014.
[16] 张磊. 进出口贸易实务教程［M］. 上海：同济大学出版社，2014.
[17] 孙涛. 国际贸易实务［M］. 北京：清华大学出版社，2012.
[18] 俞毅. 国际贸易单证实验教程［M］. 杭州：浙江工商大学出版社，2011.
[19] 俞毅. 出口贸易实验［M］. 杭州：浙江工商大学出版社，2009.
[20] 俞毅. 国际贸易实务习题与解答［M］. 上海：格致出版社，2009.
[21] 严国辉. 国际贸易理论与实务［M］. 2版. 北京：对外经济贸易大学出版社，2009.
[22] 姚新超. 国际结算［M］. 北京：对外经济贸易大学出版社，2008.
[23] 俞毅. 国际贸易实务教程［M］. 北京：机械工业出版社，2006.
[24] 陈岩. 国际贸易术语惯例与案例分析［M］. 北京：对外经济贸易大学出版社，2007.
[25] SASSOON D M. CIF和FOB合同［M］. 郭国汀，主译. 上海：复旦大学出版社，2001.
[26] 钱益明. 国际贸易纠纷的处理与案例分析［M］. 北京：对外贸易教育出版社，1989.
[27] 林丹岚. 我国运输服务贸易的现状研究［J］. 经贸实践，2018（6）：118-119.
[28] 陈佳尧. 涉外经济贸易管理法律制度对合同效力的影响分析［J］. 经贸实践，2018（6）：344-346.
[29] 高运胜. 案例在我国海洋运输保险条款（C.I.C）教学中的运用［J］. 国际商务研究，2007（4）：54-58.
[30] 中国（杭州）跨境电子商务综合试验区建设领导小组办公室，亿邦动力研究院. 跨境电子商务创新研究报告［R/OL］.（2018-08-27）［2021-08-31］. https://max.book118.com/html/2018/0827/5342340243001311.shtm.